高等院校跨境电子商务规划教材

浙江省普通高校 "-

电子商务法

唐先锋　/　著

E-COMMERCE LAW

ZHEJIANG UNIVERSITY PRESS

浙江大学出版社

图书在版编目(CIP)数据

电子商务法 / 唐先锋著. —杭州：浙江大学出版
社，2020.4
ISBN 978-7-308-19905-6

Ⅰ.①电… Ⅱ.①唐… Ⅲ.①电子商务－法规－
中国－高等学校－教材 Ⅳ.①D923.990.1

中国版本图书馆 CIP 数据核字(2020)第 003260 号

电子商务法

唐先锋 著

责任编辑	曾　熙
责任校对	梁　容
封面设计	春天书装
出版发行	浙江大学出版社
	（杭州市天目山路 148 号　邮政编码 310007）
	（网址:http://www.zjupress.com）
排　　版	杭州朝曦图文设计有限公司
印　　刷	杭州杭新印务有限公司
开　　本	787mm×1092mm　1/16
印　　张	18
字　　数	533 千
版印次	2020 年 4 月第 1 版　2020 年 4 月第 1 次印刷
书　　号	ISBN 978-7-308-19905-6
定　　价	55.00 元

　　2018年8月31日,十三届全国人大常委会第五次会议通过了《中华人民共和国电子商务法》(以下简称《电子商务法》),该法是我国电商领域第一部综合性法律,是一部鼓励、支持、创新、规范和保障电子商务健康发展的促进法,是一部维护广大消费者、平台经营者和平台内经营者合法权益,维护市场秩序和公平竞争的保障法。

　　本教材依据《电子商务法》及电商领域相关法律、法规、典型判例,共分六编二十一章,具体内容介绍如下。

　　第一编"电子商务法基础"包括两章内容。其中,第一章为"电子商务概述",界定了电子商务的概念,介绍电子商务的类型,分析了电子商务与传统商务的区别,探讨了电子商务对传统法律的挑战;第二章为"电子商务法概述",界定了电子商务法的涵义,分析了电子商务法的调整对象——电商法律关系,介绍了电子商务法的主要内容、我国电子商务法立法概况,并分析了电子商务法基本原则。

　　第二编"电商主体法"包括三章内容。其中,第三章为"电商主体法概述",界定了电商主体的概念,介绍分析了电商主体的类型,分析了电商主体的认定规则;第四章为"电商主体准入制度",分析探讨了电商主体市场准入模式与规范,分节逐一分析了电商主体的国际联网准入制度、电商经营者的增值电信业务经营许可制度、电商经营者的非经营性互联网信息服务备案制度、互联网用户账号名称管理规定、电商经营者的市场主体登记、特殊领域电商经营者市场准入;第五章为"电商主体权利与义务",分析了在线自然人用户的权利,电商经营者的一般义务和电商平台经营者的义务。

　　第三编"电商行为法"包括三章内容。其中,第六章为"电子商务合同法",介绍了电子商务合同基础知识,分析了电子商务合同的成立、电子商务合同的效力、电子商务合同的履行、电子商务合同的违约责任;第七章为"电子签名与认证法",依据电子签名法及电子认证法相关法规,界定了电子签名与电子签名法,分析了可靠电子签名的法律效力、电子签名人的义务与相关法律责任、数据电文相关法律问题,界定了电子认证的含义,分析了电子认证服务机构的准入条件、电子认证服务合同、电子签名人及认证机构的权利与义务;第八章为"电子支付法",介绍了电子支付、电子支付法相关基础知识,分析了电子支付协议、电子支付引发的法律及相关问题、电子支付法基本原则、电子商务法中有关电子支付服务提供者的义务,介绍分析了国内非金融机构支付业务许可证制度、从事支付业务非金融机构的法律义务、非银行支付机构网络支付业务管理办法、条码支付业务规范等。

　　第四编"电商知识产权保护法"包括四章内容。其中,第九章为"电商知识产权保护法概述",分析了电商与知识产权保护的关系,电子商务法有关平台经营者知识产权保护的制度;第十章为"电商域名保护法",介绍了域名、域名权的相关基础知识,分析了域名服务管理法律制度和域名保护法律制度;第十一章为"电商著作权保护法",介绍了电商著作权保护立法现状,分析了信息网络传播权、网络服务商著作权侵权、技术措施与权利管理信息的法律保护;第十二章为"电商专利权保护法和商标权保护法",介绍分析了电商专利主要内容、商业方法专利的授予与侵害判断、电商经营者商标保护策略、电商环境下的商标侵权、商标碰瓷等内容。

　　第五编"电商市场促进与规制法"包括五章内容。其中,第十三章为"电商市场促进法",介绍了促进电商创新与绿色发展、促进电商基础建设、促进电商融合发展、促进电商数据应用与共享、促进电商信用评价体系建设、促进跨境电商发展等内容;第十四章为"电商税收法",介绍了电商经营者依法纳税与办理纳税登记、电商经营者应依法出具发票、平台经营者税收协助义务、跨境电商税收规则等内

容;第十五章为"电商反垄断与反不正当竞争法",介绍了电商经营者不得滥用市场支配地位、电商经营者不得实施网络不正当竞争行为的具体法律规定;第十六章为"电商消费者权益保护法",介绍了电商领域消费者权利与经营者义务,消费者权益的法律保护,电商消费者权益保护特殊规则;第十七章为"网络广告法",介绍了网络广告的基础知识、网络广告的主要类型与播发形式,分析了网络广告的法律规制相关问题。

第六编"电商程序法"包括四章内容。其中,第十八章为"电商争议解决一般规定",分析了电商争议解决方式、电商争议在线解决机制、电商经营者的投诉举报机制、平台经营者协助维权义务、电商经营者提供原始合同和交易记录的义务;第十九章为"电商纠纷民事诉讼",分析了电商纠纷民事诉讼管辖、互联网法院诉讼规则;第二十章为"在线争端解决机制",分析了在线纠纷解决机制的由来、定义、现状与主要形式;第二十一章为"电子证据",分析了电子证据、电子数据的含义与特点,电商纠纷案电子数据的收集、保全与认定规则。

本教材为新形态教材,通过链接二维码方式,每一章开始之处附有相关新闻视频、报纸文章、典型案例等"背景资料";每一章正文中穿插了较为丰富的"观点链接""知识链接""实务分析"等内容;每一章结束则设置了"本章练习",具体包括了"理论思考""实务分析""实务训练";每一编结束还设有"拓展阅读文献清单"。

本教材写作充分借鉴了国内相关电子商务法释义书、专著、教材、论文、判例、媒体报道、专题讨论、平台网规等,在此表示感谢。教材疏漏与不当之处,敬请读者不吝指正(联系邮箱:305450874@qq.com)。

唐先锋

2019 年 11 月

目录

第一编　电子商务法基础

第一章　电子商务概述 / 1
　第一节　电子商务的概念 / 1
　第二节　电子商务的类型 / 3
　第三节　电子商务与传统商务的区别 / 5
　第四节　电子商务对传统法律的挑战 / 6

第二章　电子商务法概述 / 9
　第一节　电子商务法的含义 / 9
　第二节　电子商务法的调整对象——电商法律关系 / 11
　第三节　电子商务法的主要内容 / 15
　第四节　我国电子商务法立法概况 / 19
　第五节　电子商务法基本原则 / 21

第二编　电商主体法

第三章　电商主体法概述 / 26
　第一节　电商主体的概念 / 26
　第二节　电商主体的类型 / 28
　第三节　电商主体的认定 / 32

第四章　电商主体准入制度 / 34
　第一节　电商主体市场准入模式与规范 / 34
　第二节　电商主体的国际联网准入制度 / 36
　第三节　电商经营者的增值电信业务经营许可制度 / 37
　第四节　电商经营者的非经营性互联网信息服务备案制度 / 39
　第五节　互联网用户账号名称管理规定 / 42
　第六节　电商经营者的市场主体登记 / 43
　第七节　特殊领域电商经营者市场准入 / 47

第五章　电商主体权利与义务 / 51
　第一节　在线自然人用户的权利 / 51
　第二节　电商经营者的一般义务 / 55
　第三节　电商平台经营者的义务 / 62

第三编　电商行为法

第六章　电子商务合同法 / 73
　第一节　电子商务合同基础知识 / 73
　第二节　电子商务合同的成立 / 77
　第三节　电子商务合同的效力 / 84
　第四节　电子商务合同的履行 / 88

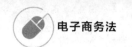

第五节　电子商务合同的违约责任 / 92

第七章　电子签名与认证法 / 95
第一节　电子签名法 / 95
第二节　电子认证法 / 105

第八章　电子支付法 / 115
第一节　电子支付概述 / 115
第二节　电子支付法概述 / 122
第三节　非银行机构支付服务法 / 132

第四编　电商知识产权保护法

第九章　电商知识产权保护法概述 / 140
第一节　电商与知识产权保护 / 140
第二节　平台经营者知识产权保护制度 / 143

第十章　电商域名保护法 / 152
第一节　域名权概述 / 152
第二节　域名服务管理法律制度 / 153
第三节　域名保护法律制度 / 160

第十一章　电商著作权保护法 / 168
第一节　电商著作权保护立法现状 / 168
第二节　信息网络传播权 / 169
第三节　网络服务商著作权侵权分析 / 175
第四节　技术措施与权利管理信息的法律保护 / 178

第十二章　电商专利权保护法和商标权保护法 / 180
第一节　电商专利权保护法 / 180
第二节　电商商标权保护法 / 182

第五编　电商市场促进与规制法

第十三章　电商市场促进法 / 190
第一节　促进电商创新与绿色发展 / 190
第二节　促进电商基础建设 / 192
第三节　促进电商融合发展 / 194
第四节　促进电商数据应用与共享 / 195
第五节　促进电商信用评价体系建设 / 197
第六节　促进跨境电商发展 / 198

第十四章　电商税收法 / 202
第一节　电商经营者依法纳税与办理纳税登记 / 202
第二节　电商经营者应依法出具发票 / 204
第三节　平台经营者税收协助义务 / 205
第四节　跨境电商税收规则 / 207

第十五章　电商反垄断与反不正当竞争法 / 211
第一节　电商经营者不得滥用市场支配地位 / 211

第二节　电商经营者不得实施网络不正当竞争行为 / 214

第十六章　电商消费者权益保护法 / 220
第一节　消费者权利与经营者义务 / 220
第二节　消费者权益的法律保护 / 224
第三节　电商消费者权益保护特殊规则 / 226

第十七章　网络广告法 / 231
第一节　网络广告概述 / 231
第二节　网络广告类型 / 233
第三节　网络广告法律规制 / 235

第六编　电商程序法

第十八章　电商争议解决一般规定 / 242
第一节　电商争议解决方式 / 242
第二节　电商争议在线解决机制 / 245
第三节　电商经营者的投诉举报机制 / 248
第四节　平台经营者协助维权义务 / 250
第五节　电商经营者提供原始合同和交易记录的义务 / 251

第十九章　电商纠纷民事诉讼 / 254
第一节　电商纠纷民事诉讼管辖 / 254
第二节　互联网法院诉讼规则 / 257

第二十章　在线争端解决机制 / 261
第一节　在线纠纷解决机制概述 / 261
第二节　在线纠纷解决机制的主要形式 / 264

第二十一章　电子证据 / 270
第一节　电子证据概述 / 270
第二节　电子数据的收集、保全与认定 / 272

电子商务法基础

第一章　电子商务概述

第一节　电子商务的概念

背景资料 1-1
《电商江湖》①

对电子商务的不同解释将导致对电子商务法定义与调整对象的不同理解,学习、研究电子商务法的前提是从法律视角科学界定电子商务。

一、概念界定

依据《电子商务法》第二条第二款,法律层面上的电子商务是指通过互联网等信息网络销售商品或提供服务的经营活动。因电子通信网络化,网络通信以互联网为代表,故网络商务具有更广的电子商务难以涵盖的内容与意义。《网络交易服务规范》(商务部公告 2009 年第 21 号)、《网络交易管理办法》(国家工商总局令第 60 号)的命名在一定程度上反映了此趋势。马云在 2016 年的云栖大会上指出,"电子商务是一传统概念","未来 10 年、20 年没有电子商务,只有新零售"。但"电子商务"表述已为人们所接受,故立法从习惯,仍冠以"电子商务法"称谓。

二、概念理解

可从交易性质、媒介及内容三个维度理解我国电子商务的法定概念。

观点链接 1-1
"电商"一词将被淘汰②

(一) 其交易性质为 "经营活动"

电子商务的"商务"实为商事行为,即经营活动,是以营利为目的的持续性业务活动。自然人利用网络零星、偶发出售二手或闲置物品,无经营属性,不属电商范畴;平台经营者为上述行为提供相关服务,仍可纳入电商范畴。公司通过网络开展的单纯内部管理,非法律意义的经营活动,不属电商范畴。③ 电子政务、电子军务显然非经营活动,亦不属电商范畴。

(二) 其交易媒介为 "互联网等信息网络"

电子商务以"电子"为交易媒介,广义上指一切数据电文形式,即以电子、光学、磁或类似手段生成、发送、接收或储存的信息,这些手段包括但不限于电子数据交换、电子邮件、电报、电传或传真。狭义的"电子"交易媒介一般仅指互联网等信息网络,联合国经济合作发展组织《全球电子商务行动计

---

①　CCTV-2 央视财经频道"经济半小时":《〈商战之电商风云〉第一集〈电商江湖〉》,http://tv.cntv.cn/video/C11356/43b-2ac8371ea4f049d388e43f3a32545,2014-05-14。

②　马云:《马云又开腔了,"电商"一词将被淘汰! 明年起阿里不再提它》,https://www.huxiu.com/article/166864.html,2016-10-13。

③　电子商务法起草组:《中华人民共和国电子商务法条文释义》,法律出版社 2018 年版,第 20 页。

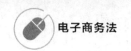

划》即强调电子商务是发生在"开放网络"上的企业之间、企业和消费者之间的商业交易；美国《全球电子商务纲要》将"电子"限定于"因特网"；我国商务部《电子商务模式规范》亦将"电子"表述为"依托网络"之意。[①] 我国《电子商务法》将"电子"定义为"互联网等信息网络"。此"信息网络"不仅包括互联网、移动互联网、电信网等，亦赋予未来新的信息网络技术的法律适用空间，体现了技术中立的立法原则。

（三）其交易内容包括"销售商品或者提供服务"

1. 销售商品

既可销售有形商品，亦可销售无形商品（无须以有形载体交付的电子信息产品，法释〔2012〕8号第五条），如数字音乐、电子书和计算机软件的复制件等数字产品交易。

2. 提供服务

既可在线提供服务，如在线商务或生活信息、旅游等普通服务，在线法律、咨询、设计、调查等专门领域的特殊服务等；亦可线上订立服务合同，线下履行，如家政服务；还包括相关支撑服务，即《网络交易管理办法》第三条第二款所言"有关服务"，是为网络商品交易提供第三方交易平台、宣传推广、信用评价、支付结算、物流、快递、网络接入、服务器托管、虚拟空间租用、网站网页设计制作等营利性服务。虑及监管的专业性与特殊性，网络金融服务（涉金融安全），在线新闻信息、问答等信息发布服务（涉内容管理），网络音视频、出版等服务（涉意识形态安全），不纳入电子商务法所调整的提供服务类经营活动的范围。

三、概念沿革

电子商务是一不断发展的概念，IBM于1996年提出e-commerce（EC）、1997提出e-business概念，e-commerce使用较广，一般可在广义与狭义等不同层面使用此概念。

（一）广义电子商务

广义电子商务是指一切以电子技术手段所进行的、一切与商业有关的活动。依此视角，电子商务并非全新的商务（交易）形式，通过电报、传真等传统电子手段进行的亦符合该要求。联合国国际贸易法委员会《电子商务示范法》与美国《统一电子交易法》均在广义层面界定了电子商务。

"电子技术"是开放概念，包括但不限于电子通信与电子计算技术。（1）美国《统一电子交易法》解释"电子"为"电信、数字、磁力、无线、光学、电磁技术及与之相关或相似的技术"；（2）联合国《电子商务示范法》认为"电子技术手段"即"数据电文"。

"商务"是由一切商务性质关系引发的事项。"电子商务"中的"商务"为包括契约或非契约型的一切商务性质关系引发的各种事项。

故可认为，凡运用"数据电文"手段的所有商业活动均为广义电子商务。

（二）狭义电子商务

狭义电子商务是指通过互联网等信息网络开展商事交易，如互联网电商（i-commerce）、移动电商（m-commerce）等。

知识链接1-1
对"电子商务"
的不同理解

利用互联网等信息网络进行，即利用计算机、智能手机等硬件设备、相关软件（如各类APP）与互联网等信息网络基础设施，通过一定协议连接起来的信息网络环境进行商务活动。

商事交易活动而非单纯信息传递，而应将商务限定在交易范畴内，电子商务只包括不同主体间通过互联网等信息网络完成的商务活动，都是一种交易，非单纯的信息传递。

互联网电商、移动电商是目前发展最快、运用最广的电商形式，为当下主流电商。

---

① 赵旭东：《中华人民共和国电子商务法适用与原理》，中国法制出版社2018年版，第10—11页。

第二节　电子商务的类型

电子商务依不同标准有不同分类。随着技术发展、交易模式创新,新型电商不断显现。

背景资料 1-2
《商务部电子商务模式规范》

一、完全与不完全电子商务

按电子手段在商务活动中的应用程度,电子商务可分为完全和不完全电子商务。

完全电子商务是指合同缔结、履行及一切相关活动均通过互联网等信息网络实现和完成的电子商务,不仅要求交易方式信息网络化,而且要求商品或服务亦通过互联网等信息网络在线提供,并且使用电子支付手段。一些无形商品和服务,如计算机软件、在线娱乐、在线信息服务等的订购、付款和交付,可完全在信息网络上完成。

不完全电子商务是指合同缔结、履行或其他任何相关环节,至少有一项未通过信息网络在线完成的电子商务,如非信息的有形商品难以通过互联网等信息网络在线完成交付。

完全电子商务一般适用电子商务法,不完全电子商务分情形适用电子商务法或传统法。

二、"B2B""B2C""C2C"等电子商务

按交易主体,电子商务可分为:企业—企业(B2B)、企业—消费者(B2C)、个人—消费者(C2C)等类型。企业—消费者—代理商(BAC)、消费者—企业(C2B)、供方—需方(P2D)、厂商—消费者(F2C)、商业机构—家庭(B2F)、供应商—电商企业—顾客(B2B2C)、商家—渠道—顾客(B2C2C)等是由前述模式发展衍化而来。

知识链接 1-2
B2B 电子商务的不同模式[1]

B2B 电子商务即企业与企业之间的电子商务(business to business,B2B),是在企业之间(包括制造商与批发商之间、批发商与零售商之间)直接进行的网络交易,并非发生在消费者和商业机构之间的电子商务。可分为特定企业间和非特定企业之间的电子商务,还可分为综合 B2B、垂直 B2B、自建 B2B 及关联行业 B2B 等不同模式。

知识链接 1-3
B2C 电子商务交易流程

B2C 电子商务即企业与消费者之间的电子商务(business to customer,B2C),是指交易一方为消费者,而相对方为企业的电子商务。企业直接通过网上商店等销售商品或提供服务给消费者,如当当网、京东商城、凡客。

C2C 电子商务即消费者之间的电子商务(customer to customer,C2C)。从法律视角分析,该称谓存有问题,法律上的消费者一般是消费者权益保护法上的概念,在同一交易关系中,消费者一定与经营者相对应,无经营者则无消费者,当交易双方均为"消费者"时,法律意义上的消费者将不复存在。所以,可将上述分类称为个人之间的电子商务,商务部《关于网上交易的指导意见(暂行)》(商务部公告 2007 年第 19 号)未采用"C2C"提法,而表述为"个人间交易"。此模式源于传统跳蚤市场,在跳蚤市场中,买卖双方可一对一讨价还价,双方同意即可完成交易,eBay 率先采用该方式,国内淘宝网为该模式典型代表。

知识链接 1-4
《商务部关于网上交易的指导意见(暂行)》

不同类型电商法律适用存有一定差异。如 B2B 国内电商主要适用《中华人民共和国合同法》(以下简称《合同法》)、《电子商务法》等;B2C、C2C 国内电商常适用《中华

---

[1]　杨坚争:《电子商务基础与应用》(第十版),西安电子科技大学出版社 2017 年版,第 23—25 页。

人民共和国消费者权益保护法》(以下简称《消费者权益保护法》);B2B 跨境电商则可能需适用《联合国国际合同使用电子通信公约》等。

三、EDI、Internet、Intranet、Mobile 电子商务

这是按网络类型所做的分类。

EDI(electronic data interchange,电子数据交换)电子商务即电子数据交换商务,是按商定的协议,将商业文件标准化和格式化,并通过计算机网络,在贸易伙伴的计算机网络系统之间进行数据交换和自动处理,主要用于企业与企业、企业与批发商、批发商与零售商之间的批发业务。

Internet 电子商务即互联网电商,以计算机、通信、多媒体、数据库技术为基础,通过互联网,在网上实现营销、购物服务。突破了传统商业生产、批发、零售及进、销、存、调的流转程序与营销模式,少投入、低成本、零库存、高效率,实现社会资源高效运转。消费者可不受时间、空间、厂商的限制,广泛浏览、充分比较、模拟使用,以最低价格获得最为满意的商品或服务。

Intranet 电子商务即内联网电商,是利用企业内网开展的商务活动,利用企业内部所建立的网络系统,沟通企业内部人员的信息,开展内部交易。企业 Intranet 商务,可节省文件往来时间,方便沟通,降低成本,通过网络与客户双向沟通,适时提供特色产品与服务,并提升服务品质。

Mobile 电子商务即移动电商,是利用移动网络的无线连通性,允许各种非 PC(personal computer,个人计算机)设备,如手机、PDA(personal digital assistant,掌上电脑)、车载计算机、便携式计算机等在电子商务服务器上检索数据,开展交易。移动电商发展迅猛,B2C、C2C 电商的移动端已超过 PC 端。

四、本地电商、远程境内电商、跨境电商

这是按交易信息网络范围所做的划分。本地电商是在本地区或本城市实现的电商活动。远程境内电商是在本境范围内实现的电商活动。跨境电商是分属不同关境的交易主体,通过电商平台达成交易、进行电子支付结算,并通过跨境物流送达商品、完成交易的国际商业活动。

五、有形商品、无形商品、在线服务电子商务

按交易内容,可分为有形商品网络销售、无形商品网络销售、在线服务交易等。按服务行业类型,在线服务类电商可进一步分为支付与金融(如支付宝)、旅游(如携程)、娱乐(包括游戏)、房地产(如安居客)、交通运输(如 12306 网站)等。服务型电商具有相当现实的盈利点,主要提供信息服务,较少涉及实物运输,无须解决复杂的物流配送问题,可采用 B2B、B2C、C2C、C2B 等多种形式,用户范围广、营运成本低。

六、O2O 电子商务

O2O 即 online to offline,将线上消费者带到实体商店中去,在线订购线下商品和服务,并在线支付,再到线下去获取货物或享受服务。商家通过 O2O 模式了解消费者购物信息,实现区域化精准营销,一定程度降低了商家对店铺地理位置的依赖,相应减少了租金支出。消费者通过 O2O 获取丰富、全面、及时的本地商家产品与服务信息,实现快捷筛选与订购。

第三节　电子商务与传统商务的区别

电子商务本质仍为商务活动,但与传统商务存有不同。

一、交易环境虚拟化

电子商务以信息网络为媒介,将商业活动所需信息以数据电文方式经信息网络传输至各类终端完整再现,完成意思传递、合意达成、钱款支付及除实体商品交付外部分物流移转等商业活动,构成一异于传统线下现实社会的网络虚拟交易环境。此"虚拟"实为比喻,用于描述不同于现实物理世界之网上世界,其仍为客观现象,法律不承认虚拟、假想之物。

二、交易主体虚拟化

网络交易各方多以网名、昵称相互沟通,各自真实名称、地址、业务范围、负责人姓名等可能并未显示于网络前台,交易一方对相对人线下世界真实身份不尽知晓,发生纠纷难以准确查找交易相对人。

三、交易信息载体无纸化

在电商交易中,"电子信息"这一新媒介取代了传统记载交易者意思与交易内容的纸张,该信息可借助于相应计算机软、硬件工具与网络环境而方便读取。无纸化交易在节约大量成本之时,亦引发交易资料存档、取证难题。

四、交易标的无形化、数字化、信息化

电商交易标的既可为服装、玩具等有形商品,亦可为信息、游戏、咨询等无形商品或服务。涉后者交易可全程网上完成。有形商品网上交易,需将其数字化信息形式的图形、文字、音视频等显现于网上,其订购、签约、付款均可在网上完成,仅交货、消费在网下实施。

五、交易支付手段电子化、高度信用化

电子货币、网上银行、第三方支付平台等支付媒介或平台,可使电商交易付款环节全程在线实施,进而要求交易各方需有良好商业信用。

六、突破时空局限而真正实现贸易全球化

就空间而言,各电商主体依靠信息网络,形成与传统领土完全不同、无地理界限的全新空间范围;就时间而言,电子商务不受时间限制,在线商店可每天 24 小时营业。而移动电商则让交易各方更加突破时空束缚。

七、交易成本降低、效率提升

通过信息网络完成商务活动,不仅可扩展营销渠道,节省经营场所建租成本,大幅降低采购、仓储或促销等成本,而且能精准营销。同时,产品、供求、订约等信息瞬间传至世界各地,电商各方主体的沟通与达成交易更为迅捷、有效。

八、交易机会增加

商家可通过无边界的信息网络发布交易信息,在全球范围内开展要约邀请宣传;同时,该交易信息一天 24 小时在网上持续传播,可极大增加交易机会。消费者通过信息网络购物或接受服务,其消费范围更加广泛、消费时间不再受限。

第四节　电子商务对传统法律的挑战

各国早已建立一套完备有效的法律规范,以对传统商务予以规制与调控。电子商务的高技术性、全球化、无纸化等特征,致使传统法律规则难以全面有效地对其加以调整,若径行套用,将可能产生不公平后果或阻碍电商发展,电子商务在诸多方面挑战传统法律制度。

一、电子商务对合同法的挑战

电子商务对身为商品交易关系基本法的合同法的影响重大而深远。在价值取向方面,电子商务扩充了合同自由的内涵,丰富了交易主体的订约方式,扩大了交易主体范围,以自身的高效充分体现了现代生活及合同法对效率的追求。在具体制度与规则方面,由于电商交易信息一般以数据电文形式在线传递,电磁介质合同在丰富合同形式之时,亦引发了性质界定、有无证明力等难题;电子商务快捷通信手段使合同法中的要约、承诺事实难以撤回;网络空间虚拟化与网民低龄化则加大了交易主体适格性确认难度;电子要约与承诺的构成、生效条件,电子合同成立、生效时间、地点,无效或被撤销的原因等是否与传统合同相同等等,传统合同法难以解答此类问题。

二、电子商务对知识产权法的挑战

电子商务与知识产权保护密不可分。无论间接电子商务中的网络广告、网上谈判与签约,还是直接电子商务中影视、录音乃至文学作品的销售,均涉商标权、版权等传统知识产权与域名权等知识产权保护及不同权利冲突。日新月异的电子商务致使著作、商标、专利等制度面临巨大冲击,对知识产权的侵犯越发容易,新型智力产品亟须法律认可与保护。④ 网上数字化信息的公开性、网络传输的无国界性,与传统知识产权的专有性及地域性会产生冲突。著作权方面,如何在保护作者权益与维持网站信息丰富多样性间寻求平衡是著作权法面临的新问题。计算机软件、数据库、多媒体技术给著作权客体带来新内容,但网络数字技术品引发网上复制权、发行

---

① 王凤飞:《我国电子商务与传统商务协同发展研究》,中国矿业大学博士学位论文,2016 年,第 5—8 页。

② Specht V. Netscape Communications Corp,150 F. Supp. 2d 585(S. D. N. Y. 2001)。关于本案判决及相关介绍,英文原文可参见[美]罗纳德·J.曼、简·K.温:《电子商务法》(案例教程影印系列),中信出版社 2003 年版,第 206—212 页;中文介绍可参见何其生:《电子商务的国际私法问题》,法律出版社 2009 年版,第 315—316 页。转引自郭懿美、蔡庆辉:《电子商务法经典案例研究》,中信出版社 2006 年版,第 53 页。

③ 详见北京市第二中级人民法院:《劳力士公司诉国网信息公司抢注域名侵犯其注册商标专用权案》,http://vip.chinalawinfo.com/newlaw2002/slc/slc.asp? db=fnl&gid=117463836,2009-09-27。

④ 鲍永正:《电子商务知识产权法律制度研究》,中国政法大学博士学位论文,2002 年,第 132 页。

权、出租权新问题,ISP因其服务者侵权行为及其计算机系统在服务过程中自动复制而易产生侵权问题,等等。专利权方面,网络技术对专利领域提出新问题,计算机软件能否成为专利保护客体,因特网的广泛与开放性对专利"新颖性"提出挑战,等等。而传统商标法中商标种类、特征、侵权标准在网络上亦遇新问题。商标法能否自动将数据电文形式的动画图像网上商标纳入其调整范围?网络商标具有全球性,而一般网下商标具有地域性与多重性,网络商标侵权可否直接适用传统商标侵权行为标准?等等。交易主体域名相似性如何判定,域名与商标、企业名称冲突如何协调等,均需新的法律规范予以解决。①

三、电子商务对消费者权益保护法的挑战

电子商务在扩大消费者选择权,使消费者享受低廉、快捷服务的同时,也引发了卖方身份确定、网上欺诈、支付安全、隐私保护等消费者权益保护新问题。② 经合组织(OECD)《关于电子商务中消费者保护指南的建议》称:"全球性的网络环境对每一个国家或其法律制度解决电子商务中消费者保护问题的能力提出了挑战。"例如:(1)消费者知情权难以实现。网络交易无须面对面,消费者依经营者提供的图片或视频等了解商品或服务,信息不对称,导致其知情权实现与否主要取决于经营者是否提供真实信息。因利益驱使,一些电商经营者故意夸大产品性能与功效、提供虚假价格、实施虚假服务承诺、以次充好、以假乱真,或向消费者提供不完整商品或服务信息。(2)消费者交易安全权保护面临挑战。网络交易时,消费者多被要求提供详细个人资料,大量私人信息与数据等被信息服务系统收集、储存、传输,导致消费者隐私权受到威胁。网络商品或服务经营者为自身利益使用甚至买卖消费者个人信息,消费者受大量垃圾邮件骚扰,等等。消费者网上支付的银行账号、密码、身份证号等有关信息有可能被黑客或不法分子窃取,导致财产损失。另外,网络交易还涉及第三方平台、认证机构、支付机构、物流配送机构等,使消费者权益受损原因出现多种可能,责任主体难确定。

实务分析 1-5
刘艳君诉淘宝公司
买卖合同纠纷案③

四、电子商务对金融法的挑战

商务活动支付手段较早实现了专门性计算机网络的电子化支付,如信用卡支付、远程网上结算及电子资金划拨等。网上电子支付日益普及后,传统金融法中货币发行、支付风险、支付责任等规定难以直接适用于电子支付行为。电子支付中,电子货币发行人是哪些机构,电子支付安全性由谁保障,电子支付错误损失由谁承担等问题亟须规范。

实务分析 1-6
支付宝用户 6000
元资金被捐款
疑遭黑客攻击④

五、电子商务对税法的挑战

电子商务的出现与迅速发展对税收制度、税源税基、税收征管、国际税收分配等方面产生了巨大影响。原有税收征管措施与税种确立主要建立在传统商务模式之上,交易各方的交易信息及账册均存储于纸质介质,营业主体均有固定营业地及经营范围,税务部门核查、监控及催收方便。但在电商交易中,网上流动营销较为

实务分析 1-7
首例网商偷税案
引关注　网上开
店亦要依法纳税⑤

① 何正贤:《电子商务:知识产权保护的新特点与新问题》,载《成都大学学报(社会科学版)》2005 年第 3 期,第 31—33 页。
② 倪斐:《我国网络交易中消费者权益立法保护的不足与完善》,载《河北法学》2011 年第 4 期,第 128 页。
③ 详见"刘艳君诉淘宝公司买卖合同纠纷案"。杭州市西湖区人民法院,案件字号:(2009)杭西商初字第 2710 号。
④ 新华社"中国网事"记者:《6000 多元不见了　一查竟然被"捐款"》,载《深圳晚报》2011 年 10 月 31 日,第 A16 版。
⑤ 张晨:《全国首例网络逃税案开审》,载《财会信报》,2007 年 7 月 9 日,第 A01 版;俞丽虹、杨金志:《网上店铺偷税成风?有人已落法网》,载《新华每日电讯》2007 年 7 月 26 日,第 006 版。

普遍,营业主体不一定有固定营业地及经营范围,同时,网上交易信息及账册记录信息以数据电文记载,存储于磁盘介质,其固定性、可信性、不可删改性需借助技术手段予以加强,税务部门获取电商真实交易资料及对纳税对象核查、监控、催收面临挑战,传统征管手段难以适应。另外,电子商务中生产、流通、分配、消费的界线难以区分,网上交易税种确定面临一定困难。[①]

六、电子商务对证据法的挑战

传统诉讼法中,证据种类、形式、证明力等多与纸质介质证据有一定关系。而电子商务中广泛形成的数据电文形式的记录资料是否属法定证据,是否有原件,其举证方法如何确定,排他性、防伪造性如何解决等问题,传统证据法难以应对。

实务分析 1-8
QQ 聊天记录作
为证据被采纳[②]

本章练习

第一章练习
(含"理论思考""实务分析""实务训练")

---

① 关永宏:《电子商务法》,华南理工大学出版社 2003 年版,第 8 页。
② 林劲标等:《中山宣判一起电子商务纠纷案》,载《人民法院报》2010 年 7 月 3 日,第 003 版。

第二章 电子商务法概述

第一节 电子商务法的含义

【背景思考】

电子商务法是一部怎样的法律？我国为何要出台电子商务法？

一、电子商务法的概念

（一）实质电子商务法与形式电子商务法

实质电子商务法是调整电商法律关系的法律规范总和，调整电商交易形式、电商交易本身及其引发的特殊法律问题。形式电子商务法是以"电子商务法"命名的法典，如《中华人民共和国电子商务法》（以下简称《电子商务法》）。

（二）广义电子商务法与狭义电子商务法

广义电子商务法是调整利用一切电子手段（电话、电视、传真、电传等传统电子手段及互联网等信息网络）进行交易所生社会关系的法律规范的统称，包含调整以电子商务为交易形式的规范（如联合国《电子商务示范法》）和以电子信息为交易内容的规范（如联合国《电子资金传输法》、美国《统一计算机信息交易法》）。狭义电子商务法仅指调整通过互联网等信息网络交易所生社会关系的法律规范。我国《电子商务法》属狭义电子商务法。

背景资料 2-1

新闻观察：电子商务法历经四审终问世[①]

观点链接 2-1

对电子商务法概念的不同观点[②]

二、电子商务法的特征

（一）与传统法相比所具有的特征

1．开放型

电子商务法以形式多样并不断发展的数据电文为意思表示载体，须以开放态度对待任何技术手段与信息媒介，让一切利于电商发展的设想与技巧均被容纳。各国电商立法多使用开放型与功能等价性条款，其基本定义、制度及法律结构多呈开放型。

2．技术性

电子商务法相关法律规范直接或间接由技术规范演变而成。如规定非对称加密数字签名为安全电子签名，将公开密钥技术规范转化为法律要求；当事人若不遵守网络协议技术标准，就不可能在开放环境下进行电商交易；大数据、云计算、区块链等新技术在电子商务中的应用，均逐步体现在电子商务相关法律规范中。

---

① CCTV-4 央视中文国际频道"中国新闻"：《新闻观察：电子商务法历经四审终问世》，http://tv.cctv.com/2018/09/02/VIDEWnl2DIiTjYUU1LJiElA6180902.shtmlac8371ea4f049d388e43f3a32545，2018-09-02。

② 齐爱民：《电子商务法原论》，武汉大学出版社 2010 年版，第 10 页；张楚：《电子商务法》，中国人民大学出版社 2011 年版，第 8—10 页；刘德良：《论电子商务法的涵义、调整对象》，载《河南师范大学学报（哲学社会科学版）》2001 年第 6 期，第 37 页。

3.安全性

开放性互联网一般较为脆弱,"黑客"与"病毒"攻击使电商信息网络系统面临潜在与现实威胁,仅靠技术制约技术非长久之计,更多安全仍需法律保护。电子商务法须对电商安全问题予以规定,有效预防与处置各种电商安全风险,保证电商系统安全运行。

4.程序性

一定程度上,电子商务法表现为交易形式法,包含一些不直接涉及具体内容仅解决交易形式问题的程序性规范,如数据电文是否有效、是否归属某人,电子签名是否有效、是否适应交易性质,认证机构资格如何等。这些电商法规主要解决电商意思表达程序问题,未直接涉及交易实体权利与义务。

5.国际性

传统法律制度具有明显的地域性,而电子商务法所规范社会关系存在于无国界的信息网络社会,各国电子商务立法不仅要考虑本国国情,还要虑及国际通行做法。

6.综合性

电商交易往往涉及多方主体,如买卖双方需认证机构确认双方身份,需要网络服务接入商、网络内容提供商等。电子商务法不仅要规范交易双方,还要规范其他相关主体。电子商务法还涉及经济法、民法、行政法等诸多领域。

(二)我国《电子商务法》的特征

1.促进法

该法保障并支持电商创新发展,不仅将促进电商持续健康发展作为立法目的,还专章规定电商促进法律制度。规定了适应和促进电商发展的产业政策,以法律形式确定了有利于电商创新发展的市场环境和有关机制建设,明确了符合电商发展需要的监管原则、治理体系和监管机制,建立促进跨境电商发展的制度机制,鼓励平台创新业务、提供多元服务。

2.保护法

该法保护用户和消费者权益。系统全面规定电商经营者保护用户和消费者权益的义务;为规制平台经营者滥用其平台资源"私权力",针对性设定了平台义务和责任;明确规定国家维护电商交易安全,保护电商用户信息。

3.平台法

该法规范平台行为。注重平台服务协议和交易规则,明确规范以平台规则为核心的平台治理机制,让平台参与或协助监管,明确建立以平台为关键节点的知识产权保护规则。

4.绿色发展法

该法多处规定电商绿色发展。明确政府应采取措施支持、推动绿色包装、仓储、运输,促进电商绿色发展;电商经营者要履行环保义务,销售商品或提供服务应符合环保要求;快递物流服务者应按规定使用环保包装材料,实现包装材料的减量化和再利用。[①]

三、电子商务法的性质

(一)电子商务法是电商领域的综合性法律

《电子商务法》不仅包含电商主体准入、电商交易(电子合同、电子支付等)、知识产权保护等民商法规范,还涉及电商消费者权益保护、反不正当竞争及反垄断、网络广告、电商税收、电商促进等经济法规范,电商监管、行政许可、行政处罚等行政法规范,电商纠纷管辖、在线纠纷解决、电子证据等程序法规范,还可能涉及国际私法、国际经济法(如跨境电商)。

---

① 周辉:《〈电子商务法〉具有四大鲜明时代特征》,载《经济参考报》2018年9月12日,第008版。

（二）电子商务法的核心内容属民商法领域

《电子商务法》不仅以保障电商各方主体合法权益、规范电商行为为其立法目的，而且用大量条款规定了电商经营者的权利与义务（相对应者即为消费者权利），专门规定了电商合同的订立与履行，可见其核心内容仍属民商法领域。

（三）电子商务法既有任意性又有强制性规范

任意性规范主要体现于电商交易法，体现当事人意思自治；第二章有关电商经营者的义务性规范、第六章的法律责任规范多为强制性规范。

实务分析 2-1 清华教授打赢网易侵权案：获赔 1 万元①

第二节　电子商务法的调整对象——电商法律关系

【背景思考】

1.本案中金海晓与天猫公司、楚翔公司分别是何种法律关系？

2.电商法律关系的主体、客体、内容与传统法律关系有何不同？

电商法律关系是由电商法律规范所确认的电商活动各方当事人之间具有权利（力）、义务（责任）内容的社会关系。依《电子商务法》第二条，我国境内的电子商务活动适用该法。法律、行政法规对销售商品或提供服务有规定的，适用其规定。金融类产品和服务，利用信息网络提供新闻信息、音视频节目、出版及文化产品等内容方面的服务，不适用该法。

背景资料 2-2 金海晓与浙江天猫网络有限公司纠纷案②

一、电商法律关系主体

电商法律关系主体是电商活动中享有权利（力）、负有职责、承担义务（责任）的当事人，包括电商交易主体、电商服务主体、电商监管主体、电商评价主体等。

知识链接 2-1 电商法律关系主体结构图

（一）电商交易主体

电商交易主体是在通过互联网等信息网络的经营活动中进行直接交易的各方，即商品销售中的转让方与受让方，服务经营中的服务提供者和消费者，为电商经营活动的基本主体。依《电子商务法》第九条第一款，电商经营者系通过互联网等信息网络从事销售商品或提供服务的经营活动的自然人、法人和非法人组织，包括电商平台经营者、平台内经营者及通过自建网站、其他网络服务销售商品或提供服务的电商经营者。依该条第三款，平台内经营者系通过电商平台销售商品或提供服务的电商经营者。在网络商品销售中，依交易标的物差异，转让方与受让方之间存在有形商品买卖合同关系（合同标的采用快递物流方式交付），或无载体电子信息产品买卖合同（合同标的采用在线传输方式交付）。③ 在网络服务经营活动中，依服务标的差异，网络服务者与用户之间存在各种网络服务合同关系。如奇虎 360 科技有限公司向广大用户直接在线提供互联网和手机安全产品及服务；在猪八戒网这一线上服务交易市场上则存在各类电商服务（电商设计、电商运营、电商营销、电商视频）、在线品牌设计、IT/软件、影视动漫、营销传播、装修/VR、工业设计、法律、教育培训、生活等各类服务。④

---

① 韩晓东：《清华教授冤陷"口水门"拷问网易》，载《中华读书报》2009 年 4 月 15 日，第 001 版；范静：《私人信件被发表清华教授告网易》，载《人民法院报》2009 年 7 月 12 日，第 004 版。

② 详见"金海晓与浙江天猫网络有限公司纠纷案"。杭州互联网法院，案件字号：(2017)浙 8601 民初 1459 号。

③ 详见《中华人民共和国电子商务法》第五十一条和《最高人民法院关于审理买卖合同纠纷案件适用法律问题的解释》（法释〔2012〕8 号）第五条。

④ 详见 360 官网首页(https://www.360.cn)与猪八戒网首页(https://ningbo.zbj.com)。

（二）电商服务主体

其并非作为电商交易一方的服务提供者，仅指为电商交易当事人提供交易平台、相关配套或基础服务的服务提供者。如猪八戒网并非该网上具体服务交易的当事人或直接参与者，仅为当事人提供在线服务交易平台，仅是提供平台服务的电商服务主体。非面对面的电商交易双方通过数据电文传输进行交易协商及履行，其交易实现须依靠作为第三方的各类电商服务主体参与，缺少这些服务主体，电商活动将无法真正开展。常见电商服务主体主要有以下几类。

1.平台服务提供者

平台服务提供者即电商平台经营者，依《电子商务法》第九条第二款，指在电子商务中为交易双方或多方提供网络经营场所、交易撮合、信息发布等服务，供交易双方或多方独立开展交易活动的法人或非法人组织。如 C2C 交易平台（淘宝等）、B2B 交易平台（阿里巴巴等）、B2C 交易平台（天猫、亚马逊、京东、当当等的非自营平台）。

2.电商交易相关配套服务主体

电商交易相关配套服务主体包括支付（支付宝等）、快递物流（顺丰等）、电商设计、运营、营销、视频等服务主体。依《电子商务法》第四十六条，平台经营者可按平台服务协议和交易规则，为经营者之间的电子商务提供仓储、物流、支付结算、交收等服务。

3.电商交易相关基础服务主体

电商交易相关基础服务主体如电子签名与电子认证服务主体（CA，如 e 签宝），即《电子签名法》中规定的电子认证服务提供者；《网络交易管理办法》中提及的网络接入服务主体（IAP，如电信、移动、联通等）、服务器托管服务主体、虚拟空间租用主体等。

（三）电商监管主体

电商市场持续健康稳定发展，需要对其予以依法适当监管。广义电商监管主体包括政府监管部门、相关协会、第三方机构和普通消费者等，狭义电商监管主体一般指政府相关监管部门。市场监管、税务、海关、金融监管、网络监管、邮政等相关部门是电商活动最重要的监管主体，根据各自行政职能，依法对相关电商主体的电商经营或服务活动予以监督、管理。《电子商务法》第六条即规定国务院有关部门按职责分工负责电商发展促进、监督管理等工作；县级以上地方各级政府可根据本行政区域实际情况，确定本区域内电商部门职责划分。相关协会包括电商领域的行业协会和消费者协会等，电商行业协会本着规范电商行业秩序、促进电商行业发展原则，对行业内电商活动予以监管。第三方独立服务机构则可接受政府及相关部门、行业协会或消费者协会等委托，对电商市场经营活动予以监管。该法第七条要求国家建立符合电商特点的协同管理体系，推动形成有关部门、电商行业组织、电商经营者、消费者等共同参与的电商市场治理体系。第八条则要求电商行业组织按本组织章程开展行业自律，建立健全行业规范，推动行业诚信建设，监督、引导本行业经营者公平参与市场竞争。

（四）电商评价主体

市场经济是信用经济，信用是决定电商市场健康发展的核心要素，《电子商务法》第七十条要求国家支持依法设立的信用评价机构开展电商信用评价，向社会提供电商信用评价服务。目前国内电商信用评价既有电商经营主体自行评价，亦有独立的信用评价机构的第三方评价，监管部门在推动电商可信交易公共服务建设方面亦有一定经验。单纯由平台主导建立信用评价机制，制定信用评价规则，评价基础和信息均基于平台内信息，相对封闭，易生"刷单""炒信"等，不利信用制度奖优罚劣效果的发挥。电商信用评价主体应有开放性、多元化，任何拥有资质的第三方，只要符合法律规定，均可从事电商信用评价业务，从而保障消费者基于客观信用评价信息真正享有知情权、选择权。①

---

① 电子商务法起草组：《中华人民共和国电子商务法条文释义》，法律出版社 2018 年版，第 227—228 页。

二、电商法律关系客体

电商法律关系客体是电商法律关系主体享有的权利与承担的义务所直接指向的对象。具体包括以下几方面内容。

（一）行为（给付）

行为主要指电商交易中一方的交付货物（有形实体商品或无形数字化商品）行为与另一方的支付价款行为；电商服务提供者提供服务的行为、电商认证机构认证服务行为；通过网络向消费者提供某种信息或服务，如网上旅游服务、网上法律咨询、网上远程教育等在线行为。电商交易中有形商品一般经由第三方快递物流企业的线下配送予以交付，而无载体的数字信息产品则可经由在线网络传输的方式接收或下载该产品予以交付，或通过发送权利凭证（如访问或使用特定信息产品的密码）予以交付。

（二）物

物主要指有形实体商品。现实中任何有形商品或物品，包括动产和不动产，均可依法通过电子商务进行交易，如淘宝网上销售的琳琅满目的各种商品（普通动产），瓜子二手车网上销售的汽车（特殊动产），安居客平台上销售的商品房（不动产）。

（三）智力成果

智力成果是指在互联网及电商领域存在的各类数字化作品、域名、商标、发明创造等智力成果，实为著作权（尤其是作品信息网络传播权）、域名使用权、商标专用权、专利权的客体。实践中，电商方面的专利申请，不仅包括为实现整个电子商务的方法或系统，还包括为实现电子商务各环节或解决某一问题而做出的努力（产品或方法），如作为整体电商解决方案的美国亚马逊公司的电子商务专利（美国专利号 US 5960411），作为电商局部解决方案的电商支付方法（中国发明专利 ZL 03101151.9 号），基于互联网的新业务系统和方法（一种在因特网上的医疗和旅游服务的综合系统及其操作方法，中国专利申请 CN 01810811.3 号）。①

（四）数据、虚拟财产

依《民法总则》第一百二十七条，法律对数据、网络虚拟财产予以保护。

1. 数据

随着信息网络技术的发展与应用，各类数据信息迅猛增长，数据交易日益增多。人们对数据内涵和外延、权利属性和权利人对数据享有哪些权利均存有争议。目前与数据相关联的法律概念主要有汇编作品和数据库，具有独创性的数据构成汇编作品受著作权法保护。② 依《电子商务法》第二十五条，有关主管部门依法要求电商经营者提供有关电商数据信息的，电商经营者应当提供；主管部门应采必要措施保护电商经营者提供的数据信息的安全，并对其中的个人信息、隐私和商业秘密严格保密，不得泄露、出售或非法向他人提供。

2. 网络虚拟财产

网络虚拟财产是存在于网络空间的虚拟财产，包括电子邮箱、网络账户、虚拟货币、虚拟物品及装备等。网络用户通过账号密码设置防止他人修改、增删自己的网络虚拟财产，通过一定程序买卖、使用、消费网络虚拟财产，实现对网络虚拟财产的占有和处分。③

（五）个人信息利益

个人信息权利是个人在现代信息社会享有的重要权利，明确对个人信息的保护。这对保护人格尊严，使个人免受非法侵扰，维护正常社会秩序具有现实意义。《民法总则》第一百一十一条规定："自

---

① 张龙哺：《基于知识产权视角的电子商务》，载《知识产权》2008 年第 5 期，第 74—78 页。
② 李适时：《中华人民共和国民法总则释义》，法律出版社 2017 年版，第 395—396 页。
③ 李适时：《中华人民共和国民法总则释义》，法律出版社 2017 年版，第 398 页。

然人的个人信息受法律保护。"《电子商务法》第二十三条规定:"电子商务经营者收集、使用其用户的个人信息,应当遵守法律、行政法规有关个人信息保护的规定。"《网络安全法》第七十六条第五款规定:"自然人的个人信息是指,以电子或者其他方式记录的能够单独或者与其他信息结合识别自然人个人身份的各种信息,包括但不限于自然人的姓名、出生日期、身份证件号码、个人生物识别信息、住址、电话号码等。"个人信息与隐私二者范围有交叉,重合部分为隐私信息,即权利主体不愿为他人知晓的个人信息,如病史、犯罪记录等。但个人信息不仅包括不愿为外人知晓的隐私信息,还包括可公开的非隐私信息,如姓名、性别等。并且,隐私带有主观色彩,如身高、住址、电话号码等个人信息,有些人视为隐私,有些人视为可公开信息。一些侵犯个人信息的行为,未必构成侵犯隐私。①

三、电商法律关系内容

电商法律关系内容指各类电商法律关系主体在电商活动中所享有的权利(力),负有的职责或承担的义务(责任)。《电子商务法》主要从义务(责任)角度对相关电商主体予以规范。

(一)电商经营者的一般义务

《电子商务法》第二章第一节针对所有电商经营者的义务(职责)做出具体规定。如依法办理市场主体登记、依法纳税、依法获许可经营、保障人身、财产安全和保护环境、依法出具购货凭证或服务单据、亮照经营、歇业公示、商品或服务信息披露、精准营销、推送广告的限制、搭售商品或服务的限制、交付义务及风险、责任承担、收取押金的限制、不得滥用市场支配地位、收集、使用用户信息的限制、对用户信息查询、更正、删除及注销的限制、向有关部门提供数据信息、依法从事跨境电商、依法订立合同等各类义务。

(二)电商平台经营者的义务

《电子商务法》第二章第二节具体规定平台经营者的义务(职责)。如核验登记平台内经营者信息,报送信息与配合监管,依法处置平台内违法信息,保障电商交易安全,记录保存交易信息,依法制定、公示、修改服务协议和交易规则,不得不合理对待平台内经营者,及时公示对平台内经营者的处罚,区分自营与他营业务,对平台内经营者侵权的连带或相应责任,信用评价,显示搜索结果,竞价排名的限制,保护知识产权,依法提供配套服务的限制等各类义务及责任。

(三)快递物流服务提供者的义务

依《电子商务法》第五十二条,快递物流服务提供者为电子商务提供快递物流服务,应当遵守法律、行政法规,并应符合承诺的服务规范和时限。其在交付商品时,应提示收货人当面查验;交由他人代收的,应经收货人同意;应按规定使用环保包装材料,实现包装材料的减量化和再利用;在提供快递物流服务的同时,可接受经营者委托提供代收货款服务。

(四)电子支付服务提供者的义务

实务分析 2-2
邓振宇诉浙江淘宝网络有限公司产品责任纠纷案②

依《电子商务法》第五十三至五十六条,电子支付服务提供者为电子商务提供电子支付服务,应遵守国家规定,告知用户电子支付服务的功能、使用方法、注意事项、相关风险和收费标准等事项,不得附加不合理交易条件。其应确保电子支付指令的完整性、一致性、可跟踪稽核和不可篡改。应向用户免费提供对账服务及最近 3 年的交易记录。其提供电子支付服务不符合国家有关支付安全管理要求,造成用户损失的,应承担赔偿责任。支付指令发生错误的,其应当及时查找原因,并采相关措施予以纠正;造成用户损失的,其应承担赔偿责任,但能证明支付错误非自身原因造成的除外。完成电子支付后,应及时准确地向用户提供符合约定方式的确认支付的信息。

---

① 李适时:《中华人民共和国民法总则释义》,法律出版社 2017 年版,第 343—350 页。
② 详见"邓振宇诉浙江淘宝网络有限公司产品责任纠纷案"。杭州互联网法院,案件字号:(2017)浙 8601 民初 1483 号。

第三节　电子商务法的主要内容

背景资料 2-3
《中华人民共和
国电子商务法》

【背景思考】

1.《中华人民共和国电子商务法》主要包括哪些内容？

2.广义的电子商务法可包含哪些内容？

《中华人民共和国电子商务法》于 2018 年 8 月 31 日经第十三届全国人大常委会第五次会议审议通过，于 2019 年 1 月 1 日实施。电子商务法是电商领域的综合性、基础性法律，对保障电商各方主体权益、规范电商行为、维护市场秩序、促进电商持续健康发展具有重要作用，对贯彻落实新发展理念、实现高质量发展、更好满足人民美好生活需求、深化供给侧结构性改革、建设创新型国家、推进依法治国、完善社会主义市场经济法律体系、参与全球网络空间治理、主导国际规则制定等均有重大意义。该法含总则、电子商务经营者、电子商务合同的订立与履行、电子商务争议解决、电子商务促进、法律责任、附则，共七章八十九条。

一、总则部分

（一）目的与宗旨

制定电子商务法是为保障电商各方主体合法权益，规范电商行为，维护市场秩序，促进电商持续健康发展。

（二）适用范围

中华人民共和国境内的电子商务活动，适用《电子商务法》。该法所称电子商务是指通过互联网等信息网络销售商品或提供服务的经营活动。法律、行政法规对销售商品或提供服务有规定的，适用其规定。金融类产品和服务，利用信息网络提供新闻信息、音视频节目、出版及文化产品等内容方面的服务，不适用该法。

（三）基本原则

1.鼓励发展电子商务

国家鼓励发展电商新业态，创新商业模式，促进电商技术研发和推广应用，推进电商诚信体系建设，营造有利于电商创新发展的市场环境，充分发挥电子商务在推动高质量发展、满足人民日益增长的美好生活需要、构建开放型经济方面的重要作用。

2.线上线下平等对待

国家平等对待线上线下商务活动，促进线上线下融合发展，各级政府和有关部门不得采取歧视性的政策措施，不得滥用行政权力排除、限制市场竞争。

3.电商经营者经营活动的基本原则与要求

电商经营者从事经营活动，应遵循自愿、平等、公平、诚信的原则，遵守法律和商业道德，公平参与市场竞争，履行消费者权益保护、环境保护、知识产权保护、网络安全与个人信息保护等方面的义务，承担产品和服务质量责任，接受政府和社会的监督。

（四）一般规定

1.部门监管

国务院有关部门按照职责分工负责电商发展促进、监督管理等工作。县级以上地方各级政府可根据本行政区域实际情况，确定区域内电子商务的部门职责划分。

2. 协同管理

国家建立符合电商特点的协同管理体系,推动形成有关部门、电商行业组织、电商经营者、消费者等共同参与的电商市场治理体系。

3. 行业自律

电商行业组织按本组织章程开展行业自律,建立健全行业规范,推动行业诚信建设,监督、引导本行业经营者公平参与市场竞争。

二、电子商务实体法

(一)主体法

《电子商务法》第二章分为"一般规定"和"电子商务平台经营者"两节,共三十八个条款,详细规定了电商经营者的类型、各项义务(见本章第二节"电子商务法的调整对象——电商法律关系")。

(二)交易形式法

1. 电子合同法

《电子商务法》第三章"电子商务合同的订立与履行"主要规定了电商合同的法律适用、自动信息系统订立或履行合同效力及当事人行为能力推定、电商合同的成立、电商经营者订立合同时的义务、电商合同交付方式、交付时间。

2. 电子签名与认证法

《电子签名法》含总则、数据电文、电子签名与认证、法律责任、附则,共三十六条。

3. 电子支付法

目前国内涉及电子支付的主要规范如下。

(1)《电子支付指引(第一号)》(中国人民银行公告〔2005〕第 23 号,以下简称《指引》)。该《指引》于 2005 年 10 月 26 日由中国人民银行发布,对银行从事的电子支付业务提出指导性要求,以规范和引导电子支付的发展。《指引》主要规范银行及接受其电子支付服务的客户。[①] 包括第一章为总则、第二章为电子支付业务的申请、第三章为电子支付指令的发起和接收、第四章为安全控制、第五章为差错处理、第六章为附则,共四十九条。

(2)《非金融机构支付服务管理办法》(中国人民银行令〔2010〕第 2 号)。为促进支付服务市场健康发展,规范非金融机构支付服务行为,防范支付风险,保护当事人合法权益,中国人民银行制定了本办法,明确非金融机构支付服务是指非金融机构在收付款人之间作为中介机构提供网络支付、预付卡发行与受理、银行卡收单及其他支付服务等部分或全部货币资金转移服务。包括总则、申请与许可、监督与管理、罚则、附则,共五十条。

(3)《非银行支付机构网络支付业务管理办法》(中国人民银行公告〔2015〕第 43 号)。非银行支付机构是指依法取得《支付业务许可证》,获准办理互联网支付、移动电话支付、固定电话支付、数字电视支付等网络支付业务的非银行机构;网络支付业务是指收款人或付款人通过计算机、移动终端等电子设备,依托公共网络信息系统远程发起支付指令,且付款人电子设备不与收款人特定专属设备交互,由支付机构为收付款人提供货币资金转移服务的活动。中国人民银行为规范非银行支付机构网络支付业务,防范支付风险,保护当事人合法权益,制定了该办法。包括总则、客户管理、业务管理、风险管理与客户权益保护、监督管理、法律责任、附则,共四十五条。

(三)交易实体法

交易实体法目前主要包括以下内容。

---

① 张旭东:《中国人民银行有关负责人就〈电子支付指引(第一号)〉答记者问》,http://www.gov.cn/zwhd/2005-10/30/content_86871.htm,2005-10-30。

1.电商知识产权保护法

电商知识产权保护法包括域名争议及其解决机制、电商著作权保护、电商专利权保护、电商商标权保护等。

2.电商个人信息保护法

2018年,全国人大常委会将《个人信息保护法》列入其五年立法计划,同年,"史上最严个人信息保护法"欧盟《通用数据保护条例》生效。《民法总则》第一百一十一条原则性规定自然人个人信息受法律保护;任何组织和个人若需获取他人个人信息,应依法取得并确保信息安全,不得非法收集、使用、加工、传输,并不得非法买卖、提供或公开。国内目前对个人信息具体保护规范主要是"两法一决定"加"一罪名",即《消费者权益保护法》《网络安全法》《关于加强网络信息保护的决定》及《刑法》第二百五十三条"侵犯个人信息罪"。[①] 国内学界关于个人信息保护法的建议稿分六章共四十四条。[②]

3.电商促进法

《电子商务法》不仅在第一章第三条明确了鼓励发展电商的基本原则,而且在第五章就电商促进做专门规定,主要涉及将电商发展纳入国民经济和社会发展规划、促进电商绿色发展、推动电商基础建设、推动电商各领域应用及融合发展、促进农村电商及精准扶贫、电商数据开发应用、电商信用评价、促进跨境电商发展、推动建设跨境电商综合服务和监管体系、跨境电商国际合作及争议解决。

4.电商市场规制法

(1)电商领域反不正当竞争与反垄断法。《电子商务法》不仅以规范电商行为、维护市场秩序为其立法目的,还要求电商经营者公平参与市场竞争。《反不正当竞争法》(2017修订)不仅要求经营者利用网络从事生产经营活动应遵守该法各项规定,而且规定经营者不得利用技术手段,通过影响用户选择或其他方式,实施妨碍、破坏其他经营者合法提供网络产品或服务正常运行的行为。《电子商务法》就电商经营者市场支配地位的认定标准做出专门规定,要求电商经营者因其技术优势、用户数量、对相关行业的控制能力及其他经营者对该电商经营者在交易上的依赖程度等因素而具有市场支配地位的,不得滥用市场支配地位,排除、限制竞争。

(2)电商税收法。《电子商务法》规定电商经营者应依法履行纳税义务,并依法享受税收优惠;不需办理市场主体登记的电商经营者在首次纳税义务发生后,应依法申请办理税务登记并如实申报纳税。为促进跨境电商零售进口业健康发展,营造公平竞争市场环境,财政部、海关总署、国家税务总局发布了《关于完善跨境电子商务零售进口税收政策的通知》(财关税〔2018〕49号),将跨境电商零售进口商品单次交易限值由人民币2000元提至5000元,年度交易限值由20000元提至26000元;原则上不允许网购保税进口商品在海关特殊监管区域外开展"网购保税＋线下自提"模式。

(3)电商消费者权益保护法。《消费者权益保护法》(2013修正)专门规定了电商消费者权益的保护,如网购消费者无理由退货权、电商经营者信息披露义务、经营者收集使用消费者个人信息时应履行的义务、网络交易平台提供者责任等。《电子商务法》以消费者权益保护为其立法重点之一,如为应对网购假货难题而强化平台责任,明确擅自删差评将面临重罚,为破解消费者维权举证难题明确电商经营者举证配合义务,明确网购交货时间及货损风险分担规则,将微商、直播平台等纳入监管,规制竞价排名、精准营销及大数据"杀熟",等等。

(4)互联网广告市场规制法。《广告法》(2018修正)第四十四条明确利用互联网从事广告活动,适用该法各项规定;利用互联网发布、发送广告,不得影响用户正常使用网络。在互联网页面以弹出等形式发布广告,应显著标明关闭标志,确保一键关闭。《关于开展网络广告经营登记试点的通知》(工商广字〔2000〕第36号)规定了网络广告经营登记试点单位应具备的条件及需报送的材料。为规

---

① 魏永征:《我国"个人信息保护法"的现状与走向》,载《新闻前哨》2018年第12期,第10—11页。

② 齐爱民:《中华人民共和国个人信息保护法学者建议稿》,载《河北法学》2019年第1期,第33—45页。

范互联网广告活动,保护消费者合法权益,促进互联网广告业健康发展,维护公平竞争市场经济秩序,原国家工商总局依《广告法》等法律、行政法规,制定了《互联网广告管理暂行办法》(国家工商总局令第87号),主要对互联网广告的范围、互联网广告相关限制事项进行界定,对互联网广告相关经营者的责任和义务,包括程序化购买广告方式下相关经营者的责任和义务提出要求,并对互联网广告相关违法行为的管辖和查处做出规定。

5.电商行政监管法

(1)《网络交易管理办法》(国家工商总局令第60号)。该办法第三章就网络商品交易及有关服务监督管理做了专门规定,涉及网络交易监管部门及其职权、分类监管、管辖规则、消费者投诉处理、电子数据证据、处罚措施(提请相关部门屏蔽、停止接入服务、关闭违法网站、移交相关部门)、监管责任。

(2)《电子商务法》。该法进一步明确了线上线下同等对待的监管原则及各部门的监管分工,建立符合电商特点的协同管理与共治体系,开展电商行业自律,并对电商实施分类监管,明确要求对电商经营者进行市场准入(主体登记)、税收、许可经营、质量、发票、亮照经营、歇业公示、信息披露、广告、搭售限制、押金、反垄断、用户个人信息收集使用及权益保障、电商数据信息报送制度监管,电商平台应履行报送信息与配合监管的义务,实行平台内违法信息监管、电商平台交易安全监管、交易信息记录保存监管、平台服务协议和交易规则监管、平台自营与他营业务区分监管、平台信用评价监管、平台精准营销与竞价排名监管、平台知识产权保护监管、平台服务业务范围监管,该法第六章法律责任主要规定电商经营者及平台经营者的各类行政责任、电商监管人员违法责任。

三、电商程序法

《电子商务法》第四章就电商争议解决做出专门规定,主要涉及如下内容。

(一)电商质量担保机制

国家鼓励平台经营者建立有利于电商发展和消费者权益保护的质量担保机制;平台经营者与平台内经营者协议设立消费者权益保证金的,双方应明确约定该保证金的提取数额、管理、使用和退还办法等;消费者要求平台经营者承担先行赔偿责任及平台经营者赔偿后向平台内经营者的追偿,适用《消费者权益保护法》的有关规定。

(二)电商投诉、举报机制

电商经营者应建立便捷、有效的投诉、举报机制,公开投诉、举报方式等信息,及时受理并处理投诉、举报。

(三)电商争议解决方式

电商争议可通过协商和解,请求消费者组织、行业协会或其他依法成立的调解组织调解,向有关部门投诉,提请仲裁或提起诉讼等方式解决。

(四)平台应协助消费者维权

消费者在电商平台购买商品或接受服务,与平台内经营者发生争议时,平台经营者应积极协助消费者维护合法权益。

(五)经营者应提供原始合同和交易记录

在电商争议处理中,电商经营者应提供原始合同和交易记录。因电商经营者丢失、伪造、篡改、销毁、隐匿或拒绝提供前述资料,致使法院、仲裁机构或有关机关无法查明事实的,电商经营者应承担相应法律责任。

（六）电商争议在线解决机制

电商平台经营者可建立争议在线解决机制,制定并公示争议解决规则,依自愿原则,公平、公正解决当事人争议。

知识链接 2-2
国内电子商务法
学者建议稿①

第四节　我国电子商务法立法概况

【背景思考】

1. 我国电子商务法立法背景是什么? 立法基本指导原则是什么?

2. 从一审稿到四审稿,我国电子商务法立法过程中存在哪些争议?

背景资料 2-4
电子商务法立
法专题资料②

一、立法过程

电子商务法纳入第十二届全国人大常委会五年立法规划,系 2016、2017、2018 年度立法计划审议项目。2013 年底正式启动立法。2016 年 4 月,电子商务法起草领导小组会议讨论并原则上同意草案。此后,将草案发至各省(区、市)人大财经委,广泛听取当地有关部门、企业、专家,特别是全国、地方人大代表的意见,根据各地意见修改完善草案。2016 年 7 月,全国人大财经委召开第 49 次全体会议,审议并原则通过草案。此后,全国人大常委会办公厅发函征求国务院各部门意见,财经委根据反馈意见进行修改完善,并按全国人大常委会法工委意见对重点问题进行协调沟通和修改,形成草案初审稿。2016 年 12 月 19 日,电子商务法草案提请全国人大常委会初次审议。2017 年 10 月,电子商务法草案第二次审议。2018 年 6 月,电子商务法草案第三次审议。2018 年 8 月,电子商务法第四次审议并高票通过。④

知识链接 2-3
电子商务法
起草经过③

二、立法指导思想

电子商务法立法指导思想为促进发展、规范秩序、保障权益。《电子商务法》第一条开宗明义,定该法立法宗旨在于保障电商各方主体合法权益,规范电商行为,维护市场秩序,促进电商持续健康发展。该法立法过程中,牢固树立和贯彻落实"创新、协调、绿色、开放、共享"五大发展理念,按照完善社会主义市场经济体制、依法治国、依法行政的总体目标和要求,坚持促进发展、规范秩序、保障权益,充分发挥立法的引领和推动作用,加强顶层设计,夯实制度基础,激发电商发展创新的新动力、新动能,解决电商发展中的突出矛盾和问题,建立开放、共享、诚信、安全的电商发展环境,推动经济结构调整,实现经济提质增效、转型升级,切实维护国家利益。

知识链接 2-4
电子商务法草案
起草原则、修改
思路或意见⑤

① 齐爱民:《中华人民共和国电子商务法草案建议稿》,载《法学杂志》2014 年第 10 期,第 8—21 页;中华人民共和国电子商务法(示范法)课题组:《中华人民共和国电子商务法(示范法)》,载《法学评论》2004 年第 4 期,第 83—96 页。

② 中国人大网:《电子商务法(2016 年 12 月—2018 年 8 月)》,http://www. npc. gov. cn/zgrdw/npc/lfzt/rlyw/node_31834. htm,2018-08-16。

③ 吕祖善:《关于〈中华人民共和国电子商务法(草案)〉的说明》,http://www. npc. gov. cn/zgrdw/npc/xinwen/2018-08/31/content_2060159. htm,2018-08-31。

④ 电子商务法起草组:《中华人民共和国电子商务法条文释义》,法律出版社 2018 年版,第 6 页。

⑤ 参见《关于〈中华人民共和国电子商务法(草案)〉的说明》《全国人民代表大会宪法和法律委员会关于〈中华人民共和国电子商务法(草案)〉修改情况的汇报》(三审——作者注)《全国人民代表大会法律委员会关于〈中华人民共和国电子商务法(草案)〉修改情况的汇报的说明》(二审——作者注)《全国人民代表大会宪法和法律委员会关于〈中华人民共和国电子商务法(草案四次审议稿)〉修改意见的报告》。

三、注重处理六方面关系

（一）发展与规范的关系

立法支持和促进发展，在发展中逐步规范，在规范中持续发展。要采取积极有效的政策措施，支持、鼓励、促进电商发展，充分发挥中国电商新动力、新动能，加快实施"互联网＋"行动，推进电商与实体经济深度融合；拓展电商发展空间，鼓励发展电商新业态、新模式、新技术；积极实施创新驱动发展战略，鼓励大众创业、万众创新，让一切创造社会财富的源泉充分涌流，让一切劳动、知识、技术、管理、资本的活力竞相迸发。《电子商务法》确立了促进发展的基本制度框架，着力规范电商市场秩序，通过具体制度设计解决电商经营主体、行为及其市场规范问题，发挥平台和经营者形成的市场的内生机制作用。

（二）政府与市场的关系

立法引领和推动改革。加快推进全面深化改革，完善中国特色社会主义市场经济体制，充分发挥市场配置资源的决定性作用和市场主体的创造性；更好发挥政府作用，创新和规范电商监管，政府作用主要是引导市场规范健康发展，同时要避免不必要的监管和干预；充分发挥社会中介组织作用，完善行业自律和社会共治。

（三）线上与线下的关系

平等对待线上线下商务活动，促进线上线下融合发展。随着对电商的发展和认识的不断深化，大家在功能等同、技术中立（业态中立、模式中立）和无歧视、无差别等原则基础上，逐步达成线上线下一致的原则共识。

（四）法律规范与网络自律的关系

法律是网络自律、制定网规的依据，网络自律和网规要符合法律规定，同时，立法充分借鉴吸收在现实中发挥了积极作用的网络规则的有益成分。电子商务立法将发展实践中已经成熟有效、需要上升到法律并已经取得共识的网络规则和措施作为制度确定下来，为电商发展实践提供切实可靠的法律保障。

（五）电子商务法与其他法律的关系

电商立法针对电商领域特有矛盾、解决其特殊问题，难免与其他法律交叉重复，可采用以下做法实现法律协调衔接。第一，注重解决电商领域特殊矛盾和问题，如电子商务法仅规定电商环境下电子合同特殊问题。第二，注重吸收有关部门规章如网络交易管理办法、第三方电商交易平台服务规范等具体制度设计的合理成分，提升其效力层次。第三，注重与其他法律（包括已有的和将要出台的法律，如个人信息保护立法）、法规的衔接和配合。第四，避免与其他法律法规重复，如电子签名法已就电子签名进行详细规定，电子商务法不做重复规定。

（六）国内立法与国际规范的关系

观点链接 2-2
学者对中国电子
商务立法的评价①

立法是促进电商发展的通行做法。联合国国际贸易法律委员会 1996 年颁布的《电子商务示范法》、2001 年颁布的《电子签名示范法》、2005 年颁布的《国际合同使用电子通信公约》，为各国及各地区电商立法提供了一整套国际通行规则。美国、欧盟、日本、新加坡和中国香港等国家和地区积极开展电商立法。近年来全球掀起新一轮立法热潮，世界贸易组织已将电商作为多边谈判的重要议题。电商及其立法具有综合性、复杂性和全球化特征，特别是近年来跨境电商迅速发展，对各国或各地区电商立法及其国际合作提出新要求。立法须与国际规范接轨，吸纳国

---

① 蒲晓磊：《中国立法"原创智慧"有望引领潮流》，载《法制日报》2016 年 12 月 27 日，第 09 版。

际立法最新成果,规范和协调各国或各地区法律,避免和减少各国或各地区之间的法律冲突和障碍,更好地促进全球电商有序发展。①

知识链接 2-5

国际电子商务立法概况②

知识链接 2-6

电子商务法出台前国内电商法律基本状况③

第五节　电子商务法基本原则

背景资料 2-5

猎豹浏览器不

正当竞争案④

【背景思考】

1.金山网络公司通过猎豹浏览器向用户提供广告过滤功能能否基于技术中立原则而不构成不正当竞争?为什么?

2.从电子商务法基本原则视角分析,如何看待本案问题?

一、鼓励创新原则

《电子商务法》第三条规定:国家鼓励发展电子商务新业态,创新商业模式,促进电子商务技术研发和推广应用,推进电子商务诚信体系建设,营造有利于电子商务创新发展的市场环境,充分发挥电子商务在推动高质量发展、满足人民日益增长的美好生活需要、构建开放型经济方面的重要作用。该法第一条即明确其目的之一在于促进电商持续健康发展。可见电子商务立法将促进电商持续健康发展放在首位,鼓励发展电商新业态、新模式、新技术,为创新发展留有空间,不规定电商具体业态和模式。

电子商务作为全新商业领域,正处于不断发展中,其发展创新在经济发展、产业转型、扩大就业、提高民众生活水平等方面发挥着日益重要的作用,尤其在我国对外开放水平不断提高背景下,其跨地域特点对推动高质量发展、构建开放型经济具有重要意义。电商创新,有利于增强电商主体活力与市场吸引力,是电商持续健康发展的动力。国家应为电商创新提供制度保障与政策支持,电子商务法将国家鼓励创新规定为重要原则之一。

鼓励发展电商新业态、创新商业模式,促进电商技术研发和推广应用是营造有利于电商创新发展的市场环境的必要条件。目前,除 B2C 网络零售业模式、B2B 企业商务交易模式、C2C 消费者直接交易模式,还出现将线下商务机会与互联网结合、形成产业链的 O2O 模式,依消费者自身需求定制产品和价格的 C2B 模式,个人对个人的 P2P 模式等众多电商模式。此外,近年来,大数据、云计算、人工智能、虚拟现实等电商技术的推广与应用为电商创造了丰富的应用场景,进一步催生电商新业态和推动商业模式创新,如以共享单车为代表的共享经济新业态的发展;又如部分跨境电商物流服务企业创新仓储物流模式,推出公共海外仓,成功解决跨境电商 B2C 物流问题,使得汽车配件等大体积商品 B2C出口成为可能。

国家鼓励电商创新,一方面要通过政策支持,鼓励创新电商经营内容与方式,另一方面要尽量给

---

① 电子商务法起草组:《中华人民共和国电子商务法条文研析与适用指引》,中国法制出版社 2018 年版,第 5—7 页。

② 高富平:《从电子商务法到网络商务法——关于我国电子商务立法定位的思考》,载《法学》2014 年第 10 期,第 140—141 页。

③ 阿拉木斯:《中国电子商务法治时代来临》,载《信息安全与通信保密》2015 年第 1 期,第 32—35 页。

④ 详见"合一信息技术(北京)有限公司与北京金山网络科技有限公司等不正当竞争纠纷上诉案"。一审:北京市海淀区人民法院,案件字号:(2013)海民初字第 13155 号;二审:北京市第一中级人民法院,案件字号:(2014)一中民终字第 3283 号。

予电商自由发展空间,为电商创新破除制度障碍,减少不必要的行政干预,充分发挥市场基础调节作用,尽量利用市场机制解决电商领域存在的问题,实现适度监管与鼓励创新的有机结合,为电商创新营造良好环境,充分发挥电商在推动高质量发展、满足人民日益增长的美好生活需要、构建开放型经济方面的重要作用。①

二、线上线下一致原则

《电子商务法》第四条规定:国家平等对待线上线下商务活动,促进线上线下融合发展,各级人民政府和有关部门不得采取歧视性的政策措施,不得滥用行政权力排除、限制市场竞争。电子商务(线上)与传统商务(线下)是共生、竞争的关系,不存在谁取代谁的问题。我国电商立法在借鉴功能等同、技术中立原则合理成分的基础上,回应现实需要,创立线上线下一致原则,即电商各方主体法律地位平等,电商主体与其他民商事主体法律地位平等,国家平等对待线上线下商务活动,此即线上线下一致原则。

(一)技术中立

实务分析 2-3
对技术中立原则
的实务分析②

技术有其自身发展模式与逻辑,法律原则上不评价技术,对各种技术平等对待,并保障其按自身逻辑与规律发展。"技术中立"即国家法律、政策及标准对各种技术同等对待,由电商经营者自主选择,国家鼓励各种新技术应用与推广,给予各种电商技术公平竞争的机会。早期国际电商立法聚焦于赋予电商行为(电子合同、电子签名)自身法律效力,借助功能等同原则实现此目的。③ 该原则背后即蕴含技术中立原则,即在平等对待各种电商技术前提下,赋予各种电商行为与传统商事行为同等法律效力。各国政府与国际组织在电商立法中多将技术中立原则作为立法基本原则。

(二)平等对待

技术中立原则在价值取向上尊重并鼓励平等、公平技术竞争,平等对待各种技术,可引申为平等对待依托于各种技术的商务活动,各级政府和有关部门平等对待电商与其他商务活动,使二者处于同一起跑线,既不歧视电商,亦不歧视其他商务活动。电商活动跨地域、跨行业特征,要求各级政府与有关部门不得实施条块分割、地方保护主义。

(三)创新监管模式

线上线下一致原则的核心系"线上线下法律精神一致性"与"线上线下技术差异适配性",不能简单地理解为线上线下完全相同,此乃平等原则应有之意;相反,应针对线上特征,创新监管方式,营造有利于电商发展之环境,可利用互联网、大数据技术解决电商领域突出的诚信问题。若能充分利用相关技术,电商诚信建设条件较线下更加有利。

(四)促进线上线下融合

线上线下不仅要共生,更要融合。电商平台与线下商场超市优势互补、联动发展,由竞争转向合作共赢。电商经营者可与线下门店彼此共享用户,各自用户相互引流、商品与服务入驻对方平台,消费者既可线上利用虚拟现实等技术体验而线下购买,亦可线下体验而线上购买;同时,双方后台系统打通,线上线下订单与结算自动流转,从而提升用户体验,提高交易效率,降低交易成本。④

---

① 赵旭东:《中华人民共和国电子商务法释义与原理》,中国法制出版社 2018 年版,第 16—18 页。

② 详见"合一信息技术(北京)有限公司与北京金山网络科技有限公司等不正当竞争纠纷上诉案"。一审:北京市海淀区人民法院,案件字号:(2013)海民初字第 13155 号;二审:北京市第一中级人民法院,案件字号:(2014)一中民终字第 3283 号。

③ 如联合国贸法会《电子商务示范法》第五条:不得仅仅以某项信息采用数据电文形式为理由而否定其法律效力、有效性或可执行性。《国际合同使用电子通信公约》第八条:对于一项通信或一项合同,不得仅仅以其电子通信形式为由而否定其效力或可执行性。

④ 电子商务法起草组:《中华人民共和国电子商务法解读》,中国法制出版社 2018 年版,第 35—38 页。

三、自愿、平等、公平、诚信原则

《电子商务法》第五条规定："电子商务经营者从事经营活动,应当遵循自愿、平等、公平、诚信的原则,遵守法律和商业道德,公平参与市场竞争,履行消费者权益保护、环境保护、知识产权保护、网络安全与个人信息保护等方面的义务,承担产品和服务质量责任,接受政府和社会的监督。""一个企业既有经济、法律责任,也有社会、道德责任。企业做得越大,社会责任、道德责任就越大,公众对企业这方面的要求也就越高。我国互联网企业在发展过程中,承担了很多社会责任,这一点要给予充分肯定,希望继续发扬光大。""办网站的不能一味追求点击率,开网店要防范假冒伪劣,做社交平台的不能成为谣言扩散器,做搜索的不能仅以给钱的多少作为排位的标准。希望广大互联网企业坚持经济效益和社会效益统一,在自身发展的同时,饮水思源,回报社会,造福人民。"①《电子商务法》第五条对电商经营者法律与道德责任做出综合性规定。

（一）遵循自愿、平等、公平、诚信原则,遵守法律与商业道德

这是电商经营者参与市场经济活动须遵守的基本准则。《民法总则》规定了民事行为基本原则,包括自愿、平等、公平、诚实信用,并强调从事民事活动不得违反法律、不得违背公序良俗。另外,还规定营利法人从事经营活动,应遵守商业道德,维护交易安全。《反不正当竞争法》第二条第一款规定经营者在生产经营活动中,应遵循自愿、平等、公平、诚信的原则,遵守法律与商业道德。

（二）公平参与市场竞争

公平竞争是市场经济的基本要求,但实践中电商领域不正当竞争情况比较突出,商业混淆、网络攻击等新型不公平竞争行为层出不穷。《反不正当竞争法》于 2017 年修订,增设网络交易不正当竞争专款。电商经营者应遵守法律规定与商业道德,公平参与市场竞争。

（三）履行基本义务

电商经营者应履行消费者权益保护、环境保护、知识产权保护、网络安全与个人信息保护等基本义务。消费者权益保护、环境保护、知识产权保护、网络安全与个人信息保护是电商发展中面临的焦点问题,《消费者保护法》《环境保护法》《商标法》《专利法》《著作权法》《网络安全法》等对相关问题做出规范,电商经营者应严格遵守、认真贯彻落实。

（四）承担产品与服务质量责任

电子商务假冒伪劣商品问题突出,不仅涉及知识产权保护,还关系消费者人身财产安全,《产品质量法》《食品安全法》等对相关问题做了规定,电商经营者应严格遵守、认真贯彻。

（五）接受政府与社会监督

《民法总则》第八十六条规定,营利法人从事经营活动,应接受政府和社会监督,承担社会责任。电商监管是网络社会治理的组成部分,除政府执法监督,社会舆论也发挥着重要作用,实践中,电商经营者许多违法或违反商业道德的行为是通过社会监督被曝光或在社会舆论压力下得到解决的。另外,电商交易量巨大,政府监管能力有限,需充分发挥社会监督作用。②

四、规范监管原则

该原则要求根据电商发展特点,完善与创新电商监管。规范监管之要义在于依法、合理、适度、有效。其度的把握尤其重要,既非任意的强化监管,亦非无原则的放松监管,而是宽严适度、合理有效。

---

① 习近平:《在网络安全和信息化工作座谈会上的讲话》(2016 年 4 月 19 日),http://cpc.people.com.cn/n1/2016/0426/c64094-28303771.html,2016-04-26。

② 宋燕妮:《中华人民共和国电子商务法精释与适用》,中国民主制出版社 2018 年版,第 37—39 页。

《电子商务法》第六条规定：国务院有关部门按职责分工负责电商发展促进、监督管理等工作。县级以上地方各级政府可根据本行政区域的实际情况，确定本区域内电商部门职责划分。监管体制是完善电商监管的首要问题。目前国内中央政府参与电商监管部门主要是国家发改委、工信部、公安部、财政部、交通部、商务部、文旅部、人民银行、市场监管总局、网信办、税务总局、海关总署、国家邮政局等。

知识链接 2-7
有关部门电商领域具体监管职责

电商活动本质是商务活动，现有商务活动监管体制仍可延伸至电商领域。对于电商交易、网络安保、信息服务市场秩序、电商行业发展与规范制定等电商发展促进、监督管理工作，上述部门按各自职责，以电商流程若干环节或具体电商行为为落脚点，单独或与其他部门配合开展电商发展促进、监督管理工作。虑及各地电商发展水平不一，地方各级政府可单设电商主管部门，或授权某一或多个部门行使电商监管权力。电子商务涉及广告发布、合同成立、电子支付、快递物流等诸多环节，难以由统一部门监管，国务院有关部门按各自职责分别负责电商发展促进、监管等工作。[①]

五、社会共治原则

社会共治原则是运用互联网思维，采取互联网办法，鼓励支持电商各方共同参与电商市场治理，建立符合电商发展特点的协同管理体系，推动形成有关部门、电商行业组织、电商经营者、消费者等共同参与的市场治理体系。《电子商务法》第七条规定国家建立符合电商特点的协同管理体系，推动形成有关部门、电商行业组织、电商经营者、消费者等共同参与的电商市场治理体系。第八条规定电商行业组织按本组织章程开展行业自律，建立健全行业规范，推动行业诚信建设，监督、引导本行业经营者公平参与市场竞争。

（一）电商协同管理体系

在我国电商监管中，各部门分工虽相对明确，但其职责重叠或疏漏，沟通协作机制不尽完善，需建立有效协同管理体系。该体系针对电商发展面临管理方式不适应、诚信体系不健全、市场秩序不规范等问题，统筹建设适应电商发展需求的软硬环境，协调推进国内电商产业发展及其国际化进程，在促进电商发展部际综合协调工作组统筹下，加强国家各部门之间，各部门与各地地方政府、电商示范城市之间的协调，在完善顶层设计基础上，根据各有关部门和地方职责分工，共同推进电商健康发展。《国务院办公厅关于加快电子商务发展的若干意见》（国办发〔2005〕2 号）提出加强统筹规划和协调配合，加紧编制电商发展规划，明确电商发展目标、任务和工作重点，建立健全相互协调、紧密配合的组织保障体系和工作机制；《国务院关于大力发展电子商务加快培育经济新动力的意见》（国发〔2015〕24 号）提出国家发改委、中央网信办、商务部、工信部、财政部、人社部、人行、海关总署、税务总局、工商总局、质检总局等部门要完善电商跨部门协调工作机制，研究重大问题，加强指导和服务。[②]

（二）共管共治

互联网治理的基本原则是多方共治。电商治理需自律与监督相结合，通过政府部门监督、经营者和行业自律及社会他律形成合力，让市场机制和利益导向共同生效，进而形成政府部门、行业协会、经营者和消费者的社会共治格局，可有效提高对电商市场的监管和治理效率，降低行政管理成本。具体包括：（1）加强各级政府部门、行业协会与各类电商企业、研究院所合作，共同开展电商理论研究、技术攻关、模式创新。（2）政府有关部门依职责监管电商市场，惩治电商违法行为，维护电商市场秩序。（3）电商行业组织依其章程提供服务并约束其会员行为，加强行业自律，促进行业规范发展。（4）电商经营者特别是平台经营者通过制定交易规则和信用管理制度，实现对电商交易当事人

---

① 电子商务法起草组：《中华人民共和国电子商务法条文释义》，法律出版社 2018 年版，第 39—41 页。
② 电子商务法起草组：《中华人民共和国电子商务法解读》，中国法制出版社 2018 年版，第 48—52 页。

24

的管理和约束。(5)消费者组织对消费者进行电商交易安全的宣传教育,并按消费者权益保护法规定维护电商消费者合法权益。①

(三)行业自律

行业自律是对政府行政管理体制的配合与补充,通过发挥电商行业组织的社会职能,推动企业与行业自律与诚信建设,逐步形成政府监管、行业组织监督和引导、电商经营者自律、消费者监督等共同参与、协同共治的格局。各级政府应加强培育和引导行业协会发展,为行业组织依法开展活动提供支持和帮助,发挥行业组织在政府与企业间的桥梁作用,引导企业公平竞争、守法经营。有关部门应确立与电商行业组织沟通协调、信息共享制度。在必要时授权电商行业组织制定相关标准,根据行业组织对企业或会员的信用评级和处理措施,确定重点监管对象。电商行业组织应履行行业自律职责,制定行业标准或规范,指导和监督电商经营者依法生产和经营、公平竞争,保护消费者和商家合法权益。建立行业内电商信用评价制度,推进电商信用评价的互联、互通和互认,参与和推动电商行业标准建设并组织实施,为会员提供信息、技术、管理、咨询等服务,向政府有关部门提供工作建议和意见。行业规范是行业组织依法制

实务分析2-4
"平等对待"原则
给电商经营者带
来的思考②

定的章程、自律公约等自律规范,对其成员具有约束力。成员违反自律规范的,行业组织有权依其章程和自律公约等进行处理。在电子商务这一极具创新力和活跃度的市场中,很多问题需群策群力,由电商行业组织、市场各方主体用行业规范、电商交易习惯或惯例来解决问题。这些规范的制定充分扎根电商实践,运用舆论、道德等综合手段保证规范执行,可很快适应产业发展情况并做出改变,更适于规制快速多变的电商产业。④

观点链接2-3
关于电子商务法
基本原则的主要
立法主张与理论
观点③

本章练习

第二章练习
(含"理论思考""实务分析""实务训练")

第一编拓展阅读文献清单

电子商务法基础拓展阅读文献清单

---

① 电子商务法起草组:《中华人民共和国电子商务法条文释义》,法律出版社2018年版,第43—44页。
② 徐敏韬:《"平等对待"原则,应灵活设置电商经营者登记标准》,载《工商行政管理》(半月刊)2018年第22期,第15—16页。
③ 课题组:《中华人民共和国电子商务法(示范法)》,载《法学评论》2004年第4期,第83页;张楚:《电子商务法初论》,中国政法大学出版社2000年版,第37—40页;齐爱民、万暄、张素华:《电子合同的民法原理》,武汉大学出版社2002年版,第258—261页;刘德良:《论我国电子商务立法的指导思想与基本原则》,载《武汉理工大学学报(社科版)》2001年第4期,第320页;何松明、刘满达:《电子商务立法三题》,载《中国法学》2002年第1期,第58—60页;吴伟光:《电子商务法的基本原则》,载《清华法学》2003年第2期,第313—324页;Amelia H. Boss,*Electronic Commerce:Globalization of Domestic Law or Domestication of Globalized Law?*,http://www. aals. org/2005midyear/commercial/AmyBossOutline. pdf,2012-08-09。
④ 电子商务法起草组:《中华人民共和国电子商务法条文研析与适用指引》,中国法制出版社2018年版,第45—46页。

第二编

电商主体法

第三章　电商主体法概述

电商主体是电商法律关系的参加者，是在该法律关系中享有权利、承担义务的自然人、法人或非法人组织。电商主体制度是电子合同、电子签名、电子支付等电商行为制度的基础。

背景资料 3-1

童梦家纺公司网上销售涉及众多电商主体

第一节　电商主体的概念

【背景思考】

童梦家纺公司的网上销售活动涉及哪些电商法律关系？所涉每一电商法律关系的主体分别是谁？各主体的权利、义务与责任分别是什么？

一、广义与狭义电商主体

广义电商主体包含电商法律关系的所有参加者，即一切在电商法律关系中享有权利、承担义务的个人或组织，电商经营者仅为电商主体类别之一。

狭义电商主体仅指电子商务中的商事主体，即电商经营者。《电子商务法》未明确界定电商主体，仅界定了电商经营者的概念。有观点认为电商经营者即为电子商务主体，其理由如下：(1)符合电子商务法立法体例。该法仅规定了电商经营者，未对电商法律关系其他参加者予以规定，亦未对其设置准入与准出电商市场的门槛。该法将电商经营者与消费者等主体区别对待，仅前者属电商市场的主体。(2)符合电子商务法立法目标。具备民事权利能力和行为能力的民事主体均可以消费者身份自由参加电商交易活动，然电子商务法对电商经营者设立了准入门槛、法律责任等系列规定。电商主体采用狭义概念，可将电商主体仅指向电商经营者，用以突出其在电子商务法中的地位，更加符合规范电商活动这一立法目标。①

二、电商主体与传统民商事主体的比较

（一）二者共性

1. 不论经营者在电商市场中以何种身份出现，任一电商主体均与传统线下市场主体具有对应关系

对法人和非法人组织而言，从事电子商务的法人或其他组织一定也是线下组织，一定也是依不同法律要求而设立、取得营业资格。因为不论经营者在电商市场中以何种身份出现，其均与传统线下经营者具有唯一对应关系。线上经营的公司与线下经营的公司并非两个民事主体，而是一个民事主体。

---

① 赵旭东：《中华人民共和国电子商务法释义与原理》，中国法制出版社 2018 年版，第 50—51 页。

对自然人而言,线上开设网店的自然人与线下没有经营活动的自然人亦是同一民事主体,即该自然人本身。由此,电商经营者并非是在民事主体之外另设电商主体,而是线下民事主体在电商环境下的另一种法律身份。电商主体在从事电商经营活动时,同样是以线下民事主体的名义享受权利和承担义务的。

2. 均以营利为目的、以法律与伦理为准则

电商主体与传统商事主体均追求营利,其商事行为均有营利性,均恪守法律与伦理规范。电子商务以信息网络为媒介手段,以营利为目的。尽管电商交易的大部分乃至整个过程均可线上完成,但从法律视角分析,其最终要落实到法律行为与侵权制度上,电商行为效力最终要设定各方当事人权利义务关系,电子技术、信息网络仅系电商主体实现营利目的的手段与载体,电商行为仍系商事行为。电商市场绝非空中楼阁,而是实实在在的市场,有实实在在的市场主体。电商主体仍为商事主体。[1]

(二)电商主体的个性

1. 主体"虚拟"

在网络环境下,一些个人或企业可以网页、APP、网站等形式,通过相关软、硬件构筑网络平台,形成在线营业场所,进行网上交易,其主体是否真实存在、主体是谁或是否为相关数据电文信息所指示的真正用户,一般难能直观判断。称电商市场为"虚拟市场",电商主体为"虚拟主体",主要在于传统商事主体多近在咫尺且交易伙伴较为固定封闭,而信息网络则将人数众多、远在天涯的陌生交易伙伴"拴"在一起。

2. 主体数量、种类多

传统交易一般仅由交易双方进行,而任一电商交易至少由三方以上主体参与,除直接主体(买方与卖方、转让方与受让方、服务提供者与服务接收者等)外,还需交易平台、认证机构或第三方支付机构等间接主体参与。

3. 自然人可直接成为电商主体

线下商事主体,包括个人独资企业、合伙企业、公司等,需具备法定条件并经一定法律程序才能成为电商主体。自然人从事电商活动并经一定法律程序,便可成为电商主体,具有在线上进行经营活动的能力和资格,无须以注册为其他商主体为前提。但线下商事主体一般并无自然人这一种类,一般需以个体户身份从事经营。[2]

4. 主体跨地域

电子商务的跨国界与跨地域性必然导致参与其中的电商主体呈现跨地域性特点。[3] 传统线下交易,尤其是消费者日常交易多以特定区域为中心,交易双方亦多为某一特定区域的主体,而电商交易不仅突破时间限制,亦打破空间限制,不仅一国之内不同区域而且不同国家或地区的消费者与经营者亦可依法经由信息网络从事跨境电商。

5. 主体对平台的依赖性

电商交易平台可为电商经营者提供各种网页空间、虚拟营业场所、交易规则等,电商经营者与消费者之间众多交易均需在平台上完成,电商经营者对平台依赖性日益增大,B2C,B2B 等各类电子商务均需利用因特网直接参与经济活动。企业、消费者可使用 internet 或其他网络对每笔交易寻找最佳合作伙伴,完成从订购到结算的全部交易行为,包括与供应商订货、签约,接受发票,使用电子资金转移、信用证、银行托收等方式付款,以及在电商交易中发生的其他问题,如索赔、商品发送管理和运输跟踪等。

---

① 中国工商行政管理学会课题组:《电子商务主体及准入监管研究》,《市场监管理论与实践研究——中国工商行政管理学会 2001—2002 年度课题研究成果集》2003 年,第 208 页。

② 赵旭东:《中华人民共和国电子商务法释义与原理》,中国法制出版社 2018 年版,第 52 页。

③ 张楚:《电子商务法》,中国人民大学出版社 2011 年版,第 27—28 页。

6.主体线上聚合性

无论哪种电商模式,电商经营者、消费者均实现了线上聚合。特别是 O2O 电商模式的兴起,将线下商务机会与互联网结合,互联网成为线下交易前台,消费者线上订购商品,再到线下实体店消费。该商务模式吸引了热衷于实体店购物的消费者,一定程度上克服了传统网购可能存在的以次充好、图片与实物不符等虚假信息的缺点。[①]

第二节 电商主体的类型

背景资料 3-2

13 岁少女两月悄悄打赏男主播 25 万元[②]

【背景思考】

1.13 岁少女小苏在“全民 K 歌”直播平台上的打赏行为是否有效?

2.本案该如何处理?

为从不同角度认知纷繁复杂的电商主体及其法律属性,可依不同标准对其予以分类。

一、在线自然人与电商企业

知识链接 3-1

在线自然人的类似概念[③]

知识链接 3-2

电商企业与网站的关系

知识链接 3-3

电商企业的不同经营模式

依法律属性不同,电商主体可分为在线自然人与电商企业(法人、非法人组织)。

在线自然人是经由互联网等信息网络,运用数据电文参与电商法律关系成立、变更或消灭的自然人,其在电商法律关系中,既可能是电商消费者(销售商品类电商中的买家、提供服务类电商中的用户或服务接受方),亦可能是电商经营者(如淘宝网等 C2C 平台中销售商品的个人卖家,猪八戒网等线上服务市场中提供各类服务的个人服务商)。在线自然人用户本质为自然人,依然适用自然人法律制度。实践中,一些参与电商活动的自然人属“限制”甚或“无”民事行为能力人,网络游戏、即时通信用户低龄化尤为突出。这些用户参与电商民事行为效力不确定,不利电商发展,因此,《电子商务法》第四十八条第二款规定:“在电子商务中推定当事人具有相应的民事行为能力。但是,有相反证据足以推翻的除外。”

电商企业包括法人、非法人企业,具体为有限责任公司、股份有限公司、合伙企业、个人独资企业等。电商企业在电商交易中多以“网站”“网店”“APP”等形式与在线自然人及其他主体发生联系。如“浙江淘宝网络有限公司”是以“淘宝网”(PC端)、“手机淘宝”(移动端)等形式呈现于公众视野,“苏宁易购集团股份有限公司苏宁采购中心(属股份有限公司分公司)”在“天猫”电商平台中以“苏宁易购官方旗舰店”形式展示。

二、直接主体与间接主体

依其是否直接参与电商交易,电商主体可分为直接与间接主体。

---

① 郭锋:《中华人民共和国电子商务法法律适用与案例指引》,人民法院出版社 2018 年版,第 131 页。

② CCTV-13 央视新闻频道“新闻直播间”:《上海:少女打赏网络主播 两月花光 25 万》,http://tv.cctv.com/2017/02/18/VIDEr4GzpOajhPIPBQlUeUDs170218.shtml,2017-02-18。

③ 张楚:《电子商务法》,中国人民大学出版社 2011 年版,第 28 页;齐爱民、徐亮:《电子商务法原理与实务》,武汉大学出版社 2001 年版,第 13 页;秦程德:《电子商务法》,重庆大学出版社 2004 年版,第 50 页。

（一）直接主体

直接主体是指直接进行电商交易的当事人。传统法律无法解决经营性网站等电商交易主体的真实性问题。规范电商网站建设，确保电商交易主体真实存在是电子商务法首要任务，包括设立网站并开展经营活动的条件、程序、义务与责任，电商主体认定，主体登记与公示等。

（一）间接主体

间接主体是未直接进行具体电商交易，但交易进行与完成有赖于其提供服务的参与者。

1. 网络服务提供商

其中，网络内容服务提供商（internet content provider，ICP）向社会公众或特定用户提供信息内容服务；网站经营者若直接发布某种信息，在信息传播中充当发布者角色，可视为 ICP；多数网络公司既提供中介服务，亦提供内容服务。互联网服务提供商（internet service provider，ISP）为网络提供信息传输中介服务，包括网络接入服务提供商（internet application provider，IAP），其将网络用户连接至互联网等信息网络的联机系统提供者，通过租用公用线路或自己铺设专用线路为其用户提供接入服务；主机服务提供商，其为用户提供服务器硬件，供用户阅读他人上传的信息或自己发送信息，或进行实时信息交流，或使用超文本链接等方式的搜索引擎，为用户提供在网络上搜索信息的主体，如电子公告板系统经营者、邮件新闻组及聊天室经营者。

2. 电子认证服务商

开放性网络环境下的交易双方互未谋面，为增进双方信任，防止交易欺诈，需由交易各方均信任的第三方出面证明签名人的身份及资信状况，担任该角色者即为通过签发数字证书等提供网上安全电子交易认证服务的认证机构或称为电子认证服务商。其中，电子认证（certificate authority，CA）服务是指为电子签名相关各方提供真实、可靠验证的活动；电子认证服务提供者是指为需要第三方认证的电子签名提供认证服务的机构，即电子认证服务机构，其应依法设立。[①]

3. 在线金融服务商

电子商务运行离不开相关在线金融服务。在线金融服务商（online finacial service provider，OFSP）主要有：（1）电子银行。电子银行业务是指商业银行等银行业金融机构利用面向社会公众开放的通信通道或开放型公众网络，以及银行为特定自助服务设施或客户建立的专用网络，向客户提供的银行服务包括利用计算机和互联网开展的银行业务（网上银行业务），利用电话等声讯设备和电信网络开展的银行业务（电话银行业务），利用移动电话和无线网络开展的银行业务（手机银行业务），以及其他利用电子服务设备和网络由客户通过自助服务方式完成金融交易的银行业务。[②]（2）从事支付业务的非金融机构。非金融机构支付服务是指非金融机构在收付款人之间作为中介机构提供下列部分或全部货币资金转移服务：第一，网络支付；第二，预付卡的发行与受理；第三，银行卡收单；第四，中国人民银行确定的其他支付服务。[③]

三、电商经营者的概念与类型

（一）电商经营者的概念

电商经营者是电子商务经营者的简称，依《电子商务法》第九条，是指经互联网等信息网络从事销售商品或提供服务的经营活动的自然人、法人和非法人组织。其特征如下。

1. 利用互联网等信息网络从事经营行为的媒介

区别于传统线下经营者，电商经营者的显著特征是其从事经营行为的媒介是互联网等信息网络。他们以网页、网站、APP、小程序等表现出来，并通过互联网、移动网络等信息网络从事经营行为。

---

① 工业和信息化部：《电子认证服务管理办法（2015 修订）》（中华人民共和国工业和信息化部令第 29 号）第二条。

② 中国银行业监督管理委员会（已撤销）：《电子银行业务管理办法》（中国银行业监督管理委员会令 2006 年第 5 号）第二条。

③ 中国人民银行：《非金融机构支付服务管理办法》（中国人民银行令〔2010〕第 2 号）第二条。

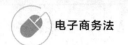

2.其经营行为包括销售商品与提供服务

"商务"是一切与商业有关事务的总称。《电子商务法》将电子商务所涉"商务"限定于销售商品与提供服务,与该两类行为无关的商业活动不属于该法所规范的电子商务活动。同时,依该法第二条,涉及金融类产品和服务、利用信息网络播放音视频节目、网络出版及互联网文化产品等内容方面的服务,不适用该法,亦不属电商经营者提供的商品与服务的范畴。

3.包括自然人、法人与非法人组织

依《民法总则》第二条,民事主体包括自然人、法人与非法人组织,电商经营者涵盖民事主体所有种类,《电子商务法》并未对某一类别民事主体成为电商经营者加以限制。除法律规定的特别情形外,包括自然人在内的所有民事主体,经法定程序均可成为电商主体。依《民法总则》第五十七条,法人是具有民事权利能力和民事行为能力,依法独立享有民事权利和承担民事义务的组织,分为营利性、非营利性和特别法人。营利性法人包括公司、其他企业法人等,非营利性法人包括事业单位、社会团体、基金会等。特别法人包括机关法人、农村集体经济组织法人、城镇农村的合作经济组织法人、基层群众性自治组织法人等。而非法人组织是指不具有法人资格,但能依法以自身名义从事民事活动的组织,包括个人独资企业、合伙企业、不具有法人资格的专业服务机构等。实践中,个人独资企业、合伙企业等非法人组织活跃于电商活动中,起到重要作用。①

(二)电商经营者的类型

观点链接 3-1
立法应否界定第
三方平台类型

依《电子商务法》第九条,电商经营者的类型包括电商平台经营者、平台内经营者及通过自建网站、其他网络服务销售商品或提供服务的电子商务经营者。

1.电商平台经营者

电商平台经营者是在电子商务中为交易双方或多方提供网络经营场所、交易撮合、信息发布等服务,供交易双方或多方独立开展交易活动的法人或非法人组织。

(1)平台经营者的内涵。其主要内涵在于搭建网络交易平台,供他人独立开展交易活动,自身并不直接介入具体交易活动中,因此被称为第三方平台。《电子商务法》立法最初将其表述为"第三方平台",以此强调其在交易中的第三方身份,最终生效条文采用"电子商务平台经营者"表述,未出现"第三方"字样,系因"平台"概念本身即已包含"第三方"内涵,平台经营者实为第三方平台经营者,二者内涵一致。

(2)平台经营者的认定。宜从宽认定。①符合下述条件者可被界定为电商平台。其一,为他人从事电商活动而搭建一个电子化网络空间;其二,聚集了大量的主要从事经营活动的平台内经营者;其三,电商平台与平台内经营者之间通过服务协议等方式建立了稳定联系,电商经营者入驻成为稳定的平台内经营者。②《电子商务法》第九条第二款关于平台经营者"提供网络经营场所、交易撮合、信息发布等服务"仅为示例性列举。此列举并不意味要成为一法律意义上的电商平台,就必须提供所有这些服务,或只要提供这些服务就一定构成电商平台。现实中,对应不同类型商品销售或服务的提供,有不同类型平台。一些平台仅提供信息发布类服务,不提供具体交易规则,但并不影响其属于电商平台。③电商平台不同于社交媒体平台。在社交媒体平台上从事活动的主要目的是社会交往而非经营行为,不能因少数人利用社交媒体从事与经营有关的信息沟通与交易磋商,就认为此场景下社交媒体本身即为电商平台。若社交媒体平台开放了类似的经营者入驻功能,允许这些经营者稳定开展经营活动,在此应用场景下,可认定该社交媒体兼有电商平台属性。

(3)平台经营者的服务内容。平台服务核心在于通过其提供的服务或连接他方提供的服务使交易双方或多方能达成实质交易。"提供网络经营场所"是为交易双方的交易提供网络空间。《电子商务法》所使用的网络经营场所,强调经营场所的经济意义,即进行交易活动的场所,就此而言,提供

---

① 赵旭东:《中华人民共和国电子商务法适用与原理》,中国法制出版社 2018 年版,第 48 页。

网络交易场所是为了进行撮合以达成交易。而"信息发布",就其功能分析,亦属于通过交易信息的发布,使交易双方或各方能达成交易。因此,"交易撮合"是判断一个平台是否构成电子商务法调整的电子商务交易平台经营者的核心要素。界定"交易撮合"需注意:第一,"交易撮合"并非直接介入交易之中,若提供交易的一方主体与提供平台服务的主体之间并不独立,则可能被认定为直接参与交易。第二,"交易撮合"是通过提供各种服务以使交易各方达成交易,其服务种类多种多样,可包括提供网络经营场所、信息发布等对交易达成具有实质性影响的服务,亦可包括为交易达成事前或事后的配套服务。①

(4)平台经营者的身份。①网络服务提供者。平台经营者所经营平台实乃网上交易空间,其通过为相关网络空间使用者提供相应服务来获取收益,该服务通称网络服务,此时平台经营者具有"网络服务提供者"身份。②配套经营服务提供者。平台经营者亦可直接以一方当事人身份,直接参与到相关经营活动之中,为当事人提供支付服务,提供商品或服务的广告服务,提供物流服务等。在此情形下,平台经营者在性质上如同普通经营者。因此,对平台经营者之平台属性及因该属性所生法律后果,应依实情具体分析。②

(5)平台经营者的限制。平台经营者只能是法人或非法人组织,自然人不能成为平台经营者。平台经营者区别于其他主体,不仅有更高技术要求,亦要承担平台管理职责与相应法律责任。自然人管理能力与担责能力相对较弱。③

2.平台内经营者

平台内经营者是通过电商平台销售商品或提供服务的电商经营者。在平台化时代,平台双边市场属性决定了绝大多数电商经营者须入驻大型电商平台,尚能获取相应交易机会;同时,一般电商经营者无能力亦无必要自身建立网站销售商品或提供服务,多入驻第三方平台经营,由此产生大量平台内经营者。平台内经营者相较于传统经营者,既有共性亦有特殊性。就共性而言,平台内经营者与传统线下经营者一样,需遵守相同法律、照章纳税。但平台内经营者依托于平台而生存,明显依附于平台,在商业机会的获取、交易条件的确定等方面尤其受制于平台经营者,其经营自主权很大程度上受平台经营者约束。平台内经营者与平台经营者通过服务协议建构起契约型关系,二者权利义务关系的调整主要依托于服务协议的约定。平台经营者会借助搜索排名、信用评价、算法控制、内部惩戒、服务协议等各种手段来对平台内经营者施加强大影响,进行事实上的类似于纵向一体化的管理控制。法律层面一方面认可平台经营者对平台内经营者的组织管理权限,并基于此点来理解和处理平台经营者与平台内经营者之间的关系;另一方面关注平台内经营者弱势地位所引发的问题,应对平台经营者滥用优势地位,过度限制平台内经营者的经营自主权及其他合法权益的问题。④

3.自建网站经营者

自建网站经营者是指自己搭建网站,然后在自建网络上销售商品或提供服务的经营者。自建网站经营者,除在经营渠道和媒介上与传统商务有所区别外,并无其他特殊问题。很多企业建有门户或官方网站,介绍、宣传、推广自身及其生产的商品或提供的服务,但并未通过这些网站实际销售商品或提供服务,则其并非自建网站经营者。这些网站上对有关产品和服务的介绍,通常不构成要约;若相应内容明确具体,且对相对人是否订立合同产生实质性影响,则构成合同内容。至于相关介绍是否为互联网广告,则取决于其是否符合相关立法对互联网广告的具体界定。对企业所设公众号,亦应作同样认定。⑤

① 宋燕妮:《中华人民共和国电子商务法精释与适用》,中国民主法制出版社2018年版,第49页。
② 电子商务法起草组:《中华人民共和国电子商务法条文释义》,法律出版社2018年版,第50—51页。
③ 赵旭东:《中华人民共和国电子商务法适用与原理》,中国法制出版社2018年版,第49页。
④ 电子商务法起草组:《中华人民共和国电子商务法条文研析与适用指引》,中国法制出版社2018年版,第53—54页。
⑤ 电子商务法起草组:《中华人民共和国电子商务法解读》,中国法制出版社2018年版,第35—38页。

4.通过其他网络服务销售商品或提供服务的电商经营者

实务分析3-1

特殊情形电商经营者
界定及其类型识别①

此类型划分仅在电子商务法第三次审议稿中开始出现,先前审议稿中并未出现。三审主要虑及随着电商模式与渠道的发展变化,社交电商初露端倪并快速发展,很多人开始依托社交网络从事商品销售或提供服务。此类电商主体当然属于电子商务法所称电子商务经营者。该类主体既非自己建立独立网站来从事电商经营行为,亦非入驻电商平台的平台内经营者,而是依托其他本非商业而是社交或娱乐性质的网络平台来事实上从事电商活动。对此类主体,主要依其行为性质、数量,即持续通过互联网等信息网络来从事销售商品或提供服务的经营活动,来认定其电商经营者身份。一旦认定其具有此身份,电子商务法关于电商经营者的相关规定即应予以适用。

第三节　电商主体的认定

背景资料3-3

准确信息骗取信任

假网站难分辨②

【背景思考】

1.电商实践中如何识别真假网站?

2.电商主体认定的基本原则是什么?

一、电商主体认定的必要性

电子商务是非面对面交易,电商主体通过网络平台即可完成整个交易流程,包括从商品选择、合同订立到价款支付等完全可通过互联网等信息网络完成。网络的便捷性与虚拟性是电子商务相对于传统商务的优势之一,但亦给交易带来巨大风险。任一方电商主体对交易某个环节的否认,譬如否认订立合同、否认支付价款等都将来电子商务法律关系的不确定性。从促进电商发展角度而言,只有确立安全、可靠、值得信赖的交易机制,尤其是主体认定机制,才能消除当事人对电子商务安全性的疑虑;从电商主体权益维护角度而言,只有建立起主体认定机制,才能使得电子商务中法律责任的实现具有坚实保障。否则,对电子交易的任意否认不仅会导致交易落空,亦使违约、缔约过失等民事责任难以实现。在此意义上,完全可以说电子商务法的首要任务就是建立完善电商主体认定制度,确保电商主体真实存在。

二、电商主体认定的基本原则

(一)主体真实原则

主体真实原则是指参与电商法律关系的各方主体须真实存在,而非"虚拟"或不存在,法律不承认亦不保护虚拟主体。电子商务本质是一种民商事活动,理应遵循民商事主体真实原则。该原则不仅是对电商企业,亦是对在线自然人用户的基本要求。对电商企业而言,主要表现为:①现实中存在对应的企业主体,即在现实中具备住所或办公场所、注册资本、组织机构等要素且经登记而成为合法经营主体;②现实中不存在对应企业,只是为设立在线企业成立新企业,纯粹从事在线交易。这类企业多从事信息产品交易,但同样存在经营人员、管理机构等实体性因素,本质仍是真实存在的的企业,唯存在形态发生改变。

① 电子商务法起草组:《中华人民共和国电子商务法条文释义》,法律出版社 2018 年版,第 51—52 页。

② CCTV-13 央视新闻频道"新闻直播间":《网络购物安全:准确信息骗取信任　假网站难分辨》,http://tv.cctv.com/2014/11/29/VIDE1417226042084635.shtml,2014-11-29。

（二）主体资格法定原则

该原则在商法上体现为商事主体法定原则，即商事主体的资格须严格依法取得并维持，法律未明确规定或不符法律规定条件的，不能取得商事主体资格。电子商务作为一种商事活动，其参与主体同样须遵循该原则。在我国，可从事经营活动的主体主要包括：不具有法人资格的个体工商户、个人独资企业和合伙企业；具有法人资格的企业，主要包括有限责任公司与股份有限公司。而不论是法人还是非法人企业，均须按《企业法人登记管理条例》或《公司登记管理条例》的规定领取营业执照。电商企业同样须依企业性质领取相应营业执照后才具备参与电商法律关系的资格，才能享有权利、承担义务，才可开展电子商务活动。

（三）主体公示原则

该原则要求电商企业须在网上明确显示其真实身份，体现电商活动受国家干预的特点，其意在于规范电商经营主体资格，保障电商交易安全与便捷。《互联网信息服务管理办法》第十二条规定：互联网信息服务提供者应在其网站主页显著位置标明其经营许可证编号或备案编号。电商企业提示身份义务本质上即是主体公示原则的要求。但主体公示原则并不必然要求电商企业网站名称与其企业名称或商号一致。电商企业法定名称是其营业执照上登记的名称，网站或网页上显示名称仅是其经营个性化及经营便利的需要，不宜硬性规定要求所有网站名称必须与其企业名称或商号一致。只要将其营业登记证号或电子营业执照号码标志于网上即可视为遵循了主体公示原则。2000年9月1日颁布实施的《网站名称注册管理暂行办法》及其实施细则均规定每个网站最多可注册3个名称，并不要求网站名称一定与企业名称或商号相同，仅要求注册网站名称不得违反法律规定和侵犯他人合法权益。

实务分析 3-2

如何认定非经营性网站的主体①

本章练习

第三章练习

（含"理论思考""实务分析""实务训练"）

---

① 裴桂华等：《如何认定非经营性网站的主体——〈恋爱中的宝贝〉著作权网络侵权纠纷案评析》，载《科技与法律》2009年第3期，第48—51页。

第四章 电商主体准入制度

对电商主体而言,市场准入制度是判断其商事资格取得、存续、丧失、有效与否的法律尺度。电商经营者市场准入主要涉及平台经营者和平台内经营者准入,为"一般经营者准入";涉食、药、出版等需特别规制的经营内容时,须进行特殊审查,为"特殊经营者准入"。①

第一节 电商主体市场准入模式与规范

背景资料 4-1

"中国供应商涉
嫌诈骗"事件②

【背景思考】

1."中国供应商"欺诈全球买家事件凸显了电商主体市场准入存在哪些问题?

2.电商市场主体准入制度与传统市场主体准入制度有何不同?

一、电商市场准入基本模式

经营者欲进入某行业开展经营,依法可能需办理相应资质或证照,如开办电商平台,除要完成市场主体、税务登记外,其网站可能尚需办理 ICP 证。国内市场准入行政审批模式一般分许可制、核准制和备案制(准入难度依次递减),电商市场准入多涉及许可制与备案制。

(一)许可制

许可制即非经行政许可不得进入市场。依《行政许可法》第二条,行政许可是指行政机关根据公民、法人或其他组织的申请,经依法审查,准予其从事特定活动的行为。就许可制市场准入模式而言,除非事前取得相关主管机关允许,否则任何人不得从事特定市场经营活动。《电子商务法》第十二条明确:"电子商务经营者从事经营活动,依法需要取得相关行政许可的,应当依法取得行政许可。"作为前置性管理手段,行政许可模式事先严格审核经营者资质、资格,可保证产品、服务质量,维护市场秩序、保护消费者权益,一定程度避免市场失灵;但其亦为经营者入市设置了门槛,过多过滥则会打压社会活力、抑制市场创造力、降低经营效率、增加市场主体经营成本甚至阻碍经济发展。③ 国内法严格限制设立行政许可,国务院亦简政放权,逐步削减行政审批事项,尽量以事后追责、市场调节来代替行政审批。④ 依《行政许可法》第十二条,唯系公共利益,涉宏观调控、环境安全、公众人身安全的商品生产,涉特殊技术、信誉的公共服务,对社会、经济生活影响重大事项,尚可设行政许可予以限制;其他领域宜采事中、事后管理,以备案代替许可实现市场准入管理。

(二)备案制

备案制是行政机关依法要求行政相对人报送其从事特定活动的相关材料,并将该材料存档以便备查与监督的事后监管方法,并非严格意义的事前规制。⑤ 国内电商领域经营者市场准入多采用备

---

① 凌斌:《电子商务法》,中国人民大学出版社 2019 年版,第 27 页。

② 央视网"共同关注":《"中国供应商涉嫌诈骗"事件:为失信负责 阿里巴巴高管辞职》,http://tv.cntv.cn/video/C10318/327aad0e1a424034ae140e2437799f17,2011-02-22。

③ 应松年:《行政审批制度改革:反思与创新》,载《人民论坛·学术前沿》2012 年第 3 期,第 48 页。

④ 马怀德:《行政审批制度改革的成效、问题与建议》,载《国家行政学院学报》2016 年第 3 期,第 14—15 页。

⑤ 张红:《论行政备案的边界》,载《国家行政学院学报》2016 年第 3 期,第 27 页。

案制。依《互联网信息服务管理办法》第四、八条,从事非经营性互联网信息服务,仅需在电信主管部门备案即可。

二、电商主体市场准入主要规范

电商经营者既受线下普通商务交易的一般规制,亦受线上电商交易的特定规制。平台内经营者市场准入受三重规范规制,包括线下规则对商事主体资格的限制,线上规则如《互联网信息服务管理办法》等对电商经营者的规制,以及各电商平台交易规则中的市场准入限制。

(一)线下规制的主要规范

1.相关法律

主要包括《公司法》(2018年修正)、《合伙企业法》(2006年修订)、《个人独资企业法》(1999年)、《行政许可法》(2003年)、《食品安全法》(2015年修订)、《刑法》[经2017年《刑法修正案(十)》修改]和《药品管理法》(2015年修正)等。

2.相关行政法规

主要包括《出版管理条例》(2016年修订)、《药品管理法实施条例》(2016年修订)、《无证无照经营查处办法》(2017年)、《安全生产许可证条例》(2014年修订)、《工业产品生产许可证管理条例》(2005年)、《关于加强食品等产品安全监督管理的特别规定》(2007年)、《医疗器械监督管理条例》(2017年修订)、《公司登记管理条例》(2016年修订)及《企业法人登记管理条例》(2016年修订)等。

3.相关部门规章

主要包括原卫生部《化妆品卫生监督条例》(1989年)、《保健食品管理办法》(1996年)、《药品经营质量管理规范》(2016年修正)、《化妆品卫生监督条例实施细则》(2005年修改),原国家工商总局《关于开展网络广告经营登记试点的通知》(2000年)、《网络交易管理办法》(2014年),商务部《对外贸易经营者备案登记办法》(2004年),原国家食药监局《药品流通监督管理办法》(2007年)、《互联网药品信息服务管理办法》(2017年修正)、《互联网药品交易服务审批暂行规定》(2005年)、《化妆品行政许可申报受理规定》(2009年)、《化妆品行政许可检验管理办法》(2010年),原国家广电总局《电子出版物出版管理规定》(2015年修正),工信部《电子认证服务管理办法》(2015年修订),原国家广电总局、商务部联合发布《出版物市场管理规定》(2016年),等等。①

(二)线上规制的主要规范

近年来电商快速发展,国内与电商市场准入直接有关的线上规制日益增多,主要包括《电子商务法》(2018年)(第十、十二、十五、二十七、二十八、四十六、七十五、七十六条等)、《食品安全法》(2018年修正)(第六十二、一百三十一条等)、《计算机信息系统安全保护条例》(2011年修订)(第十一、二十条)、《计算机信息网络国际联网安全保护管理办法》(2011年修订)、《互联网信息服务管理办法》(2011年修订)、《规范互联网信息服务市场秩序若干规定》(2011年修订)、《网络交易管理办法》(2014年)、《互联网用户账号名称管理规定》(2015年)、《电信条例》(2016修订)、《互联网药品信息服务管理办法》(2017年修正)、《互联网药品交易服务审批暂行规定》(2005年),等等。

知识链接4-1
电商主体法
相关规范清单

---

① 凌斌:《电子商务法》,中国人民大学出版社2019年版,第27—29页。

第二节　电商主体的国际联网准入制度

背景资料 4-2
对未经许可从事
国际联网经营业
务的处罚指南①

【背景思考】

1. 电商主体从事国际联网经营需具备哪些条件？

2. 未经许可从事国际联网经营可能面临哪些法律后果？

一、国际联网经营许可

依《计算机信息网络国际联网管理暂行规定》（1997 年修正）（国务院令第 218 号），国家对我国境内计算机信息网络进行国际联网，实行统筹规划、统一标准、分级管理、促进发展的原则。接入单位拟从事国际联网经营活动应向有权受理从事国际联网经营活动申请的互联单位主管部门或主管单位申请领取国际联网经营许可证；未取得国际联网经营许可证的，不得从事国际联网经营业务。其中，计算机信息网络国际联网（简称国际联网）是指我国境内的计算机信息网络为实现信息的国际交流，同外国的计算机信息网络相连接；互联网络是指直接进行国际联网的计算机信息网络；互联单位是负责互联网络运行的单位；接入网络是通过接入互联网络进行国际联网的计算机信息网络；接入单位是负责接入网络运行的单位。

从事国际联网经营活动的接入单位须是依法设立的企事业法人，具有相应计算机信息网络、装备及技术与管理人员，具有健全的安全保密管理制度和技术保护措施，符合法律和国务院规定的其他条件；接入单位从事国际联网经营活动还应具备为用户提供长期服务的能力；从事国际联网经营活动的接入单位的情况发生变化，不再符合上述条件，其国际联网经营许可证由发证机构吊销。个人、法人和其他组织（统称用户）使用的计算机或计算机信息网络须通过接入网络进行国际联网，应征得接入单位的同意，并办理登记手续。

违反上述规定的，由公安机关责令停止联网，给予警告，可并处 15000 元以下的罚款，有违法所得的，没收违法所得；若触犯其他有关法律、行政法规的，依法予以处罚，构成犯罪的，依法追究刑事责任。未领取国际联网经营许可证从事国际联网经营活动的，由公安机关给予警告，限期办理经营许可证；在限期内不办理经营许可证的，责令停止联网，有违法所得的，没收违法所得。依《计算机信息网络国际联网管理暂行规定实施办法》（国信〔1998〕001 号），未领取国际联网经营许可证从事国际联网经营活动的，由公安机关给予警告，限期办理经营许可证，在限期内不办理经营许可证的，责令停止联网，有违法所得的，没收违法所得；个人、法人和其他组织用户使用的计算机或计算机信息网络未通过接入网络进行国际联网，而是以其他方式进行国际联网，对个人由公安机关处 5000 元以下的罚款，对法人和其他组织用户由公安机关给予警告，可并处 15000 元以下的罚款。

二、国际联网备案管理

依《计算机信息系统安全保护条例》第十一条，进行国际联网的计算机信息系统由计算机信息系统使用单位报省级以上公安机关备案。依《计算机信息网络国际联网安全保护管理办法》，用户在接入单位办理入网手续时，应填写由公安部监制的用户备案表；互联单位、接入单位、使用计算机信息网络国际联网的法人和其他组织（包括跨省级联网的单位和所属分支机构），应自网络正式联通之日起 30 日内，到所在地省级公安机关指定的受理机关办理备案手续；前款所列单位应负责将接入本网络的接入单位和用户情况报当地公安机关备案，并及时报告本网络中接入单位和用户的变更情况。

---

① 房县公安局：《对未经许可从事国际联网经营业务的处罚办事》，http://zwfw.hubei.gov.cn:8011/lawguide/ykypt/itemGuide/4203250000000114552700205142000.jspx，2019-08-17。

对违反计算机信息系统国际联网备案制度,不按规定履行备案义务的单位或个人,依《中华人民共和国计算机信息系统安全保护条例》第二十条,由公安机关处以警告或者停机整顿;《计算机信息网络国际联网安全保护管理办法》第二十三条针对不履行备案职责的,进一步明确由公安机关给予警告或停机整顿不超过 6 个月的处罚。

知识链接 4-2

国际联网备案管理地方规范及备案实例

第三节 电商经营者的增值电信业务经营许可制度

【背景思考】

1.什么是增值电信业务经营许可证? 电商经营者需要办理吗?

2.小程序电商是否需要办理电信业务经营许可证? 如何办理?

背景资料 4-3

小程序需否增值电信业务经营许可证

一、增值电信业务经营许可概述

《中华人民共和国电信条例》(2016 修订)(国务院令第 666 号)[以下简称《电信条例》(2016 修订)]第七条明确了国家对电信业务经营按业务的分类实行许可制度,经营电信业务须依规定取得电信业务经营许可证,未取得该许可证的任何组织或个人不得从事电信业务经营活动。第八条将电信业务分为基础电信业务与增值电信业务两类,增值电信业务是利用公共网络基础设施提供的电信与信息服务的业务。第九条规定经营增值电信业务,业务覆盖范围在两个及两个以上省级行政区域的,须经国务院信息产业主管部门审查批准,取得《跨地区增值电信业务经营许可证》;业务覆盖范围在一个省级行政区域的,须经该省级电信管理机构审查批准,取得《增值电信业务经营许可证》;运用新技术试办《电信业务分类目录》未列出的新型电信业务的,应向省级电信管理机构备案。为贯彻《电信条例》(2016 修订)有关电信业务经营许可证制度而制定的部门规章《电信业务经营许可管理办法》(2017 修订)(工业和信息化部令第 42 号),就电信业务经营许可证的申请,经营许可证的申请审批,经营许可证的使用,经营行为的规范,经营许可证的变更、撤销、吊销和注销,经营许可的监督检查,法律责任等做出了详细规定。

二、涉电商经营者的增值电信业务经营许可

(一)电信业务分类

依《电信条例》(2016 修订)和《电信业务分类、目录》(2015),电信业务分基础电信业务与增值电信业务两大类。基础电信业务(A)是提供公共网络基础设施、数据传送和基本话音通信服务的业务,分第一类(A1)和第二类(A2)。增值电信业务(B)是利用公共网络基础设施提供的电信与信息服务的业务,分第一类(B1)和第二类(B2),如图 4-1 所示。

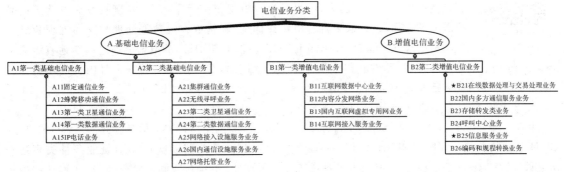

图 4-1 电商业务分类

（二）电商经营者主要涉及的增值电信业务

电商经营者通过互联网等信息网络开展经营活动时，主要涉及应用类电信业务，基本不涉及基础电信业务（A）与第一类增值电信业务（B1），一般主要涉及第二类增值电信业务（B2）中的在线数据处理与交易处理业务（B21）、信息服务业务（B25）。

1. B21 在线数据处理与交易处理业务

该类业务是指利用各种与公用通信网或互联网相连的数据与交易/事务处理应用平台，通过公用通信网或互联网为用户提供在线数据处理和交易/事务处理的业务。包括在线交易处理业务，如京东、淘宝等；电子数据交换业务，如海关报税 EDI；网络/电子设备数据处理业务，涉 M2M 和消费电子设备、可穿戴设备等数据处理和管理平台等，如华为智能。

2. B25 信息服务业务

此为电商经营者最常涉及的增值电信业务类别，是通过信息采集、开发、处理和信息平台的建设，通过公用通信网或互联网向用户提供信息服务的业务。主要包括：（1）信息发布平台和递送服务。这是指建立信息平台，为其他单位或个人用户发布文本、图片、音视频、应用软件等信息提供平台的服务。平台提供者可根据单位或个人用户需要向用户指定的终端、电子邮箱等递送、分发文本、图片、音视频、应用软件等信息，如 58 同城、优酷及各直播 APP 等。（2）信息搜索查询服务。这是指通过公用通信网或互联网，以信息收集与检索、数据组织与存储、分类索引、整理排序等方式，为用户提供网页信息、文本、图片、音视频等信息检索查询服务，如百度、搜狗等。（3）信息社区平台服务。这是指在公用通信网或互联网上建立具有社会化特征的网络活动平台，可供注册或群聚用户同步或异步进行在线文本、图片、音视频交流的信息交互平台，如新浪微博、微信朋友圈等各种社交平台。（4）信息即时交互服务。这是指利用公用通信网或互联网，并通过运行在计算机、智能终端等的客户端软件、浏览器等，为用户提供即时发送和接收消息（包括文本、图片、音视频）、文件等信息的服务，包括即时通信、交互式语音服务（IVR）、基于互联网的端到端双向实时话音业务（含视频话音业务），如 QQ、来往、陌陌、钉钉等。（5）信息保护和处理服务。这是指利用公用通信网或互联网，通过建设公共服务平台，以及运行在计算机、智能终端等的客户端软件，面向用户提供终端病毒查询、删除，终端信息内容保护、加工处理，以及垃圾信息拦截、免打扰等服务，如 360 在线杀毒、腾讯手机管家等。

（三）涉电商经营者的增值电信业务经营许可证

此为涉及 B 类增值电信业务的经营许可证，该证"业务种类"注明 B 类业务中具体业务类型。依许可证所涉业务种类不同，业界产生了以字母缩写代称的 ICP（internet content provider）证、SP（service provider）证、ISP（internet service provider）证、EDI（electronic data interchange）证等不同称谓。电商领域常被提及的 ICP 证仅是 B25 类信息服务业务中涉及互联网的一类。某一电商经营者取得"增值电信业务经营许可证"，仅可从事该证中核准的业务种类，并不意味其可从事所有增值电信业务。

观点链接 4-1

并非所有电商均需申请 EDI 证

1. 涉 B21 在线数据处理与交易处理业务的增值电信业务经营许可证

此类许可证常被称为 EDI 证。电商经营者需注意自身是否需要申请 EDI 证。若该电商作为独立第三方，仅为买卖双方提供交易平台，不直接收取买方购买商品或服务的费用，仅收取平台占用费或佣金，则构成在线数据处理与交易处理业务中的交易处理业务，需申请 EDI 证。EDI 证（非跨地区）的申请需通过所在地省级通信管理局申请，且该电商平台须有经营性网站，并在网站运营一个月内提出申请。若仅有经营性手机 APP，并无经营性网站，则无法申请 EDI 证。

2. 涉 B25 信息服务业务的增值电信业务经营许可证

此类业务主要涉及 ICP 证、SP 证，均属 B25 类许可证，为网络用户提供信息服务。二者区别在于，ICP 证所涉服务基于互联网，SP 证所涉服务基于非互联网（一般为移动网）。ICP 证业务种类表述一般注明"仅限互联网信息服务"，SP 证业务种类表述一般注明"不含互联网信息服务"。在移动网内运营增值业务的社会合作单位,与移动网络建立相连的服务平台,为手机用户提供系列信息服务,如娱乐、游戏、短信、彩信、WAP、彩铃、铃声下载、定位等,需申请SP证。若某企业仅通过互联网信息服务获利,未通过移动网为手机等终端用户提供移动网信息服务(如短信验证、彩信彩铃推送等),仅需取得 ICP 证。若某企业既向用户提供互联网信息服务又提供移动网信息服务,则须同时具备 ICP 证和SP 证。因此,APP 并不一定意味着仅涉移动网,如知乎既有网站亦有 APP 客户端,但其提供的均为互联网服务;而具有短信验证服务并不意味着一定需要 SP 证,因该短信验证服务可能是委托第三方合格主体代为发送的。

知识链接 4-3

增值电信业务经营许可管理具体规则

第四节　电商经营者的非经营性互联网信息服务备案制度

【背景思考】

1. 非经营性网站能随意设立吗?设立非经营性网站需遵守哪些规定?
2. 本案被告负有关闭涉案网站的法定职责吗?为什么?

背景资料 4-4

朱圣常诉江苏省通信管理局不履行法定职责案①

依《互联网信息服务管理办法》(2011 年修订)第二条第二款,互联网信息服务是指通过互联网向上网用户提供信息的服务活动。上网用户包括个人、企业、其他组织等;信息服务包括应用户请求的信息服务、主动提供的信息服务、一般信息服务与提供交易平台进行网上交易等电商服务。该办法将互联网信息服务分为经营性与非经营性两类予以分类管理,经营性互联网信息服务是指通过互联网向上网用户有偿提供信息或网页制作等服务活动,非经营性互联网信息服务是指通过互联网向上网用户无偿提供具有公开性、共享性信息的服务活动;国家对经营性互联网信息服务实行许可制度,对非经营性互联网信息服务实行备案制度(ICP 备案),未取得许可或未履行备案手续者不得从事互联网信息服务;从事新闻、出版、教育、医疗保健、药品和医疗器械等互联网信息服务,依法律、行政法规及国家有关规定须经有关主管部门审核同意的,在申请经营许可或履行备案手续前,应依法经有关主管部门审核同意。是否是经营性平台的直观判断标准为是否向用户收费。仅需 ICP 备案的条件是,基于互联网提供信息服务业务,同时不向用户收费。可见,作为独立第三方,为买卖双方提供交易平台则需申请 EDI 证,经营互联网信息的发布、搜索、交互、保护与处理需取得 ICP 许可证;经营移动网信息服务需申请 SP 证;对非经营性互联网信息服务(包括免费向用户展示信息或企业在自己网站上销售自有商品)需进行 ICP 备案。若企业既向用户提供互联网信息服务又提供移动网信息服务,须同时具备 ICP 证和 SP 证。②《非经营性互联网信息服务备案管理办法》(2005 年)(信息产业部令第 33 号)就在中国境内提供非经营性互联网信息服务,履行备案手续,实施备案管理做出如下具体规定。

一、非经营性互联网信息服务备案管理的一般性规定

(一)该备案管理适用范围

该备案管理适用于在中国境内提供的非经营性互联网信息服务,具体是指在中国境内的组织或个人利用通过互联网域名或仅能通过互联网 IP 地址访问的网站,提供该服务;在中国境内提供该服

---

① 详见"朱圣常诉江苏省通信管理局不履行法定职责案"。江苏省南京市中级人民法院,案件字号:(2013)宁行初字第111 号。

② 张学来:《一篇文章让你彻底搞清增值电信业务许可证》,https://baijiahao.baidu.com/s? id=1576398646023824470&wfr=spider&for=pc,2019-02-02。

务应依法履行备案手续,未经备案不得在中国境内从事该服务。未履行备案手续提供该服务的电商经营者,由住所地省级通信管理局责令限期改正,并处 10000 元罚款;拒不改正的,关闭网站;超出备案项目提供服务的,由住所地省级通信管理局责令限期改正,并处 5000 元以上 10000 元以下罚款;拒不改正的,关闭网站并注销备案。

（二）该备案管理管辖规则

工信部对全国非经营性互联网信息服务备案管理工作进行监督指导,省级通信管理局具体实施该备案管理工作。拟从事该服务的电商经营者应向其住所地省级通信管理局备案。

（三）该备案管理基本原则

省级通信管理局在备案管理中应遵循公开、公平、公正的原则,提供便民、优质、高效的服务;电商经营者从事非经营性互联网信息服务时,应遵守国家有关规定,接受有关部门依法实施的监管。电商经营者违反有关法律规定,依法应暂停或终止服务的,省级通信管理局可根据法律、行政法规授权的同级机关书面认定意见,暂时关闭或关闭网站并注销备案。

（四）信息内容合法

电商经营者应保证所提供的信息内容合法,该信息内容是指电商经营者的网站的互联网域名或 IP 地址下所包括的信息内容。

二、非经营性互联网信息服务备案管理的备案方式及相关程序

（一）网上备案登记

知识链接 4-4
非经营性互联网
信息服务备案登
记表及备案实例

1.网上备案

省级通信管理局通过工信部备案管理系统,采用网上备案方式进行备案管理。

2.备案登记表

拟从事非经营性互联网信息服务的电商经营者,应通过工信部备案管理系统如实填报非经营性互联网信息服务备案登记表,履行备案手续。违反前述规定,填报虚假备案信息的,由住所地省级通信管理局关闭网站并注销备案。

（二）代为履行备案

拟通过接入经营性互联网从事非经营性互联网信息服务的电商经营者,可委托因特网接入服务业务经营者、因特网数据中心业务经营者和以其他方式为其网站提供接入服务的电信业务经营者代为履行备案、备案变更、注销等手续。拟通过接入公益性互联网络从事非经营性互联网信息服务的电商经营者,可由为其网站提供互联网接入服务的公益性互联网络单位代为履行备案、备案变更、注销等手续。因特网接入服务业务经营者、因特网数据中心业务经营者及以其他方式为网站提供接入服务的电信业务经营者和公益性互联网络单位(统称"互联网接入服务提供者")不得在已知或应知拟从事非经营性互联网信息服务的组织或个人的备案信息不真实的情况下,为其代为履行上述手续;违反前述规定的,由违法行为发生地省级通信管理局责令改正,并处 1000 元罚款。

（三）备案前置程序

1.前置审批

拟从事新闻、出版、教育、医疗保健、药品和医疗器械、文化、广播电影电视节目等互联网信息服务,依法律、行政法规及有关规定经有关主管部门审核同意的,在履行备案手续时,还应向其住所地省级通信管理局提交相关主管部门审核同意的文件。

2.专项备案

拟从事电子公告服务的,在履行备案手续时,还应向其住所地省级通信管理局提交电子公告服务专项备案材料。

（四）备案工作期限

省级通信管理局在收到备案人提交的备案材料后,材料齐全的,应在20个工作日内予以备案,向其发放备案电子验证标识和备案编号,并通过工信部备案管理系统向社会公布有关备案信息;材料不齐全的,不予备案,在20个工作日内通知备案人并说明理由。

三、非经营性互联网信息服务备案的公示

作为非经营性互联网信息服务提供者的电商经营者,应在其网站开通时,在主页底部的中央位置标明其备案编号,并在备案编号下方按要求链接工信部备案管理系统网址,供公众查询核对;按工信部备案管理系统的要求,将备案电子验证标识放置在其网站的指定目录下。违反前述规定,未在其备案编号下方链接工信部备案管理系统网址的,或未将备案电子验证标识放置在其网站指定目录下的电商经营者,由住所地省级通信管理局责令改正,并处5000元以上、10000元以下罚款。

四、非经营性互联网信息服务备案的变更与注销

（一）备案变更

作为非经营性互联网信息服务提供者的电商经营者,在备案有效期内需变更其备案登记表中填报的信息的,应提前30日登录信息产业部备案系统向原备案机关履行备案变更手续。

（二）备案注销

作为非经营性互联网信息服务提供者的电商经营者在备案有效期内需终止提供服务的,应在服务终止之日登录信息产业部备案系统向原备案机关履行备案注销手续。违反前述规定,未在规定时间履行备案变更手续,或未依法履行备案注销手续的,由住所地省级通信管理局责令限期改正,并处10000元罚款。

五、非经营性互联网信息服务备案的管理

（一）接入服务管理

互联网接入服务提供者不得为未经备案的组织或个人从事非经营性互联网信息服务提供接入服务;对被省级通信管理局处以(暂时)关闭网站处罚的该服务提供者或非法从事该服务的组织或个人,接入服务提供者应立即暂停或终止向其提供接入服务。接入服务提供者应记录其接入的非经营性互联网信息服务提供者的备案信息;依国家有关规定做好用户信息动态管理、记录留存、有害信息报告等网络信息安管工作,根据监管部门要求监督所接入用户。违反前述规定的,由违法行为发生地省级通信管理局责令改正,并处10000元罚款。

（二）备案年审

省级通信管理局通过工信部备案管理系统,采用网上方式,依法对非经营性互联网信息服务备案实行年度审核。非经营性互联网信息服务提供者应在每年规定时间内登录工信部备案管理系统,履行年度审核手续。在年度审核时,该服务提供者有下列情况之一的,由其住所地省级通信管理局通过工信部备案系统等媒体通告责令其限期改正;拒不改正的,关闭网站并注销备案:①未在规定时间登录备案网站提交年度审核信息;②新闻、教育、公安、安全、文化、广播电影电视、出版、保密等部门依法对各自主管的专项内容提出年度审核否决意见。

六、ICP备案管理中有关问题的处理

（一）自助网站备案问题

用户自助建立网站的域名有独立域名应履行备案手续,无独立域名无须备案。自助网站服务提供者应加强技术业务管理,实名管理自助网站,并配合有关部门对自助网站的管理。

（二）跳转域名网站备案问题

跳转域名网站备案取决于跳转域名所指向的目标网址。若其是独立域名,应履行网站备案手续;若非独立域名则无须备案。域名跳转服务(URL转发服务)提供者应及时报备本地URL转发服务器的IP地址等情况,遇有变化及时报告,各地方管理部门应及时汇总本地URL转发服务器IP地址情况报备电信管理局。各地URL转发服务提供者应将URL转发服务器及其对应IP地址专门用于URL转发服务,不得用于他途。

实务分析4-1
罗吉与工信部
信息公开案①

（三）博客网站管理问题

对博客网站,按网站管理方式依法管理。对使用独立域名的博客网站,应依法取得经营许可或履行备案手续。互联网行业主管部门依法配合互联网专项内容主管部门对博客网站内容进行管理。对非独立域名(含通过域名跳转方式访问的非独立域名目标网页)的博客网站,不需许可或备案,提供博客服务的互联网信息服务提供者承担管理责任。②

第五节 互联网用户账号名称管理规定

背景资料4-5
《互联网用户
账号名称管理
规定》发布③

【背景思考】
1.网民们能随心所欲起网名吗?起网名要注意哪些问题?
2.为什么要对互联网用户账号名称加强管理?如何管理?

互联网用户账号名称是指机构或个人在博客、微博客、即时通信工具、论坛、贴吧、跟帖评论等互联网信息服务中注册或使用的账号名称。国家互联网信息办公室(以下简称网信办)于2015年制定了《互联网用户账号名称管理规定》。

一、互联网用户账号名称管理的职责划分

（一）管理机构职责划分

国家网信办负责对全国互联网用户账号名称的注册、使用实施监督管理,各省级互联网信息内容主管部门负责对本行政区域内互联网用户账号名称的注册、使用实施监督管理。

（二）互联网信息服务提供者的职责

互联网信息服务提供者应落实安全管理责任,完善用户服务协议,明示互联网信息服务使用者在账号名称、头像和简介等注册信息中不得出现违法和不良信息,配备与服务规模相适应的专业人员,对互联网用户提交的账号名称、头像和简介等注册信息进行审核,对含有违法和不良信息的,不予注

---

① 详见"罗吉与中华人民共和国工业和信息化部信息公开案"。北京市高级人民法院,案件字号:(2017)京行终2116号。
② 详见信息产业部《关于网站ICP备案管理工作中有关问题处理意见和管理要求的通知》(信电函〔2006〕56号)。
③ CCTV-13央视新闻频道"新闻直播间":《〈互联网用户账号名称管理规定〉发布:规定自2015年3月1日起施行》,http://tv.cctv.com/2015/02/04/VIDE1423017602375917.shtml,2015-02-04。

册;保护用户信息及公民个人隐私,自觉接受社会监督,及时处理公众举报的账号名称、头像和简介等注册信息中的违法和不良信息。

二、互联网用户账号名称管理的原则、底线与禁用情形

(一)基本原则

互联网信息服务提供者应按"后台实名、前台自愿"原则,要求互联网信息服务使用者通过真实身份信息认证后注册账号。

(二)主要底线

互联网信息服务使用者注册账号时,应与服务提供者签订协议,承诺遵守法律法规、社会主义制度、国家利益、公民合法权益、公共秩序、社会道德风尚和信息真实性等底线。

(三)禁用情形

任何机构或个人注册和使用互联网用户账号名称,不得有下列情形:(1)违反宪法或法律法规规定;(2)危害国家安全,泄露国家秘密,颠覆国家政权,破坏国家统一;(3)损害国家荣誉和利益,损害公共利益;(4)煽动民族仇恨、民族歧视,破坏民族团结;(5)破坏国家宗教政策,宣扬邪教和封建迷信;(6)散布谣言,扰乱社会秩序,破坏社会稳定;(7)散布淫秽、色情、赌博、暴力、凶杀、恐怖或教唆犯罪;(8)侮辱或诽谤他人,侵害他人合法权益;(9)含有法律、行政法规禁止的其他内容。

三、对互联网用户账号名称违法行为的处置

(一)以虚假信息骗取账号名称注册

互联网信息服务使用者以虚假信息骗取账号名称注册,或其账号头像、简介等注册信息存在违法和不良信息的,服务提供者应通知限期改正、暂停使用、注销登记等。

(二)冒用、关联机构或社会名人注册账号名称

对冒用、关联机构或社会名人注册账号名称的,服务提供者应注销其账号,并向信息内容主管部门报告。

知识链接 4-5
互联网账号
"十大乱象"

(三)违规行为

对违反《互联网用户账号名称管理规定》的行为,由有关部门依相关法律规定处理。

第六节 电商经营者的市场主体登记

背景资料 4-6
上海颁发首
批个人网店
营业执照①

【背景思考】

1.个人开网店需要领取营业执照吗?

2.电商经营者如何进行市场主体登记?

依《电子商务法》第十条,电商经营者应当依法办理市场主体登记。但是,个人销售自产农副产品、家庭手工业产品,个人利用自己技能从事依法无须取得许可的便民劳务活动和零星小额交易活动,以及依照法律、行政法规不需要登记的除外。

---

① 东方卫视"东方新闻":《上海颁发首批个人网店营业执照》,http://news.cctv.com/2019/01/18/VIDECVFFkP6laqva-LX0CNRjQ190118.shtml,2019-01-18。

一、电商经营者市场主体登记概述

（一）电商经营者市场主体登记的必要性

市场主体登记亦称工商登记。[①] 在电商发展过程中，许多经营者未办理主体登记而直接从事经营活动，不仅使市场监管部门难以掌握市场主体数量和活动情况、难以进行有效监管，而且使税务部门税收征管面临困难。《电子商务法》第十条强调电商经营者应依法办理市场主体登记，体现线上线下一致原则，对规范电商活动、确保其健康可持续发展具有积极作用。

（二）电商经营者市场主体登记的特殊性

一般而言，经营者是市场中以自身名义从事经营活动的组织或个人，在相对固定的经营场所，长期连续从事商品生产、经营或提供服务。而电商经营场所可被理解为经营性网站、固定账号、电商平台的固定店铺等。现今线下市场自然人个体经营虽仍存在，但大部分经营主体为企业等经济组织体。[②] 而灵活便捷、门槛较低的电子商务降低了自然人个体从事经营活动的门槛，自然人卖家扮演重要角色，2017 年全国 C2C 电商营收达 1745 亿元，约占电商总营收（5027 亿元）的 34.71%。[③] 是否所有电商经营者均须如线下经营者一样进行市场主体登记，在《电子商务法》立法过程中曾有较大争议。尽管该法第十条未明确规定，但依《网络交易管理办法》第二十二条，平台经营者应是经登记注册并领取营业执照的企业法人。电商经营主体市场主体登记争议主要集中于平台内经营者与其他经营者，这些经营者可包括自然人、法人或个体工商户等其他组织，如阿里巴巴旗下天猫平台上大企业开办的官方店、淘宝平台上的自然人网店均属平台内经营者，苹果公司通过自身官网商城销售产品即属自建网站的经营者，微信上的微商、个人代购则属利用"其他网络服务销售商品或提供服务"的经营者。这些复杂多样的经营主体中，企业法人、须登记设立的个体工商户等非法人组织均已登记，但仍有众多自然人经营者，基本未进行主体登记，仅在平台上注册与实名认证。平台内经营者市场准入主要争议在于线下规则对经营主体的限制应否同等适用于线上。[④]

（三）市场主体登记并非对电商从业者的特别限制

在我国商事制度改革大背景之下，市场主体登记的准入、许可色彩趋于淡化，主要具有主体身份确认及信息披露意义，并无必要针对电商经营者建立特别的市场准入制度，电商经营者只要进行了通常的市场主体登记，一般即可从事电商经营活动。《电子商务法》第十条第一句所言市场主体登记，并非针对电商经营活动这种特殊经营方式进行的特别的营业方式登记，而是指从事电商经营活动的经营者应办理相应市场主体登记。若相关经营者此前未从事电商经营活动，仅进行传统线下经营活动，但已办理了市场主体登记，其从事电子商务，无须另行办理电商市场主体登记，先前登记即已足够；若有关主体决定开始从事电商经营活动，而此前未办理任何市场主体登记，则此时须办理该登记。上述规定是对任何经营者从事经营活动应办理市场主体登记原则的确认，并非对电商从业者施加某种特别限制。[⑤] 是否需要及如何办理登记须以其他法律、行政法规等为准，随着改革不断深入，国内市场主体登记政策可能有所变化，《电子商务法》上述规定可更好适应地新情况。

---

① 依《国家市场监督总局三定方案》，工商登记改称为市场主体登记："（二）负责市场主体统一登记注册。指导各类企业、农业专业合作社和从事经营活动的单位、个体工商户，以及外国（地区）企业常驻代表机构等市场主体的登记注册工作。"

② 王卫国、李东方：《经济法学》，中国政法大学出版社 2016 年，第 140 页。

③ 统计数据源自中华人民共和国商务部电子商务与信息化司《中国电子商务报告 2017 年》，第 17 页。

④ 凌斌：《电子商务法》，中国人民大学出版社 2019 年版，第 29—30 页。

⑤ 电子商务法起草组：《中华人民共和国电子商务法条文释义》，法律出版社 2018 年版，第 52—53 页。

二、自然人电商经营者的市场主体登记

（一）自然人电商经营者市场主体登记的必要性

1.平台经营者对平台内自然人经营者的身份登记可能流于形式

平台经营者出于自身经营目的，对平台内自然人经营者所进行的身份信息收集与登记等管理措施，与国家出于管理、税收等其他目的所进行的身份管理措施之间存在明显差异。平台经营者为增加自身市场竞争力，获取更多经营利润，一般倾向于吸引更多经营者入驻自身平台，从事经营活动，以此吸引更多的市场另一端的使用者，产生更大流量，提高其平台商业估值，但其对平台内经营者主体身份审查可能流于形式。某餐饮外卖平台经营者曾为吸引更多外卖经营者入驻，纵容甚至变相助其造假。因此，平台经营者自建的平台内经营者身份登记与管理制度不能取代国家层面市场主体登记制度，平台内自然人经营者进行市场主体登记仍有必要。

2.具有经营者特征的网店应办理商事主体登记

自然人网店本是平台经营者为平台内从事交易活动的主体所搭建的网络交易空间，在后台操作、运营相关网络空间从事经营活动者是自然人、法人或非法人组织，其实这并不重要，重要的是相关主体通过网店所进行的活动表现出何种特征。若相关主体行为表现出持续、稳定、活跃的经营性行为特征，则相应网店运行者即具有经营者的商事主体特征，在此情形下，理应办理市场主体登记，无须考虑该网店后台究竟是自然人还是其他主体在操作。①

（二）自然人电商经营者市场主体登记的原则

自然人若仅从事民事活动，一般不存在市场主体登记问题；若进行市场主体登记，通常意味着纯粹自然人身份转变为个体工商户身份。依《民法总则》第五十四条，自然人从事工商业经营，经依法登记，为个体工商户。依《个体工商户登记管理办法》，有经营能力的自然人经工商行政管理部门登记，领取个体工商户营业执照，依法开展经营活动。《网络交易管理办法》第七条第二款曾规定："从事网络商品交易的自然人应通过第三方交易平台开展经营活动，并向该平台提供其姓名、地址、有效身份证明、有效联系方式等真实身份信息；具备登记注册条件的，依法办理工商登记。但该办法未明确何为"具备登记注册条件。"电子商务法立法过程中，人们对自然人从事电商经营活动需否登记存较大争议，该法最终采用"依法办理市场主体登记"的表述，意味着登记是一般性义务，不登记是例外。②

观点链接 4-2
立法过程中对自然人网店应否登记的不同观点

三、法人电商经营者的市场主体登记

法人包括营利与非营利法人。营利法人包括有限责任公司、股份有限公司和其他企业法人。针对营利法人，市场主体登记的法律法规包括《公司登记管理条例》和《企业法人登记管理条例》。《公司登记管理条例》第二条规定：有限责任公司和股份有限公司的设立、变更、终止，应依该条例办理公司登记；《企业法人登记管理条例》第二条规定：具备条件的全民所有制企业、集体所有制企业、联营企业、在中国境内设立的中外合资经营企业、中外合作经营企业和外资企业、私营企业、依法需要办理企业法人登记的其他企业，应依该条例规定办理企业法人登记。非营利法人包括事业单位、社会团体、基金会、社会服务机构等。其中事业单位依《事业单位登记管理暂行条例》、社会团体依《社会团体登记管理条例》、基金会依《基金会管理条例》、社会服务机构依《民办非企业单位登记管理暂行条例》进行登记。

---

① 电子商务法起草组：《中华人民共和国电子商务法条文释义》，法律出版社 2018 年版，第 53—54 页。
② 宋燕妮：《中华人民共和国电子商务法精释与适用》，中国民主法制出版社 2018 年版，第 50—51 页。

四、非法人组织电商经营者的市场主体登记

依《民法总则》,非法人组织包括个人独资企业、合伙企业、不具有法人资格的专业服务机构。其中,个人独资企业依《个人独资企业登记管理办法》、合伙企业依《合伙企业登记管理办法》进行登记。依《最高人民法院关于适用〈中华人民共和国民事诉讼法〉的解释》第五十二条,《民事诉讼法》第四十八条规定的其他组织是指合法成立、有一定的组织机构和财产,但又不具备法人资格的组织,包括依法登记领取营业执照的个人独资企业、合伙企业,依法登记领取我国营业执照的中外合作经营企业、外资企业,依法成立的社会团体的分支机构、代表机构,依法设立并领取营业执照的法人的分支机构、商业银行、政策性银行和非银行金融机构的分支机构,经依法登记领取营业执照的乡镇企业、街道企业,其他符合该条规定的条件的组织。该规定可作为非法人组织认定条件,所列非法人组织的登记依各自规定。①

五、电商经营者的登记豁免

知识链接 4-6

自然人电商经营者
登记豁免的理由②

严格的强制登记制度的弊端备受诟病,国内商事登记改革正逐步有选择地引入任意登记主义的有益做法,在总体坚持既有强制登记前提下,适度引入任意登记的合理因素,构建商事登记豁免制度。③《电子商务法》第十条反映了此趋势,在明确市场主体登记是电商经营者法定义务基础上,建立了主要针对个别自然人电商经营者的登记豁免制度。

(一)个人销售自产农副产品、家庭手工业品

自产自销农副产品、家庭手工业品与大规模市场经营行为有所区别,《食品安全法》第三十五条对销售食用农产品实行许可豁免。可豁免登记的自产自销经营活动需满足如下条件:须为自然人的销售行为;销售的是自己生产的农副或家庭手工业产品,并非由其他农户处收购后集中通过网络转卖;须是通过互联网等信息网络销售。符合上述条件者虽有可能是一种持续销售,但因小额且数量不大,基于政策考量,不要求此类经营者进行市场主体登记。

(二)个人利用自身技能从事依法无须取得许可的便民劳务活动

本项可豁免登记的服务需满足如下条件。(1)须是自然人个人利用自身技能从事的服务活动。如钟点工、修理工、生活护理、老年人照顾、餐饮服务、出行服务等各种形式的劳务活动。(2)须是无须取得许可的服务活动。需要取得许可的服务活动,如医疗服务、幼儿教育等,须依法取得许可后才能提供。(3)须是便民劳务活动。该服务最终指向的接受者主要是终端消费者。(4)须是通过网络来提供的便民服务。上述服务亦有可能具有持续性,但其同样因小额且数量不大,可免于市场主体登记。

(三)零星小额交易活动

电商实践中有许多个人经营者交易频次低、金额小,相关电商平台已依法对其身份予以核验,对这些偶发、非持续性网上小额商品销售或提供服务的主体,强制要求其进行市场主体登记并无必要。零星小额的认定标准,可结合国内市场环境,留待相关配套规章予以明确。如可考虑参照小规模纳税人标准将"小额"界定为月销售额 3 万元以下;可在区分经营行为与偶发性分享或兼职行为,利于获取民事主体身份、保护经营者权利基础上认定"零星"。

① 宋燕妮:《中华人民共和国电子商务法精释与适用》,中国民主法制出版社 2018 年版,第 51—52 页。
② 电子商务法起草组:《中华人民共和国电子商务法条文研析与适用指引》,中国法制出版社 2018 年版,第 60—63 页。
③ 肖海军:《我国商事登记豁免制度的构建》,载《法学》2018 年第 4 期,第 132 页。

（四）依法无须登记者

此是兜底性规定，为日后法律、行政法规的完善留下空间。[2]

知识链接4-7
电子商务经营
者登记问答[1]

第七节　特殊领域电商经营者市场准入

【背景思考】

1. 网上经营外卖需要获得食品经营许可吗？
2. 哪些领域的电商经营者需获特别许可尚可经营？相关法律法规是如何规定的？

背景资料4-7
本周视点：互
联"食"代[3]

特殊领域电商经营者市场准入，系因食品、药品、医疗器械及出版发行等领域的某种商品或服务对消费者人身或财产有特殊影响，而进行的特殊的电商市场准入规制。《电子商务法》第十二条总体规定："电子商务经营者从事经营活动，依法需要取得相关行政许可的，应当依法取得行政许可。"实践中一些平台认为只有直接提供商品的平台内经营者才需办理相关行政许可，而相关法规在某些领域设置了特殊的平台经营许可或备案证。[4]

一、食品经营许可制度

依《食品安全法》第三十五条，国家对食品生产经营实行许可制度，除"食用农产品"外，电商食品销售均需要取得食品经营许可证。

（一）未经主体登记的自然人网店难获食品经营资格

依《食品经营许可管理办法》（2017年修正）（国家食药监总局令第17号）第九条，申请食品经营许可，应先行取得营业执照等合法主体资格。未经市场主体登记的自然人网店，难以取得合法的食品经营资格。

（二）外卖平台上经营外送、集体配餐等服务的站内商户应分类获得相关许可证

依《食品经营许可管理办法》（2017年修正）第十条，食品经营主体一般应按其主体业态和经营项目分类提出食品经营许可申请；而食品经营主体业态分为食品销售经营者、餐饮服务经营者、单位食堂等，食品经营者申请通过网络经营、建立中央厨房或从事集体用餐配送的，应在主体业态后以括号标注。因此，外卖平台上的站内商户，若经营外送、集体配餐等服务，应获食品经营许可证。而第十条第一款"分类提出"是指申请食品经营许可应按不同食品种类分别提出，所经营食品类别不得超出申请许可证的类别。依《网络食品安全违法行为查处办法》（2016年）（国家食药监总局令第27号）第十六条，入网食品生产经营者应依法取得许可，入网食品生产者应按许可类别范围销售食品，入网食品经营者应按许可经营项目范围从事食品经营，法律、法规规定无须取得食品生产经营许可的除外；取得食品生产或经营许可的食品生产或经营者，通过网络销售其生产或制作加工的食品，无须取得食品经营许可或食品生产许可。依《网络餐饮服务食品安全监督管理办法》（2017年）（国家食药监总局令

①　上海市市场监管局：《电子商务经营者登记问答》，http://www.cicn.com.cn/zggsb/2019-02/12/cms115043article.shtml，2019-02-12。

②　宋燕妮：《中华人民共和国电子商务法精释与适用》，中国民主法制出版社2018年版，第52—53页。

③　CCTV-13央视新闻频道"新闻周刊"：《本周视点：互联"食"代》，http://tv.cctv.com/2016/08/13/VIDED0VJXL9mIT-Xm0rNhR62E160813.shtml，2016-08-13。

④　凌斌：《电子商务法》，中国人民大学出版社2019年版，第35页。

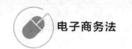

第 36 号)第四条,入网餐饮服务提供者应具有实体经营门店并依法取得食品经营许可证,并按食品经营许可证载明的主体业态、经营项目从事经营活动,不得超范围经营。

(三)申请食品经营许可的条件

依《食品经营许可管理办法》(2017 年修正)第十一条,该条件包括:(1)具有与经营食品品种、数量相适应的食品原料处理和食品加工、销售、贮存等场所,保持该场所环境整洁,并与有毒、有害场所及其他污染源保持规定距离;(2)具有与经营食品品种、数量相适应的经营设备或设施,有相应消毒、更衣、盥洗、采光、照明、通风、防腐、防尘、防蝇、防鼠、防虫、洗涤及处理废水、存放垃圾和废弃物的设备或设施;(3)有专兼职食品安管人员和保证食品安全的规章制度;(4)具有合理的设备布局和工艺流程,防止待加工食品与直接入口食品、原料与成品交叉污染,避免食品接触有毒物、不洁物;(5)法律、法规规定的其他条件。

(四)网络食品交易平台一般无须食品经营许可但须经特殊备案

因《食品经营许可管理办法》(2017 年修订)未规定平台是否需要办理食品经营许可证,一般平台即按无须办理处理,如淘宝网、京东等入驻有食品商户的平台均未公示该许可。依《食品安全法》第六十二条,网络食品交易第三方平台提供者应实名登记入网食品经营者,明确其食品安全监管责任,审查依法应获许可者的许可证。依《网络食品安全违法行为查处办法》,网络食品交易第三方平台提供者应在通信主管部门批准后 30 个工作日内,向所在地省级市场监督管理部门备案,取得备案号;平台提供者若未履行相应备案义务,由县级以上食药监部门责令改正、给予警告,对拒不改正者处 5000 元以上 30000 元以下罚款。网络食品交易平台应具备数据备份、故障恢复等技术条件,保障网络食品交易数据和资料的可靠性与安全性;不具备上述技术条件或保障能力者,由县级以上市场监督管理部门责令改正、给予警告,对拒不改正者处 30000 元罚款。就外卖而言,《网络餐饮服务食品安全监督管理办法》第五条就网络餐饮服务第三方平台及其分支机构做出了与《网络食品安全违法行为查处办法》一样的备案管理规定,设置了特殊备案程序,外卖平台经相关备案,履行相关管理义务,无须办理食品经营许可证。[①]

二、药品和医疗器械经营许可制度

《处方药与非处方药流通管理暂行规定》(1999 年)(国药管市〔1999〕454 号)第二十条规定"暂不允许采用网上销售方式销售乙类非处方药",依"举轻以明重"解释规则,医药类电商网站自 1999 年被全网封禁。《互联网药品信息服务管理办法》(2004 年)(国家食药监局令第 9 号)的发布表明国内药品信息服务在互联网禁区得以松动,但仍禁止网上售药,仅允许在网上发布药品销售信息、查询药品,而在线付费、邮购等均为违法。《互联网药品交易服务审批暂行规定》(2005 年)开始开放禁令,允许企业申报网上药品交易服务,该规章第三条将互联网药品交易服务分为"为药品生产、经营企业和医疗机构之间的互联网药品交易提供的服务""药品生产、批发企业通过自身网站与本企业成员之外的其他企业进行的互联网药品交易""向个人消费者提供的互联网药品交易服务"三类,分别取得所谓 A 证、B 证和 C 证的不同行政许可。[②] 当时提供互联网药品交易服务的经营者须获得双证许可,即同时取得互联网药品信息服务资格证书和互联网药品交易服务许可证。在新一轮行政审批改革中,国务院于 2017 年先后取消了互联网药品交易服务许可证,即 A、B、C 证,药品生产、经营市场准入主要通

---

① 凌斌:《电子商务法》,中国人民大学出版社 2019 年版,第 35—36 页。

② 截至 2017 年 9 月 30 日,原国家食品药品监督管理总局官网公布获得 A 证企业的有 52 家、B 证企业的有 240 家、C 证企业的有 682 家。A 证类企业数量最少,典型 A 证平台包括药品终端网、中药材天地网、绿金在线、国裕医药在线、药便宜等,阿里巴巴、京东早已拿到医药电商 A 证。

过药品生产许可证、药品经营许可证进行管理①,同时,保留了互联网药品信息服务许可证。目前药品经营商开办网上药店仅需办理线下的药品经营许可证和线上的互联网药品信息服务许可证,而电商平台则只需办理互联网药品信息服务许可证。

《药品管理法》未规定电商平台对药品商户的审核义务,《电子商务法》仅有一般性规定。《药品网络销售监督管理办法(征求意见稿)》②第二十一条尝试规定药品网络交易服务平台提供者应审查申请入驻平台的药品网络销售者资质,确保入驻平台的销售者为合法药品生产、批发、零售连锁企业,建立登记档案并及时核实更新经营者资质信息。

《医疗器械网络销售监督管理办法》(2017年)(国家食药监总局令第38号)明确了平台内经营者和平台经营者分别需申请的许可证种类。从事医疗器械网络销售企业是应依法取得医疗器械生产许可、经营许可或办理备案的医疗器械生产经营企业,法律、法规规定不需要办理许可或备案的除外。医疗器械网络交易服务第三方平台提供者应依法取得《互联网药品信息服务资格证书》,具备与其规模相适应的办公场所及数据备份、故障恢复等技术条件,设置专门的医疗器械网络质量安全管理机构或配备相应安全管理人员;应向所在地省级市场监督部门备案,填写相应备案表,并提交相关材料;省级市场监督部门应当场核对企业提交材料的完整性,符合规定的予以备案,发给医疗器械网络交易服务第三方平台备案凭证。③

三、出版及发行许可制度

出版影响民众文化水平、国家教育事业与社会习俗风尚,国家对其市场准入颇为慎重。与数据信息有关的出版物涉及"电子出版物"和"网络出版物"。除存在形式区别外,电子出版物同传统纸质出版物有一定共通性,都存在出版和发行两个阶段,从事出版需办理"出版许可证",从事发行则需办理"经营许可证",可将二者合称为实体出版物。而网络出版物是指通过信息网络向公众提供的,具有编辑、制作、加工等出版特征的数字化作品,主要包括各类原创数字化作品、与已出版物内容一致的数字化作品、网络文献数据库等数字化作品、其他类型的数字化作品(《网络出版服务管理规定》第二条)。其与实体出版物不同,没有实体,在网上发布即发表、出版,复制、传输即发行,难以区分出明确的出版和发行阶段,其市场准入只需办理一个网络出版服务许可证。

(一)实体出版物的网络出版及发行许可

1. 出版许可

《出版管理条例》第十一条一般性规定了出版单位的设立条件,最主要条件是应具备符合国务院出版行政主管部门认定的主办单位及其主管机关,此外还有注册资本和办公场所、专业人员的要求。而《电子出版物出版管理规定》进一步提高了电子出版物出版单位要求,其第六条除同样要求有新闻出版总署认定的主管、主办单位,还进一步提高了对注册资本和专业人员的要求。

2. 发行许可

通过互联网发行实体出版物需取得出版物经营许可证。《出版管理条例》第三十六条规定了任何在互联网上发行出版物的主体均应取得该许可证。平台经营者应对申请通过网络交易平台从事出版物发行业务的单位或个体工商户的经营主体身份进行审查,验证其出版物经营许可证。要取得该许

---

① 《国务院关于第三批取消中央指定地方实施行政许可事项的决定》(国发〔2017〕7号)取消了B证和C证;《国务院关于取消一批行政许可事项的决定》(国发〔2017〕46号)取消了A证。

② 其公开征求意见已于2018年3月12日结束,本书终稿时仍未见正式通过稿。

③ 凌斌:《电子商务法》,中国人民大学出版社2019年版,第37—38页。

可证,须向相应级别主管机关申请并获得审批。[①]《出版物市场管理规定》规定了平台为出版物发行提供网络服务所需履行的义务。[②]

(二)网络出版物的网络出版及发行许可

《网络出版服务管理规定》要求网络出版物的各种服务统一以网络出版服务许可证来审核准入。其第七条规定从事网络出版服务须依法经出版行政主管部门批准,取得网络出版服务许可证。第八条规定了图书等传统线下出版单位从事线上出版服务所需条件:有确定的从事网络出版业务的网站域名、智能终端应用程序等出版平台;有确定的网络出版服务范围;有从事网络出版服务所需的必要技术设备,相关服务器和存储设备须存放在中国境内。第九条则明确了其他单位从事网络出版服务所需具备的严格条件,并明确须具有法人资格方可从事网络出版服务。而第十条则排除了外资经营单位从事网络出版服务的资格。[③]

实务分析 4-2

微信公众号等自媒体
是否需要行政许可

知识链接 4-8

电商经营者市场主体
登记工作实务规定③

知识链接 4-9

电子营业执照管理办法④

本章练习

第四章练习

(含"理论思考""实务分析""实务训练")

---

① 《出版管理条例》第三十五条规定,单位从事出版物批发业务的,须经省、自治区、直辖市人民政府出版行政主管部门审核许可,取得出版物经营许可证。单位和个体工商户从事出版物零售业务的,须经县级人民政府出版行政主管部门审核许可,取得出版物经营许可证。

② 《出版物市场管理规定》第二十六条规定,建立发行出版物的网络交易平台应向所在地省、自治区、直辖市新闻出版行政部门备案,接受新闻出版行政部门的指导与监督管理。提供出版物发行网络交易平台服务的经营者,应当对申请通过网络交易平台从事出版物发行的经营主体身份进行审查,核实经营主体的营业执照、出版物经营许可证,并留存证照复印件备查。不得向无证无照、证照不齐的经营者提供网络交易平台服务。提供出版物发行网络交易平台服务的经营者,发现在网络交易平台内从事各类违法活动的,应当采取有效措施予以制止,并及时向所在地新闻出版行政部门报告。

③ 凌斌:《电子商务法》,中国人民大学出版社 2019 年版,第 39—41 页。

③ 详见《市场监管总局关于做好电子商务经营者登记工作的意见》(国市监注〔2018〕236 号)。

④ 详见《市场监管总局关于印发〈电子营业执照管理办法(试行)〉的通知》(国市监注〔2018〕249 号)。

第五章 电商主体权利与义务

第一节 在线自然人用户的权利

【背景思考】

1.40 款被督促整改的 APP 开发与经营者可能侵犯了我们的哪些权利？

2.电商环境下，在线自然人有哪些新的权益产生？哪些权益易受侵犯？

背景资料 5-1

违规收集使用个人
信息的 40 款 APP
被督促整改①

在线自然人用户作为自然人完全享有其法定的人身权与财产权，其参与电子商务中面临的新问题集中于对其网络隐私权、个人信息权、网络虚拟财产权的保护。

一、网络隐私权

（一）概念

隐私权系自然人享有的私人生活安宁与私人信息依法受保护，不被他人非法侵扰、知悉、搜集、利用与公开的人格权。② 网络隐私权系自然人在互联网等信息网络空间享有的隐私权。

（二）内容

1.个人数据隐私权

个人数据是指可识别的在线自然人用户的任何信息。自然人个人数据隐私权包括：控制权，其对有关本人的数据享有最终决定权，他人收集、使用这类数据须经本人同意，否则即是他人侵权；获取权，其有权获取他人拥有的有关本人的数据；知悉权，其有被告知个人信息被收集处理及与数据控制者身份有关信息的权利；修改权，其有权要求数据用户或有关政府机构更正其档案中不准确、不恰当、不完整的数据；抗辩权，其有权在数据用户期望以直接目的来处理数据时进行抗辩，或在个人数据第一次向第三方披露，或直接为市场销售目的使用时被告之有关情况；司法救济权，其在个人数据隐私权被侵犯时可请求司法救济。

2.私生活安宁隐私权

主要包括：不被窥视、侵入的权利，主要体现在用户的计算机终端、个人电子信箱及网上账户、信用记录等的安全保密性；不被干扰的权利，主要体现在用户使用网络进行通信、交流信息、从事电商活动的安全保密性。

（三）国内相关规定

《中华人民共和国侵权责任法》（2009 年）首次以法律形式将隐私权纳入民事权益具体类型（第二条第二款），《民法总则》（2017 年）进一步明确隐私权为自然人具体人格权（第一百一十条），《民法典各分编（草案）》（全国人大常委会 2018 年

知识链接 5-1

国内涉网络隐私保
护的相关具体规定

---

① CCTV-2 央视财经频道"经济信息联播"：《违规收集使用个人信息 40 款 APP 被督促整改》，http://tv.cctv.com/2019/07/18/VIDEURPO5yb3kqSYOkOT2oWN190718.shtml，2019-07-18。

② 张新宝：《隐私权的法律保护》，群众出版社 1997 年版，第 21 页。

一审稿)第三编人格权第六章尝试专门界定隐私权及其侵权行为。① 但国内尚欠缺个人隐私保护专门立法,网络隐私权保护尚处初级阶段。现行涉网络隐私权法律法规中,《计算机信息网络国际联网安全保护管理办法》第七条规定用户的通信自由和通信秘密受法律保护,任何单位和个人不得违反法律规定利用国际互联网侵犯该通信自由与秘密。《计算机信息网络国际联网管理暂行规定实施办法》第十八条规定:用户应服从接入单位的管理,遵守用户守则;不得擅自进入未经许可的计算机系统,篡改他人信息;不得在网络上散发恶意信息,冒用他人名义发出信息,侵犯他人隐私;不得制造、传播计算机病毒及从事其他侵犯网络和他人合法权益的活动。全国人大常委会2012年通过了关于加强网络信息保护的决定,以法律形式保护网络信息安全。

知识链接 5-2 联合国关于网络隐私权保护的决议与举措②

实务分析 5-1 中国 Cookie 隐私第一案③

二、个人信息权

当前个人信息保护形势严峻,Facebook 深陷数据泄漏泥潭,华住酒店 5 亿用户个人信息泄漏。保护个人信息对保护自然人人格尊严免受侵扰,维护正常社会秩序具有现实意义。

(一)关于个人信息

依《中华人民共和国网络安全法》(以下简称《网络安全法》)第七十六条第五款,自然人个人信息是指以电子或其他方式记录,能单独或与其他信息结合识别自然人个人身份的各种信息,包括但不限于自然人姓名、出生日期、身份证件号码、个人生物识别信息、住址、电话号码等。个人信息主体是自然人,以电子或其他方式如文字、图表、图像记录,能单独或与其他信息结合识别自然人个人身份。④

隐私与个人信息二者范围有交叉,重合部分可称为隐私信息,即权利主体不愿为他人知晓的个人信息,如病史、犯罪记录等。但个人信息不仅包括不愿为外人知晓的隐私信息,还包括可公开的非隐私信息,如姓名、性别等。隐私带有主观色彩,如身高、住址、电话号码等个人信息,有些人视为隐私,有些人视为可公开信息。国内现行法涉及的隐私权范围较窄,一些侵犯个人信息行为未必侵犯隐私。如自然人姓名当属个人信息,但并非隐私权保护客体;肖像属个人信息,但不当利用他人肖像,构成对肖像权而非隐私权侵害;不当删除、不完整记录或错误记录他人信息,或依不实信息对他人信用做出错误评级等,均属侵犯他人信息权行为,一般不涉及侵犯隐私。就权利内容与救济方式而言,隐私权作为一种私生活受尊重权利,多表现为消极被动与防御性特点,以侵害行为或侵害可能为前提,以维护人格尊严为目的,一般不具有财产利益。而个人信息受保护权是积极主动的请求权,不仅包括个人信息不受非法收集、处理的内容,还包括权利主体对其个人信息的积极控制,如权利人有权决定其个

---

① 《民法典各分编(草案)》(全国人大常委会一审稿)第三编第六章第八百一十一条规定:"自然人享有隐私权。任何组织或者个人不得以刺探、侵扰、泄露、公开等方式侵害他人的隐私权。""本法所称隐私是具有私密性的私人空间、私人活动和私人信息等。"第八百一十二条规定:"除法律另有规定或者权利人同意外,任何组织或者个人不得实施下列行为:(一)搜查、侵入、窥视他人住宅等私人空间;(二)拍摄、录制、泄露、公开、跟踪、窃听他人的私人活动;(三)拍摄、窥视他人的身体;(四)获取、隐匿、扣留、检查、毁弃、删除、泄露、公开、买卖他人的私人信息;(五)以短信、电话、即时通信工具、传单、电子邮件等方式侵扰他人的生活安宁;(六)以其他方式侵害他人的隐私权。"

② 徐蕾莹:《联大通过决议要求保护网络隐私》,https://news.sina.com.cn/o/2013-12-21/143229046518.shtml,2013-12-21;孙那等:《隐私问题,联合国怎么看?》,https://www.tisi.org/4670,2010-03-08。

③ 详见"朱烨与北京百度网讯科技公司隐私权纠纷上诉案"。江苏省南京市中级人民法院,案件字号:(2014)宁民终字第5028号。

④ 如欧盟有关个人数据自动化处理的保护协定,将其界定为"已识别或可识别的个人相关的任何信息"。《日本个人信息保护法》第二条规定,个人信息指活着的自然人的相关信息,根据该信息所包含的姓名、出生年月及其他内容,能够识别出该特定自然人。我国台湾地区"电脑处理个人资料保护法"第三条第一款规定,个人资料,是指自然人之姓名、出生年月日、身份证统一编号、特征、指纹、婚姻、家庭、教育、职业、健康、病例、财务情况、社会活动及其他足以识别该个人之资料。

人信息能否被他人收集、处理和利用及如何利用,有权要求信息处理者修改不正确、不完整的个人信息以保证信息质量,有权针对商业目的的个人信息利用获取报酬等。

(二)个人信息保护相关规定

全国人大常委会《关于加强网络信息保护的决定》,对互联网上的公民信息保护做了较为系统和全面的规定,对网络服务提供者和其他企业事业单位收集、使用公民个人电子信息应遵循的原则、保密义务及法律责任,有关部门依法应履行的职责做了具体规定。《消费者权益保护法》第十四条规定消费者享有个人信息依法受保护的权利,首次明确消费者个人信息权;第五十条、第五十六条分别规定了经营者侵害消费者个人信息权的民事责任和行政责任。《民法总则》第一百一十一条规定自然人个人信息受法律保护,需获取他人个人信息的任何组织和个人应依法取得并确保信息安全,不得非法收集、使用、加工、传输、买卖、提供或公开他人个人信息。《电子商务法》第二十三条规定电商经营者收集、使用其用户的个人信息应遵守法律、行政法规有关个人信息保护的规定。《网络安全法》就网络运营者对个人信息保护的义务和责任做了具体规定。相关法律亦对自然人个人信息保护做出规定,如《商业银行法》第二十九条规定的银行对存款人存款信息的保护,《执业医师法》第二十二条规定的医师对患者隐私的保护,《居民身份证法》第十九条规定国家机关或有关单位不得泄露公民的个人身份信息等。《十三届全国人大常委会立法规划》已将《个人信息保护法》列为"条件比较成熟、任期内拟提请审议"的第一类项目,个人信息保护将迎来专门立法和系统法律保护,恶意贩卖、盗取个人信息将受法律严惩。

观点链接 5-1

关于《个人信息保护法》的专家意见[①]

三、网络虚拟财产权益

网络虚拟财产是信息网络技术发展的产物,各种网络虚拟财产纠纷时有发生。《民法总则》第一百二十七条规定"法律对网络虚拟财产的保护有规定的,依照其规定",以法律文件形式明确将网络虚拟财产纳入民事权利保护体系。

(一)网络虚拟财产的概念

网络虚拟财产是指网络世界中的受法律保护的客体。广义网络虚拟财产是指一切存在于网络虚拟空间内的虚拟财产,包括电子邮箱、网络账户、虚拟货币、网络游戏中虚拟物品及装备、经注册的域名等。狭义网络虚拟财产是指网络游戏中存在的虚拟财产,包括游戏账号等级、游戏币、游戏人物等。网络游戏中,玩家投入大量时间、精力和金钱参与网络游戏,通过练级等个人劳动、购买游戏卡等真实财物付出、买卖装备等市场交易获得网络虚拟财产,从各种网络虚拟财产得失中获得感官与精神享受,达到娱乐身心目的,价值不言而喻。网络用户在虚拟空间从事创造的所得可转化为现实财富,网上、网下交易充分彰显网络虚拟财产的交换价值。网络用户通过账号密码设置防止他人修改、增删自己的网络虚拟财产,通过一定程序买卖、使用、消费网络虚拟财产,实现对此财产的占有和处分。

(二)网络虚拟财产的形式

1.存储形式

存储形式即存储于服务器的电磁记录,除账号与虚拟角色游戏等级外,其他虚拟财产多体现为该电磁记录。

---

① 孙宪忠:《综合保护个人信息,要从信息获得的源头建立制度》,https://m.mp.oeeee.com/a/BAAFRD0000201804277-7204.html,2018-04-27;张新宝:《分散立法难以实现顶层设计,统一的个人信息保护法仍有必要》,https://m.mp.oeeee.com/a/BAAFRD00002018042777208.html,2018-04-27;刘德良:《立法应注重规制个人信息滥用,过度强调数据控制会影响大数据产业发展》,https://m.mp.oeeee.com/a/BAAFRD00002018042777211.html,2018-04-27;左晓栋:《个人信息保护工作缺少制度设计,需通过立法解决》,https://m.mp.oeeee.com/a/BAAFRD00002018042777209.html,2018-04-27。

2. 效用形式

效用形式即玩家与运营商之间的权利义务凭证,如游戏账号,实为合同,是玩家权利与运营商义务的统一体。

3. 感知形式

感知形式即虚拟世界"美术作品",如虚拟动植物(宠物、盆景等)及玩家在游戏中创造性劳动所形成的独创性游戏场景、游戏装备、角色服饰等外在形态。

广义虚拟财产含存储、效用与感知等形式,狭义虚拟财产仅为存储形式。对虚拟财产所享权利与利益即虚拟财产权益。

(三)网络虚拟财产纠纷类型

1. 网络虚拟财产被盗纠纷

深圳市南山区法院审理了国内首例网络虚拟财产盗窃案,被告窃取大量 QQ 号码密码保护资料并出售于他人,因此承担刑事及民事责任。

2. 网络虚拟财产交易纠纷

此类交易行为大量存在,有的价值不菲,有的交易发生欺诈行为,交易双方产生纠纷。

3. 网络虚拟财产权属确认纠纷

一些网络虚拟财产几经转手后,归属关系错综复杂,致使玩家与运营商之间、玩家与玩家之间因网络虚拟财产权属确认发生纠纷。

4. 网络游戏服务合同纠纷

如合同履行期未满,运营商提前终止服务;运营商未履行监管义务致玩家装备或数据丢失;因客户端协议霸王条款使游戏服务合同显失公平等。如原告在游戏中积累和购买的虚拟生化武器被另一玩家盗走,运营商拒将盗号者资料交给原告,原告以运营商未履行服务义务致其财产损失为由将其告上法庭。[①]

5. 运营商对"外挂"等行为封号引发的玩家与运营商之间的纠纷

一些运营商处理"私服""外挂"玩家,未尽告知义务、扩大处理范围或处理不当,错误查封正常玩家账号或删除游戏装备,从而引发纠纷。(1)网游装备非法复制品交易纠纷。运营商查封非法交易用户或持有非法虚拟装备复制品的用户网游账号,用户认为交易中自己不能识别网游装备真伪,但运营商却掌握服务器运行、控制服务器数据,出现复制品并非用户所能避免,复制品所致损失不能由用户承担,被封号用户遂起诉运营商,如戚立峰案(封号原因:购买并使用非法复制品)[③]。(2)盗卖网游装备纠纷。因虚拟装备数据(代码)附属于整个网游账号,首先被盗取的是游戏账号,然后将该账号下的装备在第三方交易网站出售。如用户马杰丢失账号后向盛大公司要求恢复账号和相应装备,盛大公司仅恢复其游戏角色与其他游戏装备,但未能恢复其一把5—36级别屠龙刀,遂诉求法院判令盛大公司返还(恢复)该屠龙刀。[④]

实务分析 5-2
盗窃游戏装备行
为如何定性[②]

---

① 详见"北京北极冰科技发展有限娱乐服务合同纠纷案"。北京市朝阳区人民法院,案件字号:(2003)朝民初字第17848 号。

② 详见"杨某某、李某 4 盗窃案"。广东省佛山市中级人民法院,案件字号:(2016)粤 06 刑终 1152 号。

③ 详见"戚立峰诉北京金山数字娱乐科技有限公司合同案"。北京市海淀区人民法院,案件字号:(2005)海民初字第16013 号。

④ 最高人民法院中国应用法学研究所:《人民法院案例选》(2008 年第 3 辑总第 65 辑),人民法院出版社 2009 年版,第231—237 页。

第二节　电商经营者的一般义务

背景资料 5-2
王柱诉三只松鼠
公司等网络购物
合同纠纷案①

【背景思考】

1. 本案三只松鼠公司是否已依《电子商务法》第十七条的规定，全面、真实、准确、及时披露商品，保障了原告的知情权和选择权？该公司的行为是否构成欺诈？

2. 电商经营者在从事电子商务经营过程中负有哪些义务？

《电子商务法》高度重视电商经营者对消费者与社会所担的义务与责任。该法总则第五条总括性地规定了电商经营者从事经营活动时，应遵循自愿、平等、公平、诚信原则，遵守法律与商业道德，公平参与市场竞争，履行消费者权益保护、环境保护、知识产权保护、网络安全与个人信息保护等方面义务，承担产品与服务质量责任，接受政府与社会监督。从义务设定视角分析，该法第二章"电子商务经营者"第一节"一般规定"，除第九条对电商经营者定义、类型予以界定外，对其在消费者权益保护方面、市场监管方面的相关义务、依法纳税义务、保护环境义务等一般性义务予以规范（见图 5-1）。

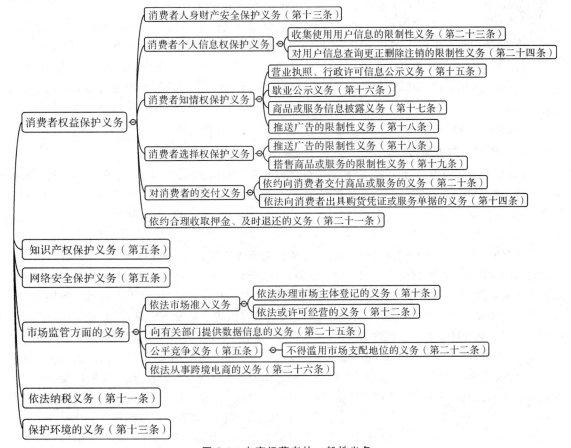

图 5-1　电商经营者的一般性义务

---

① 详见"王柱诉三只松鼠股份有限公司等网络购物合同纠纷案民事判决书"。北京互联网法院，案件字号：(2019)京 0491 民初 2139 号。

一、消费者权益保护义务

（一）保护消费者人身、财产安全

《电子商务法》第五条即要求电商经营者从事经营活动时应履行消费者权益保护义务。该法第十三条要求电商经营者销售商品或提供服务应符合保障人身、财产安全的要求，不得销售或提供法律、行政法规禁止交易的商品或服务。该法第三十八条规定平台经营者知道或应知平台内经营者销售的商品或提供的服务不符合保障人身、财产安全要求，或有其他侵害消费者合法权益行为，未采取必要措施的，依法与该平台内经营者承担连带责任；对关系消费者生命健康的商品或服务，平台经营者对平台内经营者的资质资格未尽审核义务，或对消费者未尽安保义务，造成消费者损害的，依法承担相应责任。

（二）保护消费者个人信息权

《电子商务法》第五条要求电商经营者从事经营活动时应履行个人信息保护方面的义务。

1. 收集、使用用户个人信息的限制性义务

《电子商务法》第二十三条要求电商经营者收集、使用其用户个人信息时应遵守法律、行政法规有关个人信息保护的规定。

知识链接 5-3
网络侵权中"被遗忘权"的适用范围与条件①

2. 对用户信息查询、更正、删除、注销的限制性义务

《电子商务法》第二十四条要求电商经营者应明示用户信息查询、更正、删除及用户注销的方式、程序，不得对用户设置不合理条件；电商经营者收到用户信息查询或更正、删除申请的，应在核实身份后及时提供查询或更正、删除用户信息；用户注销的，电商经营者应立即删除该用户信息；依法律、行政法规的规定或双方约定保存的，依其规定。从与电商经营者相对应的用户视角分析，该条赋予了用户的信息主体控制权。②

（三）保护消费者知情权

依《消费者权益保护法》第八条，消费者有知悉所购买、使用的商品或接受的服务的真实情况的权利。电商领域消费者还应有权知悉交易规则、电子合同、电子支付、在线交付、是否适用"七日无理由退货"规定等信息。

1. 营业执照、行政许可信息公示义务

营业执照、行政许可信息公示即亮照经营义务。基于线上线下同等对待原则，电商经营者负有对其通过市场主体登记的经营信息予以公示的义务。《电子商务法》第十五条要求电商经营者应在其首页显著位置，持续公示营业执照信息、与其经营业务有关的行政许可信息、属依该法第十条规定无须办理市场主体登记情形等信息，或上述信息之链接标识；若前述信息发生变更，电商经营者应及时更新公示信息。电商经营者亮照经营，相对人可通过查询对方主动提供的营业执照信息，了解潜在交易对象基本情况，发生纠纷时可便捷确定相对人。虑及网页资源的有效利用，而经营信息公示主要是预防性措施，法律规定可通过替代性链接履行该义务。相关链接须是有效链接，点击此链接能直接跳转至载有其营业执照信息的网络页面。因信息网络技术发展，一些形态电商平台已无"主页"概念，经营者可在交易相对人获取商品或服务的网络资源入口处提供相应营业执照信息。对需获行政许可方可从事的经营活动，相应行政许可信息公示方法与营业执照信息公示方法相同。而无须市场主体登记的相关经营者，应在网页相关位置说明自身具体属性。若营业执照载明信息或行政许可信息变更，电

① 详见"任甲玉诉北京市百度网讯科技公司侵犯名誉权、姓名权、一般人格权纠纷案"。一审：北京市海淀区人民法院，案件字号：(2015)海民初字第 17417 号；二审：北京市第一中级人民法院，案件字号：(2015)一中民终字第 09558 号。

② 电子商务法起草组：《中华人民共和国电子商务法条文释义》，法律出版社 2018 年版，第 89—91 页。

商经营者应及时变更,确保登记信息与实际公示信息相吻合。若电商经营者在公示其营业执照或许可证信息问题上不遵守相关规定,应承担相关法律责任。[1]

2. 自行歇业公示义务

电商交易基于网络,多无实体店铺,一旦关闭,消费者及其他主体欠缺有效渠道维护其合法利益,有必要在电商经营者退出机制上设一程序性要求。[2]《电子商务法》第十六条即要求电商经营者自行终止从事电子商务的,应提前30日在首页显著位置持续公示有关信息。

3. 商品或服务信息披露义务

电子商务属典型非"面对面"交易,交易双方信息严重失衡,消费者一般只能通过经营者一方在网络上披露的商品或服务信息,单向获取相关信息,从而做出判断与选择;电商交易中经营者正确、全面披露商品或服务信息,是保证消费者知情权、选择权和电商交易秩序的重要基础。《电子商务法》第十七条要求电商经营者应全面、真实、准确、及时地披露商品或服务信息,保障消费者知情权与选择权;不得以虚构交易、编造用户评价等方式进行虚假或引入误解的商业宣传,欺骗、误导消费者。《消费者权益保护法》第二十条第一款就此问题做出了一般性规定,该法第二十八条系依经营者通过信息网络销售商品或提供服务的特点,为保障消费者知情权而新增的专门性具体规定,如下所示。[3]

(1)电商经营者应全面、真实、准确、及时地披露商品或服务相关信息。①"全面"。一是保证消费者在选择购买商品或接受服务时做出正确判断所需知悉的所有信息,包括商品基本技术数据、成分、性能、功效、特点、不适用人群、有害成分或服务范围、限定事项、除外事项等信息;二是保证消费者正确使用商品或接受服务时所应知悉的所有信息,包括商品使用方法、注意事项及接受服务注意事项等信息;三是与交易有关的其他信息,如支付方式、交付方式、售后服务、是否适用"七日无理由退货"规定等信息。②"真实"。一是所披露信息不得有歪曲事实、虚假或引入误解等内容;二是所披露信息与客观事实相符,能反映商品或服务的客观、实际情况。③"准确"。一是表达范围要确切,既不能超出商品或服务的客观范围,亦不能缩小,更不能夸大其词或虚构性能、功效、效果;二是表达语言要确切,要使用普通消费者能正确理解的语言,不可用模糊性或易生误解、歧义的语言。④"及时"。电商经营者在展示、推介商品或服务时,应同时依法披露商品或服务的各种信息。若相关商品或服务信息发生变化,应立即无迟延地补充或更改相关信息。

(2)电商经营者不得进行虚假或引入误解的商业宣传。①"虚构交易"。即"刷销量",是电商活动参与方本无真实交易之目的,经事前串通,订立了双方无须真正履行的电商合同,经营者以此达到增加销量、提高可信度、提升排名等目的。②"编造用户评价"。即没有交易事实或违背事实做出用户评价,包括故意虚构事实,歪曲事实等做出的好评("刷好评")或负面评价("恶意差评")等不真实评价。电商活动中售假、以次充好的经营者,常通过虚构交易来"刷销量",及编造用户评价来"刷好评"等方式宣传推广。《电子商务法》明确禁止"虚构交易、编造用户评价"类欺诈、误导消费者的行为,并对禁止行为做开放性规定,只要属虚假或引入误解的商业宣传,均加以禁止。[4]

4. 推送广告的限制性义务

即不得通过定向搜索等方式侵害消费者知情权、选择权。互联网强大的数据收集与处理能力,使电商经营者能准确分析消费者兴趣爱好、消费习惯等,可通过搜索结果或定向广告方式向用户推销商品或服务,精准营销,提高交易成功率,但这在一定程度上侵害消费者知情权和选择权,并对其造成困

---

① 电子商务法起草组:《中华人民共和国电子商务法条文释义》,法律出版社2018年版,第64—66页。

② 电子商务法起草组:《中华人民共和国电子商务法条文释义》,法律出版社2018年版,第66—67页。

③ 《消费者权益保护法》第二十条第一款规定:"经营者向消费者提供有关商品或者服务的质量、性能、用途、有效期限等信息,应当真实、全面,不得作虚假或者引入误解的宣传。"该法第二十八条规定:"采用网络、电视、电话、邮购等方式提供商品或者服务的经营者,以及提供证券、保险、银行等金融服务的经营者,应当向消费者提供经营地址、联系方式、商品或者服务的数量和质量、价款或者费用、履行期限和方式、安全注意事项和风险警示、售后服务、民事责任等信息。"

④ 电子商务法起草组:《中华人民共和国电子商务法条文释义》,法律出版社2018年版,第67—71页。

扰。为此，《电子商务法》第十八条规定电商经营者据消费者兴趣爱好、消费习惯等特征向其提供商品或服务搜索结果的，应同时向该消费者提供不针对其个人特征的选项，尊重和平等保护消费者合法权益；向消费者发送广告应遵守《广告法》有关规定。依《广告法》第四十三条、第四十四条，未经当事人同意或请求不得向其住宅、交通工具等发送电子广告，亦不得以电子信息方式向其发送广告。以电子信息方式发送广告，应明示发送者真实身份与联系方式，并向接受者提供拒绝继续接受的方式。利用互联网发送广告，不得影响用户正常使用网络。在互联网页面以弹出等形式发布广告，应显著标明关闭标志，确保一键关闭。[①]

（四）保护消费者选择权

电商活动中消费者自主选择权至少包括：有权自主选择交易的电商平台；有权自主选择交易的平台内经营者；有权对商品和服务进行比较、鉴别和挑选；有权自主选择商品品种或服务方式；有权自主决定是否购买商品或接受服务；有权拒绝被搭售的商品或服务；有权拒绝技术手段或其他方式的干扰或限制。《电子商务法》除第十八条要求电商经营者不得通过定向搜索等侵害消费者选择权外，第十九条要求电商经营者搭售商品或服务时，应以显著方式提醒消费者注意，不得将搭售商品或服务作为默认同意的选项。电商领域将相关商品或服务置于同一页面销售是一常见商业模式，当消费者购买某种产品或服务时，电商经营者以隐秘方式，将其他商品或服务作为默认同意的选项提供给消费者，则构成搭售行为，侵犯消费者知情权与选择权，应予制止。[②]

（五）对消费者的给付义务

电商经营者与消费者存在通过信息网络销售商品或提供劳务的合同关系，经营者依约、依法负有向消费者交付商品或服务的主给付义务，出具购货凭证或服务单据的从给付义务。

《电子商务法》第二十条要求电商经营者应按承诺或与消费者约定的方式、时限向其交付商品或服务，并承担商品运输中的风险和责任；但消费者另行选择快递物流服务提供者除外。该条规定了电商经营者履行电商合同交付义务与商品运输中风险及责任承担问题。

在电商交易环境中，经营者与消费者的交易行为以虚拟化的方式发生，消费者难以在交易完成之际及时取得交易凭证，故有必要对电商交易中经营者出具消费凭证的义务做出针对性规定。《电子商务法》第十四条即规定电商经营者销售商品或提供服务时应依法出具纸质或电子发票等购货凭证或服务单据；电子发票与纸质发票具有同等法律效力。[③]

（六）依约合理收取押金并及时退还的义务

知识链接 5-4
交通运输新业态用户资金管理办法[④]

随着共享经济的快速发展，共享单车、共享汽车等以收取押金（担保）为提供服务前置条件的新业态层出不穷，在便捷人们工作、生活的同时，押金难以顺利退还等损害消费者合法权益事件随之出现。交通运输部等十部门出台《关于鼓励和规范互联网租赁自行车发展的指导意见》（2017 年）（交运发〔2017〕109 号），针对押金问题进行专门规定，加强了对消费者押金资金安全的监管，[⑤]但该意见仅为指导性文件，无法律强制力，不能成为相关部门做出行政处罚的依据。因此，《电子

---

① 电子商务法起草组：《中华人民共和国电子商务法条文释义》，法律出版社 2018 年版，第 72—73 页。
② 电子商务法起草组：《中华人民共和国电子商务法条文释义》，法律出版社 2018 年版，第 73 页。
③ 电子商务法起草组：《中华人民共和国电子商务法条文释义》，法律出版社 2018 年版，第 63—64 页。
④ 详见交通运输部、人民银行、国家发展改革委、公安部、市场监管总局、银保监会《关于印发〈交通运输新业态用户资金管理办法（试行）〉的通知》（交运规〔2019〕5 号）。
⑤ 《交通运输部等关于鼓励和规范互联网租赁自行车发展的指导意见》中"四、保障用户资金和网络信息安全"规定：（十二）加强用户资金安全监管。鼓励互联网租赁自行车运营企业采用免押金方式提供租赁服务。企业对用户收取押金、预付资金的，应严格区分企业自有资金和用户押金、预付资金，在企业注册地开立用户押金、预付资金专用账户，实施专款专用，接受交通、金融等主管部门监管，防控用户资金风险。企业应建立完善用户押金退还制度，加快实现"即租即押、即还即退"。互联网租赁自行车业务中涉及的支付结算服务，应通过银行、非银行支付机构提供，并与其签订协议。互联网租赁自行车运营企业实施收购、兼并、重组或者退出市场经营的，必须制定合理方案，确保用户合法权益和资金安全。

商务法》第二十一条规定,电商经营者按约向消费者收取押金的,应明示押金退还方式、程序,不得对押金退还设置不合理条件;消费者申请退还押金,符合押金退还条件的,应及时退还。本条是关于电商经营者向消费者收取及退还押金的规定。[①]

二、知识产权保护义务

计算机技术与网络的发展极大扩展了传统知识产权法领域。数字化产品、计算机软件和数据库均是"作品"的新形式,丰富了著作权的权属范畴。在作品数字化过程中,电商经营者在扩展作品传播形式时应注意保护原作者著作权。在网络环境下,一方面,传统商标权和商号权仍可在网站上使用,表现为通过网站对有关产品或服务的广告宣传、许诺销售,甚至网络销售;另一方面,网络带来了新型商业标识,如域名、通用网址及网络搜索关键词。《电子商务法》第五条要求电商经营者从事经营活动应履行知识产权保护方面的义务。《电子商务法》第四十一至四十三条专门对电商平台经营者在知识产权方面的义务与责任做了规定。第四十一条强调平台经营者建立知识产权保护规则,与知识产权权利人加强合作的法定义务;第四十二条规定知识产权权利人认为其知识产权受侵害时,可对平台经营者提出要求其采取行动的一系列保护措施,如删除、屏蔽、断开链接、终止交易和服务等,并进一步规定了平台经营者接到通知后应及时采取必要措施,以及向平台内经营者的转通知义务。特别是规定了未及时采取必要措施的,对损失扩大部分与平台内经营者承担连带责任;因通知错误造成平台内经营者损害的,依法承担民事责任;恶意发出错误通知,造成平台内经营者损失的,加倍承担赔偿责任。此规定对平台经营者实际是一种加重责任,反映了电子商务法对知识产权保护的高度重视。第四十三条规定涉嫌侵犯知识产权的平台内经营者接到转送通知后,可向平台经营者提交不存在侵权行为的声明。平台经营者接到声明后,应将该声明转送发出通知的知识产权权利人,并告知其可向有关主管部门投诉或向法院起诉。[②]

三、网络安全保护义务

安全原则是商事活动基本原则,在电商领域特别表现在网络安全保护方面。一方面,网络是电商活动的场所和媒介,网络安全直接关系交易安全,没有安全的网络环境,消费者、经营者将失去对电子商务的信心与信赖,电子商务将难以长久发展。另一方面,网络安全突破地域性的特点使其直接影响国家网络空间主权及社会信息安全。因此,《电子商务法》第五条即要求电商经营者从事经营活动应履行网络安全保护方面的义务。该法第三十条规定,平台经营者应采取技术措施和其他必要措施保证其网络安全、稳定运行,防范网络违法犯罪活动,有效应对网络安全事件,保障电商交易安全;应制定网络安全事件应急预案,发生网络安全事件时,应立即启动应急预案,采取相应补救措施,并向有关主管部门报告。《网络安全法》第二十二条规定网络产品、服务应符合相关国家标准的强制性要求。网络产品、服务的提供者不得设置恶意程序;发现其网络产品、服务存在安全缺陷、漏洞等风险时,应立即采取补救措施,按规定及时告知用户并向有关主管部门报告。网络产品、服务的提供者应为其产品、服务持续提供安全维护;在规定或当事人约定期限内,不得终止提供安全维护。

四、履行市场监管方面的义务

(一)依法履行市场准入义务

1. 依法办理市场主体登记的义务

依《电子商务法》第十条,电商经营者应依法办理市场主体登记。但个人销售自产农副产品、家庭手工业产品,利用自身技能从事依法无须取得许可的便民劳务活动和零星小额交易活动,依法律、行政法规不需进行登记的除外。

---

① 电子商务法起草组:《中华人民共和国电子商务法条文研析与适用指引》,中国法制出版社 2018 年版,第 84—88 页。
② 郭锋:《中华人民共和国电子商务法律适用与案例指引》,人民法院出版社 2018 年版,第 170—171 页。

2.依法获许可经营的义务

依《电子商务法》第十二条,电商经营者从事经营活动,依法须取得相关行政许可的,应依法取得行政许可。

(二)向有关部门提供电商数据信息的义务

电商活动欠缺实体店铺及当面交易场景,有关部门出于监管需要,可要求电商经营者提供跟监管相关的电商数据信息,电商经营者应积极配合提供。《电子商务法》第二十五条即规定电商经营者提供电商数据信息的义务及有关部门对所收集信息的保密义务。

1.提供电商数据信息的义务

政府涉电商有关主管部门在电商活动中所负职能主要为事前准入备案与事中事后监管,而电商交易所生海量交易数据及个人信息,能精准还原每一宗交易当事人、标的、价格、时间等内容,为相关部门实施监管提供依据。实践中,监管部门基于监管需要调取电商数据信息时,常被电商经营者以涉及自身商业秘密或用户个人隐私为由拒绝。因此,基于市场监管、保护消费者之需,《电子商务法》第二十五条第一句规定有关主管部门依法律、行政法规规定,要求电商经营者提供有关电商数据信息的,电商经营者应当提供。有关主管部门包括发改委、工信部、公安部、财政部、交通部、商务部、文旅部、中国人民银行、市场监管总局、网信办、税务总局、海关总署、国家邮政局等部门。电商数据信息是指基于电商活动产生的交易数据和个人信息,包括经营者身份信息、经营者资质信息、商品或服务信息、交易记录、消费者个人信息、物流信息、侵权记录信息等。如平台经营者应积极协助市场监管部门查处网上违法经营行为,提供在其平台内涉嫌违法经营的经营者的登记信息、交易数据等资料。平台内出现传播暴力、淫秽色情的商品或服务信息,或出现侵害知识产权的商品信息,公安、网信或知识产权保护部门依法要求平台经营者提供的,平台经营者应将平台内经营者的身份信息、违法商品或服务信息提供给上述部门。[①]

2.主管部门对电商数据信息的保密义务

为寻求平衡,《电子商务法》第二十五条第二句规定有关主管部门应采取必要措施保护电商经营者提供的数据信息的安全,并对其中的个人信息、隐私和商业秘密严格保密,不得泄露、出售或非法向他人提供。有关主管部门要求提供数据信息时,须出于监管必要,符合比例原则,且于法有据,仅在法律和行政法规明确规定时,方可依法提出要求。有关主管部门作为电商数据信息收集人,与商业机构一样,负有保障这些数据信息安全的义务。有关主管部门对其依法获取的电商数据信息,原则上只能用于电商监管需要,除依法公开或与其他部门共享外,不得出售或非法向他人提供,否则需承担相应责任(《网络安全法》第七十二条、七十三条)。[②]

(三)公平竞争义务

公平竞争是市场经济的基本要求,电商领域不正当竞争较为突出,商业混淆、网络攻击等新型不公平竞争行为层出不穷,电商经营者应遵守法律规定及商业道德,公平参与市场竞争。《反不正当竞争法》2017年修订时增加了网络经营不正当竞争专款(第十二条)。《电子商务法》第五条要求电商经营者从事经营活动应遵循公平原则。第二十二条针对电商领域反垄断实情,就电商经营者不得滥用市场支配地位问题予以专门规定,即电商经营者因其技术优势、用户数量、对相关行业的控制能力及其他经营者对该电商经营者在交易上的依赖程度等因素而具有市场支配地位的,不得滥用市场支配地位,排除、限制竞争。

(四)依法从事跨境电商的义务

跨境电商是指分属不同关境的交易主体进行的,或交易标的跨越关境的电商活动。[③] 国内跨境电商发展迅速,2018年通过海关跨境电商管理平台零售进出口商品总额达1347亿元,增长50%,其

---

① 电子商务法起草组:《中华人民共和国电子商务法条文研析与适用指引》,中国法制出版社2018年版,第105页。

② 郭锋:《中华人民共和国电子商务法法律适用与案例指引》,人民法院出版社2018年版,第167—168页。

③ 详见《杭州市跨境电子商务促进条例》(2017年)(杭州市第十二届人民代表大会常务委员会公告第78号)第三条。

中出口 561.2 亿元,增长 67%,进口 785.8 亿元,增长 39.8%。[①] 为适应跨境电商经营者中小微企业众多、交易额分散、普遍使用平台服务等特点,实现跨境电商贸易便利化,《电子商务法》第七十一条、七十二条规定了一系列改革与调整我国有关海关、税收、进出境检验检疫、支付结算等管理制度的措施,与现行进出口监管法律、行政法规和国家有关规定一起适用于跨境电商。因此,《电子商务法》第二十六条要求电商经营者从事跨境电商应遵守进出口监督管理的法律、行政法规和国家有关规定,合法经营,从而将跨境电商纳入《电子商务法》,解决了跨境电商法律地位问题。该条为参引性条款,未对跨境电商予以特别法律规定,意在强调电商经营者从事跨境电商,并不因其电商属性而具有法律特殊性,基于线上线下平等对待原则,跨境电商经营者亦须遵守进出口监管规定。[②]

五、依法纳税义务

依法纳税系企业、居民基本义务。依《企业所得税》(2018 修正)第一条第一款,在中华人民共和国境内,企业与其他取得收入的组织(统称企业)为企业所得税纳税人,依该法规定缴纳企业所得税。依《个人所得税法》(2018 修正)第一条第一款,在中国境内有住所,或无住所而一个纳税年度内在中国境内居住累计满一百八十三天的个人,为居民个人;居民个人在中国境内、境外所得,依该法规定缴纳个人所得税。税负公平是现代社会经济基本前提之一。基于线上线下平等原则,电商经营主体应与线下经营者同样缴纳税收,电商领域不能成为特权区域,平等纳税、营造公平市场竞争环境是中国电商发展的基础条件。《电子商务法》第十一条要求电商经营者应依法履行纳税义务,并依法享受税收优惠;依法不需办理市场主体登记者在首次纳税义务发生后,应依税收征管法律法规申办税务登记,并如实申报纳税。该条第一款是关于电商经营者纳税义务的确认。电商经营者从事经营活动,根据国家税收法律规定,同样须承担与线下传统经营者平等、一致的纳税义务。电商经营主体在依法纳税时,有权依法享受国家税收优惠政策。为使税收工作能得以进行,平台经营者有义务配合,在需要时提供平台内经营者在经营方面的真实完整信息,以确定相应税收基础数据,平台内经营者有如实申报和纳税的义务。本条第二款规定主要是与第十条衔接,规定了不需办理市场主体登记的电商经营者的纳税义务问题。不需办理市场主体登记并不必意味不发生纳税义务。对无须进行市场主体登记的电商经营者,若其营业额达到首次纳税义务基准,应办理税务登记,如实申报纳税,具体税种与税率依税收征管法确定。[③]

六、环境保护义务

线下经营者从事商事活动时,应遵守《环境保护法》等法律法规,线上经营者亦应如此。同时,相较于传统线下交易模式,电子商务在包装、仓储、物流等方面更易出现过度包装等浪费资源、污染环境的问题。《电子商务法》第五条作为一般原则要求电商经营者从事经管活动应履行环境保护的义务。该法第十三条进一步规定电商经营者销售商品或提供服务应符合环境保护要求,不得销售或提供法律、行政法规禁止交易的商品或服务。对违反环保法规、有害环境的物品,电商经营者不得提供。为指导经营快递业务的企业做好绿色包装工作,国家邮政局制定了《快递业绿色包装指南(试行)》(国邮发〔2018〕121 号),结合实际深入推进快递业绿色包装工作,逐步实现包装材料的减量化和再利用。[⑤]

实务分析 5-3

趣拿公司是否已尽合理提示义务[④]

---

① 中新网:《海关总署:2018 年跨境电商进出口总额增长 50%》,http://finance.chinanews.com/cj/2019/01-14/8728211.Shtml,2019-01-14。

② 赵旭东:《中华人民共和国电子商务法释义与原理》,中国法制出版社 2018 年版,第 153—154 页。

③ 宋燕妮:《中华人民共和国电子商务法精释与适用》,中国民主法制出版社 2018 年版,第 54—55 页。

④ 详见"杨某某、李某 4 盗窃案"。广东省佛山市中级人民法院,案件字号:(2016)粤 06 刑终 1152 号。

⑤ 电子商务法起草组:《中华人民共和国电子商务法解读》,中国法制出版社 2018 年版,第 86—87 页。

第三节　电商平台经营者的义务

背景资料5-3
京东公司与王忠生
买卖合同纠纷案①

【背景思考】

1.本案中作为平台经营者的京东公司应否对平台内卖家的违约行为承担连带责任？

2.《电子商务法》第三十八条规定的平台经营者的连带责任需要满足哪些条件？

3.《电子商务法》规定了平台经营者负有哪些义务？

近年来,电商平台经营者强势崛起,成为电商活动的组织者、引领者。以淘宝、京东等为代表的购物平台,以美团点评为代表的生活服务平台,以滴滴为代表的交通出行平台,以携程为代表的旅游服务平台,以网易考拉为代表的跨境电商平台等,正重塑中国普通民众日常购物和生活消费习惯,深刻影响当下商业生态。作为一种新型市场主体,电商平台不仅搭建了一个为他人独立进行交易活动的网络交易空间,还制定交易规则,对平台内经营者进行信用评价,解决平台内交易纠纷,对平台内交易资源通过竞价排名、定向推送等广告方式进行分配。此等情形难以套用任何传统法律制度,须在电子商务法中针对平台经营者实际所做事情,有针对性地设立法律规则,我国《电子商务法》重要任务之一就是针对电商平台经营者来建章立制,该法用了接近一半条文详尽规定平台法律地位、权利、义务与责任。②

一、对平台内经营者信息的管理义务

《电子商务法》第二十七至二十九条是平台内经营者信息管理规范。第二十七条旨在规定平台经营者信息管理义务,具体表现为核验、登记、建档、更新等义务。第二十八条旨在规定平台经营者信息报送义务和提示未办理市场登记的平台内经营者依法办理登记的义务,包括向市场监管部门、税务部门报送信息。第二十九条旨在规定平台经营者对经营活动无行政许可、提供产品或服务不符合保障人身及财产安全要求或法律行政法规禁止交易的平台内经营者的管理权利,依法可采取必要处置措施,并可向有关主管部门报告。电商交易模式下消费者对信息需求量及信息真实度要求远远超出传统商事交易。而面对数量极为庞大的平台内经营者,单纯依靠监管部门事前审核、事中监管、事后处罚不足以对平台内经营者实施全面、有效管理,且滞后性特征明显。故有必要赋予平台经营者一定管理职责,既尊重市场规律、体现市场自治,亦能提高监管效率。相比监管部门,平台经营者对平台内经营者更为了解,一旦发现平台内经营者有违反《电子商务法》第十二条、十三条情形,可迅速采取必要处置措施,中止相应违法行为,避免扩大损失,有效保护电商各方主体合法权益。

根据《电子商务法》上述规定,平台经营者对平台内经营者的信息管理措施主要为:(1)核验、登记平台内经营者身份及经营信息并建立档案及更新。平台经营者应要求申请进入平台销售商品或提供服务的经营者提交其身份、地址、联系方式、行政许可等真实信息,进行核验、登记,建立登记档案,并定期更新。(2)电商平台经营者的报送和协助义务。平台经营者应按规定向市场监管部门、税务部门报送平台内经营者的身份信息与经营信息。一是按规定向市场监管部门报送平台内经营者身份信息,提示未办理市场主体登记的经营者依法办理登记,并配合市场监管部门,针对电商特点,为应办理

---

① 详见"北京京东叁佰陆拾度电子商务有限公司、王忠生买卖合同纠纷案"。辽宁省大连市中级人民法院,案件字号:(2019)辽02民终2556号。

② 薛军:《〈电子商务法〉为平台经营者建章立制》,载《国际商报》2019年1月28日,第008版。

市场主体登记的经营者办理登记提供便利。二是依税收征收管理法律、行政法规的规定,向税务部门报送平台内经营者的身份信息和与纳税有关的信息,并应提示依《电子商务法》第十条规定不需办理市场主体登记的电商经营者依第十一条第二款规定办理税务登记。(3)电商平台经营者的报告义务。平台经营者发现平台内商品或服务信息存在违反《电子商务法》第十二条、第十三条规定情形的,应依法采取必要处置措施,并向有关主管部门报告(见图5-2)。②

知识链接 5-5
落实信息报送法律规定
加强政企信息共享①

对平台内经营者信息的管理义务
- 核验登记平台内经营者信息的义务(第二十七条)
- 报送信息与配合监管的义务(第二十八条)
- 依法处置平台内违法信息的义务(第二十九条)

保障网络安全的义务(第三十条)

确保商品与服务信息及交易信息完整保密可用的义务(第三十一条)

制定、公式平台服务协议与交易规则的义务
- 公开公平公正制定服务协议与交易规则的义务(第三十二条)
- 对服务协议与交易规则的公示义务(第三十三条)
- 修改服务协议与交易规则时所负义务(第三十四条)
- 不得进行不合理限制、附加不合理条件、收取不合理费用的义务(第三十五条)
- 对违法违规行为处置信息的公示义务(第三十六条)

自营业务的标记义务(第三十七条)

消费者权益保护义务及相关责任
- 对平台内经营者侵害消费者权益行为采必要措施义务及连带责任(第三十八条第一款)
- 对关系消费者生命健康的商品或服务的平台内经营者资质资格审核义务及相应责任(第三十八条第二款)
- 对消费者安全保障义务及相应责任(第三十八条第二款)

建立健全信用评价机制的义务(第三十九条)

竞价排名的标识义务(第四十条)

知识产权保护义务
- 建立知识产权保护规则的义务(第四十一条)
- 及时采取必要措施的义务(第四十二条)
- "中立"通知的义务(第四十三条)
- 及时公示的义务(第四十四条)
- 对平台内经营者知产侵权行为采必要措施的义务(第四十五条)

合规经营及不得从事类交易场所业务的业务(第四十六条)

图 5-2 平台经营者的义务

二、保障网络安全的义务

网络安全是指网络系统的硬件、软件及其系统中的数据受到保护,不因偶然或恶意的原因而遭受破坏、更改、泄露,系统连续可靠正常运行,网络服务不中断。实践中,自然灾害、意外事故、计算机犯罪、使用不当、黑客行为、泄密、信息丢失、电子谍报、网络协议缺陷等均可导致网络安全事故发生。网络安全主要包括运行系

知识链接 5-6
《2018 年中国互联网网络安全态势综述》③

---

① 杨志湘:《关于落实信息报送法律规定加强政企信息共享的建议》,载《中国工商报》2018 年 9 月 27 日,第 003 版。
② 郭锋:《中华人民共和国电子商务法法律适用与案例指引》,人民法院出版社 2018 年版,第 183—187 页。
③ 国家计算机网络应急技术处理协调中心:《2018 年中国互联网网络安全态势综述》,https://www.cac.gov.cn/2019-04/17/c-1124379080.htm,2019-04-17.

统安全、网上系统信息安全、信息传播安全、信息内容安全。依《电子商务法》第二条,电子商务是基于互联网等信息网络为介质的交易行为,而保障网络安全对每一笔电商交易成功与否具有莫大关联,网络安全是电商交易成功的重要因素,是消费者个人信息安全的有力保障,网络安全须由电商平台经营者承担主要职责。国内保障网络安全的基本法是《网络安全法》(2016 年)。《电子商务法》以《网络安全法》为基本依据,在第三十条第一款概括性规定平台经营者应承担的基本的总体网络安全义务,即平台经营者应采取技术措施和其他必要措施保证其网络安全、稳定运行,防范网络违法犯罪活动,有效应对网络安全事件,保障电商交易安全;第三十条第二款从防范、控制风险层面要求电商平台经营者应制定网络安全事件应急预案,一旦触发,发生网络安全事件时,应立即启动应急预案,采取相应补救措施,并向有关主管部门报告,以最大限度地减少或降低损失,维护网络安全。平台经营者保障电商交易安全,须紧紧围绕电子商务在互联网等信息网络上应用时产生的各种安全问题,采取各种安全技术措施,如加密技术、认证技术和电商安全协议等。①

三、确保商品与服务信息及交易信息完整保密可用的义务

《电子商务法》第三十一条规定,平台经营者应记录、保存平台上发布的商品和服务信息、交易信息,并确保信息的完整性、保密性、可用性;商品和服务信息、交易信息保存时间自交易完成之日起不少于 3 年;法律、行政法规另有规定的,依其规定。该规定借鉴参考了《网络交易管理办法》《第三方电子商务交易平台服务规范》等规定、规范的内容②,一是强调平台经营者对平台上商品或服务信息、交易信息有记录、保存的法定义务;二是强调平台经营者对这些信息负有确保其完整、保密、可用性的义务,即对信息质量承担保证责任;三是规定了信息保存的法定时间,即一般为自交易完成之日起不少于 3 年。

平台经营者为保证平台上发布的商品与服务信息、交易信息的完整、保密与可用性,须尽合理谨慎管理义务,依法加强管理交易信息。第一,要求平台内经营者公布所经营产品的名称、生产者等信息;涉及第三方许可的,应公布许可证书、认证证书等信息。第二,要求网页上显示的商品信息必须真实。应多角度多方位展现实物(有形)商品,不可歪曲或错误显示商品颜色、大小、比例等;对瑕疵商品应予充分说明并通过图片显示;及时制止平台内经营者发布违法广告,必要时可停止对其提供网上交易平台服务。第三,投诉人提供的证据能证明平台内经营者有侵权或发布违法信息的行为,平台经营者应警告有关责任人,要求其停止侵权行为,删除有害信息,并可依投诉人的请求提供被投诉人注册的身份信息及联系方式。第四,未经消费者同意,平台经营者不得向任何第三方披露或转让消费者名单、交易记录等数据,但法律法规另有规定的除外。第五,平台经营者须承担合理谨慎信息审查义务,依法及时删除平台内经营者的明显侵权或违法信息,并对其予以警告。④

知识链接 5-7

云存储中数据安全的法律保护③

---

① 郭锋:《中华人民共和国电子商务法法律适用与案例指引》,人民法院出版社 2018 年版,第 191—196 页。

② 《网络交易管理办法》第三十条规定,第三方交易平台经营者应当审查、记录、保存在其平台上发布的商品和服务信息内容及其发布时间。平台内经营者的营业执照或者个人真实身份信息记录保存时间从经营者在平台的登记注销之日起不少于两年,交易记录等其他信息记录备份保存时间从交易完成之日不少于两年。第三方交易平台经营者应当采取电子签名、数据备份、故障恢复等技术手段确保网络交易数据和资料的完整性和安全性,并应当保证原始数据的真实性。《第三方电子商务交易平台服务规范》在 5.5“数据存储与查询”部分规定,平台经营者应当妥善保存在平台上发布的交易及服务的全部信息,采取相应的技术手段保证上述资料的完整性、准确性和安全性。站内经营者和交易相对人的身份信息的保存时间自其最后一次登录之日起不少于两年;交易信息保存时间自发生之日起不少于两年。站内经营者有权在保存期限内自助查询、下载或打印自己的交易信息。鼓励第三方交易平台通过独立的数据服务机构对其信息进行异地备份及提供对外查询、下载或打印服务。

③ 齐爱民、祝高峰:《论云存储中数据安全的法律保护》,载《重庆大学学报(社会科学版)》2017 年第 1 期,第 101—108 页。

④ 郭锋:《中华人民共和国电子商务法法律适用与案例指引》,人民法院出版社 2018 年版,第 211—212 页。

四、制定、公示平台服务协议与交易规则的义务

"服务协议"主要规范调整平台经营者与平台内经营者之间的服务合同关系,前者为后者提供包括技术服务、广告发布服务、支付服务在内的各种服务;"交易规则"主要是平台内经营者与交易相对人之间如何开展交易活动的规则,涉及合同如何订立、合同主要权利义务如何分配、个人信息如何保护、纠纷如何解决等问题。这两种文件在实践中,既是平台经营者实现其平台型经营活动和对平台内经营者进行管理的主要依据,亦是平台内经营者与交易相对人之间电商交易活动得以展开的最主要法律及合同层面依据。因此,《电子商务法》通过第三十二至三十六条规定了平台经营者制定、公示平台服务协议与交易规则的义务。

(一)平台经营者公开公平公正制定服务协议与交易规则的义务

平台经营者所提供的服务协议与交易规则,已逐渐成为一个系统、覆盖全面的规则体系,逐渐具有了"软法"特征,是平台经营者对平台内各种行为进行治理的主要依据,因此,相应的服务协议与交易规则的制定理应引入民主决议机制,以保证相关规则体系的公平与合理。《电子商务法》第三十二条规定,平台经营者应遵循公开、公平、公正原则,制定平台服务协议和交易规则,明确进入和退出平台、商品和服务质量保障、消费者权益保护、个人信息保护等方面权利与义务。平台经营者与平台内经营者签订服务协议时,必须公开其协议条件,并且公平对待所有的平台内经营者,在无正当理由时,不应采取差别或歧视待遇。本条所言服务协议的公开,更多指作为平台经营者与平台内经营者商业之基础内容的协议应当公开,而当事人因具体需要而进行的补充与细化内容,可以不公开。平台不能滥用自身交易优势地位,欺压平台中中小电商经营者,而是依公平与公正原则,来确定其与平台内经营者的权利义务,特别是针对进入及退出平台的条件。为提高交易效率,规范参与交易的各方主体的权利义务与责任,平台经营者往往通过交易规则予以明确。随着平台经营者所制定交易规则覆盖范围扩大,交易规则日益发展成为一个丰富体系,即所谓"网规"。依《电子商务法》第三十二条,交易规则主要涉及平台内经营者提供的商品与服务质量如何予以保障、消费者权益保护、个人信息保护等问题,实践中往往还涉及合同成立时间、退换货、纠纷解决机制等问题,这些规则合在一起形成一个严密的交易规则体系。[1]

(二)平台经营者对服务协议与交易规则的公示义务

《电子商务法》第三十三条规定电商平台经营者应在其首页显著位置持续公示平台服务协议和交易规则信息或者上述信息的链接标识,并保证经营者和消费者能够便利、完整地阅览和下载。本条是关于平台服务协议和交易规则的透明性和公示方面的要求,主要是为了约束和规范平台经营者的单方面决定权及保障相对人知情权。平台服务协议和交易规则,须以合理方式予以公示,只有这样,才能确保相关条款能被相对人所知悉,才能适用于相关主体。这一方面保障了消费者和中小经营者的知情权,另一方面与格式条款控制制度相衔接。若格式条款提供者未以显著方式对格式条款相关内容提请相对人注意,或相对人无法便捷了解格式条款相关内容,则相关内容视为未订入合同之中,也不具有约束力。实务中,平台经营者在用户通过注册成为平台用户时,往往就已对相关交易规则的内容进行提示,并要求相对人对其表示同意,才能完成注册程序。但由于交易规则内容非常复杂,实际上相对人并不会认真去浏览。这一事实的存在就要求平台针对交易规则和服务协议的核心关键内容,尤其是对相对人的权利和义务有重大影响的内容,如合同何时成立并具有约束力,出现纠纷时相应管辖法院等问题,进行特别提醒和通知。这种提醒与通知可采取特别勾选同意或弹窗方式,进一步向用户披露服务协议与交易规则的关键性内容。只有符合这些条件,才可认为是完成了提醒和通知义务,才可成为确定交易双方权利义务和法律责任的有效依据。[2]

---

[1] 电子商务法起草组:《中华人民共和国电子商务法条文释义》,法律出版社 2018 年版,第 105—107 页。

[2] 电子商务法起草组:《中华人民共和国电子商务法条文研析与适用指引》,中国法制出版社 2018 年版,第 126 页。

（三）平台经营者修改服务协议与交易规则时所负义务

实务中平台较多基于提高服务效率、改善服务质量而修改服务协议与交易规则,但亦存在平台基于自身利益考虑、利用自身优势地位单方面修改服务协议与交易规则的情形,而平台内经营者及消费者处相对弱势地位,无力抵抗该单方修改行为,故有必要对平台经营者予以一定的程序性限制。因此,《电子商务法》第三十四条规定,平台经营者修改平台服务协议和交易规则,应在其首页显著位置公开征求意见,采取合理措施确保有关各方能及时充分表达意见,修改内容应至少在实施前 7 日予以公示;平台内经营者不接受修改内容,要求退出平台的,平台经营者不得阻止,并按修改前服务协议和交易规则承担相关责任。为避免征求意见流于形式,平台经营者需采取合理措施确保有关各方能及时充分表达意见,如针对特定用户发送调查问卷,群发征求意见函,在合适位置说明修改内容及意图、可能产生的影响、修改法律依据,从而使相对人阅读修改说明后有针对性地发表意见。平台经营者还应建立意见收集与反馈机制,公开收到的各种意见,说明采纳及不予采纳的主要理由。修改内容若需

知识链接 5-8

新规引发的"淘宝十月围城"事件始末[1]

确定予以实施,至少应提前 7 日公示。平台经营者修改服务协议与交易规则的行为,属单方提出修改合同的要约,平台内经营者若不同意,可申请退出,此时,平台经营者应依修改前之协议或规则,承担由其违约给平台内经营者所致损害的赔偿责任。平台经营者不能利用其强势地位,随意修改平台服务协议与交易规则,须尊重事前订立并为当事人所接受的协议。虑及平台经营者业务活动格式化、规则化特点,需借助高度格式化、规则化的服务协议与交易规则展开其经营活动,其可依法修改服务协议与交易规则。[2]

例如,2011 年 10 月 10 日,淘宝商城发布新规,调整技术服务费和商铺违约保证金,最高涨幅高达 150%。新规终使中小卖家发动了"淘宝十月围城"。

（四）不得进行不合理限制、附加不合理条件、收取不合理费用的义务

竞争机制是市场经济配置资源之基础手段,电商市场竞争较传统市场更为激烈。平台经营者利用规模经济形成聚合效应,平台内经营者需借助特定平台推广宣传以销售商品,对其高度依赖,难以转向其他平台经营,因此,电商平台凭其优势地位可对平台内经营者施加不合理限制、妨碍相关市场竞争,从而扰乱市场竞争秩序。2015 年"双 11"前夕,部分平台经营者即要求平台内经营者"二选一",国家工商总局遂发布《网络商品和服务集中促销活动管理暂行规定》(2015 年)明确禁止此行为。[4] 因此,《电子商务法》第三十五条规定,平台经营者不得利用服务协议、交易规则及技术等手段,对平台内经营者在平台内的交易、交易价格及与其他经营者的交易等进行不合理限制或附加不合理条件,或向平台内经营者收取不合理费用,从而对平台经营者不正当竞争、扰乱市场正常竞争秩序行为做出禁止性规定。

观点链接 5-2

京东与天猫究竟谁在不正当竞争[3]

（五）对违法违规行为处置信息公示的义务

平台经营者在实际运营中往往承担一定管理职能,如对平台内经营者实施关闭店铺、公示警告和查封账户等,这些事项往往意味着平台内经营者的经营行为违法或违反商业道德。这些信息不仅关涉平台经营者与被处罚的平台内经营者,亦涉及其他经营者与消费者的知情问题,以及需回避相关经

---

① 陈冰、王若翰、肖洒:《新规引发的"淘宝十月围城"事件始末》,https://news.qq.com/a/20111102/000768_4.htm,2011-11-02。

② 电子商务法起草组:《中华人民共和国电子商务法解读》,中国法制出版社 2018 年版,第 172—173 页。

③ 郑馨悦:《京东拉上唯品会怼天猫 到底谁"不正当竞争"》,载《国际金融报》2017 年 7 月 17 日,第 14 版。

④ 《网络商品和服务集中促销活动管理暂行规定》(2015 年)(国家工商总局令第 77 号)第十一条规定:网络集中促销组织者不得违反《反垄断法》《反不正当竞争法》等法律、法规、规章的规定,限制、排斥平台内的网络集中促销经营者参加其他第三方交易平台组织的促销活动。

营者。因此,《电子商务法》要求平台经营者负担对平台内经营者采取相关措施的信息公示的义务,该法第三十六条规定,电商平台经营者依据平台服务协议和交易规则对平台内经营者违反法律、法规的行为实施警示、暂停或者终止服务等措施的,应当及时公示。相关的被公示信息必须是得到查证属实的信息。因平台经营者具有强大优势地位,平台内经营者难以针对平台经营者做出的不当行为进行申诉,为此需建立相应投诉机制,平台内经营者面对平台经营者所实施的相应措施应有相应救济渠道,以保护平台内经营者。若平台内经营者认为平台做出的相应措施存在问题,可向法院起诉,来保障自身权益。对违法违规行为处置信息公示具体位置、方式及公示时间,以便于相关主体能够查阅,相关公示方式清晰、显著,公示相关信息的持续时间应有一定跨度。①

五、自营业务的标记义务

实践中,很多传统自营式电商已采取混合经营模式,如亚马逊、当当、京东等,在不断优化自身传统自营业务的同时,亦开放平台,让第三方卖家入驻,由此产生在同一个平台内既有平台自身的自营业务,亦有第三方卖家即平台内经营者的非自营业务存在,为保护消费者知情权,使消费者在真实信息基础上做出符合真意的选择与决定,维护社会经济秩序,《电子商务法》要求平台经营者标明自营与非自营业务,该法第三十七条规定电商平台经营者在其平台上开展自营业务的,应以显著方式区分标记自营业务和平台内经营者开展的业务,不得误导消费者;对其标记为自营的业务依法承担商品销售者或服务提供者的民事责任。

较早要求区分标记自营业务者的是《网络交易管理办法》第二十九条,即"第三方交易平台经营者在平台上开展商品或者服务自营业务的,应当以显著方式对自营部分和平台内其他经营者经营部分进行区分和标记,避免消费者产生误解"。该办法第五十条规定了违反该义务时给予警告,责令改正;拒不改正的,处1万元以上3万元以下的罚款。《电子商务法》沿用上述规定并予创新:第一,明确电商平台经营者对自营业务承担民事责任。该法第三十七条第二款规定平台经营者对其标记为自营的业务依法承担商品销售者或服务提供者的民事责任,以免发生纠纷时经营主体间相互推诿责任。第二,加重了违反该义务时平台经营者的行政责任。该法第八十一条规定平台经营者"未以显著方式区分标记自营业务和平台内经营者开展的业务的",由市场监管部门责令限期改正,可处2万元以上10万元以下罚款;情节严重的,处10万元以上50万元以下罚款。实务中为避免消费者误解而错误选择商品,便于其权利受损时正确选择维权主体,自营网站可在相关界面显著位置明确解释"自营"等专有概念,在所有商品销售页面披露销售者详细信息,并在明显位置公示销售授权书。③

知识链接5-9
自营业务与平台业务的区分

实务分析5-4
电商"自营"概念模糊 误导消费者应整改②

六、消费者权益保护义务及相关责任

《电子商务法》第三十八条是关于平台经营者对平台内经营者侵害消费者合法权益行为采取必要措施义务、平台内经营者资质资格审核义务和消费者安全保障义务的规定。

(一)未采取必要措施的连带责任

《电子商务法》第三十八条第一款就平台经营者知道或应知平台内经营者销售商品或提供服务不符安保要求,或有其他侵害消费者权益行为时,要求其采取必要措施,否则与平台内经营者承担连带责任,其构成要件如下。

① 电子商务法起草组:《中华人民共和国电子商务法条文释义》,法律出版社2018年版,第112—113页。
② 徐鹏:《电商"自营"概念模糊 误导消费者应整改》,《北京日报》2017年2月8日,第14版。
③ 郭锋:《中华人民共和国电子商务法法律适用与案例指引》,人民法院出版社2018年版,第226—230页。

1. 平台内经营者侵害消费者合法权益

(1)商品或服务不符保障人身、财产安全的要求。依《消费者权益保护法》第七条,消费者在购买、使用商品和接受服务时享有人身、财产安全不受损害的权利;有权要求经营者提供的商品和服务符合保障人身、财产安全的要求。依《产品质量法》第十三条,可能危及人体健康和人身、财产安全的工业产品,须符合保障人体健康和人身、财产安全的国标、行标;无此标准则须符合保障人体健康和人身、财产安全的要求。(2)其他侵害消费者权益的行为。如未及时披露商品或服务信息、对商品或服务信息做虚假宣传等。因"侵害消费者权益"范围大,平台应对各种非法行为积极介入,以免承担连带责任。

2. 平台经营者知道或应知该违法行为

平台经营者对消费者承担过错责任,其仅在知道或应知平台内经营者实施侵害消费者权益行为,而未采取必要措施时应依法承担连带责任。如何判定平台经营者知道或应知,可参考最高人民法院《关于审理利用信息网络侵害人身权益民事纠纷案件适用法律若干问题的规定》(法释〔2014〕11号)第九条就认定网络服务提供者是否"知道"应综合考虑的因素:第一,网络服务提供者是否以人工或自动方式对侵权网络信息以推荐、排名、选择、编辑、整理、修改等方式做出处理;第二,网络服务提供者应具备的管理信息能力,以及所提供服务的性质、方式及其引发侵权的可能性大小;第三,该网络信息侵害人身权益类型及明显程度;第四,该网络信息社会影响程度或一定事件内的浏览量;第五,网络服务提供者采取预防侵权措施的技术可能性及其是否采取了相应合理措施;第六,网络服务提供者是否针对同一网络用户重复侵权或同一侵权信息采取了相应合理措施;第七,与本案相关的其他因素。

3. 平台经营者未采取必要措施

《电子商务法》第二十九条规定,平台经营者发现平台内商品或服务信息存在未取得行政许可而开展非法经营,或销售商品、提供服务不符合保障人身、财产安全的要求和环境保护要求,或销售、提供法律、行政法规禁止交易的商品或服务的,应依法采取必要处置措施,并向有关主管部门报告。该法第三十六条仅规定了警示、暂停或终止服务等措施,但并未明确界定在什么情况下采取何种措施。就"必要措施"而言,因平台内经营者违法行为不同,需采取措施亦可能不同。若平台经营者未依法及依平台规则、服务协议要求采取措施,基本可认定为未采取必要措施;已采取上述措施后,若能证明其明显不足以保护消费者合法权益,平台经营者存在明显过错,亦可认定为未采取必要措施。

(二)未尽资质资格审核或安保义务的相应责任

依《电子商务法》第三十八条第二款,对关系消费者生命健康的商品或服务,平台经营者对平台内经营者资质资格未尽审核义务,或对消费者未尽安全保障义务,造成消费者损害的,依法承担相应的责任。

1. 商品或服务关系消费者生命健康

除《电子商务法》外,有关法律亦使用"关系到消费者生命健康"相同或相似表述。如《消费者权益保护法》第四十五条规定,广告经营者、发布者设计、制作、发布关系消费者生命健康商品或服务的虚假广告,造成消费者损害的,应与提供该商品或服务的经营者承担连带责任。《产品质量法》第十三条规定,可能危及人体健康和人身、财产安全的工业产品,须符合保障人体健康和人身、财产安全的国家标准、行业标准;未制定此标准者须符合保障人体健康和人身、财产安全的要求。但就如何理解"关系到生命健康",可能存在不同认识。从保护人的生命健康角度分析,所有商品或服务均可能关系到人的生命健康,仅相关程度存在差异。因缺乏明确标准,实践中可能存在以果定因的情形,即只要出现了商品或服务侵害生命健康的情况,就可能被认定为该商品或服务"关系到生命健康",但此认定不符合法律内在精神,今后仍需进一步确立更科学的标准。

2. 平台经营者未尽审核义务或安保义务

(1)资格审核义务。《电子商务法》第二十七条规定了平台经营者应要求申请进入平台销售商品或提供服务的经营者提交其身份、地址、联系方式、行政许可等真实信息,进行核验、登记,建立登记档案,并定期核验更新。(2)对消费者的安保义务。《消费者权益保护法》第十八条第二款规定,"宾馆、商场、餐馆、银行、机场、车站、港口、影剧院等经营场所的经营者,应当对消费者尽到安全保障义务",但该规定主要针对传统实体经营场所经营者,网络空间与线下实体空间不同,平台经营者所负安保义务主要是基于其所掌握的商品或服务信息而产生,与线下实体空间管理者安保义务有区别。《电子商务法》对平台经营者义务的规定,许多涉及对消费者的保护,不能将这些义务均认定为是对消费者的"安全保障义务",但究竟哪些属平台对消费者的"安全保障义务",仍需在实践中进一步细化。

3. 依法承担相应责任

《电子商务法》第三十八条第二款规定,平台经营者承担责任是相应责任。在该法制订过程中,曾将相应责任规定为连带责任。但关于连带责任的规定存在争议,有观点认为连带责任对平台经营者而言责任过重。后修改为补充责任,有意见认为补充责任不利于保护消费者合法权益。从法律理论上看,补充责任一般存在于合伙关系等商事法律关系之中,如针对合伙企业债务,在合伙企业以自身财产承担后,其他普通合伙人以自身财产承担补充连带责任。而在电子商务法实践中,平台经营者尽管对平台内经营者应承担相关监督义务,但该监督义务源自合同约定且监督措施形式有限。同时,该款规定仅是事前审查义务,实践中平台内经营者损害消费者生命健康权行为可能符合事前审查标准,但在事中或事后却未能尽到对消费者权益的保护,若针对所有情形均规定由平台经营者承担补充责任,则有失公平,亦不利于明确平台经营者责任范围进而有碍电商平台健康发展。因此,《电子商务法》将此处平台经营者责任最终确定为"相应责任"。具体责任形式则交给设置资格资质的法律法规及未来司法实践,依不同情形具体认定。

(三)第三十八条第一款与第二款的关系

该条两款规定均涉及平台经营者与平台内经营者责任承担问题。第一款规定承担责任的前提是平台经营者知道或应知平台内经营者销售商品或提供服务不符合保障人身、财产安全要求,或有其他侵害消费者合法权益行为;第二款规定承担责任的前提是对关系消费者生命健康的商品或服务,平台经营者对平台内经营者资质资格未尽审核义务,或对消费者未尽安保义务。第一款规定的违法行为首先是平台内经营者的违法行为,平台经营者之所以要与平台内经营者承担连带责任,是因平台经营者在知道或应知的情况下未采取相关措施。第二款规定首先主要是平台经营者自己的行为。但两款易混淆,如在第一款中未采取必要措施的,是否构成第二款中未尽安保义务?这两款规定的情形如何认定以避免混淆,亦需进一步细化。[2]

观点链接5-3
电子商务法第三十八条之解读[1]

七、建立健全信用评价机制的义务

eBay 创始人曾言,eBay 成功之处不在于其先进的技术或其创建的市场,而是在没有相遇过的人们之间建立信任。[4] 信用问题是制约电商发展的"瓶颈",电商领域曾面临欺诈频现的信用缺失状况,人们对谁牵头建立健全信用评价机制一直存有争议。虑及平台经营者能较为充分地监督平台内经营者的经营活动、及时处理信用评价纠纷等因素,《电子商务法》第三十九条规定"电子商务平台经营者应当建立健全信用评价制度,公示信用评价规则,为消费者提供对平台内销售的商品或者提供的服

实务分析5-5
消费者"恶意差评"构成侵犯名誉权的认定[3]

---

① 柴伟伟:《电子商务法第三十八条之解读》,载《人民司法》2019年第1期,第17—20页。

② 宋燕妮:《中华人民共和国电子商务法精释与适用》,中国民主法制出版社2018年版,第112—116页。

③ 详见"成都鼎力家政服务有限公司诉何静名誉权纠纷案"。一审:四川省成都市高新技术产业开发区人民法院,案件字号:(2016)川0191民初4662号;二审:四川省成都市中级人民法院,案件字号:(2017)川01民终9779号。

④ *The Economist*: An Online Scandal in China: Alibaba and the 2236 Thieves, http://www.economist.com/node/18233750,2011-02-24。

务进行评价的途径。电子商务平台经营者不得删除消费者对其平台内销售的商品或者提供的服务的评价"。从而明确了平台经营者作为建立健全信用评价机制义务的主体,负有建立健全信用评价制度、公示信用评价规则、为消费者提供评价途径及不得删除消费者评价的义务。

八、竞价排名的标识义务

电商领域常见搜索引擎结果排名方式为竞价排名与自然排名。自然排名系依搜索引擎服务商所设运算法则自行演算而成。竞价排名系客户为提升自己网站页面在搜索引擎中的关键字排名,而搜索引擎按点击数量(或时间段)对其进行计费的一种服务,平台依平台内经营者对特定关键词的出价高低结合其他因素来确定其搜索结果排名。两者最大区别在于是否对搜索结果排名进行人工干预。自然排名是非盈利模式,使用搜索服务的客户和被收录的网站无须缴纳任何费用;竞价排名方式经人工干预,侧重宣传付费客户。竞价排名是平台经营者干预搜索的结果,是其获取利润的重要甚至核心来源,对消费者消费决策产生重要影响,对平台内经营者利益亦产生影响,因平台内经营者间竞争关键在于获取流量与关注度。在《电子商务法》出台前,《互联网广告管理暂行办法》《互联网信息搜索服务管理规定》对竞价排名做出了相应规制,但法律层面尚未明确定性。《电子商务法》第四十条规定,电子商务平台经营者应当以商品或者服务的价格、销量、信用等多种方式向消费者显示商品或者服务的搜索结果;竞价排名的商品或者服务,应当显著标明"广告"。可见,该法明确要求平台经营者应显著标明竞价排名商品或服务为"广告",从立法层面将竞价排名定性为"广告"。

平台经营者的竞价排名标识义务可具体理解如下:首先,平台经营者应用多方式排列搜索结果。该搜索结果系自然搜索结果,是依客观算法进行的搜索排序,含价格排序、销量排序、信用排序三种搜索排序方法,平台经营者在设定相应搜索算法时,至少须向用户提供这三种方法,是否另行提供综合排序法则属平台经营者自主决定范畴。其次,平台经营者采用竞价排名方法干预搜索结果需受特别规制。采用竞价排名机制对搜索结果排序,平台经营者需显著标明被干预后的搜索结果为"广告",使用户知晓相应搜索结果质量,从而对用户判断、决策发挥有益的信息披露功能,而非误导。至于是否"显著",需依一般人标准予以判断。并且,必须标记"广告"二字予以标明,不能标记为内涵模糊的"推广"二字。[①] 再次,立法进一步落实了平台经营者的"竞价排名"标识责任。依《电子商务法》第八十一条第二款,平台经营者违反该法第四十条,对竞价排名的商品或服务未显著标明"广告"的,依《广告法》规定处罚;而依《广告法》第五十六条[③],平台经营者法律责任可分为一般情形下过错侵权责任、危及生命健康的商品或服务广告的连带责任、明知或应知侵权时的连带责任三个层面。最后,标明"广告"并不意味平台经营者在任何情形下均需承担传统广告发布者责任。因竞价排名是互联网广告特殊形态,与传统广告差别很大,为自动化广告投放,平台经营者不可能预先审核相关内容,故需依互联网广告具体情况,具体判断平台经营者采用竞价排名机制推广特定经营者的链接该

背景资料 5-4
"魏则西事件"
调查结果公布[②]

---

① 电子商务法起草组:《中华人民共和国电子商务法解读》,中国法制出版社 2018 年版,第 198—199 页。

② 东方卫视"东方新闻":"魏则西事件"调查结果公布,http://news.cctv.com/2016/05/10/VIDE6qqMvuP45pj2pXYLjY-49160510.shtml,2016-05-10。

③ 《广告法》第五十六条:违反本法规定,发布虚假广告,欺骗、误导消费者,使购买商品或者接受服务的消费者的合法权益受到损害的,由广告主依法承担民事责任。广告经营者、广告发布者不能提供广告主的真实名称、地址和有效联系方式的,消费者可以要求广告经营者、广告发布者先行赔偿。关系消费者生命健康的商品或者服务的虚假广告,造成消费者损害的,其广告经营者、广告发布者、广告代言人应当与广告主承担连带责任。前款规定以外的商品或者服务的虚假广告,造成消费者损害的,其广告经营者、广告发布者、广告代言人,明知或者应知广告虚假仍设计、制作、代理、发布或者作推荐、证明的,应当与广告主承担连带责任。

担何种法律责任,网信办《互联网信息搜索服务管理规定》(2016年)第十一条①及市场监管总局《互联网广告管理暂行办法》(2016年)(国家工商总局令第87号)第三条②值得参考。总体而言,《电子商务法》第四十条之目的在于平衡与限制平台经营者利用其干预搜索结果方式来施加影响力,但仅对竞价排名做出初步规范,竞价排名各方主体权利义务如何具体配置仍需具体明确与可操作性规定。

九、知识产权保护义务

《电子商务法》第四十一至四十五条针对电商领域知识产权问题的特殊性,较系统规定了平台经营者及相关主体的电商领域知识产权保护义务。

建立知识产权保护规则的义务。依《电子商务法》第四十一条,平台经营者应建立知识产权保护规则,与知识产权权利人加强合作,依法保护知识产权。

及时采取必要措施的义务。依《电子商务法》第四十二条,知识产权权利人认为其知识产权受到侵害的,有权通知平台经营者采删除、屏蔽、断开链接、终止交易和服务等必要措施。通知应包括构成侵权的初步证据。平台经营者接到通知后,应及时采取必要措施,并将该通知转送平台内经营者;未及时采必要措施的,对损害的扩大部分与平台内经营者承担连带责任。因通知错误造成平台内经营者损害的,依法承担民事责任。恶意发出错误通知,造成平台内经营者损失的,加倍承担赔偿责任。

"中立"通知的义务。依《电子商务法》第四十三条,平台内经营者接到转送的通知后,可向平台经营者提交不存在侵权行为的声明。声明应包括不存在侵权行为的初步证据。平台经营者接到声明后,应将声明转送发出通知的知识产权权利人,并告知其可以向有关主管部门投诉或向人民法院起诉。平台经营者在转送声明到达知识产权权利人后15日内,未收到权利人已投诉或起诉通知的,应及时终止所采取的措施。

及时公示的义务。依《电子商务法》第四十四条,平台经营者应及时公示收到的本法第四十二条、第四十三条规定的通知、声明及处理结果。③

对平台内经营者知识产权侵权行为采取必要措施的义务。依《电子商务法》第四十五条,平台经营者知道或应当知道平台内经营者侵犯知识产权的,应采删除、屏蔽、断开链接、终止交易和服务等必要措施;未采必要措施的,与侵权人承担连带责任。依第四十五条,知识产权人在未发出通知或平台经营者收到通知前,若能证明平台经营者未尽一般性注意义务,知道或应知平台内的侵权行为而不采取必要措施予以制止,则其仍可追究平台经营者与实施侵权行为的平台内经营者的连带责任。④

十、合规经营及不得从事类交易场所业务的义务

《电子商务法》第四十六条规定:除本法第九条第二款规定的服务外,平台经营者可按平台服务协议和交易规则,为经营者之间的电子商务提供仓储、物流、支付结算、交收等服务。平台经营者为经营者之间的电子商务提供服务,应遵守法律、行政法规和国家有关规定,不得采取集中竞价、做市商等集中交易方式进行交易,不得进行标准化合约交易。

---

① 《互联网信息搜索服务管理规定》(2016年)第十一条:互联网信息搜索服务提供者提供付费搜索信息服务,应当依法查验客户有关资质,明确付费搜索信息页面比例上限,醒目区分自然搜索结果与付费搜索信息,对付费搜索信息逐条加注显著标识。互联网信息搜索服务提供者提供商业广告信息服务,应当遵守相关法律法规。

② 《互联网广告管理暂行办法》(2016年)第三条:本办法所称互联网广告,是指通过网站、网页、互联网应用程序等互联网媒介,以文字、图片、音频、视频或者其他形式,直接或者间接地推销商品或者服务的商业广告。前款所称互联网广告包括:(一)推销商品或者服务的含有链接的文字、图片或者视频等形式的广告;(二)推销商品或者服务的电子邮件广告;(三)推销商品或者服务的付费搜索广告;(四)推销商品或者服务的商业性展示中的广告,法律、法规和规章规定经营者应当向消费者提供的信息的展示依其规定;(五)其他通过互联网媒介推销商品或者服务的商业广告。

③ 电子商务法起草组:《中华人民共和国电子商务法条文释义》,法律出版社2018年版,第132页。

④ 电子商务法起草组:《中华人民共和国电子商务法条文研析与适用指引》,中国法制出版社2018年版,第163页。

（一）合规经营相关服务业务的义务

依《电子商务法》第九条,平台经营者所提供服务核心在于"交易撮合"。该法第四十六条在此基础上,进一步列举了平台经营者还可提供仓储、物流、支付结算、交收等相关服务业务,这些服务可加强电商服务能力,提高平台经营者整体竞争力,与平台经营者本职业务联系密切,有利于电商健康发展。[①] 依商业自由原则,平台经营者所从事相关服务业务不应限于上述几种,仍可依法从事其他业务,但均须合规经营各类相关业务,即须遵守相关法律法规和基本商业习惯及道德,不得经营法律法规禁止业务,不得从事与该法第九条第二款所规定的基本服务相冲突的业务,不得有损消费者合法利益、违反法律法规及商业道德。

（二）不得从事类交易场所业务的义务

平台经营者应遵守法律、行政法规和国家有关规定,不得采用集中竞价、做市商等集中交易方式交易,不得进行标准化合约交易。"交易场所"是为所有市场参与者提供平等透明交易机会,进行有序交易的平台,具有较强社会性和公开性,需依法规范管理,确保安全运行。一些交易场所未经批准违法开展证券期货交易;或管理不规范,存在严重投机与价格操纵行为;个别交易场所股东直接参与买卖,甚至发生管理人员侵吞客户资金、经营者卷款逃跑等现象。这些问题若发展蔓延,极易引发系统性、区域性金融风险,甚至影响社会稳定。[②]《电子商务法》第四十六条所称"集中交易"含集合竞价、连续竞价、电子撮合、匿名交易、做市商等交易方式。"集中竞价"是证券交易所撮合证券交易时所用的交易方式,交易系统同时接收所有买方与卖方的申报价格与单数,最终由多个参与者提出的买卖价格共同决定一个单一价格进行买卖,为集合竞价与连续竞价。"做市商"是由具备一定实力与信誉的特定法人作为特许交易商,不断以较低价格买入一定的有价证券或商品,再以较高价格卖出,在买卖价

实务分析 5-6

大腾公司是否违法从事做市商交易[③]

差之中获取利润的一种交易方式,以特定法人自身资金实力为持续性买卖提供保障,并通过这种不断买卖方式来维持市场流动性。"标准化合约交易"是指使用统一制定的合约开展交易,合约会将标的资产（基础资产）的交易价格、交易时间、资产特征、交易方式等交易内容进行事先标准化的规定,如期货交易中的标准化合约一般由期货交易所统一制定。上述交易方式涉及国家宏观经济调控,关系国家经济尤其金融经济秩序稳定,每一种交易方式均有特定法规规制,其交易主体亦有特定资格限制。当下国内电商领域众多平台资金实力雄厚,社会影响广泛,若任意从事上述交易,将完全突破现有金融秩序,给国家经济造成隐患。因此,《电子商务法》第四十六条规定不允许平台经营者任意使用上述方式进行交易。[④]

本章练习　　　　　第二编拓展阅读文献清单

第五章练习

（含"理论思考""实务分析""实务训练"）

电商主体法拓展阅读文献清单

---

① 宋燕妮:《中华人民共和国电子商务法精释与适用》,中国民主法制出版社 2018 年版,第 131 页。

② 详见《国务院关于清理整顿各类交易场所切实防范金融风险的决定》(国发〔2011〕38 号)。

③ 详见"丁伍波诉瑞丽市大腾商品交易中心有限公司合同纠纷案"。一审:瑞丽市人民法院,案件字号:(2018)云 3102 民初 719 号;二审:云南省德宏傣族景颇族自治州中级人民法院,案件字号:(2019)云 31 民终 251 号。

④ 赵旭东:《中华人民共和国电子商务法释义与原理》,中国法制出版社 2018 年版,第 318—319 页。

第六章　电子商务合同法

第一节　电子商务合同基础知识

背景资料 6-1
阿里小贷公司诉
李迪小额借款合
同纠纷案①

【背景思考】

1.原、被告在线订立的《贷款合同》与传统书面借款合同是否等同？二者有何区别？

2.电商合同有哪些类型？如何适用法律？

电子商务当事人为提高交易的便捷性,减少面对面磋商、议价等交易成本,绝大部分协议通过互联网等信息网络运用数据电文方式订立。

一、电商合同概述

（一）电商合同的概念

日常生活中人们经常通过互联网等信息网络,运用数据电文来达成各种协议,这些协议无原件、复印件之分,难用传统方式签名或盖章,电子商务法称其为"电子商务合同",②本书简称其为电商合同。电商合同是平等的电商法律关系主体之间运用数据电文形式达成的,设立、变更、终止民事权利义务关系的协议。③ 电商合同不仅强调订立合同的特殊形式,即数据电文,而且强调合同主体是平等的电商法律关系主体,即电商当事人。不能简单地将电子商务合同称为"电子合同",电子合同不限于电商合同,前者是后者的上位概念。④

知识链接 6-1
不同立法对电子
合同概念的界定

（二）电商合同的特征

1.合同订立以网络为基础

电商合同基于互联网等信息网络而产生,其制作与传送均离不开互联网等信息网络及相应计算机系统,互联网等信息网络是电商合同产生的前提。网络化特征将电商合同与传统的以电报、电传、传真等其他电子形式订立的合同相区别。

---

① 详见"阿里小贷公司诉李迪小额借款合同纠纷案"。杭州市滨江区基层人民法院,案件字号:(2011)杭滨商初字第415号。

② 《中华人民共和国电子商务法》第三章即被命名为"电子商务合同的订立与履行"。

③ 张楚:《电子商务法》,中国人民大学出版社 2011 年版,第 50 页。

④ 赵旭东:《中华人民共和国电子商务法释义与原理》,中国法制出版社 2018 年版,第 324—325 页。

2. 合同主体虚拟、广泛、在线

传统合同当事人一般会面对面，或通过信件、电报、电话、传真等方式进行要约、承诺。而电商合同当事人订立合同时彼此并未谋面，多数仅以网名、昵称或经自动交易系统（人工智能）沟通，通过某一特定在线交易平台，依赖信息网络，通过数据电文的在线传输实施要约与承诺。经由信息网络通过数据电文传输开展合同谈判，打破了传统合同订立的时空界限，极大拓宽了电商交易的可能主体。电商合同主体是在线的电商经营者与网络终端用户，可称其为数据电文"发件人"与"收件人"，包括电商经营者与网络终端用户之间、网络终端用户之间，彼此借助信息网络平台进行各类电商交易活动。

3. 表现形式为数据电文

有别于传统合同的口头、书面形式，电商合同采数据电文这一特殊形式。在电子商务中，传统书写方式被敲击键盘、语音输入等所取代。订立合同的当事人经由信息网络，运用计算机、智能手机等终端设备，采取数据电文形式形成电商合同。合同内容记录在计算机等中介载体中，其修改、流转、存储等过程均在计算机等终端设备及信息网络中进行。我国电子签名法已明确了民事活动中的合同，当事人可约定使用电子签名、数据电文；当事人约定使用电子签名、数据电文的文书，不得仅因采此形式而否定其法律效力；能有形表现所载内容并可随时调取查用的数据电文，视为符合法律法规要求的书面形式。[1]

4. 合同签署多采用电子签名手段

传统合同书面亲笔签名难以适用于互联网等信息网络环境。电子签名是一种能使交易者身份与其在线电子交易记录相联系，识别交易者的电子鉴别手段，与传统亲笔签名功能等同，是电商合同订立、履行安全的重要保障。

知识链接 6-2
电子合同与纸质合同的区别[3]

5. 适用范围受一定限制

非财产性民事权利义务关系协议被排除在外。国内《合同法》本身并不规范婚姻、收养、监护等有关身份的协议。依《电子签名法》（2019 年修正）第三条，涉及婚姻、收养、继承等人身关系的民事活动，涉及停止供水、供热、供气等公用事业服务的民事活动，法律、行政法规规定的不适用电子文书的民事活动，不能约定使用电子签名、数据电文，因此，在上述情形下不能采用电商合同形式签署合同。[2]

（三）电商合同的局限

1. 数据电文易消失

数据电文以计算机存储为条件，是无形物，一旦操作不当或出现其他意外情况，即有可能丧失所有数据。

实务思考 6-1
坤达与哈特往来
电邮能否证明其
合同成立并生效[4]

2. 数据电文保存有局限

传统书面合同保存仅受当事人保护程度及自然侵蚀的限制，而数据电文保存可能不仅受外部灾难威胁，而且可受计算机病毒等特有的无形灾难的攻击。

3. 数据电文易遭改动

纸质的传统书面合同，如被改动，易留痕迹。而数据电文以键盘输入，用磁性介质保存，被改动、伪造后可不留痕迹。尽管人们已开发了防火墙、数字签名等技术来防范数据电文被篡改，但相较于传统合同，数据电文内容的不稳定仍较明显。[5]

---

① 详见《中华人民共和国电子签名法》（2019 修正）第二、三、四条。

② 《中华人民共和国电子签名法》（2004）第三条第二项曾规定"涉及土地、房屋等不动产权益转让的"民事活动不能使用电子签名、数据电文。2019 年 4 月 23 日发布的《全国人民代表大会常务委员会关于修改〈中华人民共和国建筑法〉等八部法律的决定》（中华人民共和国主席令第 29 号）对《中华人民共和国电子签名法》做出修改，删去第三条第三款第二项，将第三项改为第二项。

③ 法大大：《电子合同与纸质合同有什么区别？》，https://zhidao.baidu.com/daily/view? id=129824,2019-05-07。

④ 详见"坤达公司（原告）与哈特公司（被告）买卖合同纠纷"。福建省高级人民法院，案件字号：（2011）闽民终字第597号。

⑤ 聂进：《电子商务法》，武汉大学出版社 2011 年版，第 53—55 页。

二、电商合同的类型

（一）依订立方式划分

1. 电子格式合同

主要用于平台经营者与用户之间的用户服务协议、电商经营者与消费者之间的消费合同等，通常表现为点击合同。许多网站在用户接受相关服务之前会弹出格式合同界面，用户只有点击之后才能使用服务，网站则声称点击表明用户接受合同。点击合同被广泛应用，电商经营者一般用点击合同规定其与消费者或用户之间的一般性权利与义务。

2. 以 EDI 方式订立的合同

EDI 是按一公认标准，将商业或行政事务处理转换成结构化的事务处理或报文数据格式，并借助计算机网络实现的一种数据电文传输方法。企业收到一份 EDI 订单，信息系统自动处理该订单，检查订单是否符合要求，然后通知企业内部管理系统组织生产，向零配件供应商自动订购相关配件等。

3. 以 E-mail 方式订立的合同

这是当事人以 E-mail 方式完成要约和承诺过程而订立的合同。E-mail 是互联网上广泛应用的通信工具，以该方式订立的合同能直观反映订约双方的意思表示。但 E-mail 在传输过程中其数据包易被截获、修改，安全性较低。以 E-mail 方式订立合同宜采用电子签名来提高真实性与安全性。

（二）依合同内容划分

1. 实物商品合同（tangible products，TP）

这是最基本的电商合同，其数量最大。这种合同在标的上与传统合同相似，仅订立方式不同。在 B2B 交易模式下，可通过 EDI、E-mail 或其他数据通信方式订立。在 B2C 交易模式下，主要表现为点击合同。

2. 信息商品合同（information products，IP）

包括计算机软件使用许可，在线书刊、电影、音乐、游戏交易等。从合同条款谈判、合同订立到履行及售后均可在线进行。

3. 信息技术合同（information technology，IT）

这是电商经营者最基本和成本开发较大的一种合同。往往格式规范、条款详尽，一般不允许随意更改，具有格式合同特征，主要包括网络软件硬件设备买卖合同、技术开发合同和技术服务合同等。

4. 合作合同（cooperation，CP）

主要包括网站新闻信息提供合同、网站合作合同、互换广告合同和网站链接合同等。电商经营者大量使用此类合同，易诱发知识产权纠纷。

5. 商务开发合同（business development，BD）

主要用于电商经营者与物流配送、金融机构支付和第三方认证等相关机构之间的合作。核心内容是当事人之间的权利义务和责任分担，应参考行业规则和商业惯例明确当事人的权利义务，合作目标尽可能明确细致。

6. 市场策划合同（marketing，MT）

主要用于电商经营者与广告策划、市场调查、管理咨询、券商、风投、银行、律所、会计师或审计师事务所等相关机构之间的合作。[1]

（三）信息产品与非信息产品合同

信息产品是指可被数字化并通过网络来传输的商品，如计算机软件、多媒体交互产品、计算机数据和数据库等。标的物为信息产品的合同即信息产品合同，反之则为非信息产品合同。

---

[1]　叶知年：《电子合同研究》，福建教育出版社 2003 年版，第 13—15 页。

实务思考 6-2

易趣与刘松亭点击签订的《服务协议》是否有效①

依数字化信息是否存在实体形式,信息产品可分为有形与无形信息产品。有形信息产品是指数字化信息附着在有形载体(如光盘)上的产品,此类信息产品的交付无法在线进行;无形信息产品是指数字化的,不存在有形载体的信息产品,合同当事人可直接通过网络在线交付,如 E-mail 传输、在线下载等。有形信息产品的交付可直接适用我国《合同法》的有关规定,而无形信息产品在履行时间与方式、检验、退货与风险承担等方面均有其特殊性。

三、电商合同的法律承认

(一)电商合同的书面形式

基于特殊政策考量,国内外法律往往对一些合同设有书面形式要求,不符此要求则可能影响合同效力。依国内《合同法》第十条,当事人订立合同,有书面、口头和其他形式。法律、行政法规规定采用书面形式的,应采用书面形式;当事人约定采用书面形式的,应采用书面形式。人们在电商活动中面临的一个基本问题是,电商合同是否为书面形式,是否具有传统书面形式所具有的基本功能。传统书面形式主要功能为:确保有可视证据,证明各方确有订约意向及该意向的性质;帮助各方意识到订约后果;确保一份文件可为所有人识读;确保文件恒久不变,提供对一项交易的永久记录;使一份文件可复制,以便每一当事方持有一份同样数据;使之可通过签字方式进行数据核证;确保一份文件做成对公共机构、法院均可接受的形式;最后体现出书面文件作者的意向并提供该意向的一份记录;便于以有形方式储存数据;便于稽查(日后审计、税收或管制);在为生效目的而要求书面情形下使之产生法律权利与义务。② 在电商合同订立中,信息以数据电文形式呈现,虽数据电文所示的信息仍为明确、具体与可被理解的,但其被保存于计算机或其他信息系统中,若严格按书面形式要求,难以直接归入书面形式,主要原因在于:数据电文无法原始记录于纸质媒介,因保存于磁性介质上而易于改动,且该改动很难留下痕迹;无法区分原件与复印件;无法进行传统的签章,因而无法通过传统物理形式直接将其与当事人捆绑在一起,而起到认证的作用。

(二)电商合同的法律承认

当事人可约定承认数据电文具有与书面形式相同的法律效力,但不能与法律强制规定相抵触,亦无约束第三人效力,具有局限性,立法承认电商合同法律效力是电商发展的必然要求。实践中先后存在运用扩大解释法与功能等同法来解决电商合同数据电文效力问题。

1. 扩大解释法

这是在立法中扩大书面形式外延,将数据电文直接纳入书面形式范畴,多见于早期电商立法中,如 1980 年《联合国国际货物销售合同公约》第十三条、国内《合同法》第十一条。扩大解释法通过列举,简单地将新出现的电商合同形式纳入书面形式,暂时使电商合同法律地位获得承认,但忽视了该新形式与传统书面形式明显不同,不仅使书面形式本身内涵不确定,而且给证据法带来困惑。若将电商合同作为书面合同特殊形式,依当时国内民事诉讼法,书面合同属书证范畴,但书证存在物理上的原件与复印件之分,而电商合同无法依物理形式直接区分原件与复印件。

2. 功能等同法

这是指在将基于纸质媒介的法律适用于互联网等信息网络环境时,对网络环境下新媒介与纸质媒介的某些具有法律意义的功能进行比较,若该新媒介法律意义上的基本功能与纸质媒介相等,则新媒介具有纸质媒介同样的法律效力与意义。适用于传统纸质媒介的法律便可直接适用到这些具有相

---

① 详见"易趣网络信息服务公司诉刘松亭支付网络平台使用费案"。上海市静安区基层人民法院,案件字号:(2001)静经初字第 931 号。

② 杨坚争:《经济法与电子商务法》,高等教育出版社 2004 年版,第 402 页。

同功能的新媒介中。功能等同原则可适用于电商立法各方面,包括合同形式、签名方式与技术及文件完整性与原件性认证等。在合同书面形式问题上,功能等同原则立足于分析传统书面要求的目的和作用,以确定如何通过电商技术来达到这些目的或作用。[②] 联合国《电子商务示范法》、国内《电子签名法》均采用功能等同原则,该原则已成为电商立法核心原则之一。

实务分析 6-1
网贷合同电子
签名的效力[①]

四、电商合同的法律适用

依《电子商务法》第四十七条,电子商务当事人订立和履行合同,适用本章和《民法总则》《合同法》《电子签名法》等法律的规定。《电子商务法》在与《合同法》《电子签名法》《民法总则》等法律有机协调的前提下,规定了适应电子商务特点的补充性法律规范,与《合同法》《电子签名法》《民法总则》等法律一起,共同适用于电商合同订立与履行的场合。《电子商务法》关于电商合同订立与履行的规定建立在现有法律规范基础上,但针对电商合同的特点,补充、更新与适度调整了现有合同法律规范而形成新的法律规范。如《电子签名法》第九条规定,数据电文由发件人的信息系统自动发送的,视为发件人发送。《电子商务法》第四十八条第一款结合《电子签名法》第九条规定,明确了自动信息系统在电商合同的订立与履行中的法律效力。《电子商务法》生效之后,《民法总则》《合同法》《电子签名法》等现有法律中已有关于合同主体、订立、效力、履行、变更和转让、权利义务、终止及违约责任等相关的法律规范,特别是关于"数据电文""电子签名"等规定,除本法明确补充或修订更新之外,均继续适用;但《电子商务法》关于电商合同制定的新的法律规范,则优先于现有规范适用。[④]

知识链接 6-3
民法典合同编
电子合同立法
动态[③]

第二节 电子商务合同的成立

背景资料 6-2
张某与上海简
橙公司网络购
物合同纠纷案[⑤]

【背景思考】
原告、被告有关购买一台海尔 BCD-458 型冰箱的买卖合同是否已成立?为什么?

电商合同订立仍需遵守合同订立基本流程——要约和承诺。因电商合同系以数据电文方式订立,其意思表示通过数据电文传送与存储,故其订立途径(自动信息系统)、订立过程中要约与承诺,以及合同成立时间与地点均有一定特殊性。

一、电商合同订立途径——自动信息系统

《电子商务法》第四十八条第一款规定:"电子商务当事人使用自动信息系统订立或者履行合同的行为对使用该系统的当事人具有法律效力。"

(一)自动信息系统的含义

《电子商务法》第四十八条所言自动信息系统,是指按事先设定的程序指令、算法、运行参数与条件,在无自然人确认或干预情形下,交易双方为订立或履行合同进行信息互动的计算机信息系统。自

---

① 详见"刘健诉陈菲借款合同纠纷案"。浙江省平阳县人民法院,案件字号:(2016)浙 0326 民初 4924 号。
② 详见联合国国际贸易法委员会《电子商务示范法颁布指南》(1996 年),第 21 页。
③ 朱宁宁:《六编 1034 条民法典各分编草案亮点》,《法制日报》2018 年 8 月 28 日,第 02 版。
④ 电子商务法起草组:《中华人民共和国电子商务法条文研析与适用指引》,中国法制出版社 2018 年版,第 170—171 页。
⑤ 详见"张某与上海简橙贸易有限公司网络购物合同纠纷案"。上海市金山区人民法院,案件字号:(2019)沪 0116 民初 110 号。

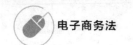

动信息系统发送、接收信息与相对方互动,可致当事人之间合同关系的发生、变更与终止。基于技术中立原则,自动信息系统设计与运行所采技术手段及方式不受限制。投币式自动售货机、游戏机等可被视为简化的自动信息系统;而基于区块链技术开发出的分布式自动信息系统则具有保障交易安全、防信息篡改、反欺诈等优势。在电子商务中,既可能一方当事人提供自动信息系统,另一方自然人输入信息、触摸或点击计算机、智能手机等终端屏幕上某一指定图标或位置等方式与之互动;又可能双方当事人均使用各自的自动信息系统,系统之间按商定的通信标准自动交换数据电文,从而订立或履行合同。

(二)自动信息系统的使用者与用户

《电子商务法》第四十八条第一款规定了电商当事人使用自动信息系统的法律效力,第四十九条与第五十条中则出现了"用户"一词。有必要正确认识与区分电商合同中自动信息系统的使用者与用户。该使用者是指在通过自动信息系统订立电商合同过程中,预先设定系统的程序指令、算法、运行参数与条件,和对方互动的一方当事人。为避免主体混淆,与自动信息系统互动的对方当事人,称为相对方,即前述电子商务法所谓之用户。如果当事人双方均使用自动信息系统,则分别为各自系统的使用者,对方系统的相对方。

使用自动信息系统的当事人中,能控制与设置自动信息系统的算法、程序、参数与条件的一方,比对方拥有明显技术优势,可能造成缔约及履约中权益失衡。因此,法律特别保护不能控制与设置自动信息系统的一方当事人的利益,赋予其自动信息系统"用户"的地位与权利。在经营者之间电子商务(B2B)中,双方当事人均使用各自的自动信息系统,按商定通信标准与协议自动交换数据电文从而订立或履行合同的情况较为普遍。在此情况下,缔约双方均使用、控制与设置各自的自动信息系统,为自己的使用行为承担法律后果。就其各自的自动信息系统而言,双方均既是使用者,也是控制者、设置者。同时,双方均是对方自动信息系统的"用户"。在经营者与消费者之间电商(B2C)中,一般情况下,经营者向消费者提供订立与履行合同的自动信息系统,虽双方均使用同一系统,但该系统运行的算法、程序、参数与条件由经营者控制与设置,消费者仅能按系统运行要求提交订单等数据信息(如触摸或点击计算机屏幕上的某一指定图标或位置等方式与系统互动),从而订立或履行合同。在此情况下,虽然经营者与消费者都是同一自动信息系统的使用者,应为其使用行为承担法律后果,但消费者是经营者提供的自动信息系统的"用户",依《电子商务法》第四十九条与第五十条的规定应享有相应权利与法律保障。[①]

自动信息系统的使用者有可能与系统的实际开发者、提供者并非同一主体,如淘宝网平台经营者是自动信息系统的提供者,淘宝网平台内经营者(众多卖家)则为该系统的使用者,淘宝网平台内的消费者则是该系统的相对方。平台内经营者与相对方之间通过自动信息系统订立的合同关系,除非有协议约定或法律规定,并不延及实际开发及提供自动信息系统的平台经营者。若自动信息系统因开发、提供者原因造成技术故障、错误运行(如平台经营者违反《电子商务法》第三十条规定的网络安保义务),自动信息系统的使用者在向相对方承担相应合同责任之后,可依据与开发、提供者之间的合同关系,向其追偿。

(三)自动信息系统的基本特征及法律效力

1. 自动信息系统的基本特征

自动性为其基本特征。《电子签名法》第九条实已提及自动信息系统,即数据电文由发件人的信息系统自动发送的,视为发件人发送。《电子商务法》第四十八条第一款规定电商当事人使用自动信息系统订立或履行合同的行为对使用该系统的当事人具有法律效力,从而在电子签名法原规定基础上,明确了自动信息系统的法律效力,清除对其不必要的法律限制与障碍。该条文揭示了自动信息系统的基本特征,即自动性。使用自动信息系统的电商主体,一旦预先设定好有关的程序指

---

① 薛虹:《论电子商务合同自动信息系统的法律效力》,《苏州大学学报(哲学社会科学版)》2019年第1期,第72页。

令、算法、运行参数与条件,就不再对其所生成、发送与接收的数据电文进行干预、审核或确认。某些自动信息系统可能并非全程自动,一些环节仍保留人工复查或干预的程序,但系统整体上仍具有自动性。

2. 自动信息系统的法律效力

《电子商务法》第四十八条第一款从两方面明确了自动信息系统在电商合同的订立与履行中的效力。一方面,电子商务法消除了法律障碍,承认自动信息系统自动性的法律效力。因此,通过自动信息系统发送或接收数据电文与对方自然人或对方系统之间进行信息交互,不得仅仅因其自动性(即无自然人确认或干预系统发出与接收的每一信息),而否定订立或履行合同的法律效力。《电子商务法》第四十八条第一款参考了《联合国国际合同使用电子通信公约》第十二条,即自动电文系统在合同订立中的使用通过自动电文系统与自然人之间或若干自动电文系统之间的交互动作订立的合同,不得仅因无自然人复查或干预这些系统进行的每一动作或由此产生的合同而被否定效力或可执行性。另一方面,自动信息系统未经人工直接干预而自动生成、发送、接收的数据电文,属使用该系统的法律主体(包括自然人、法人或者其他组织)实施的行为,并由该法律主体承担相应法律后果。在电商交易中,虽然自动信息系统被俗称为"电子代理人",但并不同于法律上的代理人及代理关系,也不能适用《民法总则》《合同法》关于代理的法律规定。自动信息系统仅是一种工具,并非法律上的权利和义务的主体,其使用者应对其生成、发送、接收的任何数据电文承担责任。在缔结或履行电商合同过程中,如自动信息系统发生技术故障,未按预先设定程序指令、算法、参数与条件运行,导致数据电文未按时传递、传递不完整或失实,使用自动信息系统的一方当事人应承担相应法律后果;给对方当事人造成损失的,应予赔偿。现阶段自动信息系统不涉及人工智能的问题,使用者应能预设程序指令、算法、运行参数与条件,完全控制该系统。除非出现不可抗力,因自动信息系统所采用软硬件存在问题、程序指令设计存在漏洞与缺陷或使用者操作不当所致故障,应是使用者能预见的风险,由此给相对方造成的损失,使用者不应免责。[①]

二、电商合同订立的基本流程——要约和承诺

(一)电商合同的要约

电商合同要约是一方当事人通过互联网等信息网络,运用数据电文方式做出的希望和他人订立合同的意思表示。

1. 构成要件

(1)须有缔约目的并表明受此意思表示拘束。发出要约是为获得相对方承诺而成立合同,最终目的在于订立合同。要约人发出要约即表明其愿受要约拘束,受要约人一旦承诺,双方均受该合同拘束。(2)须是特定人的意思表示。要约是由特定要约人向受要约人发出的以成立合同为目的的意思表示。要约人是意思表示的发出者,因而必须特定;受要约人可是特定相对方,亦可为不特定的任何人。要约人的特定有两种形式:一是确定要约人的特定身份信息;二是要约人通过订约行为而特定。(3)须是向受要约人发出的意思表示。要约人只有向受要约人发出时,要约才能成立。要约人向谁发出要约即是希望与谁订立合同。对受要约人,可为愿意承诺的任何人,特定与否不限。(4)内容具体确定。要约内容须具体,一般包括合同主要条款,使合同成立后能得以履行;要约内容须确定,即要约所含合同主要条款须明确,以便受要约人对之做出承诺。

2. 要约与要约邀请的区分

电商合同要约邀请是一方当事人希望他人向自己发出要约的电子意思表示。二者区别为:第一,目的不同。前者是要约人愿意缔结电商合同的意思表示;而后者是要约人通过电子行为表达的事实行

---

① 电子商务法起草组:《中华人民共和国电子商务法条文释义》,法律出版社 2018 年版,第 144—146 页。

为,希望他人向自己发出电商要约的意思表示。第二,法律效力不同。前者内容对要约人有法律约束力;而后者对当事人无法律约束力。第三,内容不同。前者须具有合同主要条款;而后者则无须具备。

(1)网络广告性质认定。商业广告原则上为要约邀请,其中若含有合同得以成立的确定内容与希望订立合同的愿望,则视为要约。网络广告发布者通常在网站上发布 banner 广告或其他网页广告,或通过电子邮件寄送商品信息。发布时可在广告中特别声明为要约或要约邀请。如果声明"不得就其提议做出承诺"或"此广告和信息的发布者不承担合同责任"或"广告和信息仅供参考"等,则只能视为要约邀请;若公开声明发布人愿受广告约束,与承诺者缔结合同,则可视为要约。在未做声明情形下,区分要约与要约邀请应综合考虑具体交易情形与惯例,考察广告是否具备要约的基本要件。

(2)在线商品展示性质认定。第一,通过自建网站等进行实物交易。在该交易模式中,经营者明码标价的网页商品展示类似于商店标价商品陈列。但网页展示的并非真实商品而仅为商品图片,理论上存在多人同时点击同一商品购买的可能性(访问量大的网站该可能性非常大)。若认定网页展示商品行为为要约,则面临商品售罄或同一商品被"卖出"数次的危险。所以,一般认为网页展示商品行为是要约邀请。第二,自建网站等进行无载体信息商品交易。无载体信息商品可无限复制、随时下载,不存在售罄问题。故经营者在自建网站上展示该信息并表明数量与价格的行为,可被认定为要约。第三,通过第三方交易平台交易。在该模式中,交易平台一般设有严谨交易程序,为交易双方提供充分交流机会。在卖方"提交"货物至交易平台时,一般应平台要求而填写了准确的商品数量,不存在售罄问题;买卖双方交易的每一步骤均在交易平台程序确认后进行,一般不存在一物多售问题。在第三方平台展示商品进行销售(实物商品或计算机信息),可被认定为要约。

3. 电商合同要约的生效

其生效规则与传统要约不尽一致。《合同法》第十六条第一款规定要约到达受要约人时生效。依《合同法》第十六条第二款,采用数据电文形式订立的电商合同,收件人指定特定系统接收数据电文的,该数据电文进入该特定系统的时间,视为到达时间;未指定特定系统的,该数据电文进入收件人的任何系统的首次时间,视为到达时间。《民法总则》第一百三十七条第二款对合同法上述规定做了一定修改,即以非对话方式做出的采用数据电文形式的意思表示,相对人指定特定系统接收数据电文的,该数据电文进入该特定系统时生效;未指定特定系统的,相对人知道或应知该数据电文进入其系统时生效。当事人对采用数据电文形式的意思表示的生效时间另有约定的,按照其约定。

4. 电商合同要约的撤回

依《合同法》第十七条,要约可撤回,撤回要约的通知应在要约到达受要约人之前或与其同时到达受要约人。电商活动中数据电文在信息系统之间的传递鲜有延迟,要约难以撤回,但并非绝无可能。遇网络拥挤或服务器故障,数据电文有可能延迟到达,使得撤回要约的通知有可能更早到达受要约人。而 QQ、微信等即时通信平台、一些电子邮箱服务系统亦开通了特定条件下的信息、邮件等已发送数据电文的撤回功能。

5. 电商合同要约的撤销

依《合同法》第十八条,要约可撤销。撤销要约的通知应在受要约人发出承诺通知之前到达受要约人。在线交易中,若要约以电子邮件方式发出,则在受要约人回复之前可被撤销;若通过即时通信工具,则与口头方式无异,要约人在受要约人承诺前可撤销;若采取自动交易系统,承诺由系统自动回复,则要约人难有机会撤销要约。

(二)电商合同的承诺

依《合同法》第二十一条,电商合同承诺是电子商务中受要约人同意要约的意思表示。

1. 电商合同承诺的构成要件

(1)须由受要约人向要约人做出。受要约人是由要约人选定,准备订立合同的对方当事人,要约使承诺人获得承诺资格。因此,仅受要约人有权做出承诺,无论其是否特定。该承诺可由受要约人本人,亦可授权其代理人进行。受要约人承诺须向要约人为之,受要约人向要约人以外的人做出同意要约的表示仅为一新要约。(2)须与要约内容相一致。承诺是同意要约人要约的意思表示,该同意须是完全同意,即承诺内容须与要约内容相一致。承诺不得对要约进行实质性变更;要约人明确不得对要约做任何变更,则承诺人不得对要约进行变更;非对要约的同意不构成承诺。此即镜像原则,要求承诺与要约一致是指实质内容相一致,一般不考虑非实质内容的影响,《合同法》第三十、三十一条对此有相应规定。(3)须在要约有效期内做出。要约有效期是要约效力存续期间,即承诺期限。承诺须在要约有效期做出,才能产生承诺效力。《合同法》第二十三条规定承诺应在要约确定的期限内到达要约人。要约没有确定承诺期限的,要约以对话方式做出的,应及时做出承诺,但当事人另有约定的除外;要约以非对话方式做出的,承诺应在合理期限内到达。

2.电商合同承诺的生效

(1)承诺生效时间。《电子商务法》第四十九条规定:"电子商务经营者发布的商品或者服务信息符合要约条件的,用户选择该商品或者服务并提交订单成功,合同成立。当事人另有约定的,从其约定。"这表明电商承诺生效时间为"用户选择该商品或者服务并提交订单成功"。(2)承诺生效地点。电商承诺生效地点即电商合同成立的地点。《合同法》第三十四条规定:"承诺生效的地点为合同成立的地点。采用数据电文形式订立合同的,收件人的主营业地为合同成立的地点;没有主营业地的,其经常居住地为合同成立的地点。当事人另有约定的,按照其约定。"

3.电商合同承诺的撤回

《合同法》第二十七条规定:承诺可以撤回。撤回承诺的通知应在承诺通知到达要约人之前或与承诺通知同时到达要约人。该规则当然适用于电商合同承诺的撤回,故以数据电文发出的承诺可被撤回。在电商活动中,数据电文传输可能遇到网络故障、信箱拥挤、停电断电、信息系统感染病毒等情况,受要约人撤回以数据电文形式发出的承诺的情形可能存在。而一些自动交易系统自身亦设置了特定情形下的撤回功能。

三、电商合同的成立

(一)电商合同的成立时间

1.电商合同成立时间的确认规则

依《合同法》第二十五条,承诺生效时合同成立。电商承诺的生效时间是电商合同的成立时间。该时间是指电商合同开始对当事人产生法律约束力的时间,是法律上认为电商合同客观存在的时间。《合同法》第三十三条规定:"当事人采用信件、数据电文等形式订立合同的,可以在合同成立之前要求签订确认书。签订确认书时合同成立。"对非要式诺成性合同,承诺生效时合同成立;对要式合同,则以特定形式如签字盖章、签订确认书等为合同成立要件;对实践合同,须在双方意思达成一致并交付标的物后合同生效。我国合同法对要约和承诺生效均采到达主义,但民法总则做了一定修正。

2.数据电文形式要约或承诺"发出""收到"的具体情形

在电商合同订立中,因数据电文的特殊性,意思表示的传输不再是直观或"可见的",故何种情况视为法律上数据电文的"发出"或"收到",成为立法必须澄清的问题。我国《合同法》第十六条第二款和《电子签名法》第十一条第二款对数据电文形式的要约或承诺的到达时间亦做明确规定:"收件人指定特定系统接收数据电文的,该数据电文进入该特定系统的时间,视为到达时间;未指定特定系统的,该数据电文进入收件人的任何系统的首次时间,视为到达时间。"

3.认定数据电文要约或承诺"发出""收到"的注意事项

(1)不同信息系统间数据格式可能不完全兼容。有些情形下,虽发送者发送的是有意义的信息,但因接收者信息系统与发送者信息系统不完全兼容,所接收信息可能无法阅读或理解。美国《统一电子交易法》第十五条规定,一项信息应以接收者所指定信息系统能处理的方式发送或接收,才认为

该项信息已被发送或接收。(2)点击合同中,承诺人一旦点击确认图标,承诺瞬间即到达合同提供者,承诺人难获撤回机会。为保护点击合同消费者,欧盟《电子商务指令》第十一条规定消费者通过点击合同完成承诺后,点击合同提供者应就该合同向消费者确认,该确认过程是合同成立的必需步骤。(3)电商合同订立中,发件人与收件人有时可能使用同一信息系统。《国际合同中使用电子通信公约》第十条规定,当发件人与收件人使用同一信息系统时,数据电文能由收件人检索的时间,视为数据电文发出和收到的时间。

(二)电商合同的成立地点

合同成立地点是确定合同纠纷的诉讼管辖及解决纠纷的准据法的依据之一。一般以承诺发出或到达地点为判断合同成立地点的依据。如《合同法》第二十六条规定承诺通知到达要约人时生效,第三十四条规定承诺生效地点为合同成立地点。在电商合同订立过程中,数据电文传输过程不直观且技术性强,一项数据电文的发出与接收地点具有随意性或难以在技术上确定,从而影响法律的确定性。《合同法》第三十四条直接规定了电商合同成立地点,《电子签名法》第十二条则借鉴联合国《电子商务示范法》,规定当事人可对数据电文的发送时间、接收时间进行约定,当事人没有约定时,发件人主营业地为数据电文发送地点,收件人主营业地为数据电文接收地点。没有主营业地的,其经常居住地为发送或接收地点。

(三)电商合同成立的专门规定

《电子商务法》第四十九条就电商合同成立问题专门规定:"电子商务经营者发布的商品或者服务信息符合要约条件的,用户选择该商品或者服务并提交订单成功,合同成立。当事人另有约定的,从其约定。""电子商务经营者不得以格式条款等方式约定消费者支付价款后合同不成立;格式条款等含有该内容的,其内容无效。"

1. 符合要约条件的信息发布

电商经营者通过互联网等公开的信息系统发布商品或服务信息,是否要约,争议较大。《电子商务法》第四十九条第一款并非一概承认该信息属于要约,而是将问题聚焦于"是否符合要约条件"。《合同法》第十四条对要约予以界定,第十五条规定了要约邀请。就电商经营者发布的商品或服务信息是否符合要约条件,是否足够明确,是否具体指明了货物或服务的数量与价格,是否表明发布者受约束的意愿,《电子商务法》并未提供具体判断标准,需取决于个案情况。《电子商务法》不仅规定电商经营者自动系统发布的信息符合要约条件、用户提交订单可导致合同成立,而且规定当事人另有约定的,从其约定。实践中所谓"另有约定"主要指经营者将其所发布的信息是否具有约束力制定为格式条款、设置为对方当事人通过自动信息系统提交订单的条件。若经营者在自动信息系统中设置其有接受对方当事人提交的订单的自由,则表明经营者并不受其所发布信息的约束,对方当事人提交的订单方为要约,经营者有权决定承诺与否。

2. 电商消费者合同成立的特别规定

电商经营者能否与消费者另行约定而免受消费者提交订单的约束?《电子商务法》第四十九条第二款对此问题予以规定,即经营者不得以格式条款等方式约定消费者付款后合同不成立;格式条款等含有该内容的,其内容无效。在面向消费者的电商活动中,消费者多数情况下提交订单时即完成电子支付。此时经营者即便在自动信息系统中设置格式条款约定消费者提交订单、支付价款后合同不成立,该条款也无效,合同仍然成立。上述条款虽未完全排除经营者与消费者另行约定、否定订单约束力的可能(如在消费者提交订单但货到付款、另行支付情形下,经营者可与消费者另行约定订单无约束力),但在很大程度上限制了经营者设置格式条款的自由,是对消费者权益的有力保障。①

---

① 电子商务法起草组:《中华人民共和国电子商务法条文研析与适用指引》,中国法制出版社2018年版,第177—181页。

四、电商合同订立规范

《电子商务法》第五十条规定:"电子商务经营者应当清晰、全面、明确地告知用户订立合同的步骤、注意事项、下载方法等事项,并保证用户能够便利、完整地阅览和下载。""电子商务经营者应当保证用户在提交订单前可以更正输入错误。"

(一)经营者使用自动信息系统的义务

经营者使用自动信息系统订立与履行合同,可能存在两种情况。其一,双方各自使用自动信息系统,两个系统进行信息交互。在此情况下,两个系统各自按预设指令、参数,进行网络连接、信息交互直到合意达成。其二,相对方依赖经营者的自动信息系统,与之互动,达成交易。相对方是经营者自动信息系统的"用户",不仅依赖该系统获取有关商品或服务信息,而且依赖该系统订立或履行合同,不得不接受该系统中经营者预先设定的订立合同的步骤、注意事项、下载方法等程序性安排。用户即便能便利、完整地阅览和下载程序性信息,但并不能修改、变更系统的指令设计。在此情况下,使用自动信息系统的经营者设置的订立合同的步骤等系统程序指令、算法、运行参数与条件,直接影响用户订立合同的过程与结果,在缔约中处优势地位。为保护自动信息系统用户合法权益,法律应规范电商经营者使用自动信息系统的行为,以确保该系统设置信息透明、公平合理。

(二)经营者的信息透明义务

依《电子商务法》第五十条第一款,电商经营者应清晰、全面、明确地告知用户订立合同的步骤、注意事项、下载方法等事项,并保证用户能便利、完整地阅览和下载。从字面分析,上述条款并未直接提及自动信息系统,但其使用"下载方法""下载"等表述,实际包含了经营者使用自动信息系统订立合同时对其用户所承担的法律义务。依该条规定,电商经营者使用自动信息系统订立合同,应清晰、全面、明确告知用户与订立合同相关的技术性、应用性信息,包括订立合同的步骤、信息下载方法、软硬件要求、系统兼容、用户界面等注意事项,并保证用户能便利、完整地阅览和下载这些信息。电商经营者对用户所承担上述信息透明度义务是电商合同自动性特征的体现,不同于《电子商务法》第十七条如实披露所提供的商品或服务信息的义务及该法第十九条规定的禁止默认勾选搭售商品或服务。

(三)经营者公平设置系统的义务

1.保证用户更正输入错误的义务

依《电子商务法》第五十条第二款,电商经营者应保证用户在提交订单前可更正输入错误。相比传统缔约方式中出现的笔误,电商用户在与自动信息系统信息互动中误击"确认"键或误点"同意"按钮、误输数据等情况更为常见。此"输入错误",不包括《电子商务法》在"电子支付"部分所规定的错误支付情形。为免用户发送错误信息,《电子商务法》规定电商经营者公平设置自动信息系统的义务,即经营者应在所使用的自动信息系统中设置有关保障性措施与程序,给予用户及时纠正输入性错误的机会。实践中经营者设置的更正输入错误的程序与步骤通常设定在用户提交订单之前,如在自动信息系统中设置"确认"或"再次确认"的程序与步骤。

2.保护消费者的义务

依《电子商务法》第十八条第一款及第十九条,电商经营者公平设置自动信息系统的义务还体现在消费者保护方面:(1)经营者依消费者兴趣爱好、消费习惯等特征设置自动信息系统向其推销商品或服务的,应同时向该消费者提供不针对其个人特征的选项,尊重和平等保护消费者合法权益;(2)经营者应以显著方式提请消费者注意所搭售的商品或服务,不得在自动信息系统中将搭售商品或服务设置为消费者默认同意的选项。

（四）经营者违反义务的法律后果

《电子商务法》第五十条未直接规定电商经营者违反信息透明与公平设置自动信息系统义务所应承担的法律后果，但本条既为强制性法律规范，如有违反，应承担相应法律责任。电商经营者若违反信息透明或公平设置自动信息系统义务，未能清晰、全面、明确地告知用户有关程序性或应用性信息，暗藏免除信息系统故障责任等指令或规则，或未能给予用户提交订单前更正输入错误机会，系统设置损害消费者利益的，应属违反《合同法》第三十九条的情形，即提供格式条款的一方未能遵循公平原则确定当事人之间的权利和义务或采取合理方式提请对方注意免除或限制其责任的条款。依《合同法》第四十条，电商经营者违反自动信息系统透明或公平设置系统义务，有可能危及经营者与用户之间通过该系统订立的实体性电商合同的效力。该条规定，格式条款具有合同无效的情形和免责条款无效的情形的，或提供格式条款一方免除其责任、加重对方责任、排除对方主要权利的，该条款无效。因此，使用自动信息系统的经营者有过错，导致实体性电商合同无效，给用户造成损失的，经营者应按《合同法》第五十八条的规定承担赔偿责任。[1]

五、电商合同的确认收讫规则

实务分析 6-2
易趣网应否承担出售虚假化妆品的责任[2]

在立法对要约与承诺的生效普遍采用到达主义的情形下，接收人法律风险较小，而发送人却无法确切知道接收人收到与否、是否处受约束状态。因此，我国《电子签名法》第十条规定："法律、行政法规规定或者当事人约定数据电文需要确认收讫的，应当确认收讫。发件人收到收件人的收讫确认时，数据电文视为已收到。"确认收讫是指在接收人收到发送的信息时，由其本人或指定代理人或通过自动交易系统向发送人发出表明其已收到的通知。联合国《电子商务示范法》明确了应用确认收讫的主要原则：可用任何方式或行为进行；发送人要求以确认收讫为条件的，在收到确认之前，视信息为未发送；发送人未要求以确认收讫为条件，并在合理期限内未收到确认的，可通知接收人并指定期限，在上述期限内仍未收到的，视信息为未发送；发送人收到确认的，表明信息已由收件人收到，但不表明收到内容与发出内容一致；确认收讫法律后果由当事人或各国自己决定。

第三节　电子商务合同的效力

背景资料 6-3
网络买车频遭"悔约"[3]

【背景思考】
1. 买家与易趣网卖家之间的汽车买卖合同是否成立？其效力如何？
2. 易趣网汽车卖家是否需要按约履行合同？为什么？

依《民法总则》《合同法》，合同一般生效要件为：缔约当事人具有相应民事行为能力，意思表示真实，合同不违反法律或社会公益。合同成立后不符合上述要件，则可能无效、可撤销或效力待定。电商合同亦应符合上述生效要件，但其面临当事人身份与行为能力的确认、电子自动交易、电子错误对合同效力的影响及点击合同等一系列问题。

---

[1] 电子商务法起草组：《中华人民共和国电子商务法解读》，中国法制出版社 2018 年版，第 249—253 页。

[2] 赵红、诸达鹤：《网上购物成时尚　遭遇"李鬼"错维权》，http://www.chinacourt.org/article/detail/2002/12/id/25876.shtml，2002-12-01。

[3] 毛懿：《网络买车频遭"悔约"》，https://news.sina.com.cn/s/2005-08-04/02276604364s.shtml，2005-08-04。

一、电商合同的当事人

（一）电商合同当事人身份的确认

传统书面合同订立时，一方依靠对照印鉴或署名方式来确认对方当事人身份，并将有关书面文件载明的权利义务归属该特定当事人。而在电商活动中，数据电文所载明发件人是否为真正发件人，无法通过五官感知方式确认，电商实践中形成了密码、电子签名、文件加密、回电确认等确认当事人身份的方式。我国《电子签名法》第十四条专门规定"可靠的电子签名与手写签名或盖章具有同等的法律效力"，确立了电子签名在我国的法律地位。

（二）电商合同当事人的行为能力推定

《电子商务法》第四十八条第二款规定："在电子商务中推定当事人具有相应的民事行为能力。但是，有相反证据足以推翻的除外。"上述条款是针对多数电子商务非面对面交易特点而做出的行为能力推定，补充适用于《民法总则》《合同法》相关规定。在缔结电商合同中，一方当事人通常只能依赖对方提供的信息与做出的意思表示而判断其行为能力。实践中，未成年人、精神疾病患者网购大额商品、使用电子支付情形屡屡发生。电商经营者作为交易相对方，通常难以在网络环境下，通过自动信息系统，认定消费者无行为能力或欠缺与其年龄、智力、精神健康状况相符合的行为能力。依我国《合同法》第四十七条，无完全行为能力人的法定代理人、监护人有权决定是否追认被监护人订立的合同，则对方当事人不得不暴露于交易风险之中。《电子商务法》上述推定则能保障交易安全与善意相对人的利益，维护电商合同的有效性，同时防止无行为能力人或限制行为能力人的监护人推脱逃避监护责任，维护电商交易秩序。但是，无行为能力人或限制行为能力人的法定代理人、监护人如能证明缔约相对人知情，则上述条款关于行为能力的推定可被推翻。随着电子身份、实名制等技术与规则的发展，电商经营者识别与验证对方当事人身份的能力不断加强。社交电商、网络直播等新型电商的发展，也使电商经营者从更多渠道、以更直观方式获得消费者行为能力信息。因此，电商经营者及时发现对方属无完全行为能力人的可能性增大。如电商经营者通过视频对话、身份认证等方式，可以判断缔约对方行为能力，则属《电子商务法》第四十八条第二款所言相反证据，可推翻该条款规定的行为能力推定，法定代理人有权依《合同法》决定是否追认所订立的合同。①

二、电子错误

（一）认知电子错误

1. 电子错误的定义

电子错误，系电商合同订立中，当事人因使用信息系统而产生的错误或变异：①错误。这是指电商合同当事人一方因自身疏忽而提交了不正确信息。如当事人本意订购 1 台电脑，却错误输入 10 台，未注意该错误而将信息发出。②变异。这是指因信息系统错误而将一方当事人的意思自动加以变化的情形。如消费者在网上订购 1 台电脑，但信息系统错误将其识别为 10 台并做出承诺，或消费者在商家规定的买卖有效时间已过的情况下发出购买要约，自动交易系统仍与之订约等。

2. 电子错误的构成要件

电子错误的构成要件为：①当事人意思表示产生了错误；②该错误与使用信息系统存在直接关系；③该信息系统程序设置正当，即当事人未故意设置某一程序以改变原始信息的内容。应注意，传统合同错误的电子化表现形式，如当事人对网上商家发生误解而向其发出要约，不属电子错误，其法律效果已由传统合同法加以规定。

---

① 电子商务法起草组：《中华人民共和国电子商务法条文释义》，法律出版社 2018 年版，第 146—147 页。

（二）电子错误的法律调整规则

因电子错误非当事人真实意思表示,故原则上应允许当事人撤销。

1.双方约定使用某种安全程序检测变异或错误

未守约方若守约即可检测到错误,守约方可撤销变异或错误的电子信息所生效力,不论合同是否已订立或履行。

2.双方未约定

发出方检测到自身信息变异或错误,应即时通知接收方,接收方应在合理时间内确认。接收方检测到对方所发信息变异或错误,应即时通知发出方。发出方在合理时间内确认,双方均可撤销;发出方未在合理时间内确认,接收方可撤销。

3.B2C交易中消费者撤销电子错误的条件

电子"代理人"未能提供该自然人预防或纠正错误的机会,或该消费者在知道出现电子错误时采取了如下行为:①及时通知对方因自己的原因造成该数据电文存在错误,并表明本人不愿受该错误意思表示约束;②采取合理措施避免相对人损失,包括依对方指示退还因错误而可能收到的任何产品,或据指示销毁该产品;③未使用因电子错误而收到的产品或服务,未从中获利或将其转让给他人。

4.双方采取适当措施均未发现或检测到电子错误

若此状况直至合同履行或履行完毕,原则上合同有效,除非该错误动摇了合同成立的基础。

5.基于电子错误导致合同或某一条款无效或被撤销的后果

当事人应返还因此所带来的利益,不能返还的应给予补偿。因电子错误导致当事人一方受损,若错误可归责于一方,由责任方赔偿损失;不可归责于任何一方,该损失由自己承担。

（三）电子错误的主要类型

1.网上标价错误

为避免与社会一般公平观念相违,不能坚持表意人无过失尚可撤销的规则,应着重考察相对人有否值得保护的信赖利益,由此判定表意人的撤销是否伤及交易安全。

2.电脑故障

依国际惯例,在使用EDI等方式为电子意思表示时,一般可由当事人约定电脑发生故障时意思表示错误的后果与损失分担。

实务思考6-3

网络拍卖系统错

误致损由谁承担①

3.电子意思表示篡改的传递

电子意思表示在传递中可能变得难以辨认或被篡改、变造。若表意人使用自己选择的计算机程序,依为自己一方第三人错误负责的原则,该错误原则上不得撤销,除非显失公平;若使用相对人指定的计算机程序,则表意人可主张撤销。

4.通信失误问题

这是指电子数据的传送失误与错误,如输入有误,或使用有误的资料,或传送错误。通信失误可能由电子合同当事人造成,也可能由信息网络服务商原因引发。

【思考】

1.案涉"招聘"中文网址依法应当归谁所有?

2.因技术不成熟致拍卖系统错误致当事人损失应由谁承担?你对本案有何看法?

---

① 庄永祺:《谁来规范网上拍卖?》,载《电脑采购周刊》2000年第3期,第5页。

三、点击合同

（一）认知点击合同

1.概念

点击合同（click-wrap contract）。这是由商品或服务提供人通过计算机程序预先设定合同条款的部分或全部，以规定其与相对人间的法律关系，相对人须点击"同意"尚能订立的合同。用户在平台注册时常被要求阅读平台服务协议并点击"我同意"尚可继续。

2.与拆封合同的关系

（1）拆封合同（shrink-wrap contract）。这是指合同提供人将其与不特定第三人间的权利义务关系相关条款，印在标的物包装上面，并在合同中声明只要消费者购买后拆开包装，即视为接受格式合同。该合同最早用于计算机软件的销售。（2）点击合同对拆封合同的变化。在交易电子化的后，信息类产品可直接从网上购买、获取、安装与使用，不再具有传统包装形式，更易于复制与非法使用。拆封合同随之电子化，演变为点击合同，点击合同的应用发生明显变化：应用范围极大拓展，拆封合同仅限买卖，点击合同广泛用于信息产品使用许可、网络通信服务、网站会员注册等，从买卖扩展到非买卖；具有部分可选择性，某些点击合同条款可供相对人选择，选择不同，权利义务关系会有不同。

3.点击合同的特点

点击合同的特点有：（1）由一方当事人预先拟定，其条款定型化，相对人意思具有附和性。（2）可广泛、重复使用，其相对人可不确定。（3）具有互动性。传统格式合同内容不因相对人不同而改变，点击合同可通过预设程序，依订约人数、履行地点等因素自动改变合同价格等条款，此在 B2C 交易中尤为明显。

（二）影响点击合同效力的因素

点击合同效力认定难点在于对当事人意思表示是否真实的考察，但探求每一份合同当事人真实意思却难以做到，可落脚在合同条款上，看格式条款是否具备了让相对人知晓的条件。

1.B2C 交易中点击合同应满足的条件

B2C 交易中点击合同应满足的条件有：（1）合理提醒消费者注意。点击合同提供者须提醒消费者注意格式条款，以明确、直接的方式告知消费者不得在合同之外另行规定其他条款。此提醒应达到合理程度：文件表现形式应足以使相对人知道其为合同条款；提醒注意的方法应足以使相对人知道其存在；提醒注意的时间应在合同订立之前或订立之时；提醒注意的程度，应足以引起相对人的注意，能使一个具有一般注意力的自然人产生注意。（2）保证消费者有审查的机会与时间。点击合同提供者应确保消费者有机会和充分时间去审查和了解合同每一项条款，至于消费者是否去了解，则在所不问。

知识链接 6-4
网络交易平台合同格
式条款规范指引①

2.B2B 交易中点击合同应满足的条件

B2B 交易双方商业经验与交涉能力大致相当，点击合同只需满足下列条件：由双方在一较长时间内持续使用，每一次使用都以相对人知悉该格式合同的存在为前提，且语义相同；合同条款与使用应符合行业惯例或商业习惯；应给予相对人了解初次使用的格式条款的机会；并不要求相对人了解其内容，只需知晓其存在即可。

实务分析 6-3
来云鹏诉四通利
方信息技术公司
服务合同纠纷案②

---

① 详见《国家工商总局关于发布〈网络交易平台合同格式条款规范指引〉的公告》（工商市字〔2014〕144 号）。
② 详见"来云鹏诉北京四通利方信息技术有限公司服务合同纠纷案"。北京市海淀区基层人民法院，案件字号：（2001）海民初字第 11606 号。

第四节　电子商务合同的履行

背景资料 6-4
网购电脑被
他人冒领①

【背景思考】

1. 本案被告付迎春是否已履行交付义务？

2. 速递公司应否赔偿原告损失？

一、电商合同履行的基本原则

（一）适当履行

当事人应按合同规定标的及其质量、数量，由适当主体在适当履行期限、履行地点，以适当履行方式，全面完成合同义务。如履行主体是合同确定的主体，履行时间地点恰当，履行方式合理等。对电商合同而言，若为离线交付，债务人须依约履行或由债权人自提；若为在线交付，在线交付方应予对方合理检验机会，并应保证交付标的物质量等。

（二）协作履行

当事人不仅要履行自身合同债务，且有权基于诚信原则要求对方协助其履行债务。该原则要求债务人履行债务时，债权人不仅须适当受领给付，且应给予适当便利，履行通知、协助、保密等附随义务；因故不能履行或不完全履行义务时，应努力减少损失；发生合同纠纷时应主动担责等。电商合同履行中，债务人发货时，债权人应告知其地址与身份信息；在线交付产品时，债权人应使其信息系统处于开放、适于接受的状态。

二、电商合同履行的具体规则

（一）产品质量争议时的履行规则

电商合同中买方一般不能看到样货，只能依经营者的图片介绍或说明来判断产品质量。买方收货后发现与所欲购买商品差距较大的情形时有发生，可能发生产品质量认定争议。依《合同法》，当事人对产品质量要求不明确的，按国家标准、行业标准履行；无国家标准、行业标准的，按通常标准或符合合同目的的特定标准履行。电商合同履行中，买方收货时能否依包装有问题而要求卖方承担责任？一般认为，包装即使出现问题，只要不影响产品质量本身，应不视为卖方违约。但若买卖双方对此有专门约定时，应从其约定。

（二）履行地点争议时的履行规则

合同履行地点是管辖法院确定争议发生时的重要依据。依电商合同标的不同，对一般实物交易，如网上购买玩具、衣物等，依《合同法》，若履行地点不明确，给付货币的，在接受货币一方所在地履行；交付不动产的，在不动产所在地履行；其他标的，在履行义务一方所在地履行。对无形产品的交易，如在线购买电话卡、在线购买杀毒软件等，双方约定履行地点的，依约确定；对未约定时如何确定履行地点，存在一定争议，具体可将无形产品提供方所在地、无形产品所在地作为履行地点。依《电子签名法》第十二条规定，发件人主营业地为数据电文发送地点，收件人主营业地为数据电文接收地点；无主营业地，其经常居住地为发送或接收地点；当事人对数据电文发送、接收地点另有约定的，从其约定。

---

① 详见"杨波诉巴彦淖尔市合众圆通速递有限公司乌拉特前旗分公司、付迎春网络购物合同纠纷案"。内蒙古乌拉特前旗人民法院，案件字号：(2013)乌前民初字第 2301 号。

（三）履行时间争议时的履行规则

出卖人应按约定期限交付标的物。约定交付期间的，出卖人可在该交付期间内任何时间交付；无约定交付期限的，可协议补充；不能达成补充协议的，按合同有关条款或交易习惯亦不能确定的，债务人可随时履行，债权人亦可随时要求履行，但应给对方必要的准备时间。

（四）履行费用争议时的履行规则

当事人应对电商合同履行费用的承担做出明确约定。依《合同法》，当事人对履行费用负担不明确而生争议，经协商不能确定的，由履行义务一方负担。在背景资料 6-4 案例中，因卖家与买家小张之间就额外增加的运费事先并未明确约定，事后亦达不成补充协议的，应由履行义务一方即卖家承担该额外增加的费用，故卖家不能要求小张支付因收货地点偏僻而加收的运费。

三、电商合同的履行方式

电商合同与传统合同在履行方式上有所不同。国内电商合同主要履行模式为：①在线付款，在线交货。此类合同交易标的物只能是信息产品，如在线音乐下载。②在线付款，离线交货。③离线付款，离线交货。后两种模式合同标的物可为信息产品亦可为非信息产品。电商合同中非信息产品的交付可完全适用传统合同法的履行规则；而信息产品既可附着于有形载体而离线交货，亦可以数据信息方式在线交付，在线交付情形下，因数据信息传输的特殊性，信息产品履行时间、地点、产品验收、风险转移等均有其特殊性。

四、电商合同标的交付时间

依《电子商务法》第五十一条第三款，合同当事人对交付方式、交付时间另有约定的，从其约定。因此，不论电商合同的标的为商品、服务还是采用在线传输方式交付的标的，只要当事人约定了交付方式与时间，均从约定。此规定体现了私法自治、契约自由。

依《电子商务法》第五十一条第一款第一句，合同标的为交付商品并采取快递物流方式交付的，收货人签收时间为交付时间。该收货人签收是指当面查验快递物流交付的商品后的签收。就经营者向消费者交付商品的快递物流运输在途风险，依《电子商务法》第二十条，除非消费者自行选择快递物流服务提供者，经营者应承担交付商品直至签收前的责任与风险。

依《电子商务法》第五十一条第一款第二句，合同标的为提供服务的，生成的电子或实物凭证中载明的时间为交付时间；前述凭证未载明时间或载明时间与实际提供服务时间不一致的，实际提供服务时间为交付时间。

电商合同交易标的为数字产品时，交付义务常以在线传输方式履行。《电子商务法》第五十一条并未使用"数字产品"一词，但采用在线传输方式交付的合同标的显然包括数据与虚拟财产等。该条第二款规定，合同标的采用在线传输方式交付，标的进入对方当事人指定的特定系统并能检索识别的时间，为交付时间。上述条款所称合同标的"进入对方当事人指定的特定系统"的时间，与《民法总则》《合同法》及《电子签名法》所规定的数据电文接收、到达与生效时间相同，但增加了对方当事人"能够检索识别"的限定条件。

《电子商务法》第五十一条第二款未规定收件人未指定特定系统的情况下，如何判断在线传输的标的交付时间。依《民法总则》第一百三十七条第二款，收件人未指定特定系统的，数据电文生效时间为"相对人知道或者应当知道该数据电文进入其系统"的时间，与《合同法》《电子签名法》规定的数据电文到达、接收时间为"进入收件人任何系统的首次时间"明显不同。电子商务适用何规定需加以甄别。就电商合同而言，《民法总则》属新近颁布实施的关于意思表示的一般法规定，《电子签名法》则属旧有的关于数据电文的特别法规定。依《立法法》第九十四条，两法规定不一致的，不能简单适用新法优于旧法的原则。若法律之间对同一事项的新的一般规定与旧的特别规定不一致，不能确定如何适

用时,由全国人大常委会裁决。在此之前,《民法总则》的规定比较符合电商发展实情与需要,应予适用。综上,合同标的采在线传输方式交付,若无指定的特定收件系统,收件人知道或应当知道该标的进入其系统的时间,为交付时间;当事人另有约定的,从其约定。[①]

五、信息产品合同的履行

(一)信息产品的交付

1.信息产品交付的地点与时间

有形载体信息产品交付与传统动产买卖的交付地点与交付方式基本相同。当事人对履行地点无约定、不能协议补充且无法依相关条款或交易习惯确定时,给付货币的,在接受货币一方所在地履行;其他标的,在履行义务一方所在地履行。在线交付无载体信息产品时,若仍适用传统的义务履行方所在地原则,显然不符合数据信息传输规律。理论界与立法实践倾向于以信息系统为参照标准来确定合同履行地,如美国《统一计算机信息交易法》第六百零六条规定,以电子方式交付信息产品的地点,为许可方指定或使用的信息系统。至于交付完成的标准,则是使对方当事人能有效支配该信息产品。

2.信息产品交付的附随义务

为使交付的信息产品达到商业适用性,即实现信息产品的有效交付,在交付之中往往附随有其他义务。如同有形货物买卖须提供使用说明书一样,信息产品交付亦应将如何控制、访问该信息产品的资料交给买方,使之能有效支配所接受信息。该些义务对信息产品的使用乃必不可少。如在网上交付某一格式文件,一般应同时提供打开该文件的工具,或指示如何获得打开文件的工具。

3.许可方的电子控制权

电子控制,是指为控制信息使用而设置的程序、密码、设施,或类似电子或物理的限制。电子控制权的行使一般发生在信息产品合同履行中,亦可能发生于合同终止之时。信息产品提供者可依合同条款对交付后的信息保留一定的电子控制权,如用户认证程序、软件使用次数限制、信息访问范围与时间限制等。信息产品的特性使得许可方往往很难控制信息产品不被滥用,因此,许可方保留一定信息控制权有其必要性。电子控制权属约定权,源于合同条款的约定。信息许可方行使电子控制权,须满足以下条件:①电子控制权须为合同条款约定或法律规定保留的,②电子控制权行使之目的是阻止被许可方对信息产品超出合同约定范围的使用,③许可方在行使电子控制权前须向被许可方发出通知。

(二)信息产品的验收

1.信息产品的检验

产品检验对买受人而言既是权利亦为义务,是合同履行的重要环节。国内《合同法》第一百五十八条规定,当事人约定检验期间的,买受人应在检验期间内将标的物数量或质量不符约定情形通知出卖人。当事人未约定检验期间的,买受人应在发现或应当发现标的物数量或质量不符约定的合理期间内通知出卖人。对面向大众市场的信息产品交易,即向市场大批量出售标准信息版本的情形,其合同履行可能为交付有形拷贝,亦可为在线交付。因此种信息产品质量性能的定型化,一般可根据通常的业务、贸易或行业标准来确定当事人权利。交付有形拷贝的,可从包装、标识等方面检验是否为正版。在线交付的,可检验该信息产品的许可证使用说明、规格、版本等事项。检验无误,则接受交付或按约定付款。对非面向大众市场的信息产品(一般是量身定制的软件),若依合同约定或法律规定接收人有权检验,则只有当事人有合理机会检验信息产品后,该信息产品才能被接收,如美国法律规定,信息产品接收方有权在付款或接收前合理时间与地点,以合理方式,对信息产品进行检验,以确定信

---

① 电子商务法起草组:《中华人民共和国电子商务法条文研析与适用指引》,中国法制出版社 2018 年版,第 187—193 页。

息产品是否与合同相符,并推定当事人约定的检验地点、方法、接收标准具有排他性。当然,一方的检验权不得违反既有的保密义务。[①]

2.信息产品的接收

信息产品的接收,系合同履行重要阶段,标志买方认可合同标的,同时解除了对方当事人交付信息产品的义务,实际是当事人对电商合同标的质量、数量的一种同意的表示,既可由当事人以明示方式作出,亦可从其行为推定。信息产品的接收有整体与部分之分。整体接收是指买方表示认可标的物符合合同,完全接受合同标的。部分接收一般发生在由多个文件构成的一套信息产品的接收情形之中。因整套电子文件须协同使用,虽形式上多个文件分离,但实质上应将之视为一个整体。这些电子文件在法律上应属不可分物。美国《统一计算机信息交易法》第六百零九条(c)规定,若合同约定需分阶段交付,而各部分结合起来才能构成信息的整体,则每一阶段的交付都须全部信息已被接收后才生效。若信息产品是有形载体的交付,则买方应在约定或法定交付地点接收该标的物。若为在线交付,则买方有义务使其信息系统处于可接受交付的状态,并给卖方适当通知。若电商合同一方当事人拒绝受领但又占有该信息产品时,须承担以下义务:①妥善保管义务。拒绝受领人不得使用或让他人使用或复制该信息产品。②及时通知义务。拒绝受领人应将信息产品与约定不符的消息,在合理时间内告知对方。③交回义务。拒绝受领人应在合理期间内或遵对方指示,将所有信息产品、复件、相关资料退还给对方。因履行上述义务所产生费用由对方承担。

(三)信息产品合同履行的风险承担

1.风险转移的时间

依《合同法》,买卖合同中标的物毁损、灭失风险原则采取交付主义,即交付前由出卖人承担,交付后由买受人承担。在信息产品合同中,有形载体信息产品交付时间易于确定,而在线交付信息产品时间则需专门澄清。若许可方采用电子邮件方式向被许可方发送信息产品,自被许可方收到该电子邮件时,风险责任发生转移;若信息产品许可方采许可下载方式交付,则应在被许可方完全下载完毕后,风险责任转移给被许可方,此处交付系整体交付,下载中不论因何原因中断,许可方应允许被许可方重新下载;若该信息产品为第三方所持有且可在无须移动情形下被交付或复制,或可通过授权被许可方访问第三方资源方式交付,则当被许可方获访问该资源授权凭证或权限时,风险责任转移给被许可方。

2.风险责任的承担原则

信息产品有灭失与遭受破坏风险。灭失风险较易区分是发生在交付之前还是之后;而遭受破坏风险,如信息产品感染病毒,则很难确定染毒时间。有必要确立以下风险承担原则:(1)当灭失或破坏时间确定时,据信息产品交付时间确定。灭失或破坏发生在交付之前由许可方承担,发生在交付之后由被许可方承担。(2)若灭失或破坏发生时间难以确定,则满足下列条件时,推定灭失或破坏发生在交付之前:①被许可方能证明其信息系统具有符合标准的安防措施;②信息产品存在明显安全漏洞或未采用安全传输方式,该安全标准指相关法律或法规的规定,无此规定则依行业一般标准或商业惯例确定。

实务分析6-4
买家大量网购
频繁买退应否
赔偿卖家损失[②]

---

① 美国《统一计算机信息交易法》第六百零八条(a)规定:若信息产品合同需交付一份拷贝,应适用以下规则:(1)除非法律另有规定,拷贝接收方有权在支付或接收前合理的时间与地点,以合理方式,对拷贝进行检验,以确定是否与合同相符。(2)检验一方应负担检验费用。(3)当事人确定的检验地点、方法或接受标准推定为具有排他性。但是,地点、方法或标准的确定,并不改变合同的一致性,或改变交付的地点及所有权和风险转移地点。若地点与方法的约定已不可能遵守,则应按本条规定进行检验。除非双方所确定地点或方法是不可或缺的条件,条件不成就将导致合同无效。(4)一方的检验权不得违反既有的保密义务。

② 邓敏、谢晓隽:《买家大量网购频繁买退　卖家获赔商品损失》,http://www.chinacourt.org/article/detail/2012/09/id/548399.shtml,2012-09-01。

背景资料 6-5
吕震与北京好
药师公司买卖
合同纠纷案①

第五节　电子商务合同的违约责任

【背景思考】

被告交付的标的物是否符合合同约定？被告是否构成虚假或者引人误解的宣传？被告的行为是否构成欺诈？本案应否适用"假一罚十"承诺？

无救济即无权利,违约救济制度是合同有效履行的制度保障。电商合同违约责任是指当事人因其违约行为所应承担的相应民事责任,该违约行为复杂,不能完全照搬传统制度。

一、电商合同违约责任的归责原则与免责事由

（一）归责原则

合同违约归责原则主要有过错责任与严格责任,《合同法》第一百零七条确立了严格责任原则。电商合同违约责任归责仍以严格责任为原则,只要有违约行为发生就得承担违约责任,不以违约人是否存在过错、守约人是否因此受损为要件;在发生违约行为时,若电商合同并未约定违约金,而相对方亦无实际损失,可对违约人不苟以赔偿,而要求其继续履行或采取其他补救措施;此时,唯有存在免责事由,违约人才可免于承担违约责任。

（二）免责事由

该免责事由包括不可抗力、法律特殊规定、债权人过错与约定免责条款。

1. 不可抗力

不可抗力是指不能预见、不能避免并不能克服的客观情况。电商合同履行中下述情况被视为不可抗力:①电子文件因感染病毒而受损。文件感染病毒的原因可能是遭恶意攻击,亦可能被意外感染。但不论何因,若许可方已采取合理、必要措施防止文件遭受攻击而仍未避免,由此导致该文件不能使用或无法下载,其不承担违约责任,但不排除许可方返还对方价款的义务。②非因当事人造成的网络中断。若网络传输中断则无法访问或下载许可方信息。该中断可因传输线路的物理损害引起,亦可由病毒或攻击造成。若当事人对此无法预见与控制,则应属不可抗力。③非因当事人引起的电子错误。如消费者购物通过支付网关付款,因支付网关错误未能将价款打到商家指定账户上,虽消费者对此毫不知情,但商家因未能收到价款而不履行,不应承担违约责任。④因受网络攻击等原因而无法履行亦属免责范围。并非一发生不可抗力均可免除履行电商合同责任。应依不可抗力对电商合同履行造成影响的程度确定,造成部分义务不能履行的,免除部分责任;造成全部不能履行的,免除全部责任。但对不可抗力发生在迟延履行期间造成的电商合同不能履行,则不能免除责任。

2. 约定免责

约定免责是指当事人在合同中约定的,旨在限制或免除其将来可能发生的违约责任条款。在法律对网络中断、病毒感染、电子错误等问题未做明确规定情形下,免责条款是当今电商经营者降低法律风险的有效手段。当然,免责条款的约定不得违反法律与社会公益,不得排除当事人的基本义务或排除故意或重大过失责任。

---

① 详见"吕震与北京好药师大药房连锁有限公司买卖合同纠纷案"。浙江省玉环县人民法院,案件字号:(2015)台玉商初字第 1502 号。

二、电商合同违约责任的承担主体

电商合同作为交易双方签订的约束彼此权利义务关系的协议,一旦合同一方不履行或履行不符法定或约定要求时,守约方可要求违约方承担违约责任。因此违约责任承担主体多指合同违约方,基于合同相对性,即使是第三人原因致其违约,违约方仍须承担相应违约责任,其因违约导致的损失可依与第三人的合同或法律规定要求第三人赔偿。在电商活动中,电商企业在线下签署的合同,B2C、C2C 网站与购买者签订的合同及通过第三方服务平台所签订的合同,其合同缔约双方相对明确,一旦发生一方违约,合同相对方可依双方所订合同要求其承担违约责任。但在"团购"活动中,与购买者签订团购合同的相对方究竟是谁尚有争议,一旦团购合同发生违约,究竟是团购网站还是商家承担违约责任须依具体情形分别确定。

实务分析 6-5
DQ 与美团网
团购纠纷案①

三、电商合同违约责任的承担方式

依《合同法》第一百零七、一百一十四、一百一十六条,电商合同违约责任承担方式包括继续履行、采取补救措施、赔偿损失、定金罚则、违约金等。当合同标的为信息产品时,违约救济方式还有继续履行、继续使用、停止使用、中止访问、赔偿损失等。

(一)继续履行

这是指一方不履行或履行合同义务不符约定时,合同相对方有权要求其继续履行,或诉求法院强制其履行。继续履行以合同成立并有效且有履行可能为前提。点击订立合同情形下,易出现购买者点击提交商品或服务订单,但商家以缺货、技术故障或其他原因私自取消订单这一现象。若点击合同已成立且生效,购买者可主张商家违约并要求其继续履行。

(二)继续使用

就信息许可使用与访问合同而言,继续使用是指在许可方违反合同时,未撤销合同的被许可方可继续使用合同项下信息与信息权。被许可方选择继续使用,则其仍受合同条款约束。

(三)采取补救措施

传统合同违约行为发生后,其补救措施主要为修理、更换、重作、退货等,而电商合同违约补救措施须结合网络信息技术特点,采取与信息技术发展与时俱进的网络救济措施,目前而言,电商合同违约救济措施还包括停止使用与中止访问。

1.停止使用

系因被许可方的违约行为,许可方在撤销许可或解除合同时,请求对方停止使用并交回有关信息。如在以数据信息为标的的网络交易中,因数据产品极易被复制,知识产权易被侵权,在发生违约行为时,即便该数据产品可附于相关载体上,退还给合同相对方的亦仅为数据信息载体,数据信息本身已被违约方知晓或仍旧存储于持有人计算机中,故发生违约行为时,合同相对方有权利要求违约方停止使用该数据信息或相关软件程序等。

2.中止访问

系被许可方有严重违约行为或协议有特别规定情形下,许可方中止其获取信息。中止访问与停止使用措施在行使上有所不同,停止使用一般是合同相对方要求违约方停止使用合同标的或与标的相关的信息产品,而中止访问则是出现违约行为时,许可方有权阻止被许可方继续行使合同上有关信

① 周洁:《DQ 与美团网团购纠纷一波三折 美团网 CEO 称或起诉》,http://www.mzyfz.com/cms/caijing/chanyejingji/zuixinzixun/html/787/2011-03-07/content-38189.html,2011-03-07。

息访问的权利。若合同双方对停止使用与中止访问的情形有相关约定,则发生违约行为时,要遵守该约定。若双方并无约定,因该救济措施仍是基于合同当事方对违约行为的主观判断,未经司法程序认定,故一旦违约行为被法院或仲裁机构推翻,则合同当事方因采取停止使用或中止访问而致相对方损失,要承担赔偿损失责任。

实务分析 6-6
余超源与汪满田公司网络购物合同纠纷案①

3. 赔偿损失

系违约方用金钱补偿合同相对方因违约行为而导致的损失。在电商环境下,基于交易形式的特殊性,赔偿损失亦并非仅用金钱方式。如一些购物网站因技术故障私自删除消费者订单后,会给该商品或服务的购买者发送一定数额的网站购物代金券,既弥补了购买者因网站私自取消订单所受损失,还能进一步吸引客户继续消费,在承担违约责任时维护其客户的黏性度。在网络交易环境下,作为电商企业,要充分挖掘交易中的非金钱形式的价值承载物,如代金券、折上折、会员升级等,都可作为违约责任承担的可选方式。

本章练习

第六章练习
(含"理论思考""实务分析""实务训练")

---

① 详见"余超源与汪满田公司网络购物合同纠纷案"。广东省江门市中级人民法院,案件字号:(2017)粤 07 民终 1048 号。

第七章 电子签名与认证法

第一节 电子签名法

【背景思考】

1. 在信息网络中运用电子邮件等洽谈商务事宜时,如何防范被他人拦截、篡改?

2. 何谓电子签名与电子认证,其在电子商务中有何作用?

背景资料 7-1
黑客入侵公司电
子邮箱 骗走客
户 4 万美元①

在以互联网等信息网络为媒介,以数据电文为表意手段的电子商务中,信息载体已无纸化,采用传统书面签名已不再可能,能执行传统签名功能的电子签名应运而生。

一、电子签名概述

签名(signature)一般指一个人亲笔在一份文件上写下名字或留下印记、印章或其他特殊符号,以确定签名人身份,并确定签名人对该文件内容予以认可的行为。传统签名须依附于某种有形介质,而电商交易相关文件多以数据电文方式发送、交换、传输、储存,不再依赖于有形介质,需通过某种技术手段来识别交易当事人、保障交易安全,以达到与传统手写签名相同的功能,该技术手段一般被称为电子签名(electronic signature)。

(一)电子签名的含义

1. 传统签名概述

汉语中签章含签名与盖章,比签名更确切。目前中国大陆地区电子签名法采用"签名",合同法采用"签字或者盖章",而中国台湾地区用"签章"。(1)概念。传统意义上签名是指特定的人手写自身名字,以此表明其受书面内容约束的意愿。签名包含"正确的名字""书面形式""本人亲手书写"等基本要素。签名本质上具有排他性,通常仅本人可签署其名字。实践中,签名人可自由选择签名方式,且书面文件上的记录可任意改变,故每一传统手写签名均具有独特性而不可重复。(2)法律性质。法律意义上的签名系一行为而非事件。首先是一证明行为,表明物品、行为、意思的归属或同意;其次是特定法律行为的构成要素,当法定或约定以签名为某法律行为生效要件时,签名即为该法律行为生效要素。(3)法律功能。传统手写签名可表明文件来源,识别签名人;表明签名人对文件内容的确认;构成签名人对文件内容正确性与完整性负责的根据。视所签文件性质,签名还能证明一当事方愿受所签合同约束,认可其为某文案作者,同意一份他书文件内容,证明某人某时身在某地的事实。

观点链接 7-1
东西方对传统"签
名"的不同理解

知识链接 7-1
广义电子签名与
狭义电子签名

2. 电子签名定义及特征

电商当事各方单纯通过网络交易,若要求采用传统手写签名方式,扫描后通过网络传递的原始签名难与纸张结合形成原件,无法达到其应有功能,并无防止改动的作用;而将手写签名或文件邮寄传送对方,则难以发挥信息网络快捷、高效的优越性。由此迫使交易参加方去寻找既能适应于网络交易,又能起到与传统手写签名同

---

① 张寅:《黑客入侵公司电子邮箱骗走客户 4 万美元》,载《宁波晚报》2012 年 3 月 7 日,A10 版。

实务思考7-1
认知数字签名
及其原理

样功能的新方法,通过功能等同原则,将那些具有与手写签名同样功能的电子技术手段称为签名,"电子签名"实为修辞借代手法,借签名使用功能来指称具有该作用的电子技术手段。(1)定义。《电子签名法》第二条将电子签名定义为"数据电文中以电子形式所含、所附,用于识别签名人身份并表明签名人认可其中内容的数据"。而数据电文是指"以电子、光学、磁或者类似手段生成、发送、接收或者储存的信息"。(2)特征。①是以电子形式出现的数据。②附着于数据电文。电子签名可为数据电文组成部分,亦可为其附属,与其具有某种逻辑关系、能使其与之相联系。③能识别签名人身份并表明其认可与电子签名相联系数据电文的内容。

3.电子签名与传统签名的区别

(1)签名本质是一认证手段或程序。随着科技发展,传统签名的局限日益明显,主要体现在:①以纸面为载体,在书写与传递上不如数据电文方便、快捷;②签名人须亲笔书写,受个人状况限制,在交易数量与频率上,不适合大规模交易;③维护成本高,传统签名仿冒成本低,不需很高技术与成本;对仿冒签名的鉴定需专业技术与人员,且准确性并非万无一失。

(2)相比较而言,电子签名具有如下特征:①签名行为复杂。电子签名人需运用相应电子硬件与软件设施,不能像传统签名人那样在签名现场即知行为后果。②电子化保存。电子签名是存储在特殊电子介质上的电子数据,不能以书面形式保存。与书面文件保存方式在保存可靠程度与持久性上,有明显差别。二者在证据证明力上存有差异。③间接识别。传统签名可通过肉眼进行直接的视觉识别,而电子签名无法通过感官直接识别,须凭借一定系统与程序来鉴别。但电子签名的电子化鉴别程序与系统速度很快,而且可靠、安全。④不具有独特性。传统签名的亲笔样式具有唯一性,但电子签名可能有多种方式或样式,每使用一信息系统,即可能产生一类电子签名。

(3)电子签名与传统手写签名虽存差异,但可发挥与手写签名相同的作用。第一,能保证所发信息未被篡改(完整性);第二,可将所发信息与信息发出者联系起来,证明该信息从何发出,从而防止拒绝承认(真实性)。从功能等同角度分析,唯能确定签名人身份及所签署内容完整性的电子签名才可享有与手写签名相同的法律地位。

(二)电子签名的类型

1.依其与数据电文的关系划分

电子签名可分为"所含""所附""逻辑相连"三种形态。联合国国际贸易法委员会《电子签字示范法》与各国电子商务法一般规定了前述三种形态电子签名,但我国《电子签名法》第二条第一款只规定了前两种形态,未规定逻辑相连式电子签名。"所含""所附"两种形态电子签名较为常见,其不脱离数据电文,包含于数据电文之内或附属于数据电文一并发送。而"逻辑相连"形态的电子签名则脱离了数据电文,在保持与数据电文可靠联系的前提下作为单独数据单元发送。如发件人对前封电子邮件的散列函数值进行电子签名,随后单独发送,电子签名与数据电文保持可靠联系,二者即为逻辑相连。逻辑相连式电子签名在网络交易实践中十分常见,只要分别传输签名数据(电子签名)与交易数据(数据电文),就不可避免地会使用逻辑相连式电子签名。以应用广泛的"SSL协议+表单签名"型电子支付为例,客户在商家页面点击购买生成订单,然后通过客户端浏览器向银行服务器发出订单支付指令,银行服务器将其证书、加密算法等信息在签名后传送给客户端浏览器,通过验证后完成SSL握手,生成并交换会话密钥,建立临时加密信道,随后通过此信道传输交易数据。客户在信道内下载表单(包括银行账号、密码等字段),然后登录、使用Ukey将填写完毕的表单发送给银行服务器,完成向商家的支付。这一过程混用了三种形态电子签名:其一,客户在页面上的点击购买构成包含数据电文的电子签名。其二,SSL握手过程中银行服务器自动进行的电子签名、为建立加密信道而利用会话密钥进行的电子签名,均已脱离交易数据,构成逻辑相连式电子签名。其三,用户借助Ukey发送表单构成附属于数据电文的电子签名。在这一过程中,逻辑相连式电子签名对顺利完成支付并预防事后抵赖具有基础作用,其可识别签名人身份,服务于之后的电子签名,并间接确认交易数据的归属。①

2.依所采取的技术手段划分

电子签名可分为电子化签名、密码签名、生物特征签名、数字签名等。随着电子签名技术的发展,新型电子签名将不断显现。(1)电子化签名。将手写签名与数字化技术相结合,使用者在特别设计的感应板上用笔手写输入其亲自签写的名字,由计算机程序加以识别,并做出反应后再经密码化处理,然后将该签名资料与其所要签署的文件相结合,以达成原先以纸面为媒介物的情况下亲手签名所要完成的签署及证明动作。如医院自动终端打印的检验报告单上检验师的签名。(2)密码签名。这是一项传统但长期使用的签名技术,很多银行规定"所有使用密码完成的交易,均视为持卡人本人进行的交易"。主要包括静态和动态密码签名,静态密码由用户自己设定,易被破解或遗忘;动态密码是在用户登录时,认证系统为用户产生随机密码或随机码供用户输入。动态密码签名更为安全。(3)生物特征签名。该签名依靠非公用钥匙加密技术,是基于用户的指纹、面部、虹膜、手写签字、语音等独一无二的生理结构特征或融合了生理、心理、社会因素的行为特征签名的方法。此种签名方法要通过一定的设备识别上述生物特征,运用一定的计算方法将生物特征转化为电子资料,与预先建立的庞大数据库内的数据对照,以确认身份。该技术需事先搜集大量生理特征数据,设备相对昂贵,面临易受多种条件影响、尚无统一的特征采集与处理标准造成的识别准确率不高等问题。随着技术发展,此类签名正被逐步推广,如支付宝正在推广人脸识别签名。(4)数字签名。此类签名依靠公用钥匙加密,美国电子签名标准(DSS,FIPS 186-2)将其解释为"利用一套规则和一个参数对数据计算所得的结果,用此结果能够确认签名者身份和数据的完整性",由此,公钥基础设施(public key infrastructure,PKI)提供密码变换,使接收者判断数据来源并验证数据。目前国内外普遍使用、技术成熟的是基于PKI的数字签名技术,该技术作为一个系统融合了公开密钥算法、原文加密技术和第三方认证机构(CA)认证等多重手段,其中公开密钥算法用以确认签名人真实身份,原文加密技术保证传输文件不被篡改,CA认证用以实现身份的可查性和签名人对传输信息的不可抵赖性。②

(三)电子签名的相关概念

1.电子签名人

电子签名人是指持有电子签名制作数据并以本人身份或以其所代表的人的名义实施电子签名的人。电子签名人可用自己的电子签名制作数据实施电子签名;亦可委托他人,使用委托人的电子签名制作数据实施电子签名。前者,签名人即是制作电子签名的人;后者,签名人是指签名制作数据所指代的人,并非指实施电子签名的人。

2.电子签名依赖方

电子签名依赖方是指基于对电子签名认证证书或电子签名的信赖而从事有关活动的人。当人们阅读数据电文时,欲确认数据电文制作人,须查验含在数据电文之中或附在其后的电子签名。依签名技术不同,该查验既可直接进行,亦可能需通过查验与签名对应的证书进行。查验通过后,确认数据电文内容可信,并依其决策或行动的人,即为电子签名依赖方。

3.电子签名认证证书

电子签名认证证书是指可证实电子签名人与电子签名制作数据有联系的数据电文或其他电子记录。不能直观验证电子签名时,技术上须提供一种方法,能将电子签名与电子签名人联系起来。数字签名技术通过一种数学运算,建立起唯一匹配的一对密钥,即公钥与私钥。公钥与签名人的信息为验证签名人身份的中介,私钥则是签名制作数据,通过公钥与私钥的特性,建立起电子签名人与电子签名制作数据之间的联系。记载了公钥与签名人(公钥持有人)信息的数据电文,即为电子签名认证证书。

---

① 于海防:《我国电子签名框架性效力规则的不足与完善》,《法学》2016年第1期,第26—28页。
② 周桂雪等:《法庭科学视域下电子签名的可靠性分析》,《科技与法律》2018年第4期,第57—58页。

4.电子签名制作数据

电子签名制作数据是指在电子签名过程中使用,能将电子签名与电子签名人可靠联系起来的字符、编码等数据,是能对原文进行变换的程序与算法。进行电子签名时,往往通过一种程序与算法对数据原文进行运算,变换成与原文唯一对应且方便查验的数据电文。

5.电子签名验证数据

电子签名验证数据是指用于验证电子签名的数据,包括代码、口令、算法或公钥等。可直观获得并能鉴别签名人的数据,如通过数字签名中的公钥即可找出电子签名人。

二、电子签名法概述

(一)电子签名法的概念与特征

1.电子签名法的概念

电子签名法是指确认电子签名法律效力,调整因电子签名与电子认证而发生的社会关系的法律规范的总和。

知识链接 7-2
电子签名法的
立法模式

知识链接 7-3
全球典型电子
签名法

2.电子签名法的特征

电子签名法的主要特征有:①首要任务在于确认电子签名的法律效力。其名称采用"电子签名"表明了法律技术中立的基本立场。②调整因电子签名与电子认证而发生的社会关系。电子签名法调整的社会关系分为电子签名社会关系和电子认证社会关系。③本质为民商法。从电子商务角度看,使用电子签名的主体为平等民事主体,因此,调整此种平等民事主体之间因使用电子签名和电子认证发生的社会关系的法律,本质上属民商事法律。民商事活动为《电子签名法》的主要调整对象。该法第三条规定:"民事活动中的合同或者其他文件、单证等文书,当事人可以约定使用或者不使用电子签名、数据电文。"④为民商事特别法。《电子签名法》第一条规定的该法所调整的电子签名及电子认证法律关系,主要是平等主体间的私法关系,即电子签名人、认证机构与签名证书信赖者三方间的私法关系,这些特殊关系尽管有其特性,但仍为平等主体间的法律关系。因特别法优于一般法,民商事领域有关电子签名的效力等问题一般优先适用电子签名法。

(二)电子签名法的立法原则

1.技术中立原则

该原则亦称"不歧视(平等对待)""媒介中立"原则,强调不应歧视不同通信技术,如数字签名技术或生物识别技术应在法律上享受同等待遇;不应歧视不同媒介,如纸张文件与电子记录应享受平等待遇。《电子签名法》第三条与第七条体现了技术中立原则。

2.功能等同原则

该原则由联合国《电子商务示范法》确立,由三项等同内容构成:其一,一项数据电文所含信息可调取以备日后查用,即满足书面要求(书面等同);其二,只要使用一种方法来鉴别数据电文发端人并证实该发端人认可了该数据电文内容,即可达到签字的基本法律功能;其三,数据电文首次以最终形式形成后保持了完整性且可视读,即满足原件标准。《电子签名法》第十四条明确规定了可靠电子签名与手写签名或盖章具有同等法律效力,其第四至七条关于书面、原件、文件保存、证据等规定亦体现了功能等同原则。

3.当事人自治原则

《电子签名法》第三条规定,民事活动中的合同或其他文件、单证等文书,当事人可约定使用或不使用电子签名、数据电文;当事人约定使用电子签名、数据电文的文书,不得仅因其采用电子签名、数据电文形式而否定其法律效力。该法第九条规定,数据电文经发件人授权发送的,或发件人信息系统自动发送的视为发件人发送的,或收件人按发件人认可的方法对数据电文进行验证后结果相符的,均视为发件人发送,而当事人对前款规定的事项另有约定的,则从其约定;第十一条规定关于当事人对数据电文的发送时间、接收时间另有约定的,从其约定;第十二条规定关于当事人对数据电文的发送地点、接收地点另有约定的,从其约定;第十三条规定关于可靠条件的电子签名,当事人亦可自行约定。

(三)电子签名法的立法目的与体系

1.电子签名法的立法目的

确认电子签名法律效力,调整因电子签名与电子认证而形成的社会关系,保障电子商务安全,为电子签名应用扫除法律障碍系该法固有目的。

2.电子签名法的体系

(1)《联合国电子签名示范法》体系为:①适用范围,②基本概念的定义,③技术中立原则与解释原则,④签名规则,⑤对外国证书和电子签名的承认。

(2)《欧盟电子签名指令》体系为:①相关定义,②确定电子签名效力的原则,③电子签名认证服务的国内国际市场准入,④电子签名认证提供商的责任,⑤生效与修改。

(3)国内《电子签名法》体系为:第一章总则,第二章数据电文,第三章电子签名与认证,第四章法律责任,第五章附则。该体系与联合国及欧盟电子签名法的不同在于:其不仅规定了电子签名,而且规定了数据电文(第二章)。即国内电子签名法不仅为电子签名法,而且还是电子合同法。

(四)电子签名法的适用范围

1.适用对象

《电子签名法》第三条规定了其适用范围。该条第一款规定,民事活动中的合同或其他文件、单证等文书,当事人可约定使用或不使用电子签名。该法第三十五条则规定,国务院或国务院规定的部门可依该法制定政务活动和其他社会活动中使用电子签名、数据电文的具体办法,分析该条内容,立法者倾向于电子政务亦可参照适用该法。而《电子签名法》第三条第二款规定当事人约定使用电子签名、数据电文的文书,不得仅因其采用电子签名、数据电文形式而否定其法律效力。此条款缓和了书面与电子形式的矛盾。

知识链接 7-4 《中华人民共和国电子签名法》(2019修正)

2.适用限制

电子签名乃新生事物,各国立法均将一些涉及人身关系及特定财产关系的文书排除在外。国内《电子签名法》第三条第三款规定了一些排除适用该法的领域,具体包括涉及婚姻、收养、继承等涉及人身关系的,涉及停止供水、供热、供电等公用事业服务的,法律、行政法规规定的不适用电子文书的其他情形。[②] 上述规定实际针对数据电文的适用,因电子签名是针对数据电文的签署,故对数据电文使用范围的限制,构成对电子签名的限制。

实务分析 7-1 杨先生诉 X 银行海淀支行储蓄合同纠纷案[①]

三、可靠电子签名的法律效力

可靠电子签名亦称强化电子签名,是指经一定安全程序,能达到传统签名功能的电子签名。

---

① 金冰:《北京首例网银纠纷案工行胜诉》,载《北京商报》2006 年 9 月 29 日,第 007 版。

② 《中华人民共和国电子签名法》(2004 年)第三条第三款规定:"前款规定不适用下列文书:(一)涉及婚姻、收养、继承等人身关系的;(二)涉及土地、房屋等不动产权益转让的;(三)涉及停止供水、供热、供气、供电等公用事业服务的;(四)法律、行政法规规定的不适用电子文书的其他情形。"《全国人民代表大会常务委员会关于修改〈中华人民共和国建筑法〉等八部法律的决定》(中华人民共和国主席令第二十九号)对《中华人民共和国电子签名法》做出修改,删去第三条第三款第二项;将第三项改为第二项,修改为:"(二)涉及停止供水、供热、供气等公用事业服务的。"

（一）国内法上的可靠电子签名

《电子签名法》使用了可靠电子签名概念。该法第十三条规定,电子签名同时符合下列条件的,视为可靠的电子签名:①电子签名制作数据用于电子签名时,属电子签名人专有;②签署时电子签名制作数据仅由电子签名人控制;③签署后对电子签名的任何改动能被发现;④签署后对数据电文内容与形式的任何改动能被发现。该条还规定,当事人亦可选择使用符合其约定的可靠条件的电子签名。可靠电子签名的具体形态开放,任何能达到同一效果的技术方式均可归为可靠电子签名。可靠电子签名概念既强调电子签名效果,又遵守技术中立原则,为其他能达到同一功能的技术方式的开发应用在法律上预留空间。

（二）可靠电子签名应具备的法定条件

1.电子签名制作数据用于电子签名时属电子签名人专有

电子签名制作数据是电子签名人在签名过程中掌握的核心数据。唯有通过电子签名制作数据的归属判断,才能确定电子签名与电子签名人之间的同一性与准确性。因此,一旦该数据被他人占有,则依赖于该数据而生成的电子签名有可能与电子签名人的意愿不符,显然不能被视为可靠电子签名。

2.签署时电子签名制作数据仅由电子签名人控制

此规定是对电子签名过程中电子签名制作数据归谁控制的要求。该控制是一实质控制,即基于电子签名人自由意志而对该数据的控制。在电子签名人实施电子签名行为中,无论是电子签名人自己实施还是委托他人代为实施签名行为,只要电子签名人拥有实质控制权,则其所实施签名行为满足此项规定要求。

3.签署后对电子签名的任何改动能被发现

采用数字签名技术的签名人签署后,对方可通过一定技术手段来验证其所收数据电文是否是发件人所发,发件人数字签名有无被改动。倘若发现发件人数字签名签署后曾被他人更改,则该项签名不能成为一项可靠的电子签名。

4.签署后对数据电文内容与形式的任何改动能被发现

电子签名的一项重要功能在于表明签名人认可数据电文的内容,而要实现该功能,须要求电子签名在技术手段上能保证经签名人签署后的数据电文不被他人篡改。否则,电子签名人依一定技术手段实施电子签名,签署后的数据电文被他人篡改却不能被发现,此时出现纠纷难依《电子签名法》解决,电子签名人合法权益难以获有效保护。因此,要符合《电子签名法》规定的可靠的电子签名的要求,必须保证电子签名签署后,对数据电文内容和形式的任何改动都能被发现。

一项电子签名若同时符合上述条件,可被视为可靠电子签名。另,当事人可约定选择可靠电子签名应具备的条件和采用的技术方案。因电子签名技术手段多样,当事人约定采用的电子签名技术若能满足其对保障交易安全的需求,同样可承认其法律效力并予以保护。

（三）可靠电子签名的法律效力

《电子签名法》明确规定,可靠电子签名与手写签名或盖章具有同等法律效力。若签名人按法律要求合法使用了电子签名,该电子签名将依法产生法律效力。

1.对签名人的效力

对签名人而言,电子签名具有与传统签名相同的功能:一是表明文件来源,即签名人承认其为文件签署者,从而在签名人与文件之间建立起联系;二是表明签名人对文件内容的确认;三是作为表明签名人对文件内容正确性与完整性负责的根据。

2.对数据电讯内容的效力

电子签名与数据电文紧密联系,经电子签名的数据电文表明其得到了签名人认可,在符合客观性、关联性、合法性等要求时,可作为证据使用。

3.对法律行为的效力

当法律规定某种法律行为须以书面签名形式做出时,以电子签名对数据电文的签署,即能充分满足该要求。某一电子签名签署的具体法律行为是否成立或生效,最终应以调整该法律行为的特别法来衡量,如应以合同法规范判断电子签名签署的要约、承诺生效与否。但当以电子签名签署的要约、承诺本身符合合同法基本规范时,则对该要约或承诺的电子签名,将决定合同成立与生效的时间、地点等重要的法律行为因素。

(四)现行主流电子签名的可靠性

电子签名可靠性在时间上关注事前、事中安全性和事后可追溯性,在实质内容上关注身份真实和数据不被篡改,从逻辑上关注建立电子签名与签名代表方及数据电文间唯一关联。

1.密码签名的可靠性

该签名安全可靠性最差。首先,密码与签名人之间无法建立直接的身份关联,密码易被破解、泄露,难以保护正在传输的数据,且在传输中易被截获;其次,用户可抵赖曾采用明文传输的某些操作系统中的敏感信息;最后,对使用者个人,可能因遗忘密码带来巨大不便。密码签名不能充分确保身份真实和数据防篡改,事后可追溯性差。

2.生物特征签名的可靠性

该签名能建立电子签名与签名代表方身份的直接关联,不会因遗忘和泄露、破解而被盗用,在确保身份真实方面具有优势;但生物特征签名仍存在被冒用可能,冒用者可强迫使用签名人生物特征进行签名,也可能伪造签名代表方生理结构特征进行虚假签名,如指纹和虹膜。而生理结构特征不易改变的特性也带来了很大安全问题:一旦被截获或仿冒很难更改。从实际应用状况层面,生物特征识别技术的模糊性限制了其应用范围,不同传感器、采集设备可能使同一人的身份特征两次采集结果存在差异,特征提取易受环境条件和个体差异影响,目前准确率较高为指纹和虹膜,而行为特征识别率整体较低。

3.数字签名的可靠性

该签名技术的实现需运用公开密钥算法和消息摘要。为提高效率,利用哈希函数可将冗长的签名文件压缩为一段独特的数字信息,即消息摘要,该摘要数据块长度固定,且不可预见,对同一源文件数据反复执行该函数得到的摘要相同,原始数据一个微小变化都会对新产生的消息摘要产生很大影响,因此,消息摘要相当于源文件的指纹,使得数据电文一经改动就被发现;同时消息摘要具有不可逆性,可靠的消息摘要无法通过生成的消息摘要反推原始数据信息,从而确保了数据保密性和防篡改性;签名人通过对消息摘要的私钥加密实现数字签名保证整个信息的完整性、真实性,接收方收到发送方数据后,利用发送者公钥解密,可通过重新计算原始数据的消息摘要并将之与发送方的消息摘要进行比较,如果相同,就说明该原始数据在传输过程中没有篡改和变化,借此验证数据电文的真实、完整;由于私钥为发文人专有,一对公私钥互相解密,不会有第三者穿插进来,因此只有信息发送者才能产生数字签名,接收方验证成功的源文件可证明发件人的真实身份,同时为确保签名人身份的真实、防止抵赖的发生,由权威、可信、中立的第三方(CA)为用户提供密钥对的发放、数字身份的确认、查询工作,从而使签名人对传输数据信息不可抵赖,也确保了收文人对签名人身份信息的可查性。基于如上运作,数字签名具备了很好的可信、不可伪造、不可重复、不可更改、不可抵赖性,国际通用的数字签名技术成为当前全面、可靠的电子签名技术而得到普遍应用。但单一数字签名技术本身仍有现实和潜在的不可靠风险存在:第一,数学上的算法问题假以时日可能被突破,今天使用可靠的并不代表永远可靠,如加密的安全性是基于复杂的数学难题,当前广泛应用的 RSA 公钥密码算法的安全性建立在巨大的计算量的基础之上,在实际计算中不能实现,但随着计算机技术发展、实际计算能力提升,这种计算难题并非永远是牢不可破的防线,成为数字签名的潜在安全风险;而生成消息摘要的哈希函数的安全性建立在该算法生成消息摘要的唯一性上,若能找到哈希函数的"碰撞",就意味两个不同文件可产生相同的消息摘要,实现伪造签名,自 2004 年以来,曾被广泛应用的 MD5、HAVA-128、MD4、

SHA-1等著名的密码算法已被破译,提出了不断寻找新的、更安全的密码算法的现实需求。第二,由于数字签名在身份认证上并不能建立与签名人直接的身份关联,而是建立在与相关设备的关联基础上,因此可能发生在私钥持有人毫不知情时,有人利用无人照管的台式机对合同进行数字签名的情况。此外,私钥的密码也存在泄露、被破解的风险。

4.电子签名技术可靠性的完善思路

将数字签名技术与生物特征签名技术联合应用,成为当前电子签名技术主流发展方向。此种电子签名模式,以生物信息构造密钥乃至代替数字证书完成身份认证,可克服单一数字签名本身的身份认证间接性及密钥托管系统被攻破带来的风险。但仅在数字签名技术中融入生物特征识别技术并不必然解决电子签名事前、事后的身份认证问题。可区分应用场景选用具体的数字签名与生物特征融合技术。其一,对侧重于事前、事中身份认证功能的应用场景,建议选取多模态生物特征与数字签名联用技术。可将一种或多种生理结构特征与行为特征共同作为身份认证依据,既可实现防复制、防盗用、防胁迫的目的,又可提高识别准确率。其二,对诸如电子病历、电子保单、政务审批等无纸化办公领域的意愿认证环节,可将数字签名技术与行为特征联用。目前数字手写签名技术是较优的行为特征选项。通过数字手写签名技术同时记录签名者的书写签名的动态轨迹信息和静态图像信息,将为事后的责任认定提供重要的人身同一认定依据。[②]

知识链接 7-5
区块链的电子
签名属性[①]

四、电子签名人的义务与伪造、冒用、盗用他人电子签名的法律责任

(一)电子签名人的法律义务

1.妥善保管电子签名制作数据的义务

电子签名制作数据是将电子签名与电子签名人可靠联系的重要手段,电子签名人应妥善保管该数据。一旦该数据失密,他人将有可能利用该数据从事违法行为或牟取非法利益,给电子签名人与电子签名依赖方造成损失。电子签名制作数据的载体包括磁盘、光盘、U盘等,尽管这些载体在使用过程中需加入电子签名人的安全指令才能启动,但该些载体一旦丢失或被他人窃取,则他人有可能通过破解这些相对简单的安全指令后以电子签名人名义从事交易活动。因此,电子签名人应妥善保管电子签名制作数据,防止丢失或为他人所窃取,以免给自己及对方当事人造成不必要损失。

2.电子签名制作数据失密后停止使用及告知义务

电子签名人知悉电子签名制作数据已失密或可能失密时,应及时告知有关各方,并终止使用该数据。实践中,即便电子签名人已尽妥善保管义务,电子签名制作数据仍存泄密可能。"知悉电子签名制作数据已失密或可能失密"包含两层意思:一是电子签名人已明知电子签名制作数据已失密,如电子签名人发现未经自己允许,有人在互联网上以其名义从事商业活动;二是电子签名人知悉电子签名制作数据有可能失密,如电子签名人发现自己存放电子签名制作数据的U盘丢失,U盘中的安全指令有可能被破译,电子签名制作数据有可能被他人用于非法活动。在上述情形下,电子签名人应做到:其一,立即停止使用电子签名制作数据。在电子签名制作数据已失密或可能失密情形下,电子签名人继续使用该数据将有可能使电子签名依赖方难以确认电子签名真伪,给交易安全带来更多不确定性。其二,及时告知有关各方当事人。避免有关各方因继续信赖电子签名人的签名而造成损失或损失进一步扩大。

(二)伪造、冒用、盗用他人电子签名的法律责任

伪造、冒用、盗用他人电子签名扰乱市场秩序、侵犯他人权益,严重影响电商交易安全。

① 罗文华:《规则与共识:从电子签名到区块链》,载《中国政法大学学报》2019年第2期,第48—59页。
② 周桂雪等:《法庭科学视域下电子签名的可靠性分析》,载《科技与法律》2018年第4期,第58—59页。

1.定义

(1)伪造他人电子签名是指未经电子签名合法持有人的授权而创制电子签名或创制一个认证证书,列明实际并不存在的用户签名等。(2)冒用他人电子签名是指非电子签名持有人未经电子签名人的授权而以电子签名人的名义实施电子签名的行为。(3)盗用他人电子签名是指秘密窃取并使用他人电子签名的行为。

2.法律责任

(1)刑事责任。伪造、冒用、盗用他人电子签名的犯罪,可能构成国内刑法有关妨害国家机关公文、证件、印章的犯罪,伪造公司、企业、事业单位、人民团体印章的犯罪。构成此类犯罪,一般须主观上是故意,客观上实施了伪造他人电子签名的行为。若构成犯罪,伪造、变造国家机关公文、证件、印章的,处3年以下有期徒刑、拘役、管制或剥夺政治权利;情节严重的,处3年以上10年以下有期徒刑;伪造公司、企业、事业单位、人民团体的印章的,处3年以下有期徒刑、拘役、管制或剥夺政治权利。(2)民事责任。伪造、冒用、盗用他人电子签名属民事侵权责任,承担方式主要包括停止侵害、排除妨碍、消除危险、返还财产、恢复原状、赔偿损失、赔礼道歉等,可单独适用,亦可合并适用。

五、数据电文相关法律实务

数据电文是以电子、光学、磁或类似手段生成、发送、接收或储存的信息。

(一)数据电文符合法定书面形式要求的规定

《电子签名法》第四条规定,能有形表现所载内容,并可随时调取查用的数据电文,视为符合法律、法规要求的书面形式。该规定包含两个条件:其一,能有形表现所载内容。即数据电文所要表达的内容能通过某种形式表现出来,该表现形式所有人均可识读,即数据电文应具有可读性,这是对符合书面形式要求的数据电文的最基本要求。其二,可随时调取查用。即数据电文的内容应当固定,能在一定时间内稳定存续,在需要时可重复展示,供当事人随时查阅。此外,数据电文以电子形式存在,该特殊存在形式决定了数据电文的易更改性。但是,关于数据电文的书面形式规定要求并未对数据电文是否"不可更改"做出要求,一项数据电文只要能有效表现所载内容并可供随时调取查用,就认为其符合书面形式要求。至于其是否不可更改及是否具有证据效力,则需依《电子签名法》其他规定判断。

(二)数据电文符合法定原件形式要求的规定

《电子签名法》第五条规定,符合法律、法规规定的原件形式要求的数据电文,应具备下列条件:其一,能有效表现所载内容并可供随时调取查用。其二,能可靠地保证自最终形成时起,内容保持完整、未被更改。但是,在数据电文上增加背书及数据交换、储存和显示过程中发生的形式变化不影响数据电文的完整性。传统民商事法律中的背书,是指当事人在票据、单证等的背面记载有关事项并签字的行为。数据电文以电子形式存在,并无正面、背面之分,该条所称"背书"实指达到传统民商事法律背书行为的等同功效的一种技术手段。若采用某种技术手段可在数据电文上达到与传统背书行为同样的功能,造成同样的法律后果,即可将其视为"在数据电文上背书",并且不影响数据电文内容的完整性。

(三)数据电文符合法定文件保存要求的规定

《电子签名法》第六条规定,符合下列条件的数据电文视为满足法律、法规规定的文件保存要求:其一,能有效表现所载内容并可供随时调取查用。即数据电文应满足法定的书面形式要求。其二,数据电文的格式与其生成、发送或接收时的格式相同,或格式不相同但能准确表现原生成、发送或接收的内容。该项条件是要求数据电文能准确表现其原始内容,为此一般要求数据电文按其原始格式保存。但在电子环境下,要求数据电文毫无变动地保存,有时并无必要,因为有些文件可通过压缩、加密形式保存,该保存方式一般不会影响文件内容的准确重现。其三,能识别数据电文发件人、收件人及

发送、接收时间。该条件所设定标准实际高于对文件保存所做的一般要求。它规定除了保存数据电文本身外,还能识别数据电文的来源,包括发件人、收件人及发送、接收时间等信息。如此规定是为了涵盖可能需要保存的所有信息。满足了上述条件,即可视为满足了文件保存的要求。

(四)数据电文的归属与确定

1.发送主体的确认

数据电文归属即为如何认定数据电文的发出者或其主体,是明确数据电文法律后果的先决条件。电子签名确认数据电文效力,构建数据电文与签名者间的联系。正如书面文件可能会被他人冒名签署,电商环境下亦可能出现冒名数据电文。若发件人不明或有争议,需适用数据电文归属的推定规则,该规则是电子签名法律效力的补充,即在一定情形下,数据电文可视为由发件人发送,从而稳定法律关系,保护交易相对方的合理信赖。《电子签名法》第九条即规定:"数据电文有下列情形之一的,视为发件人发送:①经发件人授权发送的,②发件人的信息系统自动发送的,③收件人按照发件人认可的方法对数据电文进行验证后结果相符的。"

2.数据电文的接收确认

对传统书面文件的接收,一般由接受人签字或盖章,即表明接收人收到该书面文件,同时产生相应法律效力。如何确认接收方是否接收到数据电文,就是数据电文接收确认的问题。我国《电子签名法》第十条规定:"法律、行政法规规定或者当事人约定数据电文需要确认收讫的,应当确认收讫。发件人收到收件人的收讫确认时,数据电文视为已经收到。"确认收讫类似于邮政系统中的回执制度。确认收讫有两种情形:其一,强制性确认收讫,即法律、行政法规规定数据电文必须经确认收讫。确认收讫并非数据电文产生法律效力的当然要件。对必须经确认收讫的,在收到确认之前,数据电文可视为从未发送。发件人收到确认的,可推定有关数据电文已由收件人收到。但这并不表明收件人收到的信息与发件人发送的信息相符,亦不能将确认收讫理解为收件人对发件人做出的承诺。确认收讫是否可视为承诺,要视该确认收讫的具体内容而定。

3.发送与接收的时间

《电子签名法》第十一条规定:"数据电文进入发件人控制外的某个信息系统的时间,视为该数据电文的发送时间。""收件人指定特定系统接收数据电文的,数据电文进入该特定系统的时间,视为该数据电文的接收时间;未指定特定系统的,数据电文进入收件人的任何系统的首次时间,视为该数据电文的接收时间。""当事人对数据电文的发送时间、接收时间另有约定的,从其约定。"

实务分析7-2
手机中保存的借款短信是否属于数据电文①

4.发送与接收的地点

《电子签名法》第十二条规定:"发件人的主营业地为数据电文的发送地点,收件人的主营业地为数据电文的接收地点。没有主营业地的,其经常居住地为发送或者接收地点。""当事人对数据电文的发送地点、接收地点另有约定的,从其约定。"

综上,对电子签名发送与接收时间及地点,首先遵循当事人意思自治原则,可自行约定。若无约定,依法律规定确定。

---

① 详见"杨春宁与韩英民间借贷纠纷案"。北京市海淀区人民法院,案件字号:(2005)海民初字第4670号。

第二节　电子认证法

【背景思考】

何为电子认证？电子认证涉及哪些当事人？各当事人在电子认证法律关系中有何权利与义务？

背景资料 7-2
电子认证服务
提高效率①

身份确认是信用的起点。数据电文的商业化应用,除需以电子签名为认证手段外,在互联网等开放性网络环境下,认证机构的服务必不可少。电子认证是进行电子商务、确认交易主体身份与基本信用的基础,为整个电子社会提供基本运行环境,无论电子商务还是电子政务、电子社区均离不开电子认证。② 为规范电子认证服务行为,监管电子认证服务提供者,依《电子签名法》和其他法律、行政法规,原信息产业部于 2005 年 2 月 8 日发布《电子认证服务管理办法》(信息产业部令第 35 号)并于 2005 年 4 月 1 日起施行;2009 年 2 月 18 日工信部重新发布《电子认证服务管理办法》(工信部令第 1 号),并同时废止 2005 年《电子认证服务管理办法》;2015 年 4 月 29 日《工业和信息化部关于修改部分规章的决定》(工信部令第 29 号)对《电子认证服务管理办法》(2009 年)的一些规定予以修改。③

知识链接 7-6
《电子认证服务
管理办法》(2015
修订)

一、电子认证概述

(一)电子认证的含义

1.电子认证的概念

电子认证是电子认证服务的简称,是指为电子签名相关各方提供真实性、可靠性验证的活动。目前开放性网络中被广泛使用的电子签名以数字签名为主,认证机构主要是对数字签名的真实有效性进行确认。经认证机构认证的电子签名,申请认证的人可相信其真实性与有效性,为可靠电子签名,能产生手书签名的法律效力。

2.电子认证的特征

电子认证的特征有:(1)就电子认证服务活动自身而言,其具有真实性、完整性、机密性与不可否认性等特征。①真实性。电子认证服务要确保电商交易各方身份真实、信息内容真实及交易发生时间真实。②完整性。电子认证服务要确保交易双方信息完整,该信息在传输过程中未被篡改、伪造或替换。③机密性。电子认证服务要确保电商交易各方交换数据、电文、信息的隐蔽性。④不可否认性。一旦需要从第三方角度按法律要求取证,在整个电商交易过程就需要不可否认性。(2)就电子认证与电子签名的关系而言,电子认证一般仅在电子签名过程中应用,亦被称为"电子签名认证"。电子签名与电子认证均着力解决电商安全问题。电子签名解决文件归属与身份辨别问题,即交易者是谁的问题;电子认证解决签名者可信度问题,即交易对方是否确实是被签署名字所代表的人,而且是由

---

① 山西卫视"山西新闻联播":《电子认证服务提高行政效率　保障网络安全》,http://news.cntv.cn/2015/06/09/VIDE1433849652722225.shtml,2015-06-09.

② 张楚、谭华霖:《网络时代的身份认证——〈电子认证服务管理办法〉述评》,载《信息网络安全》2005 年第 9 期,第 27 页。

③ 此次对《电子认证服务管理办法》(工业和信息化部令第 1 号)有四点修改:(1)将第六条第三项修改为:"企业法人营业执照副本及复印件。"(2)将第十一条修改为:"电子认证服务机构不得倒卖、出租、出借或者以其他形式非法转让《电子认证服务许可证》"。(3)将第十三条修改为:"电子认证服务机构在《电子认证服务许可证》的有效期内变更公司名称、住所、法定代表人、注册资本的,应当在完成工商变更登记之日起 15 日内办理《电子认证服务许可证》变更手续。"(4)删除第二十三条中的"持工业和信息化部的相关证明文件向工商行政管理机关申请办理注销登记或者变更登记"。

公正的第三方来保证签名者身份。电子签名属网络安全技术保证,即从技术角度进行的身份认证;电子认证则属网络安全制度保证,即从制度角度进行身份认证。因此,电子签名是电子认证产生的前提条件,电子认证则是电子签名的有效保障,两者既相一致又相区别。(3)电子认证服务机构为中立第三方。为电子签名相关各方提供真实、可靠性验证的电子签名认证服务机构为中立第三方。它不参与交易,不是任何一方当事人。唯有如此,才能确保它始终以一中立立场出发。(4)电子认证是一种信用认证。认证机构并不向在线当事人出售任何有形商品,亦不提供资金或人力资源,仅提供服务。该服务成果只是一种无形信息,是经核实的有关电子签名人的基本信息,包括交易相对人的身份、公共密钥、信用状况等,因此属信用服务。

(二)电子认证的类型

按目前已有的认证功能及其认证对象来划分,电子认证主要有以下四种类型。

1.站点认证

电商交易中的商务信息均有保密必要。如信用卡账号与用户名被他人知悉,即有可能被盗用,网上订货或付款信息若被竞争对手获悉,即有可能丧失交易机会。因此电商信息传播一般均有加密要求。为确保通信安全,在正式传送数据电文之前,应首先认证该通信是否在意定站点之间进行,这一过程被称为站点认证。主要是通过验证加密数据能否成功地在两个站点间进行传送来实现。

2.数据电文认证

电商交易行情千变万化,交易一旦达成,一般不容否认,否则,将会损害另一方利益,因此,电商交易通信过程各环节须不容否认,交易文件亦不允许被修改,以保障交易的严肃与公正。经站点认证后,收发双方便可进行电子通信,而数据电文认证保证收方能够确定:该电讯是由确认发方发出的,该电讯的内容有无篡改或发生错误,该电讯按确定的次序接收,该电讯传送给确定的收方,从而使每个通信者能够验证每份电讯的来源、内容、时间和目的地的真实性。该认证具有不可否认性的确认作用。

3.电讯源认证

电商交易须保证发送者与接收者之间交换信息的保密性。电子商务作为一种贸易手段,其信息直接代表交易各方商业机密。传统纸面贸易通过邮寄封装信件或通过可靠通信渠道发送商业报文来保守机密;在开放型网络环境下,保密成为电商全面推广应用的主要屏障。因此,为预防非法信息存取和信息在传输过程中被非法盗窃,确保只有合法用户才能看到数据,防止信息泄密,需实现电讯源认证。一般情形下,既可以收发双方共享的保密的数据加密密钥,亦可以双方共享的保密通行字为基础,来认证电讯源。

知识链接 7-7
安全电子认证
的主要方法①

4.身份认证

身份认证是对交易当事人合法身份进行认证,目的在于识别合法与非法用户,从而阻止非法用户访问系统,对确保系统与数据安全、保密,及防止交易欺诈行为极为重要。身份认证主要功能有:验证当事人知道什么、拥有什么、生理特征及下意识动作特征等。

(三)电子认证的作用

电子认证是与数据加密、电子签名等同等重要的保证电商交易安全的措施。作为电商领域基础服务之一,电子认证服务的作用主要表现为以下两方面。

1.对外防止欺诈

现代通信技术的发展使电子商务跨越了时空限制,传统商务环境下对交易双方富有约束力的防止欺诈发生与欺诈发生后的救济手段与方法,在新技术环境下力量有限,有必要事先防范各种欺诈,

---

① 胡静:《电子商务认证法律问题》,北京邮电大学出版社 2001 年版,第 57—60 页。

避免他人故意入侵而造成的风险。认证机构通过向其用户提供可靠的在线证书状态查询,满足用户实时证书验证的要求,从而防范可能被欺骗的风险。

2.对内防止否认

电子签名的基本要求是具有不可否认性,这既是一项技术要求,亦是对当事人双方行为的规范要求,系民商法诚信原则在电商交易领域的具体体现。首先,技术上的不可否认是指一种通信属性,以防止通信一方对已发生的通信予以否认,其具体形式包括数据信息的发送、接收和其内容的不可否认,其意义在于满足法律上的各种商务实践的需要。其次,行为规范上的不可否认是以一定的组织保障与法律责任为基础,其作用的实施既依赖于合同条款、技术手段或协议支持,亦依赖于认证机构所提供的服务。认证服务最终目的是在数字通信与商务交易当事人间避免纠纷,并且在纠纷发生时提供有效解决方法。信息发送与传输的不可否认程序与规则,为交易当事人提供了大量的预防性保护措施,减少了一方当事人试图抵赖发出或收到某一信息,来欺骗另一当事人的可能性。

（四）电子认证的效力

总体而言,在电子认证效力方面,各国一般通过两种途径得到法律保障。第一种也是最直接的,是通过立法形式加以确认。这主要是通过法律授权政府主管部门制定相应规则,从而最终达到保障电子认证效力具有法律上的依据与保障。第二种方式是采用当事人之间协议的方式来确认电子认证效力。在这种情形下,法律只规定原则性条文,如确认电子签名与书面签名的同等效力,当事人之间如何选择技术方案及由谁来做"第三方"——电子认证机构,则由当事人协商确定。当事人通过协议方式确认电子认证的效力相对薄弱。特别是在发生纠纷情形下及如何对抗第三方等,法院如何判定合约效力及责任归属问题,可能无专门法律可依。

二、电子认证服务机构

电子认证服务提供者是指为需要第三方认证的电子签名提供认证服务的机构(简称"电子认证服务机构")。向社会公众提供服务的电子认证服务机构应依法设立。该机构系在电商环境下向公众提供电子签名认证服务的机构,应受政府严格监管,以防范电子商务中的欺诈及由此导致的信用危机,工信部依法监管电子认证服务机构及电子认证服务。

（一）电子认证服务机构的设立

1.设立条件

该条件为:具有独立的企业法人资格,具有与提供电子认证服务相适应的人员。从事电子认证服务的专技、运管、安管和客服人员不少于30名,且应符合相应岗位技能要求;注册资本不低于人民币3000万元;具有固定经营场所和满足电子认证服务要求的物理环境;具有符合国家有关安全标准的技术和设备;具有国家密码管理机构同意使用密码的证明文件;法律、行政法规规定的其他条件。

2.设立程序

设立电子认证服务机构,从事电子认证服务,应获得工信部的行政许可。

(1)申请。申请电子认证服务许可时应向工信部提交下列材料:书面申请,人员证明,企业法人营业执照副本及复印件,经营场所证明,国家有关认证检测机构出具的技术、设备、物理环境符合国家有关安全标准的凭证,国家密码管理机构同意使用密码的证明文件。

(2)审查。分两阶段。①受理前的形式审查。依《电子认证服务管理办法》第七条,工信部对提交的申请材料进行形式审查。申请材料齐全、符合法定形式的,应向申请人出具受理通知书。申请材料不齐全或不符合法定形式的,应当场或在5日内一次告知申请人需补正的全部内容。②决定受理后的实质审查。工信部对决定受理的申请材料进行实质审查;需核实有关内容的,指派两名以上工作人员实地核查。工信部对与申请人有关事项书面征求商务部等部门意见。

(3)准予许可或不予许可。工信部应自接到申请之日起45日内做出准予许可或不予许可的书面

决定。不予许可的,应书面通知申请人并说明理由;准予许可的,颁发《电子认证服务许可证》,并公布下列信息:《电子认证服务许可证》编号,电子认证服务机构名称,发证机关和发证日期。许可相关信息发生变更,工信部应及时公布。该许可证有效期为5年。

(4)公示。取得认证资格的电子认证服务机构,在提供电子认证服务之前,应通过互联网公布下列信息:机构名称和法定代表人,机构住所和联系办法,《电子认证服务许可证》编号,发证机关和发证日期,该许可证有效期的起止时间。

(5)变更。电子认证服务机构在其许可证有效期内变更公司名称、住所、法定代表人、注册资本的,应在完成工商变更登记之日起15日内办理许可证变更手续。

(6)续期。许可证有效期届满需延续,电子认证服务机构应在许可证有效期届满30日前向工信部申请办理延续手续,并自办结之日起5日内按规定公布相关信息。

(7)禁止非法转让。电子认证服务机构不得倒卖、出租、出借或以其他形式非法转让电子认证服务许可证。

(二)电子认证服务机构的义务

1.电子认证服务机构提供的服务

电子认证服务机构应按公布的电子认证业务规则提供电子认证服务。其应按工信部公布的《电子认证业务规则规范》等要求,制定本机构的电子认证业务规则和相应的证书策略,在提供电子认证服务前予以公布,并向工信部备案;电子认证业务规则和证书策略发生变更的,电子认证服务机构应予以公布,并自公布之日起30日内向工信部备案。电子认证服务具体包括下列服务:制作、签发、管理电子签名认证证书,确认签发的电子签名认证证书的真实性,提供电子签名认证证书目录信息查询服务,提供电子签名认证证书状态信息查询服务。

知识链接7-8
电子认证服务
机构的类型

2.电子认证服务机构的义务

电子认证服务机构的义务主要有:①告知义务。电子认证服务机构在受理电子签名认证证书申请前,应向申请人告知下列事项:电子签名认证证书和电子签名的使用条件,服务收费的项目和标准,保存和使用证书持有人信息的权限和责任,电子认证服务机构的责任范围,证书持有人的责任范围,其他需事先告知的事项。②签订书面合同义务。电子认证服务机构受理电子签名认证申请后,应与证书申请人签订合同,明确双方权利义务。签订合同为电子认证服务机构的义务,未签订合同的法律责任应由电子认证服务机构承担。因口头合同无法"签订"而只能缔结,电子认证服务机构与证书申请人签订的合同可包括纸面合同与电子合同两种形式。③准确提供电子认证服务义务。电子认证服务机构应保证电子签名认证证书内容在有效期内完整、准确,保证电子签名依赖方能证实或了解电子签名认证证书所载内容及其他有关事项,妥善保存与电子认证服务相关信息。④完善内部管理并接受监管义务。电子认证服务机构应当建立完善的安全管理和内部审计制度,并接受工信部监管。⑤保密义务。电子认证服务机构应遵守国家保密规定,建立完善的保密制度;其对电子签名人和电子签名依赖方的资料,负有保密义务。

知识链接7-9
电子认证证书
业务规范

(三)电子认证服务的暂停与终止

《电子认证服务管理办法》第四章"电子认证服务的暂停、终止"就电子认证机构不同情形下暂停或终止电子认证服务的相关程序及业务承接等做出相应规定。电子认证服务机构在电子认证服务许可证有效期内拟终止电子认证服务的,应在终止服务60日前向工信部报告,并办理该许可证注销手续,持工信部的相关证明文件向市

实务思考7-2
假借微软名义
骗取数字证书
传播病毒由谁
担责①

---

① 王羽中:《数字证书被盗 微软这次可能被冤枉了》,http://tech.sina.com.cn/s/n/59207.shtml,2017-05-20。

场监督管理机关申请办理注销或变更登记。电子认证服务机构拟暂停或终止电子认证服务的,应在暂停或终止电子认证服务 90 日前,就业务承接及其他有关事项通知有关各方;应在暂停或终止电子认证服务 60 日前向工信部报告,并与其他电子认证服务机构就业务承接进行协商,做出妥善安排。电子认证服务机构拟暂停或终止电子认证服务,未能就业务承接事项与其他电子认证服务机构达成协议的,应申请工信部安排其他电子认证服务机构承接其业务。电子认证服务机构被依法吊销电子认证服务许可的,其业务承接事项按工信部的规定处理。电子认证服务机构有根据工信部的安排承接其他机构开展的电子认证服务业务的义务。

三、电子认证法律关系

电子认证服务相关主体主要有电子认证服务提供者(主要是电子认证机构,简称 CA)、电子认证申请者(主要是电子签名人)、电子认证验证者(即电子签名依赖方)及电子认证注册管理机构(简称 RA)。其中,证书申请者是电子认证的发起方,认证验证者是电子认证受益方,而电子认证服务提供者则起中介作用,有效促使电子认证顺利完成,RA 则负责验证客户所提供信息的真实性。电子认证服务法律关系客体主要包括:电子签名认证证书,可证实电子签名人与电子签名制作数据有联系的数据电文或其他电子记录,电子签名数据,在电子签名中使用的、将电子签名与电子签名人可靠联系起来的字符、编码等数据。

(一)电子认证法律关系具体类型

1. 电子认证申请者与电子认证验证者的交易关系

电子认证申请者与电子认证验证者是电商交易双方主体。通过电子认证机构的介入,交易双方能更好地开展网上交易活动。两者需依赖交易内容或电子文件性质来确定彼此间的电子合同法律关系,构成电子认证的基础法律关系,一般不产生直接的电子认证权利与义务。

2. 电子认证申请者与电子认证服务提供者的电子认证合同关系

电子认证申请人通过向电子认证机构发出认证申请,而认证机构审核后受理并以一定形式固定下来,由此形成一项电子认证合同关系。电子认证申请者作为客户,享有获得数字证书的权利,同时应承担包括交纳费用在内的相应义务,如申请时应如实向电子认证服务提供者陈述相关身份信息及准备真实完备的申请资料,应妥善保护自己的私人密钥,使其控制在安全范围之内,防止其泄露对交易相对方引起的交易利益的损害。

对提供数字证书的电子认证服务提供者,其既为电子认证的中立第三者,又为电子认证合同相对方。其义务主要包括:①保障认证系统的安全性、维护在线数据库。具体包括:完整及时地储存所有公共密钥;对公共密钥加以分类,及时将被撤销或延期的公共密钥储存入在线数据库;保证数据库的访问途径畅通;保证数据库不会出现可预见且可纠正的错误。②制作、签发、管理电子签名认证证书,并保证认证证书真实有效。③告知和信息保密义务。电子认证机构应如实向电子认证申请者告知双方的责任范围、电子签名认证证书和电子签名的使用条件、电子签名证书的有效使用期,如获悉任何对用户证书的有效性与可信度具重大影响的事实,应立即通知证书用户等;对记录的有关电子签名认证证书的申请方信息及电子依赖方资料应妥善保管,防止个人信息泄露造成严重影响,也便于纠纷发生后作为相应诉讼证据。④接受政府主管机关监管。监管目的在于确保认证机构能维持足够的能力来履行其义务和承担责任,监管措施主要是行政措施,包括禁止使用不合格设备或禁止进行部分或全部业务;监管时,监管机构有权在营业时间进入认证机构的工作地点或经营场所进行现场稽核,检查工作使用的设备和工作人员的资质,检查各种有关的材料、账簿,认证机构应该向监管机构提供有关信息和必要帮助。⑤其他应履行的义务。如遵循政府和行业的相关政策规范,寻求普遍适用认可的认证标准,及时通知证书用户相应重大事实变更等。

电子认证服务提供者亦享有相应权利,比如:①享有向第三方了解有关登记人情况的权利,如向

知识链接7-10

电子认证服务合同

3.电子认证服务提供者与电子认证验证者的合理信赖关系

警察局或市场监管机构获取登记人的情况。②享有撤销认证证书效力的权利。一旦认证机构发现登记人登记情况同事实不符,或经有利害关系第三方申请,认证机构无须经登记人同意,就有权撤销或暂时中止该登记人的公共密钥及相应认证证书效力。

电子认证验证者是指以电子签名认证证书,并运用认证申请者的公开密钥对电子签名文件进行验证的交易相对方。在电商交易中,电子认证验证者并未与电子认证服务提供者发生直接关系,而是通过在与电子认证申请者交易过程中接触认证机构。其主要是基于对数字证书的信赖而与电子认证服务提供者发生相关法律关系。此外,还存在基于对所提供证书目录及状态查询服务所产生的合理信赖关系。据此,电子认证机构往往需承担因损害合理信赖关系而产生的损害赔偿责任。

电子认证验证者的义务主要有:①遵守认证证书的使用规则;②一定的合理注意义务,主要包括仔细阅读电子认证机构相关的"认证准则声明书",熟悉电子认证操作规范,查询认证证书的状态等。其权利主要表现为"证书及相关情况审查权",即有权审查自己或对方证书是否在有效期内,是否被列入"黑名单";在决定是否相信某个证书之前,应先查询证书以确定该证书是否是有效、未被废除或更新,然后再用该证书来确认该电子签名是否在证书有效期内,是否由与证书所列公开密钥相对应的私人密钥所产生,加入电子签名的信息未被改动,必要时有权向认证机构联系和查询。

电子认证机构对电子认证验证者提供的是一种中介信息服务,应保障电子认证服务的有效性、有序性和连续性,及时披露电子认证业务声明及认证证书的状态等。

4.CA与RA间的管理关系

部分电子认证服务提供者出于验证客户身份、联系证书客户的需要,将整个认证体系设计成两大部分:CA部分负责证书的制作和管理,RA负责验证客户所提供信息的真实性,两部分通过安全数据通信渠道连接。如在中国金融认证系统(CFCA)中,各签约商业银行承担RA职责,而CFCA主要负责证书制作和管理。CA+RA体系的安全性取决于两者中的薄弱环节,CA与RA间职责划分成为认证机构安全性的关键问题。从理论分析,CA本身不负有验证客户身份(即证书所包含信息的真实性)的责任,其可轻易获得证书内容,存在利用证书信息数据伪造客户证书的可能性。若出现客户身份被假冒或客户认为自己证书遭到非法复制的情况,CA与RA在证书管理上的责任界定则成为焦点。同样,当证书包含的基本情况发生重大变化时(如持有人死亡、破产等),RA应在多大程度上承担对CA的告知义务,因证书内容与实际不符或证书涉及的内容发生实质性变化而造成的对其他客户的侵害问题,成为CA与RA关系中的主要问题。

5.CA与CA间的内部法律关系

与现实生活中信任链的传递一样,信息网络上的信任关系亦可通过CA间相互认证实现,进而形成涵盖全社会的公钥基础设施PKI。整个PKI系统的安全性与每个CA系统息息相关,个别CA系统在客户身份认证中的失误均可能通过CA系统相互认证而蔓延到整个PKI系统;个别CA系统遭受侵害就意味着整个系统出现漏洞,从而导致其他CA系统在认证过程中失职;CA系统之间的相互认证不仅是某两个系统之间的个人行为,而会给整个PKI体系带来影响。因此,单个CA应承担的责任、CA相互认证后责任的划分、CA系统相互认证所应遵守的标准与规范及对既有PKI系统带来的影响等问题,成为认证系统安全问题的重要课题。[①]

(二)电子认证法律关系中的民事责任

电子认证服务提供者、电子认证申请者、电子认证验证者及注册管理机构相互间均会产生责任。电子认证服务提供者与注册管理机构之间主要是行政责任,认证服务提供者的行为若违反刑法有关

---

① 刁胜先等:《论电子认证的法律关系》,载《重庆邮电大学学报(社会科学版)》2010年第6期,第26—28页。

规定,还会承担相应刑事责任。有关电子认证服务提供者、电子认证申请者、电子认证验证者相互间的民事责任,《电子签名法》第二十七条、二十八条有涉及。

1. 电子认证机构民事责任的归责原则

电子认证服务作为一个新兴行业,对维护电子交易的安全必不可少,应对该行业以鼓励为主,大力扶持,不应规定过于严格的法律责任。[①]《电子签名法》第二十八条规定:"电子签名人或者电子签名依赖方因依据电子认证服务提供者提供的电子签名认证服务从事民事活动遭受损失,电子认证服务提供者不能证明自己无过错的,承担赔偿责任。"该条款确立了电子认证机构的归责原则为过错原则,且实行过错推定,而毋论违约或侵权责任。反对观点认为,《电子签名法》从单一经济利益角度出发,将电子认证机构民事责任归责原则规定为过错原则,无论是从立法技术还是利益平衡来看,此归责略显僵化,应区分违约、侵权,分别界定。[②]

2. 违约责任

电子认证申请者与电子认证验证者的交易关系、CA 与 RA 之间不直接与电子认证服务发生关系,其违约责任主要适用《合同法》。此处重点探讨电子认证申请者与电子认证服务提供者间的电子认证合同违约责任。

(1)电子签名人的责任。依《电子签名法》第二十七与二十八条,电子签名人可能对电子签名依赖方、电子认证服务提供者承担违约损害赔偿责任,其要件为"违反相互间的合同义务""具有过错""造成损失""违约行为与损害具有因果关系"。此处义务首先是法定义务但不限于此,即"电子签名人知悉电子签名制作数据已经失密或者可能已经失密,应及时告知有关各方,并终止使用电子签名制作数据;应向电子认证服务提供者提供真实、完整和准确的信息",并且经合同约定转变为约定义务,从而会发生违约责任与侵权责任竞合。尽管国内合同法确立了违约责任一般归责原则为无过错责任原则,而《电子签名法》第二十七条则系过错责任,因该过错责任属特别法规定的法定责任,不因约定而被排除,所以,亦适用于违约责任的认定,其目的在于虑及电子签名人在电子认证活动中处弱势地位,可鼓励人们采用电子签名,促进国内电商发展。

(2)电子认证服务提供者的责任。依《电子签名法》第二十八条,电子认证服务提供者因电子认证服务活动给电子签名人造成损失的,应承担损害赔偿责任,性质包括违约与侵权两种,并适用过错推定原则。因电子签名人和电子签名依赖方与电子签名认证机构相比,处弱势地位,应将举证责任倒置。而规定有过错才赔偿是虑及国内电子认证业作为一项新兴产业,尚处起步阶段,若对其课以过于严格的民事责任,将阻碍电子认证业的发展进而阻碍电子商务的发展。只要电子签名认证机构能证明其所提供服务完全严格按法律规定并向国务院信息产业主管部门备案的电子认证业务规则实施的,即可证明自己没有过错。因此,《电子签名法》将电子签名认证机构违约责任归责原则定为"过错推定责任",电子签名认证机只有证明自己无过错,才可免除责任,即举证责任倒置。

3. 侵权责任

电子认证服务中,侵权责任主要发生在电子认证服务提供者对电子签名人或电子签名依赖方的侵权损害赔偿关系中。对电子签名人,可能发生违约责任与侵权责任的竞合,依《电子签名法》第二十八条,都适用过错推定原则。在与电子签名依赖方的合理依赖关系中,不存在合同关系,只发生侵权责任,亦适用过错推定。违法行为作为侵权责任构成的客观要件,包括行为与违法两要素。其中行为要素有作为和不作为两种形式,而不作为要具备违法要素,需要有法律的直接规定、业务或职务的要求、行为人先前的行为等规定。违法主要是指违反法定的义务。电子认证立法一般都强制性规定电子认证机构及证书用户对信赖方的保证义务。基于各国电子认证立法都对电子认证服务机构法定义务做出明确规定,若电子认证服务机构消极不履行保护他人法定义务,此时,以不作为的形式具备行为要素。若电

① 黄建初:《中华人民共和国电子签名法释义及实用指南》,中国民主法制出版社 2004 年版,第 88 页。
② 刘颖等:《论电子认证机构民事责任的归责原则》,载《暨南学报(哲学社会科学版)》2007 年第 6 期,第 26—32 页。

子认证服务机构故意违反保护他人法定义务,此时,以作为的形式具备行为因素。即具备了违法行为这一构成要素。在电子认证活动中,电子认证机构和证书用户都负有向信赖方保证证书的真实性、准确性的义务,若因自身过错而给信赖方造成财产损失,就应负侵权之责,受害方可要求认证机构承担侵权责任。

4. 责任限制

对认证服务提供者提出较高损害赔偿责任要求,将会影响设立认证机构的积极性;而过少赔偿又会使认证服务提供者没有风险意识,轻易发放认证证书,造成认证缺乏可信度,进而会阻碍电子商务

知识链接 7-11
电子认证机构认证行为责任风险的具体情形

普及与推广。若要通过保险机制分散认证服务提供者所承担的高额赔偿金,认证服务提供者为支付较多保险金,就要收取较高认证服务费用,从而增加电商成本,降低人们从事电子商务的热情。因此,认证服务类似海运业,除发生不可抗力或不可避免的情况可免责外,还应享有一定责任限制保护。(1)约定免责。即认证机构可在合同中规定一定的责任限额,但不能违反有关法律强制性规定。如认证服务提供者可在提供给申请人的格式合同中规定一个承担责任的最高额度,或在合同中规定该认证证书只能用于某些指定的目的,对超出该指定范围的使用造成的损害不负责任。若此条款被申请人接受,亦应受法律保护,但不得显失公平,故意或重大过失责任亦不得限制。(2)法定免责。即由法律为认证服务提供者规定一定情形下的免责条件。如美国犹他州《电

实务分析 7-3
李少玉诉工行京溪支行储蓄存款合同纠纷案①

子签名法》第 46-3-309 条第 2 项规定表明,认证机构享有免予承担有关民事责任的情形有三种:①认证机构可在法律范围内,与申请证明人约定责任限额;②认证机构履行了法律规定的审查要求,仍未能发现当事人提供的信息是虚假信息,则认证机构根据该信息所发放的有关认证证书等文件,认证机构不承担责任;③认证机构对自己疏忽造成的损失,只承担直接责任,不承担间接责任。我国《电子签名法》尚无此方面规定,《侵权责任法》第二十六条到三十一条规定了减免事由,包括被侵权人过错、受害人故意、第三人侵权、不可抗力与紧急避险等,但未对网络服务中的具体表现形式做出列举。

四、电子认证服务提供者密码使用规范

为规范电子认证服务提供者使用密码的行为,据《电子签名法》《商用密码管理条例》和相关法律、行政法规的规定,国家密码管理局于 2009 年 10 月 28 日公布了修订后的《电子认证服务密码管理办法》(国家密码管理局公告〔第 17 号〕),自 2009 年 12 月 1 日起施行。

(一)一般规定

1. 管理机构及其职责

国家密码管理局对电子认证服务提供者使用密码的行为实施监管,省级密码管理机构依据本办法承担有关监管工作。

2. 电子认证服务应依许可使用密码

提供电子认证服务,应依据本办法申请电子认证服务使用密码许可证。

3. 社会电子认证服务系统只能使用商用密码

采用密码技术为社会公众提供第三方电子认证服务的系统使用商用密码。

(二)电子认证服务系统建设和运行规范

1. 承建单位资质

电子认证服务系统应由具有商用密码产品生产资质的单位承建。

---

① 详见"李少玉诉中国工商银行股份有限公司广州京溪支行储蓄存款合同纠纷案"。广州市白云区人民法院,案件字号:(2016)粤 0111 民初 7512 号。

2.建设和运行技术规范

电子认证服务系统的建设和运行应符合《证书认证系统密码及其相关安全技术规范》。

3.密钥服务规范

电子认证服务系统所需密钥服务由国家和省级密码管理机构规划的密钥管理系统提供。

（三）电子认证服务使用密码许可

1.许可程序

(1)申请。申请电子认证服务使用密码许可证应在电子认证服务系统建设完成后,向所在地省级密码管理机构提交下列材料:电子认证服务使用密码许可证申请表,该申请表由国家密码管理局统一印制;企业法人营业执照或企业名称预先核准通知书的复印件;电子认证服务系统安全性审查相关技术材料,包括建设工作总结报告、技术工作总结报告、安全性设计报告、安全管理策略和规范报告、用户手册和测试说明;电子认证服务系统互联互通测试相关技术材料;该系统物理环境符合电磁屏蔽、消防安全有关要求的证明文件;该系统使用的信息安全产品符合有关法律规定的证明文件。(2)受理。申请人提交的申请材料齐全且符合规定形式,省级密码管理机构应受理并发给受理通知书;申请材料不齐全或不符合规定形式,省级密码管理机构应当场或在 5 个工作日内一次告知需补正的全部内容。不予受理的,应书面通知并说明理由。省级密码管理机构应自受理申请之日起 5 个工作日内将全部申请材料报送国家密码管理局。(3)审查与测试。国家密码管理局对省级密码管理机构报送的材料进行核查,组织对电子认证服务系统进行安全性审查和互联互通测试,并自级密码管理机构受理申请之日起 15 个工作日内,将安全性审查和互联互通测试所需时间书面通知申请人。(4)发证与公布。电子认证服务系统通过安全性审查和互联互通测试的,由国家密码管理局发给电子认证服务使用密码许可证并予以公布;未通过安全性审查或者互联互通测试的,不予许可,书面通知申请人并说明理由。(5)换证。该办法施行前已取得电子认证服务使用密码许可证的电子认证服务提供者,应自该办法施行之日起 3 个月内到所在地的省级密码管理机构办理许可证的换证手续。

2.许可证的内容及有效期

电子认证服务使用密码许可证载明下列内容:许可证编号,电子认证服务提供者名称,许可证有效期限(5 年),发证机关和发证日期。

3.许可证的变更

电子认证服务提供者变更名称的,应自变更之日起 30 日内,持变更证明文件到所在地省级密码管理机构办理该许可证更换手续;其变更住所、法定代表人的,应自变更之日起 30 日内,持变更证明文件到所在地的省级密码管理机构备案。

4.许可证的续期

该许可证有效期满需延续的,应在许可证有效期届满 30 日前向国家密码管理局提出申请;该局根据申请,在许可证有效期满前做出是否准予延续的决定。

5.许可证的失效

电子认证服务提供者取得电子认证服务使用密码许可证后 6 个月内,未取得国务院信息产业主管部门颁发的电子认证服务许可证的,电子认证服务使用密码许可证自行失效;电子认证服务提供者终止电子认证服务或电子认证服务许可证被吊销的,原持有的电子认证服务使用密码许可证自行失效。

（四）对电子认证服务提供者密码使用的监管

1.对电子认证服务系统技术改造、系统搬迁的监管

电子认证服务提供者对其电子认证服务系统进行技术改造或进行系统搬迁的,应将有关情况书面报国家密码管理局,经其同意后方可继续运行;必要时,其可组织对电子认证服务系统进行安全性审查和互联互通测试。

2.对电子认证服务提供者使用密码情况的监督检查

国家密码管理局和省级密码管理机构对电子认证服务提供者使用密码的情况进行监督检查;可书面审查和现场核查相结合。

（五）相关法律责任

1.限期整改及撤销许可证

监督检查发现存在不符合许可条件情形的,限期整改;限期整改后仍不符合条件的,由国家密码管理局撤销其许可证,通报工信部并予公布。

2.责令改正及吊销许可证

有下列情形之一的,由国家密码管理局责令改正;情节严重的,吊销电子认证服务使用密码许可证,通报工信部并予以公布:电子认证服务系统的运行不符合《证书认证系统密码及其相关安全技术规范》的,电子认证服务系统使用该办法第六条规定以外的密钥管理系统提供的密钥开展业务的,对电子认证服务系统进行技术改造或者进行系统搬迁,未按该办法第十五条规定办理的。

3.管理机构工作人员的法律责任

国家密码管理局和省级密码管理机构的工作人员在电子认证服务密码管理工作中滥用职权、玩忽职守、徇私舞弊的,依法给予行政处分;构成犯罪的,依法追究刑事责任。

本章练习

第七章练习

（含"理论思考""实务分析""实务训练"）

第八章　电子支付法

第一节　电子支付概述

背景资料 8-1
警惕移动支付陷阱①

【背景思考】
1. 电子支付有何风险？如何防范这些风险？
2. 国内法对电子支付法律关系有何规制？

生活中无处不在的支付,实际是社会经济活动引起的债权债务清偿及货币转移行为。② 电子商务必然涉及支付,安全有效的电子支付是电商活动成功与繁荣的前提与关键,被来自"一带一路"的20国青年誉为中国"新四大发明"之一。③

一、电子支付概念与特征

依中国人民银行 2005 年《电子支付指引(第一号)》第二条,电子支付是指单位、个人直接或授权他人通过电子终端发出支付指令,利用代表一定价值的电子信息,实现货币支付与资金转移的行为。电子支付工具系"电子终端",即电子通信设备,不仅包括计算机与网络,还包括电话、自动柜员机(ATM)等其他电子终端。其资金来源不限于商业银行,还包括第三方支付平台等非金融机构。④ 相较于传统支付方式,电子支付具有款项支付数字化、操作环境开放、支付技术要求高、支付交易跨时空、支付过程经济高效等特征。⑤

二、电子支付类型

根据《电子支付指引(第一号)》第二条,依电子支付指令发起方式之不同,将其分为网上支付、电话支付、移动支付(手机支付)、销售点终端交易、自动柜员机交易、条码、二维码支付与其他电子支付。电子支付类型如图 8-1 所示。

---

① CCTV-13 央视新闻频道"法治在线":《警惕! 移动支付陷阱》,http://tv.cctv.com/2019/07/26/VIDE5m631GyvLN5-xnxPAqN3p190726.shtml,2019-07-26。
② 帅青红等:《电子支付与结算》,东北财经大学出版社 2018 年版,第 3 页。
③ 韩维正:《电子支付,中国风景独好》,载《人民日报·海外版》2018 年 1 月 22 日,第 05 版。美国最早开发第三方电子支付,之所以被中国赶超,有观点认为主要是路径依赖。美国已形成了成熟先进的信用卡体系,而中国的信用消费文化与设备均未普及。对中国商户而言,比起购置昂贵的 POS 机,一个简单而廉价的二维码显然是更好的选择;对广大乡镇用户而言,比起烦琐的信用评估,一视同仁的手机 APP 显然是上佳之选。因此,中国几乎毫无历史包袱地跳过了信用卡阶段,直奔电子支付时代。
④ 张楚:《电子商务法》,中国人民大学出版社 2011 年版,第 105 页。
⑤ 王蕾等:《电子支付原理与运用》,华中科技大学出版社 2016 年版,第 35 页。

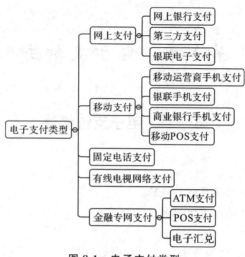

图 8-1　电子支付类型

（一）网上支付

这是我国目前应用最广泛的电子支付模式。消费者和商家之间可采信用卡、电子钱包、电子支票和电子现金等进行网上支付。

1. 网上银行支付

网上银行实际是金融机构利用计算机和互联网等信息网络在线开设的一种不受时空限制的银行客服系统。用户首先向其借记卡、信用卡发卡行申请开通网上支付；在网上消费时，通过网站提供的接口，将消费金额直接转入商家对应银行账户；然后将确认信息通过 E-mail、电话等方式发送给商家，商家再向用户发送商品或提供服务。

2. 第三方支付

由具备一定实力和信誉保障的独立机构，与各大银行签约，提供与银行支付结算系统接口的交易支持平台。在该支付模式中，买方选购商品后，使用第三方平台提供的账户进行货款支付，并由第三方通知卖家货款到账、要求发货；买方收货检验确认后，即可通知第三方付款给卖家，此时第三方再将款项转至卖家账户。

3. 银联电子支付

中国银联电子支付有限公司（ChinaPay）是中国银联控股的银行卡专业服务公司，拥有面向全国的统一支付平台，主要从事以互联网等新兴渠道为基础的网上支付、企业 B2B 账户支付、电话支付、网上跨行转账、网上基金交易、企业公对私资金代付、自助终端支付等银行卡网上支付及增值业务。

（二）移动支付

移动支付是移动运营商和金融机构共同推出的能实现远程在线支付的移动增值业务。狭义移动支付仅指使用手机作为支付终端通信工具。广义移动支付以手机、PDA、移动 PC 等各种移动终端设备为载体，其手段包括手机短信、互动式语音应答、WAP 等。移动支付结合移动网络与金融系统，将移动通信网络作为实现移动支付的工具和手段，为客户提供商品交易、缴费、银行账号管理等金融服务。移动支付产业系统由消费者、商业机构、支付平台运营商、银行、移动运营商等多环节组成。移动支付主要有移动运营商、银联、商业银行手机支付、移动 POS 支付等类型。国内各大银行、中国银联、支付宝、微信等纷纷推出其移动支付产品，商户收银台被一个又一个二维码占据。为解决商户二维码繁多、消费者扫码选择麻烦的痛点，在借鉴美国集成支付技术基础上，国内聚合支付方式出现。[①] 聚合支付就是支付通道的整合，目前主要有两种模式。一是平台租用（软件即服务）模式，由专门厂商搭

---

① 江瀚：《聚合支付，未来支付的前哨站》，载《金融博览·财富》2017 年第 4 期，第 65—67 页。

建一个平台,为商户提供支付软件实现对多种支付方式的聚合,而聚合支付厂商根据 API(数据接口)调用量向商户收取费用。二是流量分成(支付代理商)模式,为支付机构提供支付统一接口,根据商户交易流水进行支付手续费分成,为商户提供支付平台系统,但与资金流环节无关。根据解决方案和应用场景的不同,聚合支付主要包括垂直行业的"支付+行业"解决方案、线下二维码台卡收款服务、智能 POS 服务、聚合 SDK 服务。[①]

(三)固定电话支付

各大商业银行早已推出各自的电话银行。相对于互联网交互性强、具有发散性的特点,电话支付是独立、封闭的语音系统,同时电话是专线系统,是点对点的数据传输,其安全性更有保障。消费者通过商家网站(在线下单)或打电话(商家帮用户下单)订购商品和服务,然后再通过银行的电话银行系统,按自动语音提示完成支付;待商家确认收款(实时到款通知)后给用户提供商品配送或服务。

(四)有线电视网络支付

主要是指用户在机顶盒终端实现相关业务的在线缴费。依托在机顶盒终端或遥控器上的金融刷卡装置实现在线支付,已成为金融系统和网络运营商双方认可的方式,其特点是采用端到端的加密方式和终端(机顶盒)实名控制,交易方式安全。这种方式虽需专用刷卡终端,但终端成本低廉,易于规模化推广。[②]

(五)金融专网支付

1. ATM 支付

ATM 即自动柜员机,是由计算机控制的持卡人自我服务型的金融专用设备。ATM 可向持卡人提供取款、存款、查询余额、更改密码等服务,不仅能接受本行本地卡,还可通过网络功能接受异地卡、他行卡,同时为持卡人提供每日 24 小时服务。大部分银行 ATM 跨行转账收费比柜台转账略低,但比网银、手机银行转账收费要高。

2. POS 支付

POS(销售终端)是一种多功能终端,将其安装在信用卡特约商户和受理网点中与计算机联成网络,就能实现电子资金自动转账。具有支持消费、预授权、余额查询和转账等功能,安全、快捷、可靠,使银行、商场、客户三方交易短时间迅速完成。

3. 电子汇兑

这是银行受理汇款人委托,通过电子汇兑系统将其款项汇给异地收款人的一种电子化资金汇划结算方式。它能满足客户异地结算款项需要,既可办理转账汇款,也可办理现金汇款,快捷、方便,24 小时内即可到账。[④]

知识链接 8-1

电子支付的不同分类[③]

三、电子支付工具

(一)电子支付系统

特定电子支付工具,仅能在特定电子支付系统内应用。电子支付系统是利用计算机技术进行交割、转账、记账等系列金融服务活动的系统,一般由下述系统组成。

1. 支付服务系统

这主要指完成银行与客户间支付与结算的电子自助服务系统,即联机采取分布式数据库的综合业务处理系统,包括公司业务、储蓄业务、新型电子化服务系统等。其账户多、业务量大,涉客户与银行双方权益,是支付系统基础和金融信息系统数据源点。

① 李涛:《聚合支付发展的风险及监管对策研究》,载《金融科技时代》2017 年第 12 期,第 67—70 页。

② 张乃光等:《有线电视 boss 系统两种支付方式的实现》,载《广播电视信息》2009 年第 5 期,第 54—57 页。

③ 齐爱民:《电子商务法原论》,武汉大学出版社 2010 年版,第 142—143 页。

④ 帅青红等:《电子支付与结算》,东北财经大学出版社 2018 年版,第 14—17 页。

2. 支付清算系统

支付清算系统是一跨行业务与资金清算系统，系国民经济资金运行大动脉，一般由央行组建、运营和管理，各商业银行和金融机构共同参加。电子支付清算系统主要用于金融机构间支付与清算，多涉电子汇兑等大额支付系统。

3. 支付信息管理系统

支付信息管理系统即广义金融管理信息系统，连接金融综合业务处理系统，采集、加工、分析和处理各子系统所生基础数据，为管理者提供及时、准确、全面的信息及分析工具，是提供信息服务的内部系统，主要负责金融机构的增值服务与监管活动。

知识链接 8-2
电子支付系统的具体应用[①]

金融实务中，支付服务系统主要完成客户与商业银行间资金支付与结算活动；支付清算系统主要完成中央银行与商业银行间资金支付与清算活动；而支付信息管理系统主要服务于金融系统的增值服务与监管，以前两个系统为基础。[②]

（二）接入设备

进行电子支付，必须使用具体电子支付工具，即接入设备，是根据一定的电子支付协议，当事人得以发动电子支付的承载工具或设备。

1. 卡基支付接入设备

信用卡是由商业银行或其他金融机构发行的具有消费支付、信用贷款、转账结算、存取现金等全部或部分功能的电子支付卡；借记卡是先存款后消费或取现，无透支功能的银行卡，分为转账卡（含储蓄卡）、专用卡及储值卡；智能卡又称"集成电路卡"，是在大小与普通信用卡相同的塑料卡片上嵌置一个或多个集成电路构成的卡片。[③]

2. 条码支付受理终端

条码是由一组规则排列的条、空及其对应字符组成的标记，用以表示一定信息，包括线性条码、二维条码等。线性条码亦称一维条码、条形码，是由宽度不等的多个黑条和空白，按一定编码规则排列，用以表达一组信息的图形标识符；二维条码亦称二维码，是在线性条码基础上扩展出另一维具有可读性的条码，使用具有明显色差的深浅色矩形图案表示二进制数据，被设备识读和解码后可获取其中所包含的信息。条码支付则是条码技术在支付领域应用，其本质是以条码为信息载体，通过移动终端或受理终端直接或间接获取支付要素，并利用已有支付渠道完成交易的一种支付方式。受理终端是指具有条码展示或识读等功能，参与条码支付的商户端专用机具，包括显码设备和扫码设备。显码设备是具有条码展示功能的专用设备，扫码设备是识读条码并向后台系统发起支付指令的专用设备，包括但不限于带扫码装置的收银机、POS终端、自助终端等。移动终端包括具有移动通信、条码展示或识读能力的客户设备，如手机、平板电脑等。[④] 虑及风险防范，央行限定立牌类"静态条码"单日支付限 500 元，鼓励使用安全风险防范等级更高的"收款扫码"方式，支付宝等第三方支付机构近年来力推条码枪扫手机二维码支付方式，但该模式需收银员与用户配合完成，不如立牌扫码便利。近两年来，自助式收款扫码模式应运而生，通过专业的二维码扫码机具（如小白盒），主扫用户手机二维码实现支付，收银员只需在收银台上输入付款信息，用户自助打开手机付款二维码让小白盒扫描（即自助式收款扫码），即可实现支付。

---

① 帅青红等：《电子支付与结算》，东北财经大学出版社 2018 年版，第 18—20 页；网联清算有限公司：《公司概况》，https://www.nucc.com/about.html，2019-06-10。
② 帅青红：《电子支付》，重庆大学出版社 2016 年版，第 52—54 页。
③ 张楚：《电子商务法》，中国人民大学出版社 2011 年版，第 106—107 页。
④ 详见《条码支付受理终端技术规范（试行）》《中国人民银行办公厅关于加强条码支付安全管理的通知》银办发〔2017〕242 号，附件 2）。

四、电子支付协议

(一)电子支付协议的概念与目的

1.电子支付协议的概念

电子支付协议是当事人间发动与进行电子支付的法律基础。法律与技术领域的电子支付协议不尽相同。后者是为实现当事人在电子交易过程中正确、安全、保密地传输支付信息而进行的技术规范的选择与约定,仅涉及技术问题,如电子支付 SET(secure electronic transaction,安全电子交易)协议与 SSL(secure sockets layer,安全套接层)协议。前者是当事人为实施电子支付而签订的,以支付中形成的权利义务关系为内容的协议,客户申请电子支付业务一般须与银行、非银行支付机构签订该协议。

2.电子支付协议的目的

签订电子支付协议的基本目的在于给当事人提供公平交易机会,使客户有机会事先了解、掌握电子支付主要事项与内容,使银行、非银行支付机构与客户间权利义务关系固化,从而利于纠纷预防与解决。

(二)电子支付协议的基本内容

1.基本条款

客户与银行、非银行支付机构签订的电子支付协议一般包括:客户指定办理电子支付业务的账户名称与账号,客户应保证办理电子支付业务账户的支付能力,双方约定的电子支付类型、交易规则、认证方式等,银行对客户提供的申请资料与其他信息的保密义务,银行据客户要求提供交易记录的时间与方式,争议、差错处理与损害赔偿责任。[①]

2.非银行支付机构网络支付服务协议

该支付机构应与客户签订服务协议,约定双方责任、权利和义务,至少明确业务规则(包括但不限于业务功能和流程、身份识别和交易验证方式、资金结算方式等),收费项目和标准,查询、差错争议及投诉等服务流程和规则,业务风险和非法活动防范及处置措施,客户损失责任划分和赔付规则等内容。支付机构为客户开立支付账户的,还应在服务协议中以显著方式告知客户,并采取有效方式确认客户充分知晓并清晰理解下列内容:"支付账户所记录的资金余额不同于客户本人的银行存款,不受《存款保险条例》保护,其实质为客户委托支付机构保管的、所有权归属于客户的预付价值。该预付价值对应的货币资金虽然属于客户,但不以客户本人名义存放在银行,而是以支付机构名义存放在银行,并且由支付机构向银行发起资金调拨指令。"支付机构应确保协议内容清晰、易懂,并以显著方式提示客户注意与其有重大利害关系的事项。[②]

3.条码支付受理协议

银行、支付机构应与特约商户签订条码支付受理协议,就银行结算账户的设置和变更、资金结算周期、结算手续费标准、差错和争议处理等条码支付服务相关事项进行约定,明确双方权利、义务和责任。银行、支付机构在该协议中应要求特约商户基于真实的商品或服务交易背景受理条码支付;按规定使用受理终端或网络支付接口、银行结算账户,不得利用其从事或协助他人从事非法活动;妥善处理交易数据信息、保存交易凭证,保障交易信息安全;不得向客户收取或变相收取附加费用,或降低服务水平。[③]

---

① 详见《电子支付指引(第一号)》(中国人民银行公告〔2005〕第 23 号)第十三条。
② 详见《非银行支付机构网络支付业务管理办法》(中国人民银行公告〔2015〕第 43 号)第七条。
③ 详见《条码支付业务规范(试行)》(银发〔2017〕296 号)第二十五、二十六条。

五、电子支付引发的法律及相关问题

（一）安全问题

电子支付安全问题是网络银行、非银行支付机构、卖家、买家最为关心的问题。以银行为例,电子银行支付安全最大漏洞源于网络第三方,包括网络钓鱼、黑客攻击、植入木马程序等,这些风险事件严重影响了客户使用电子银行的信心。二维码扫码支付也面临木马植入、恶意网址诱导、二维码"偷梁换柱"、信息劫持等安全问题。[①]

（二）对货币法律制度的冲击

无卡、无纸化电子支付不仅挑战传统货币法律制度,而且冲击了央行职能运行的有效性。

1.刷新了传统货币的概念

如果说纸钞是对贵金属货币的虚拟,票据是对纸钞的虚拟,那么电子支付中电子指令则是对纸钞、票据的虚拟。[②] 当下无论线上还是线下交易,支付结算更多体现为电子化,现金开始渐次退出流通,货币电子化时代来临。货币表现形式与发行是整个货币法律制度基石,货币资金数据化从形式至实体对传统货币产生了连锁颠覆效应,商业银行、非银行支付机构等组成的多元化电子货币发行主体正在挑战央行垄断货币发行的地位。[③] 第三方支付初始功能在于支付结算,补充传统商业银行中间业务,其业务开展以绑定银行卡为基础,交易额度受限于支付账户持有人银行卡内资金余额,但支付机构主导下的扫码支付等电子支付直接产生了货币电子化问题,支付机构间接获得了电子货币发行权。

2.影响央行货币政策的有效性

作为电子化与信息化载体,电子货币不仅有独特的货币创造与供给机制,而且改变了货币数据信息流转方式,降低了央行对基础货币的控制能力,提高了货币流通速度,改变了货币乘数,增加了央行借用传统信用创造理论调控货币供给关系的难度。初期电子货币由于正当性、合法性等因素,不得不依托于传统通货,并受制于央行的强力管控,但随着纸币流通的不断溢出,数据化电子货币便形成自己的供给创造机制。随着移动支付和电子货币网络规模效应凸显,货币需求形式的改变和电子货币的私人供给,央行货币控制的有效性将会大大降低,需发明新货币政策工具来应对这一冲击。就公开市场操作活动而言,央行因货币发行权被分散,其铸币税收入与资产负债量大幅缩减,可能无力开展大规模货币吞吐操作。而法定存款准备金要求的名存实亡也会节约融资成本,商业银行会尽量减少向央行通过再贴现举债,将加剧央行货币政策传导功能的失灵。

3.波及刑法的定罪与刑罚

如二维码偷换案行为人通过秘密手段将商家财物转移为自己非法占有,符合盗窃罪的构成特征,成立盗窃罪。[④] 未来如果货币完全电子化,纸币最终退出流通,央行货币发行权将转变为与国民生产总值相匹配的电子货币核发权,则《刑法》所规定的伪造货币罪、持有使用假币罪、变造货币罪等罪名将形同虚设。

（三）未授权电子支付风险

现实生活中,因手机遗失被他人盗用二维码,或扫读植有病毒的二维码,或支付交易信息被劫持等引发的未授权电子支付风险案件时有发生。支付机构为保证支付安全而配置了一些应急措施,如

---

① 黎四奇:《二维码扫码支付法律问题解构》,载《中国法学》2018 年第 3 期,第 111—112 页。
② 刘春泉:《电子支付首先必须解决的法律问题》,载《上海证券报》2017 年 8 月 14 日,第 006 版。
③ 《中国人民银行法》第十八条规定,人民币由中国人民银行统一印制、发行。第二十条规定,任何单位和个人不得印制、发售代币票券,以代替人民币在市场上流通。
④ 周铭川:《偷换商家支付二维码获取财物的定性分析》,载《东方法学》2017 年第 2 期,第 112—122 页。

手机被盗抢或遗失时,用户可通过事前绑定的邮箱找回密码,或通过手机短信与独立支付密钥等来保障资金安全。然而,当智能手机不能处于本人控制时,若支付验证仅为手机验证码或支付密钥,则扫码支付事实上使用户的支付账户及与其绑定的银行卡处于不设防状态。而支付机构则事先通过支付服务协议中的"霸王条款"将未授权交易的法律风险进行事前、全方位排除。[①] 支付指令发出后,依据协议,用户须对该指令自我负责。[②] 小额无卡、无密与支付快捷深度关联。扫码支付风靡市场,源于用户心理接受、认同其快捷支付体验,安全问题则被暂时搁置。支付机构在洞察用户消费心理后,为提升扫码支付的资金消费量,隐性预设了单方提高单笔无密支付额度的可能,[③]从而放大了用户未授权支付风险。

(四)电子支付用户信息保护面临挑战

电子支付用户个人支付信息直接关系其核心利益,对其保护一定程度就是在保护、规范市场与保障支付安全。在以共享与协作为特征的大数据时代,电子支付用户作为数据主体并非不再对自身信息享有任何权利,而是其相关信息权利的核心不再拘泥于私密性和隐瞒性。移动扫码支付在创新人类支付模式时,使得个人信息及隐私权保护面临塌崩性风险,人们处于一种不断变化但却日趋精密的被监视状态,其一举一动都能在某个数据库中找到线索。而用户欲开通电子支付功能,须注册支付账户,并将该账户与其持有的银行卡关联,在注册过程中须输入个人身份证号、银行卡号、联系方式等私密信息。扫码支付时,被扫二维码还有可能被嵌入木马等程序,用户信息面临被他人窃取的风险。而支付机构本身留存了大量的客户个人基础信息与交易信息,并预设获取、存储、使用客户信息的诸多利己规则。[⑤] 尽管支付机构高调出台了隐私权政策或在电子支付协议中内置了相关条款,但就电子支付个人信息的公开与使用等问题,用户只能做是或不是的取舍,话语权较少,而支付机构则通过形式正义的协议为其占用、存储、使用、收集、公开用户信息获得正当性与合法性。[⑥]

实务分析 8-1
真假"云网"[④]

---

① 如《微信支付用户协议》(2019年4月30日修订)第2.2条款规定:"你应妥善保管下列信息、资料和硬件设备:(1)银行卡及其密码、CVV码、有效期等卡片信息,(2)微信号及其登录密码,(3)微信支付密码、手势密码,(4)手机等移动终端及SIM卡信息、二维码(条码)信息,(5)指纹信息、虹膜信息、人脸信息、声纹信息等生物识别信息等。""你应妥善保管上述资料、信息和硬件设备,并确保你的手机等移动终端设备在安全、无病毒、未被入侵、未被监控、未被非法控制的环境下运行和使用。若你泄露了上述信息中的任意一项或遗失了上述硬件设备,由此导致的风险和损失应由你自行承担。"

② 如支付宝《快捷支付服务协议》第2.6条款规定:"您认可和同意:您发出的指令不可撤回或撤销,支付宝一旦根据您的指令委托银行或第三方从银行卡中划扣资金给收款人,您不应以非本人意愿交易或其他原因要求支付宝退款或承担其他责任。"第2.7条款规定:"您须对使用本服务过程中发出指令的真实性及有效性负责,支付宝依照您的指令进行操作的风险须由您承担。"

③ 如《银联用户服务协议》在"二、声明与承诺"的第3款规定:"如果您不同意银联对本协议所做的任何变更,您应立即停止使用本协议项下银联提供的服务。若您在本协议内容公告变更后继续使用银联提供的服务,表示您已充分阅读、理解并接受修改后的协议内容,也将遵循修改后的协议内容使用本服务。"

④ 张志斌:《"云网"事件考验电子支付》,载《中国计算机报》2003年12月15日,第F01版。

⑤ 如《京东金融隐私政策》(2019年4月18日更新)在"一、我们如何收集和使用您的信息"之"(五)您个人信息使用的规则"的第3款规定:"请您注意,您在使用我们的产品与/或服务时所提供的所有个人信息,除非您删除或通过系统设置拒绝我们收集,否则将在您使用我们的产品与/或服务期间持续授权我们使用。"

⑥ 如《财付通隐私政策》开宗明义表明:当客户同意该政策,或访问财付通公司网站及其相关网站,或下载、安装、使用财付通公司客户端,或使用其提供的任一服务时,即表示客户已同意其可按该政策收集、储存、使用和分享信息。除非客户已阅读并接受本政策所有条款,否则其无权使用财付通服务。

第二节　电子支付法概述

背景资料 8-2
电子支付立法
时不我待①

知识链接 8-3
《电子支付指引
（第一号）》

实务思考 8-1
《电子支付指引》
立法背景及其
引发的思考③

知识链接 8-4
国内各类电子
支付规范简介

知识链接 8-5
电子支付法律
的基本原则④

【背景思考】

1.何谓电子支付法？电子支付法有何意义或作用？主要涉及哪些内容？

2.国内为何要加强电子支付法的立法工作？电子支付法律制度主要涉及哪些内容？

一、电子支付法的概念、特征及法律适用

（一）电子支付法的概念与特征

电子支付法是调整中央银行、商业银行、非银行支付机构、其他经济主体以电子方式进行债权债务的清算和资金转账结算过程中发生的各种社会关系的法律规范的总称。其目的在于规范电子支付业务，防范支付风险，保证资金安全，维护银行、非银行支付机构及其客户等各方当事人在电子支付活动中的合法权益，促进电子支付业务健康发展。[2]

电子支付法具有下述特征：(1)程序性特征。电子支付法是实体法中的程式性规范，主要解决支付形式问题，一般不直接涉及支付的具体内容。(2)技术性特征。在电子支付法中，许多法律规范都是直接或间接地由技术规范演变而成的。(3)复杂性特征。电子支付通常需第三方协助才得以实施并完成，比纸面的面对面支付要复杂。

（二）电子商务法有关电子支付规范的适用

《电子商务法》第五十三条至五十七条分别规定了电子支付服务提供者的义务、电子支付安全管理要求、错误支付的法律责任、向用户提供支付确认信息的义务、未授权支付等。虽然《电子商务法》第二条规定"金融类产品和服务……不适用本法"，但此规定与该法对电子支付加以规定并不冲突。就立法目的而言，该法对金融类产品和服务的适用除外，主要虑及对该类特殊服务交易监管的专业性和特殊性，尤其与一般电商规制路径不一，因而不纳入电子商务法调整范围，但电子商务中电子支付的监管一方面需考虑适配电子商务的特殊性，另一方面完善电子支付规制是完善电商全流程监管的必要组成部分。尽管电子支付监管与电商监管相对独立，但二者总体上相互依存，适宜在同一部法律中加以规定。就条文本身调整范围而言，该法对金融类产品和服务的适用除外，主要是排除金融产品和服务作为交易标的适用电子商务法，如网络借贷、互联网基金及保险销售等，这类通过互联网方式销售金融类产品或提供金融类服务的行为因交易标的特殊而区别于典型的电子商务行为，不宜在该法中加以规定。但电子支付在电子商务中与快递物流等类似，主要体现为电商合同履行方式，不属第二条排除的适用范围。《电子商务法》初次审议稿曾专节规定"电子支付"，突出体现电子支付与电子商务的重要关系，后虑及电子商务法调整范围、电子支付的

---

①　徐龙：《电子支付立法时不我待》，载《通信产业报》2012 年 3 月 19 日，第 014 版。

②　如《电子支付指引》第一条规定："为规范和引导电子支付的健康发展，保障当事人的合法权益，防范支付风险，确保银行和客户资金的安全，制定本指引。"

③　阿拉木斯：《建设网上支付法制环境——〈电子支付指引（第一号）〉评价》，载《中国计算机报》2005 年 12 月 12 日，第 B04 版。

④　杨利华：《电子支付对金融法的挑战及应对》，载《兰州财经大学学报》2018 年第 5 期，第 97—100 页；电子商务法起草组：《中华人民共和国电子商务法解读》，中国法制出版社 2018 年版，第 268—269 页。

特殊性,以及与其他条文,特别是与互联网金融、支付清算等单独专门立法后相互衔接等因素,最终将电子支付相关规定纳入该法第三章"电子商务合同的订立与履行"中一并规定。[①]

二、电子支付法律关系

(一)电子支付法律关系主体

电子支付法律关系所涉主体众多,以下择要介绍。

1. 发端人

即电子支付中的付款人,依其与发端人银行所订服务协议,向发端人银行发

观点链接 8-1

电子支付法律关系主体不同观点[②]

出付款指示。实务中亦使用"指令人"这一术语。一般情形下"指令人"系负支付义务的当事人,即购买货物或接受服务的个人或单位(《电子支付指引》第二条简称"客户"),亦指"发端人"。但银行有时也会成为"指令人"。当发端人向发端人银行发出支付指令时,发端人银行为接收银行;而当发端人银行向中介银行发出支付指令的时候,其为指令人,此时接收银行为中介银行;同样,当中介银行向收款人银行发出支付指令时,其亦为指令人。总之,某个银行在上一层指令关系中为接收银行,在下一层指令关系中为指令人。

2. 受益人

受益人即电子支付中的收款人,依其与受益人银行的服务协议,要求受益人银行妥当接受发端人所划拨来的资金。

3. 银行

银行包括发端人银行("发起行")、受益人银行("接收行")与中间银行。银行是电子支付中的信用机构、支付中介与结算中介,其提供电子支付服务的依据是银行与电子支付客户所订立的金融服务协议。依《电子支付指引》第六条,"发起行"是指接受客户委托发出电子支付指令的银行。"接收行"是指电子支付指令接收人的开户银行;接收人未在银行开立账户的,指电子支付指令确定的资金汇入银行。

4. 认证机构

认证机构(CA)即在网上建立一种权威的、可信赖的、公正的第三方信任机构,为参与电子支付各方的各种认证要求提供证书服务,确认用户身份。

(二)电子支付法律关系类型

电子支付各方之间形成不同法律关系,由一合同群构成,以共同完成资金电子支付活动。如银行卡类电子支付法律关系可能涉及持卡人(消费者)与发卡人(发卡银行)之间的电子资金划拨合同、特约商户(零售商)与持卡人(消费者)之间的货物买卖或服务消费合同、特约商户(零售商)与其收款银行(收单银行)之间的委托代理合同、消费者付款银行(发卡银行)与零售商收款银行(收单银行)之间的资金转账合同、银行与网络服务商之间的数据处理合同等。电子支付所涉法律关系复杂,有必要分类型进行探讨。

1. 非第三方支付模式下电子支付法律关系

非第三方支付模式是指由发端人与受益人直接借助商业银行网络支付系统实现的电子支付模式。若银行自身提供电子支付的网络环境,一般不涉及提供该项服务的经营商,目前实施跨行电子支付的商业银行都加入银联并开办了网上银行。

(1)该模式法律关系主体。主要有:发端人,即电子支付付款人;受益人,即电子支付收款人;银行,包括发起行(即发端人发出电子支付指令的银行)、接收行(电子支付指令接收人的开户银行或电

① 电子商务法起草组:《中华人民共和国电子商务法条文释义》,法律出版社 2018 年版,第 164—165 页。
② 张楚:《电子商务法教程》,清华大学出版社 2005 年版,第 189 页;齐爱民、崔聪聪:《电子金融法研究》,北京大学出版社 2007 年版,第 155 页。

子支付指令确定的资金汇入银行),银行提供电子支付服务的依据是银行与客户所订立的电子支付金融服务协议。

(2)发端人与受益人的债权债务关系。二者作为电商活动直接参与人,因商品买卖或服务提供而形成债权债务关系,多为买卖关系。在买卖合同中,买方(发端人)指示其开户行将合同中约定货款发送至指定收款人(受益人)账户,以履行其付款义务;卖方在电子支付过程中,同意买方采电子支付方式支付货款,并配合发端人完成电子支付活动。

(3)发端人、受益人与银行的金融服务合同关系。欲完成电子支付,则发端人与受益人均须在银行开立相关结算账户,依《电子支付指引》第四条,客户办理电子支付业务应在银行开立银行结算账户,账户开立与使用应符合《人民币银行结算账户管理办法》《境内外汇账户管理规定》等规定。发端人与受益人分别与银行签订金融服务合同,开立账户以实现电子支付而完成网络交易,银行在不同客户所参与的电商活动中起到支付结算、资金清算中介机构等作用。发端人在电子支付中,向其开户行发出支付指令,银行按发端人指令实施资金划拨,若资金划拨失误或失败应向客户赔偿。受益人银行按其与客户签订的服务协议,一旦接收到发端人银行的资金划拨指示,便应立即履行义务,若有迟延或失误则按协议处理。

(4)银行之间的合同关系。电子支付所涉各银行间的权利与义务受一系列关联合同约束。如发端人银行与受益人银行可以是不同银行亦可为同一银行,但通常其都是某一电子资金划拨系统成员,相互间负有合同义务,若某一方银行未能妥当处理、执行资金划拨指示的,可能同时向两方主体承担相应违约责任。

(5)银行与数据网络服务提供商的网络服务合同关系。网络服务提供商的义务主要有:按正确模式,依与银行间的协议传递信息;采用各种安全措施防止信息传递失误及信息丢失;确保传递信息的准确性,使其准确为接收人接收;保证信息机密性、安全性、不外泄。

(6)认证服务合同关系。发端人、受益人、支付机构与认证服务机构之间围绕认证证书产生认证服务合同关系。在国内金融与网络交易实践中,各银行金融机构设立网络银行,自建安全认证服务系统并向其交易客户提供认证服务,此时电子签名信赖方与认证机构角色合一,证书持有人处于不利地位。针对此情况,中国银监会《电子银行业务管理办法》第四十条规定,金融机构应采取适当措施与技术,"识别与验证"使用电子银行服务客户的真实、有效身份,并依与客户签订的有关协议对客户作业权限、资金转移或交易限额等实施有效管理。

2. 第三方支付模式下电子支付法律关系分析

第三方支付是具备一定实力和信誉保障的独立机构,通过与各大银行签约,提供与银行支付结算系统接口的交易支持平台的网络支付。依国内相关法规及实践,第三方支付平台系非金融机构并提供电子支付服务的组织。

(1)第三方支付平台不同类型。依不同标准,第三方支付有不同类型。①独立型与非独立型第三方支付。此划分依据第三方平台是否依附于电商平台。独立型第三方支付平台如"易宝支付""快钱",其不依附于任何单独的网络交易服务提供商;而非独立型第三方支付平台如支付宝,其主要依附于淘宝等网络交易服务提供商。②银行网关型与信用担保型第三方支付。此分类以第三方支付提供功能种类为划分标准。银行网关型第三方支付是指第三方支付服务商与各大银行签约,集成统一的银行支付网关,网络交易各方通过支付网关与网上银行联通而完成网上支付;信用担保型第三方支付是指在提供统一银行支付网关的同时,还负担"信用担保"功能,具体流程是指买方购买商品后,通过第三方支付平台进行货款支付后再由该平台通知卖家发货,买方收货确认合格后,再通知第三方支付平台付款给卖家。③支付通道型与平台账户型第三方支付。此分类标准为是否存在虚拟账户。支付通道型第三方支付是指第三方支付平台为用户提供统一的支付网关,但不为用户建立固定虚拟账户,买方付款直接进入支付平台银行账户,由支付平台与卖方银行账户进行结算,中间不经过虚拟账户。平台账户型第三方支付中,买卖双方须各自在平台内开设虚拟账户,该账户关联到银行账户,可对该账户通过网上银行、现金、汇款等方式充值,用户可通过支付网关在银行账户转账结算从而完成付款,也可仅在支付平台的虚拟账户之间转账而完成收付款。

(2)第三方支付具体法律关系。①第三方支付平台与网络交易买方的合同关系。其主要内容是第三方支付平台代为履行支付行为,同时在买家发出支付指令前代为保管商品或服务对价。此协议目前多为格式条款,暗含约定买方存放于第三方支付平台内虚拟账户所生收益归于支付平台所有,是买家为第三方支付机构代为履行行为和资金保管行为支付的对价。如支付宝公司在其服务协议中明确指出:"您完全承担您使用本服务期间由本公司保管或代收或代付的款项的货币贬值风险及可能的孳息损失。"未来立法可考虑抽取部分收益用于央行及相关部门,以监管第三方支付平台支出费用,同时适应网络交易和电子支付特性,设立用户权益保障资金,以便捷有效并公正解决电子支付环节所发生的争议。②第三方支付机构与在线经营者即网络交易卖家的合同关系。二者之间协议主要内容是第三方支付平台代为履行受领货款行为。第三方支付平台在此环节的收益主要体现为收取服务费用,可由其与在线经营者具体约定,实践中多约定按交易额一定比例收取。目前该环节内存在支付平台垄断现象,众多中小在线经营者公正权益难以保障,可考虑培育、发展在线经营者自治团体,进而在与第三方支付平台协议约定过程中取得较为均衡的协商力量、地位,实现第三方电子支付环节内公正高效及平等有序的市场竞争氛围。③第三方支付平台与参与电子支付的各商业银行的合同关系。其合同主要内容是银行与第三方支付平台就电子支付建立合作服务关系,由银行将其电子支付业务转包给第三方支付机构,《电子支付指引》第三十三条即规定:银行可以根据有关规定将其部分电子支付业务外包给合法的专业化服务机构,但银行对客户的义务及相应责任不因外包关系的确立而转移。银行应与开展电子支付业务相关的专业化服务机构签订协议,并确立一套综合性、持续性的程序,以管理其外包关系。同时,《非金融机构支付服务管理办法》第二十六条强制规定:支付机构接受客户备付金的,应当在商业银行开立备付金专用存款账户存放备付金。中国人民银行另有规定的除外。支付机构只能选择一家商业银行作为备付金存管银行,且在该商业银行的一个分支机构只能开立一个备付金专用存款账户。支付机构应当与商业银行的法人机构或授权的分支机构签订备付金存管协议,明确双方的权利、义务和责任。支付机构应向所在地中国人民银行分支机构报送备付金存管协议和备付金专用存款账户的信息资料。由此可见,关于客户备付金,第三方支付平台须在商业银行开设专门账户进行管理,并明确规定各备付金存管银行应对存放在本机构的客户备付金使用情况进行监督以防滥用、挪用,进而保障在线交易中买方利益。[①]

(三)电子支付法律关系内容

1.受益人在电子支付中的权利与义务

(1)权利。受益人在电子支付中一般扮演收款人角色。其不能基于电子支付行为向指令人或接收银行主张权利,只是基于与发端人(付款人)之间的债权债务关系而与发端人之间存在电子支付权利义务关系。其在电子支付中享有两项权利:其一,得到支付的权利,即受益人依其与发端人订立的买卖等合同享有通过电子方式得到支付的权利;其二,得到通知的权利,即受益人依发端人与银行间金融服务合同享有从金融机构处得到通知的权利。(2)义务。受益人在得到支付后,有告知发端人已收到款项并发出货物,请求发端人查收及查验的义务;在发端人告知已完成支付,而受益人未收到款项时,受益人有义务及时告知发端人,请其核实支付的完成情况。

2.金融机构(网上银行)在电子支付中的权利与义务

(1)权利。①接受或拒绝交付指令。金融机构可接受指令人支付指令,亦可拒绝其支付指令,或要求指令人修正其发出的无法执行的、不符合规定程序与要求的指令。银行决定接受还是拒绝支付命令在一定程度上是一种判断指令人信用的过程。②要求付款人或指令人付款。金融机构有权要求

---

① 蔡秉坤:《我国网络交易中的电子支付法律关系分析与法制完善思考》,载《兰州学刊》2013年第3期,第172—174页。

付款人或指令人按时支付所指令的资金并承担因支付而发生的费用。③要求指令人承担指令引起的后果。只要能证明由于指令人的过错而致使其他人假冒指令人通过了安全程序和认证程序,金融机构就有权要求指令人承担指令引起的后果。(2)义务。①严格审查客户指令。金融机构有审查客户指令是否为一项合法、有效的支付指令,支付方式是否正确的义务。银行审查义务基于下列目的:对该指令予以认证,鉴别发出支付指令客户的身份的真实性,即证实支付命令或修改、取消支付命令的信息是客户发出的;检测支付命令或信息在传送过程中或在内容上是否存在错误。②按指令人指令完成资金支付。除系统故障和其他不可抗力外,金融机构应就未按消费者指令完成资金支付而给消费者造成的全部直接损失向消费者承担责任。若金融机构能证明未按客户指令完成资金支付是因系统故障或金融机构不能控制的其他情况引起,则可免除其责任。③信息公开与详尽告知义务。金融机构在电子支付中有义务以易于理解的词句与形式向客户公开信息,揭示电子支付的程序、后果、操作要领及系统风险。办理电子支付业务的银行应公开披露以下信息:银行名称、营业地址及联系方式;客户办理电子支付业务的条件;所提供的电子支付业务品种、操作程序和收费标准等;电子支付交易品种可能存在的全部风险,包括该品种的操作风险、未采取的安全措施、无法采取安全措施的安全漏洞等;客户使用电子支付交易品种可能产生的风险;提醒客户妥善保管、使用或授权他人使用电子支付交易存取工具(如卡、密码、密钥、电子签名制作数据等)的警示性信息;争议及差错处理方式。另外,银行应与客户约定,及时或定期向客户提供交易记录、资金余额和账户状态等信息。④对支付额度的限制。银行应根据审慎性原则并针对不同客户,在电子支付类型、单笔支付金额和每日累计支付金额等方面做出合理限制。银行通过互联网为个人客户办理电子支付业务,单笔金额不应超过 1000 元人民币,每日累计金额不应超过 5000 元人民币;为单位客户办理电子支付业务,单笔金额不得超过 5 万元人民币,但银行与客户通过协议约定能事先提供有效付款依据的除外。⑤交易数据的安全保障。银行应确保电子支付业务处理系统的安全性,保证重要交易数据的不可抵赖性、数据存储的完整性、客户身份的真实性,并妥善管理在该系统中使用的密码、密钥等认证数据。银行应确保对电子支付业务处理系统的操作人员、管理人员及系统服务商有合理的授权控制。

3. 发端人在电子支付中的权利和义务

(1)权利。发端人有权要求接收指令的网上银行按指令的时间及时将指定金额支付给指定收款人,若接收指令的网上银行未按指令完成义务,发端人有权要求其承担违约责任,赔偿因此造成的损失。(2)义务。①签发正确的支付指令,并按接收指令的金融机构的程序,检查指令有无错误和歧义,并有义务发出修正指令,修改错误或有歧义的指令。②支付的义务,即一旦向接收银行发出指令后,自身也受其指令的约束,承担从其指定账户付款的义务。③在符合商业惯例的情况下接受认证机构的认证义务。④不得设置容易被其他人识别的个人识别码或其他密码的义务。⑤挂失和通知的义务。发端人在知晓下列情况时应立即通知电子支付工具的发行者或发行者授权的人:电子支付工具或其使用方式丢失或被窃,其账户上出现未经授权的交易记录或其他异常情况。

4. 电子认证服务机构的权利与义务

依《电子认证服务管理办法》,电子认证服务机构的权利主要包括:①对申请者进行资料审查的权利,②发放电子证书的权利,③撤销电子证书的权利,④收取费用的权利。其义务主要包括:①信息披露的义务,②保密义务,③使用可信赖系统的义务,④担保的义务,⑤妥善保管自身私钥的义务。

(四)电子支付各方承担法律责任的方式

1. 银行及其他电子支付组织承担责任的方式

(1)返回本金、支付利息。若原资本金划拨未能及时到位,或到位资金未能及时通知客户,银行有义务返还客户资金,并按原定利率返还利息。(2)偿还余额、补足差额。若接收银行到位资金金额小于支付指令所载数量,则接收银行有义务补足差额;若到位资金金额大于支付指令所载数量,则接收银行有义务偿还余额。(3)赔偿相关损失。银行对自身过错导致的客户相关损失,在应预见范围内予以赔偿。

2.发端人、受益人等电子支付客户方承担责任的方式

(1)弥补相应损失。电子支付客户若因自身过错而造成其他各参与方损失,如密钥或个人信息泄漏、非法使用证书而生损失,应在合理范围内予以赔偿。(2)终止不当行为,采取挽救措施。当用户丢失或泄漏密钥,或发现所发指令或提供信息错误时,应及时通知接收银行或认证机构,使其采取相应防范措施,防止网络入侵、冒领等事件,或避免其他参与主体因使用错误证书而蒙受损失。(3)及时通知,防止损失扩大。当用户发现银行执行指令出现错误,或发现认证机构发布的用户信息错误或证书不完善时,应立即中止交易,并通知银行或认证机构修改错误。

3.认证机构承担责任的方式

银行采用数字证书或电子签名方式进行客户身份认证和交易授权的,提倡由合法第三方认证机构提供认证服务。如客户因依该认证服务交易而受损失,而认证服务机构又不能证明自己无过错,应依法承担相应责任。(1)赔偿损失。认证机构因其过错致用户损失,应在合理范围内予以赔偿。(2)继续履行。认证机构出现 CA 系统和设备问题,而导致认证操作出现问题、发布失效信息或证书发布不完善,其在修复 CA 系统和设备后,应立即发布正确、有效、完整的认证证书,以正确履行其与用户之间的合同。(3)采补救措施。认证机构出现管理漏洞、CA 方密钥泄漏、用户注册信息泄漏等问题,应立即采取有效措施,及时更正、修补出现问题的环节,避免引起用户进一步损失。

三、电子支付服务提供者的义务

(一)告知义务和公平交易义务

《电子商务法》第五十三条第二款第一句规定了电子支付服务提供者的告知义务和公平交易义务,即"电子支付服务提供者为电子商务提供电子支付服务,应当遵守国家规定,告知用户电子支付服务的功能、使用方法、注意事项、相关风险和收费标准等事项,不得附加不合理交易条件"。该些义务与用户知情权和公平交易权相对应。

1.告知义务

与此义务对应者为电子支付用户知情权,电子支付服务提供者履行其告知义务亦是保障用户资金安全的重要手段。电子支付服务提供者应向用户提供有关电子支付服务真实全面的情况,保障用户对该服务做出正确的判断、选择和使用,特别需充分说明资金安全相关情况。实践中用户知情权易受侵害,为此需进一步保护电商用户知情权,完善信息披露,让用户了解整个交易程序;强制风险告知,提高用户风险防范意识。支付服务提供者因其提供的服务存在瑕疵,导致用户受损,用户可依法求偿。

2.公平交易义务

电子支付服务提供者是价格制定者、服务方式操控者,客观上处优势地位;而用户处劣势地位,可能不得不接受不公平、不合理的交易条件。而电子商务与电子支付日益紧密结合,电商消费者日益依赖电子支付,对电子支付服务提供者的信息与需求的依赖日益增强,因此,电子商务法专门规定电子支付服务提供者"不得附加不合理交易条件"。

(二)确保电子支付指令符合一般要求的义务

《电子商务法》第五十三条第二款第二句规定:"电子支付服务提供者应当确保电子支付指令的完整性、一致性、可跟踪稽核和不可篡改。"此规定系针对支付机构可能存在的交易数据丢失、篡改、被劫持等问题,对其课以保证支付指令安全的义务来维护用户权益。

1.对电子支付指令一般要求的理解

(1)完整性。电子支付指令能准确、完全表达用户意志,要求交易信息包括但不限于下列内容:交易渠道、交易终端或接口类型、交易类型、交易金额、交易时间及直接向客户提供商品或服务的特约商户名称、编码和按国家与金融行业标准设置的商户类别码;收付款客户名称、支付账户账号或银行账户的开户行名称及账号;付款客户身份验证和交易授权信息;有效追溯交易的标识;单位客户单笔超

5万元转账业务的付款用途和事由。（2）一致性。即完全符合指令要求。该要求可被明确声明,包括一般用户所期望的及行业共同惯例。因此,电子支付指令在全流程中物理和逻辑上应保持数据一致性,以确保支付指令最终按用户正确意志执行。（3）可跟踪稽核。与相关反洗钱等监管要求一致,要求支付服务提供者构建客户身份识别和客户身份资料及交易记录保存管理机制。（4）不可篡改。要求支付服务提供者建立完善的信息安保机制,充分确保电子支付指令在全流程不被篡改,免受外部攻击和内部违法违规操作等影响,以达到完整性、一致性要求。①

2.应采取必要措施保护电子支付交易数据的完整性和可靠性

制定相应风险控制策略,防止电子支付业务处理系统发生有意或无意的危害数据完整性和可靠性的变化,并具备有效的业务容量、业务连续性计划和应急计划;保证电子支付交易与数据记录程序的设计发生擅自变更时能被有效侦测;有效防止电子支付交易数据在传送、处理、存储、使用和修改过程中被篡改,任何对电子支付交易数据的篡改能通过交易处理、监测和数据记录功能被侦测;按会计档案管理要求,对电子支付交易数据以纸介质或磁性介质妥善保存。

（三）免费对账服务及保存交易记录

《电子商务法》第五十三条第三款规定了电子支付服务提供者提供免费对账服务及保存交易记录的义务,并明确其须保存近3年的交易记录供用户查询。获得相应单据、凭证对用户在权利受损失时获得有效救济十分重要。为便利电子支付活动,不应硬性规定电子支付服务提供者须在每次交易时提供完整的纸质单据,但仍规定支付服务提供者保存交易记录并向用户提供免费对账服务的义务,以保证用户能及时核对账目,并在其主张权利时能获得相应证据支持。电子支付服务提供者亦可与用户合意约定长于此时间的交易记录免费提供期。电子支付服务提供者向用户免费提供对账服务及最近3年的交易记录的具体内容应遵守相关法律法规的具体规定,充分保障个人信息安全。②

（四）电子支付安全管理义务

《电子商务法》第五十四条规定:"电子支付服务提供者提供电子支付服务不符合国家有关支付安全管理要求,造成用户损失的,应当承担赔偿责任。"

1.电子支付安全管理的必要性

金融科技使电子支付服务提供者与用户之间的连接费用大幅下降,但未改变风险隐蔽性、突发性、传染性和负外部性等特征,且在技术性、操作性与系统性风险等层面更加突出。而在电子支付安全风险中,用户损失亦不同于以往以资金损失为主的情形,在互联网背景下,用户损失主要体现为资金损失和个人信息被侵犯。电子支付用户资金损失风险主要体现为:电子支付平台账户风险、交易风险中账号盗用、暴力破解、脱库撞库、身份冒用、洗钱套现、高危漏洞、病毒木马等欺诈风险行为。个人信息被侵犯方面的风险主要体现为:支付过程涉及用户的身份信息、银行卡信息、密码信息等诸多敏感信息,一旦泄露,易给不法分子以可乘之机,给用户带来重大损失。电子支付服务提供者有义务保护用户资金与信息安全,其在专业性和服务能力方面具有天然优势,应充分遵守国家有关支付安全管理要求,维护用户合法权益,保障支付市场总体稳健。支付服务提供者应创新安保能力,可基于海量风险数据和机器学习技术,建立精准风控模型及信息内控机制,通过事前信息审核、事中监测预警、事后关联分析,全程实时监测电子支付业务的潜在威胁。

2.国家有关支付安全管理要求

这些要求可参见《电子支付指引(第一号)》《非金融机构支付服务管理办法》《非银行支付机构网络支付业务管理办法》等。国家有关支付安全管理要求一般包括如下客观指标:取得相应业务牌照,

---

① 此系依中国人民银行相关规定、ISO/IEC 27000—2018(信息技术—安全技术—信息安全管理系统—概述和词汇)、GB/T 27910—2011(金融服务信息安全指南)及其他相关规定,对电子支付指令的完整性、一致性、可跟踪稽核和不可篡改等一般要求的理解。

② 电子商务法起草组:《中华人民共和国电子商务法条文释义》,法律出版社2018年版,第163—170页。

有一定数量的熟悉业务的高级管理人员,有符合要求的支付业务设施(包括支付业务处理系统、网络通信系统及容纳上述系统的专用机房),有健全的组织机构、内部控制制度和风险管理措施(包括具有合规管理、风险管理、资金管理和系统运行维护职能的部门),有符合要求的营业场所和安全保障措施、支付业务可行性研究报告、技术安全检测认证证明等。

3. 电子支付服务提供者支付安全管理义务

其提供电子支付服务必须符合国家有关支付安全管理要求,造成用户损失的,应当承担赔偿责任。其在向用户提供电子支付服务时,须有完善的支付安全管理办法。电子商务法之所以未具体明确支付安全管理要求,既考虑到新技术爆发背景下安全要求的不断变动与发展,避免因条文死板而导致责任不清的情况发生,同时又为有关部门依实情灵活调整安全管理要求留下空间。[①] 电子支付服务提供者违反支付安全管理义务赔偿责任的构成要件为:第一,其所提供的电子支付服务不符合国家有关支付安全管理的要求。第二,用户遭受损失。第三,其违反国家支付安全管理要求的行为和用户遭受损失之间存在因果关系。第四,其存在过错。其是否具有过错,一般通过客观行为来判断主观心态,只要其客观行为不符合国家有关支付安全管理要求,即判断其主观上有过错,有相反证据证明其不具有过错的除外。电子支付众多信息是数字化、无形信息,由电子支付服务提供者保存,其在技术上处绝对优势地位,为免受害人无法举证,从公平和效率角度分析,应适用过错推定原则。具体可以电子支付指令的发出作为确定客户与电子支付服务提供者责任的时点,用户仅需对发出支付指令前的错误负责,仅须证明其所受损失,无须证明电子支付服务提供者违反国家支付安全管理要求。只要用户正确发出支付指令,而电子支付服务提供者又无法证明其未违反国家支付安全管理要求,就应对用户的损失承担赔偿责任。[②]

（五）错误支付时所负义务及责任

《电子商务法》第五十五条第二款规定:"支付指令发生错误的,电子支付服务提供者应当及时查找原因,并采取相关措施予以纠正。造成用户损失的,电子支付服务提供者应当承担赔偿责任,但能够证明支付错误非自身原因造成的除外。"

1. 支付指令

支付指令是付款人向电子支付服务提供者发出的将固定的或可确定的货币金额交由收款人的无条件指令。其本质为一种数据电文,在完整记载收付款人的真实名称、交易金额、支付指令发起日期等事项,并经用户确认后,具有法律效力,可认为是用户发起资金划拨的真实意思表达。支付指令按业务规则发出后,用户不得要求变更或撤销,但双方另有约定的除外。因此,《电子商务法》第五十五条第一款规定"用户在发出支付指令前,应当核对支付指令所包含的金额、收款人等完整信息",确保其正确性。此外,用户授权他人发出的电子支付指令是有效指令。支付指令流程的安全性要求电子支付服务提供者完善业务规则,在接收支付指令时应对支付指令的信息进行验证。对较大数额或特定时段的支付指令,电子支付服务提供者可与用户约定进行多因素验证;发现支付指令可疑时,应在取得用户确认后再进行安全的资金划拨。对小微数额电子支付指令,可与用户约定采用便捷验证方式。

2. 支付指令错误

支付指令错误是支付指令传递中出现支付指令所载内容与指令发出人内心真意不一致,包括支付命令表述错误、错误支付命令、支付命令错误执行等。支付指令错误有客观与主观瑕疵;前者是指令发出人的输入错误,后者是因信息系统在生成、发送、接收或存储信息时发生难以预测和控制的技术故障,使得支付指令在到达前、后发生错误或丢失等风险。

---

① 电子商务法起草组:《中华人民共和国电子商务法条文研析与适用指引》,中国法制出版社 2018 年版,第 205—209 页。
② 赵旭东:《中华人民共和国电子商务法适用与原理》,中国法制出版社 2018 年版,第 426—433 页。

3. 错误支付时电子支付服务提供者所负义务

支付指令发生错误时,电子支付服务提供者应及时查找原因,并采取相关措施纠正。而用户发现支付指令错误,亦应及时通知电子支付服务提供者,其应在收到通知后及时查找原因、采取措施,并将处理结果告知用户。

4. 错误支付时电子支付服务提供者的赔偿责任

(1)归责原则。在支付指令错误导致的错误交易中,对电子支付服务提供者的归责原则是过错责任原则,并适用过错推定的归责方式。此举主要虑及电子支付技术性较强,用户面临技术障碍,较难证明支付指令错误是由电子支付服务提供者所致。电子支付服务提供者若不能证明支付错误非自身原因造成,就要承担赔偿责任。为免损害扩大,当其发现支付指令错误时,应及时查找原因,并通知用户,采取相关措施予以纠正。(2)赔偿责任方式。支付指令错误可分为支付指令生成错误和支付指令执行错误。因指令生成错误而造成损害,最终损害仍在执行阶段。支付指令执行造成损害时电子支付服务提供者所应承担的赔偿责任方式主要为:其一,返还资金。若划拨资金金额大于支付指令所载金额,或原资金划拨未能及时到账或到账资金未能及时通知用户,电子支付服务提供者应返还付款人本金。其二,补充差额。若接收资金的银行或非银行支付机构到位的资金金额小于支付指令所载金额,则银行或非银行支付机构应补足差额。其三,赔偿应偿利息的损失。电子支付服务提供者违反国家支付安全管理要求,使用户资金未获合理使用,损害利息利益,应按原定利率赔偿利息损失。[1]

(六)支付确认义务

《电子商务法》第五十六条规定:"电子支付服务提供者完成电子支付后,应当及时准确地向用户提供符合约定方式的确认支付的信息。"与传统柜台支付不同,电子支付服务提供者与用户通过电子系统联系,缺乏当面沟通,若无专门通知,用户难以知晓其电子支付是否完成,则不利于保护其知情权,确保其对电子支付的安全感。《电子支付指引(第一号)》第十九条第一款规定:"发起行应确保正确执行客户的电子支付指令,对电子支付指令进行确认后,应能够向客户提供纸质或电子交易回单。"《非银行支付机构网络支付业务管理办法》第二十七条规定:"支付机构应当采取有效措施,确保客户在执行支付指令前可对收付款客户名称和账号、交易金额等交易信息进行确认,并在支付指令完成后及时将结果通知客户。""因交易超时、无响应或者系统故障导致支付指令无法正常处理的,支付机构应当及时提示客户;因客户原因造成支付指令未执行、未适当执行、延迟执行的,支付机构应当主动通知客户更改或者协助客户采取补救措施。"《电子商务法》第五十六条还专门规定了电子支付服务提供者在完成电子支付后,应及时准确地向电子支付服务接受者提供符合约定方式的确认支付信息。具体要求如下:(1)要及时、准确。实践中,大部分支付系统可做到即时通知。通知内容通常包括支付时间、支付方式、支付对象、支付数额,有的还包括支付原因等。(2)通知要符合约定方式。通知约定方式包括短信通知、电子邮件通知、即时通信工具通知等,用户使用电子支付系统,通常会选择通知方式,有的是一个,有的是多个。若通知方式违反约定,则构成违约行为。用户接收通知的方式若发生变化,如原约定的手机号码、电子邮箱等停用,亦应及时通知电子支付服务提供者,双方可再约定其他方式。[2]

(七)非授权支付时所负义务及责任

1. 非授权支付

这是指未经用户合法授权,使用商业银行账户或支付机构账户,向支付机构发出支付指令,在收付款人之间实现资金转移的行为。非授权支付主要通过复制银行卡、盗取客户信息、获取客户短信验证码等手段,发起支付指令实现资金转移,线下支付、网上银行、快捷支付、第三方支付等渠道均存在。

① 赵旭东:《中华人民共和国电子商务法适用与原理》,中国法制出版社 2018 年版,第 434—436 页。

② 宋燕妮:《中华人民共和国电子商务法精释与适用》,中国民主法制出版社 2018 年版,第 156—157 页。

由于我国银行卡发行数量及互联网和移动支付用户数量巨大,非授权支付损失巨大,消费者投诉难、赔偿难。[①] 电子商务法吸收国际经验,同时虑及未来支付专门立法的衔接及各类支付的特殊性、复杂性和内在统一性,维护用户权益,防范道德风险,促进行业健康发展等诸多因素,初步规定了未授权支付基本的责任承担机制、用户妥善保管电子支付安全工具及遗失告知义务、电子支付服务提供者举证责任等。

2.用户妥善保管电子支付安全工具与遗失及时告知义务

电子支付中用户资金安全保护不仅依赖于电子支付服务提供者安保义务的履行,还依赖于用户对电子支付安全工具的妥善保管和及时风险通知。在支付指令发出前,要求用户妥善保管电子支付安全工具,是保障用户资金安全的重要措施,用户对风险事件的及时通知也有利于维护用户资金安全,降低资金风险。《电子商务法》第五十七条第一款规定:"用户应当妥善保管交易密码、电子签名数据等安全工具。用户发现安全工具遗失、被盗用或者未经授权的支付的,应当及时通知电子支付服务提供者。"若出现明显因用户原因导致安全工具、授权验证凭证泄露或用户恶意与他人串通等情况,用户应承担相应法律责任。通过专门立法敦促用户妥善保存安全工具,并及时告知风险事件,有利于加强消费者教育与保护,减少未授权支付中用户欺诈的道德风险,维护电子支付行业稳定;有利于从源头减少未授权支付的发生,减少因未授权支付而产生的资金追回和纠纷解决成本,节省经营成本和社会公共资源。

3.未授权支付的责任承担与举证责任分配

未经授权发出指令者构成侵权,应对用户损失承担赔偿责任,但往往直接侵权者难以寻找,或寻找到后因种种原因无法承担责任,此时就存在未授权支付责任在用户和电子支付服务提供者之间如何分担的问题。基于保护用户的立法价值取向,充分考虑未授权支付中过错证明难度和损失承担能力,《电子商务法》第五十七条第二款规定:"未经授权的支付造成的损失,由电子支付服务提供者承担;电子支付服务提供者能够证明未经授权的支付是因用户的过错造成的,不承担责任。"

(1)归责原则。电子支付服务提供者就未授权支付承担严格责任,未授权支付所致损失原则上由其承担,其仅在能证明未授权支付系用户过错所致,尚不承担责任。而"用户的过错"应被理解为"故意或重大过失"。因电子支付服务提供者为支付安全最后防线,较之用户,其处于最佳防控支付风险的位置,故在用户与其均存过错时,未授权支付所致损失仍由其承担。立法者希望通过本款规定促进支付服务提供者不断创新和采纳最新支付及安全技术,完善合规操作和强化风险管理,推动更安全的支付服务发展,切实从源头减少未授权支付的发生,促进电子支付行业整体健康可持续发展。

(2)举证责任分配。相较于电子支付服务提供者,用户在数据、法律资源方面一般处于弱势,故《电子商务法》第五十七条将未授权支付严格责任免责事由的举证责任分配给前者,但并非所有举证责任均如此分配,用户仍需初步证明未授权支付事实的存在。电子支付服务提供者主张争议交易为电子支付服务接受者本人交易或授权交易的,应承担举证证明责任。即在用户证明未授权支付的事实存在之后,发生未授权交易的证明责任转移至电子支付服务者一方。电子支付服务提供者应提交由其持有的争议交易行为发生时的电子交易记录等证据,无合理理由拒不提供的,应承担举证不能的法律后果。本条规定不排除电子支付服务提供者提供安全支付服务的一般性义务。电子支付服务提供者应按本法第五十四条等相关规定,采取符合国家有关支付安全管理要求的安全保障措施,勤勉防范未授权支付的发生。如有违反,电子支付服务提供者即使能证明用户疏于保存安全工具的过错是造成未经授权支付的主要原因,依前述电子支付服务提供者和用户都有过错时损害分担规则,电子支付服务提供者仍需赔偿用户损失并承担其他相应责任。

---

① 林一英:《非授权支付的责任承担——兼评〈电子商务法〉相关条款》,载《北京邮电大学学报(社会科学版)》2018年第6期,第34页。

4.未授权支付发生后的止损义务

《电子商务法》第五十七条第三款规定:"电子支付服务提供者发现支付指令未经授权,或者收到用户支付指令未经授权的通知时,应当立即采取措施防止损失扩大。电子支付服务提供者未及时采取措施导致损失扩大的,对损失扩大部分承担责任。"该款明确了电子支付服务提供者发现或被通知支付指令未授权时的止损义务,即损失发生后,电子支付服务提供者在知道或应当知道该情况后应积极采取措施防止损失的扩大,未能阻止损失扩大或未能积极作为而放任损失扩大的,对损失扩大的部分承担责任。规定电子支付服务提供者负有止损义务,是因其最有条件,也最有责任发现未授权支付行为,其在知道或应当知道发生支付未授权或存在较高风险时,应采取包括冻结账户、拒绝交易、追回资金等有效措施阻止损失扩大,否则应承担损失扩大的责任。该止损义务与未经授权的支付由谁之过错导致无关,即使用户的过错为未经授权支付发生的全部或主要原因,电子支付服务提供者仍应善尽止损义务,勤勉防范损失扩大,若在知道或应知发生支付未授权或存在较高风险后,未及时采取措施导致损失扩大的,应对损失扩大部分承担责任。[2]

实务分析 8-2

慈溪老板网银汇款按错了收款人汇过去 60 万元[1]

第三节　非银行机构支付服务法

背景资料 8-3

央行出台专门办法规范网络支付业务[3]

知识链接 8-6

《非金融机构支付服务管理办法》

【背景思考】

1.何谓非银行支付机构?国内有哪些涉及非银行支付机构的法律法规?

2.《非银行支付机构网络支付业务管理办法》对我们的日常生活带来了哪些影响?

中国人民银行于 2010 年 6 月和 12 月相继发布了《非金融机构支付服务管理办法》及其实施细则,对目前发展迅速的第三方电子支付服务行为进行了规范,以有效地防范市场风险,保护当事人合法利益。非金融机构提供支付服务,依法应取得《支付业务许可证》,成为支付机构。

图 8-2　支付宝支付业务许可证

---

① 张志斌:《"云网"事件考验电子支付》,载《中国计算机报》2003 年 12 月 15 日,第 F01 版。

② 电子商务法起草组:《中华人民共和国电子商务法解读》,中国法制出版社 2018 年版,第 286—293 页。

③ CCTV-13 央视新闻频道"新闻直播间":《〈非银行支付机构网络支付业务管理办法〉规范支付宝、微信等网络支付业务》,http://tv.cctv.com/2015/12/29/VIDE1451358846969272.shtml,2015-12-29。

2011 年 5 月,包括支付宝、财付通在内的首批 27 家公司获得了中国人民银行颁发的《支付业务许可证》。非金融机构支付业务是指非金融机构在收付款人之间作为中介机构提供下列部分或全部货币资金转移服务:① 网络支付,② 预付卡的发行与受理,③ 银行卡收单,④ 中国人民银行确定的其他支付服务。

知识链接 8-7
《非金融机构支付服务
管理办法实施细则》

一、国内非金融机构支付业务许可证制度

(一)支付业务许可证申请人的条件

支付业务许可证申请人条件如下。

(1)在中国境内依法设立的有限或股份公司,且为非金融机构法人。

(2)有符合本办法规定的注册资本最低限额。其中,申请人拟在全国范围内从事支付业务的,其注册资本最低限额为 1 亿元人民币;拟在省(自治区、直辖市)范围内从事支付业务的,其注册资本最低限额为 3000 万元人民币。注册资本最低限额为实缴货币资本。

(3)有符合本办法规定的出资人。

(4)有 5 名以上熟悉支付业务的高级管理人员。

(5)有符合要求的反洗钱措施。

(6)有符合要求的支付业务设施。

(7)有健全组织机构、内部控制制度和风险管理措施。

(8)有符合要求的营业场所和安全保障措施。

(9)申请人及其高级管理人员近 3 年内未因利用支付业务实施违法犯罪活动或为违法犯罪活动办理支付业务等受过处罚。

(二)申请人中主要出资人的条件

申请人中主要出资人的条件如下。

(1)为依法设立的有限责任或股份有限公司。须是国内企业;外商投资支付机构的业务范围、境外出资人的资格条件和出资比例等,由中国人民银行另行规定,报国务院批准。

(2)截至申请日,连续为金融机构提供信息处理支持服务 2 年以上,或连续为电子商务活动提供信息处理支持服务 2 年以上。

(3)截至申请日,连续盈利 2 年以上。

(4)近 3 年内未因利用支付业务违法犯罪或为违法犯罪活动办理支付业务等受过处罚。

(三)申请应递交的材料

申请人应当向所在地中国人民银行分支机构提交下列文件、资料。

(1)书面申请,载明申请人的名称、住所、注册资本、组织机构设置、拟申请支付业务等。

(2)公司营业执照(副本)复印件。

(3)公司章程。

(4)验资证明。

(5)经会计师事务所审计的财务会计报告。

(6)支付业务可行性研究报告。

(7)反洗钱措施验收材料。

(8)技术安全检测认证证明。

(9)高级管理人员的履历材料。

(10)申请人及其高级管理人员的无犯罪记录证明材料。

(11)主要出资人的相关材料。

(12)申请资料真实性声明。

（四）申请人公告及批准

申请人应在收到受理通知后按规定公告下列事项：①申请人的注册资本及股权结构，②主要出资人的名单、持股比例及其财务状况，③拟申请的支付业务，④申请人的营业场所，⑤支付业务设施的技术安全检测认证证明。

中国人民银行分支机构依法受理符合要求的各项申请，并将初审意见和申请资料报送中国人民银行。中国人民银行审查批准的，依法颁发《支付业务许可证》，并予以公告。《支付业务许可证》自颁发之日起，有效期5年。支付机构拟于《支付业务许可证》期满后继续从事支付业务的，应当在期满前6个月内向所在地中国人民银行分支机构提出续展申请。中国人民银行准予续展的，每次续展的有效期为5年。

二、从事支付业务非金融机构的法律义务

(1)按照《支付业务许可证》核准的业务范围从事经营活动，不得从事核准范围之外的业务，不得将业务外包。支付机构不得转让、出租、出借《支付业务许可证》。

(2)按照审慎经营的要求，制定支付业务办法及客户权益保障措施，建立健全风险管理和内部控制制度，并报所在地中国人民银行分支机构备案。

(3)制定支付服务协议，明确其与客户的权利和义务、纠纷处理原则、违约责任等事项。支付机构应当公开披露支付服务协议的格式条款，并报所在地中国人民银行分支机构备案。

(4)支付机构接受客户备付金时，只能按收取的支付服务费向客户开具发票，不得按接受的客户备付金金额开具发票。支付机构接受的客户备付金不属于支付机构的自有财产。支付机构只能根据客户发起的支付指令转移备付金。禁止支付机构以任何形式挪用客户备付金。

支付机构接受客户备付金的，应当在商业银行开立备付金专用存款账户存放备付金。支付机构只能选择一家商业银行作为备付金存管银行，且在该商业银行的一个分支机构只能开立一个备付金专用存款账户。支付机构应当与商业银行的法人机构或授权的分支机构签订备付金存管协议，明确双方的权利、义务和责任。支付机构应当向所在地中国人民银行分支机构报送备付金存管协议和备付金专用存款账户的信息资料。支付机构的实缴货币资本与客户备付金日均余额的比例，不得低于10%。所谓客户备付金日均余额，是指备付金存管银行的法人机构根据最近90日内支付机构每日日终的客户备付金总量计算的平均值。

(5)支付机构应按规定核对客户有效身份证件或其他有效身份证明文件，并登记客户身份基本信息。支付机构明知或应知客户利用其支付业务实施违法犯罪活动的，应停止为其办理支付业务。

(6)支付机构应具备必要技术手段，确保支付指令的完整性、一致性和不可抵赖性，支付业务处理的及时性、准确性和支付业务的安全性；具备灾难恢复处理能力和应急处理能力，确保支付业务的连续性。

(7)支付机构应依法保守客户的商业秘密，不得对外泄露。

(8)支付机构应按规定妥善保管客户身份基本信息、支付业务信息、会计档案等资料。

(9)支付机构应接受中国人民银行及其分支机构定期或不定期的现场检查和非现场检查，如实提供有关资料，不得拒绝、阻挠、逃避检查，不得谎报、隐匿、销毁相关证据材料。

知识链接8-8

《非银行支付机构网络支付业务管理办法》

三、非银行支付机构网络支付业务管理办法

中国人民银行《非银行支付机构网络支付业务管理办法》（中国人民银行公告〔2015〕第43号）实施的目的在于规范非银行支付机构网络支付业务，防范支付风险，保护当事人合法权益。

（一）一般规定

1.适用范围

支付机构从事网络支付业务,适用该办法。支付机构是依法取得支付业务许可证,获准办理互联网支付、移动电话支付、固定电话支付、数字电视支付等网络支付业务的非银行机构;网络支付业务是收款人或付款人通过计算机、移动终端等电子设备,依托公共网络信息系统远程发起支付指令,且付款人电子设备不与收款人特定专属设备交互,由支付机构为收、付款人提供货币资金转移服务的活动;收款人特定专属设备是专门用于交易收款,在交易过程中与支付机构业务系统交互并参与生成、传输、处理支付指令的电子设备。

2.支付机构网络支付业务的宗旨与基本内容

支付机构应遵循服务电商发展和为社会提供小额、快捷、便民小微支付服务的宗旨,基于客户银行账户或依法为客户开立的支付账户提供网络支付服务。该支付账户是获得互联网支付业务许可的支付机构,依客户真实意愿为其开立,用于记录预付交易资金余额、客户凭以发起支付指令、反映交易明细信息的电子簿记;该账户不得透支、出借、出租、出售,不得利用该账户从事或协助他人从事非法活动。

3.支付机构网络支付业务应执行的监管规定及行业规范

支付机构基于银行卡为客户提供网络支付服务,应执行银行卡业务相关监管规定和银行卡行业规范。支付机构对特约商户的拓展与管理、业务与风险管理应执行《银行卡收单业务管理办法》等相关规定。支付机构网络支付服务涉跨境人民币结算和外汇支付的,应执行中国人民银行、国家外汇管理局相关规定。支付机构应依法维护当事人合法权益,履行反洗钱和反恐怖融资义务。

4.对支付机构的分类评价与监管

支付机构依中国人民银行有关规定接受分类评价,并执行相应分类监管措施。

（二）客户管理

1.建立健全客户身份识别机制

支付机构应遵循"了解你的客户"原则,建立健全客户身份识别机制。为客户开立支付账户的,应对客户实行实名制管理,建立客户唯一识别编码,采用持续身份识别措施。

2.与客户签订服务协议

支付机构应与客户签订服务协议,约定双方责任、权利和义务,至少应明确业务规则、收费项目和标准,查询差错、争议及投诉等服务流程和规则,业务风险和非法活动防范及处置措施,客户损失责任划分和赔付规则等内容。以显著方式告知客户:"支付账户所记录的资金余额不同于客户本人的银行存款,不受《存款保险条例》保护,其实质为客户委托支付机构保管的、所有权归属于客户的预付价值。该预付价值对应的货币资金虽然属于客户,但不以客户本人名义存放在银行,而是以支付机构名义存放在银行,并且由支付机构向银行发起资金调拨指令。"应确保协议内容清晰易懂,以显著方式提示客户注意重大利害关系事项。

3.依规定为客户开立支付账户

获互联网支付业务许可的支付机构,经客户申请可为其开立支付账户;仅获移动电话支付、固定电话支付、数字电视支付业务许可的支付机构,不得为客户开立支付账户。支付机构不得为金融机构及从事信贷、融资等金融业务的其他机构开立支付账户。

（三）业务管理

1.禁止经营相关金融业务

支付机构不得经营或变相经营证券、保险、信贷、融资、理财、担保、信托、货币兑换、现金存取等业务。

2.扣划客户银行账户资金应执行的要求

支付机构向客户开户银行发送支付指令,扣划客户银行账户资金时,支付机构应事先或在首笔交易时自主识别客户身份并分别取得客户和银行的协议授权,同意其向客户的银行账户发起支付指令

扣划资金;银行应事先或在首笔交易时自主识别客户身份并与客户直接签订授权协议,明确约定扣款适用范围和交易验证方式,设立与客户风险承受能力相匹配的单笔和单日累计交易限额,承诺无条件全额承担此类交易的风险损失先行赔付责任;除单笔金额不超过200元的小额支付业务,公共事业缴费、税费缴纳、信用卡还款等收款人固定且定期发生的支付业务及符合第三十七条规定情形外,支付机构不得代替银行进行交易验证。

3.支付账户关联与分类管理

支付机构应依客户身份对同一客户在本机构开立的所有支付账户关联管理,并按要求对个人支付账户划分为Ⅰ类、Ⅱ类、Ⅲ类支付账户分类管理。

4.银行账户与支付账户转账业务管理

支付机构办理银行账户与支付账户之间转账业务,相关银行账户与支付账户应属同一客户。支付机构应按与客户约定及时办理支付账户向客户本人银行账户转账业务,不得对Ⅱ类、Ⅲ类支付账户向客户本人银行账户转账设置限额。

5.预付卡向支付账户转账业务管理

支付机构为客户办理本机构发行的预付卡向支付账户转账,应按支付机构预付卡业务管理办法相关规定对预付卡转账至支付账户的余额单独管理,仅限其用于消费,不得通过转账、购买金融类产品等形式进行套现或变相套现。

6.交易信息管理

支付机构应确保交易信息的真实性、完整性、可追溯性及在支付全流程中的一致性,不得篡改或隐匿交易信息。

7.划回资金业务管理

因交易取消(撤销)、退货、交易不成功或投资理财等金融类产品赎回等原因需划回资金的,相应款项应划回原扣款账户。

8.客户操作行为管理

对客户网络支付业务操作行为,支付机构应在确认客户身份及真实意愿后及时办理,并在操作生效之日起至少5年内,真实、完整保存操作记录。

(四)风险管理与客户权益保护

1.客户风险评级管理

支付机构应综合客户类型、身份核实方式、交易行为特征、资信状况等因素,建立客户风险评级管理制度和机制,并动态调整客户风险评级及相关风险控制措施,对疑似欺诈、套现、洗钱、非法融资、恐怖融资等交易,及时采取调查核实、延迟结算、终止服务等措施。

2.潜在风险管理

支付机构应向客户充分提示网络支付业务的潜在风险,及时揭示不法分子新型作案手段,对客户进行必要安全教育,并在操作前、操作中警示高风险业务。

3.风险准备金和交易赔付制度

支付机构应建立健全风险准备金制度和交易赔付制度,并对不能有效证明因客户原因导致的资金损失及时先行全额赔付,保障客户合法权益。

4.客户信息保护

支付机构应依中国人民银行有关客户信息保护规定,制定有效的客户信息保护措施和风险控制机制,履行客户信息保护责任。支付机构不得存储客户银行卡敏感信息,原则上不得存储银行卡有效期;应以最小化原则采集、使用、存储和传输客户信息,并告知客户相关信息使用目的和范围;不得向其他机构或个人提供客户信息。支付机构应通过协议约定禁止特约商户存储客户银行卡敏感信息,特约商户违约存储敏感信息的,支付机构应立即暂停或终止为其提供支付服务,并依法承担因相关信息泄露造成的损失和责任。

5. 支付账户余额付款交易的验证

支付机构可组合选用下列要素验证客户使用支付账户余额付款交易:仅客户本人知悉的要素,如静态密码等;仅客户本人持有并特有的、不可复制或不可重复利用的要素,如经过安全认证的数字证书、电子签名及通过安全渠道生成和传输的一次性密码等;客户本人生理特征要素,如指纹等。支付机构应确保采用的要素相互独立,部分要素损坏或泄露不应导致其他要素损坏或泄露。支付机构采数字证书、电子签名作为验证要素的,数字证书及生成电子签名过程应符合《电子签名法》《金融电子认证规范》等有关规定,确保数字证书唯一性、完整性及交易不可抵赖性。支付机构采用一次性密码作为验证要素,应切实防范一次性密码获取端与支付指令发起端为相同物理设备而带来的风险,并将一次性密码有效期严格限制在最短的必要时间内。支付机构采用客户本人生理特征作为验证要素,应符合国家、金融行业标准和相关信息安全管理要求,防止被非法存储、复制或重放。

6. 支付账户余额付款交易的限额管理

支付机构应根据交易验证方式安全级别,按要求限额管理个人客户使用支付账户余额付款交易:采用包括数字证书或电子签名在内的两类(含)以上有效要素进行验证的交易,单日累计限额由支付机构与客户协议约定;采用不包括数字证书、电子签名在内的两类(含)以上有效要素进行验证的交易,单个客户所有支付账户单日累计金额应不超过 5000 元人民币(不包括支付账户向客户本人同名银行账户转账);采用不足两类有效要素进行验证的交易,单个客户所有支付账户单日累计金额应不超过 1000 元人民币(不包括支付账户向客户本人同名银行账户转账),且支付机构应承诺无条件全额承担此类交易的风险损失赔付责任。

7. 支付业务系统安全管理及责任

支付机构网络支付业务相关系统设施和技术,应持续符合国家、金融行业标准和相关信息安全管理要求。如未符合相关标准和要求,或尚未形成国家、金融行业标准,支付机构应无条件全额承担客户直接风险损失的先行赔付责任。

8. 业务处理及备份系统管理

支付机构应在境内拥有安全、规范的网络支付业务处理系统及其备份系统,制定突发事件应急预案,保障系统的安全性和业务连续性。支付机构为境内交易提供服务的,应通过境内业务处理系统完成交易处理,并在境内完成资金结算。

9. 客户支付指令相关权益保护

支付机构应采取有效措施,确保客户在执行支付指令前可确认收付款客户名称和账号、交易金额等交易信息,并在支付指令完成后及时将结果通知给客户。因交易超时、无响应或系统故障导致支付指令无法正常处理的,支付机构应及时提示客户;因客户原因造成支付指令未执行、未适当执行、延迟执行的,支付机构应主动通知客户更改或协助客户采取补救措施。

10. 交易信息查询服务与差错争议及纠纷投诉处理

支付机构应通过具有合法独立域名的网站和统一的服务电话等渠道,为客户免费提供至少最近一年以内的交易信息查询服务,并建立健全差错争议和纠纷投诉处理制度,配备专业部门和人员据实、准确、及时处理交易差错和客户投诉。

11. 客户自主选择权保护

支付机构不得强迫客户使用本机构提供的支付服务,不得阻碍客户使用其他机构提供的支付服务。支付机构应公平展示客户可选用的各种资金收付方式,不得以任何形式诱导、强迫客户开立支付账户或通过支付账户办理资金收付,不得附加不合理条件。

12. 暂停服务及变更协议的公告

支付机构因系统升级等原因需暂停网络支付服务的应至少提前 5 个工作日公告。支付机构变更协议,应于实施之前在网站等服务渠道以显著方式连续公示 30 日,并于客户首次办理相关业务前确认客户知悉且接受拟调整的全部详细内容。

（五）监督管理

1. 相关事项的报告

支付机构提供网络支付创新产品或服务、停止提供产品或服务、与境外机构合作在境内开展网络支付业务的，应至少提前 30 日向法人所在地中国人民银行分支机构报告。支付机构发生重大风险事件，应及时向上述分支机构报告；发现涉嫌违法犯罪的，同时报告公安机关。

2. 对支付机构的分类监管与评价

中国人民银行可结合支付机构的企业资质、风险管控特别是客户备付金管理等因素，确立支付机构分类监管指标体系，建立持续分类评价工作机制，并对支付机构实施动态分类管理。具体办法由中国人民银行另行制定。

3. 行业自律组织管理

支付机构应加入中国支付清算协会，接受行业自律组织管理。中国支付清算协会应依本办法制定网络支付业务行业自律规范，建立自律审查机制，向中国人民银行备案后组织实施。

（六）法律责任

支付机构从事网络支付业务有下列情形之一的，中国人民银行及其分支机构依《非金融机构支付服务管理办法》第四十二条处理，即由中国人民银行分支机构责令其限期改正，并给予警告或处 1 万元以上 3 万元以下罚款：①未按规定建立客户实名制管理、支付账户开立与使用、差错争议和纠纷投诉处理、风险准备金和交易赔付、应急预案等管理制度；②未按规定建立客户风险评级管理、支付账户功能与限额管理、客户支付指令验证管理、交易和信息安全管理、交易监测系统等风险控制机制的，未对支付业务采取有效风险控制措施；③未按规定进行风险提示、公开披露相关信息；④未按规定履行报告义务。

知识链接 8-9
《条码支付业务
规范（试行）》

实务分析 8-3
马华锋与青岛
快付通公司合
同纠纷案①

支付机构从事网络支付业务有下列情形之一，中国人民银行及其分支机构依《非金融机构支付服务管理办法》第四十三条处理，即由中国人民银行分支机构责令其限期改正，并处 3 万元罚款；情节严重的，中国人民银行注销其《支付业务许可证》；涉嫌犯罪的，依法移送公安机关立案侦查；构成犯罪的，依法追究刑事责任。情节严重的，依《中国人民银行法》第四十六条处理：①不符支付机构支付业务系统设施有关要求；②不符国家、金融行业标准和相关信息安全管理要求，采用数字证书、电子签名不符《电子签名法》《金融电子认证规范》等规定；③为非法、虚假交易提供支付服务，发现客户疑似或涉嫌违法违规行为未按规定采取有效措施；④未按规定采取客户支付指令验证措施；⑤未真实、完整、准确反映网络支付交易信息，篡改或隐匿交易信息；⑥未按规定处理客户信息或未履行客户信息保密义务，造成信息泄露隐患或导致信息泄露；⑦妨碍客户自主选择支付服务提供主体或资金收付方式；⑧公开披露虚假信息；⑨违规开立支付账户或擅自经营金融业务。

支付机构违反反洗钱和反恐怖融资规定的，依国家有关法律法规处理。

---

① 详见"马华锋与青岛快付通数据服务有限公司合同纠纷案民事判决书"。山东省青岛市中级人民法院，案件字号：（2016）鲁 02 民终 5997 号。

本章练习

第八章练习

（含"理论思考""实务分析""实务训练"）

第三编拓展阅读文献清单

电商行为法拓展阅读文献清单

第四编

电商知识产权保护法

第九章　电商知识产权保护法概述

电商环境下知识产权出现许多新特点，面临很多新挑战。统计显示，61.54％的电商经营者曾遭遇知识产权（以下简称知产）纠纷，[1]法院受理涉电商知产纠纷案件自 2008 年以来逐年上升，[2]知产保护成为电商发展亟须解决的问题。《电子商务法》不仅建立较为完善的"避风港"规则，构筑为电商产业健康发展保驾护航的"避风港"，而且构筑了保护权利人知识产权和消费者利益的"护城河"，基本达成了各相关方的利益平衡。[3]

第一节　电商与知识产权保护

背景资料 9-1
环球唱片公司诉阿里公司侵犯著作邻接权纠纷案[4]

【背景思考】

1.原告是否对涉案歌曲享有录音制作者权？被告涉案行为是否侵犯原告录音制作者权？应否承担相应法律责任？

2.电子商务发展带来了哪些知识产权问题？在电子商务中应该如何保护知识产权？

一、电商环境下知识产权的新特性

电商环境下知识产权主要涉及域名权、著作权、商标权、专利权等。电子商务匿名性、信息开放性特点致使该环境下知产保护面临一些难题，并出现了一些新特征。

（一）知识产权客体多样化

电子商务中知识产权不仅产生了诸如域名、计算机软件、网络商业秘密等新客体，而且传统商标权、著作权等客体也发生了变化。前者出现了网络商标的动态链接（links）、埋字串（metatag）等问题；后者则涉及数据库、网络邻接权等问题，主要集中在版权作品网络传播权、多媒体著作权、数字转化权、数据库著作权等方面。

---

① 冀瑜等：《电子商务市场知识产权保护的制度缺失及其对策》，载《知识产权》2014 年第 6 期，第 58 页。

② 陈文煊：《电子商务知识产权纠纷案件综述》，载《电子知识产权》2012 年第 4 期，第 72 页。

③ 徐卓斌：《〈电子商务法〉对知识产权法的影响》，载《知识产权》2019 年第 3 期，第 31 页。

④ 详见"环球国际唱片股份有限公司（Universal International Music B. V.）诉北京阿里巴巴信息技术有限公司侵犯著作邻接权纠纷案"。北京市第二中级人民法院，案件字号：(2007)二中民初字第 02626 号。

（二）网络侵权的隐蔽性

metatag 是 HTML 中的一个语句，专门作为网页索引之用，起标识作用，很多搜索引擎通过查询 metatag，根据其中关键字来确定该网页主要内容，将其列入搜索引擎目录。如果一些网站为了增加点击数，而将一些搜索频次较高的关键词嵌入其中，隐形使用一些知名商标，即有可能构成隐性侵权。

（三）数字产品的特殊性

1. 不可破坏性

数字产品一经制造，能永远保存，只要其物理载体不出现问题，其质量一般不会下降。对同一数字产品，多数消费者一般只购买一次，且可能转让他人使用。

2. 内容可改变性

数字产品内容易被修改。服务提供商能按消费者个性需求进行定制化服务，而数字产品提供者一般会采内容加密、合同约束等措施来控制用户修改。

3. 易复制性

数字产品复制成本极低，却有高回报，给保护版权带来更多难题。[2]

实务分析 9-1
精英商标事务所诉猪八戒、百度关键词推广侵害商标权纠纷案[1]

二、电商与知产保护的联系

电子商务与知识产权保护存在诸多密切联系，知识产权法已成为电商经营者、消费者（用户）与知识产权人之间权利平衡的调节器，电商知识产权保护亦成为电子商务法的重要内容。

（一）知识产权是数据信息保护的法律工具之一

电子商务的核心问题之一是"数据信息"，而知识产权法则是信息保护的重要法律工具。知识产权属"信息产权"，对符合法定条件、处专有领域的"信息"提供法律保护。电子商务"信息流"中相当大一部分"数据信息"可作为"商业秘密"直接受知识产权法保护；而更多"数据信息"的固化与表达可以文学作品、计算机软件、数据库等形式获版权或其他权利保护；某些"数据信息"可商品化，构成"信息化商品"受商标、商誉等权利保护；电子商务商业竞争自然要受反不正当竞争法制约与限制。目前版权保护已延伸到网络环境中对作品传播、利用的保护。另，电商网站或网页上充斥的各种商标或其他标识，可受商标权、商誉权等保护；网络传输所利用的各种计算机程序与软件，网上电子商务所创新的商业方法，则涉及专利技术或技术秘密，得受专利法及相关法律保护。

（二）知识产权产品是电子商务的主要交易对象之一

电商有形商品交易中存在大量的含高新技术且具有高附加值的高科技"知识产权产品"。而电商无形商品交易中计算机软件、视听作品、录音制品、文学作品等版权产品，可在线"上载""下载"，实现网上交付，利用电商形式交易更是独具优势。

（三）电商模式已成专利保护客体之一

美国联邦巡回上诉法院于 1998 年判决 State Street 银行诉 Signature 金融集团案，确认了电子商务商业模式软件专利合法有效。[3] 我国国家知识产权局于 2003 年初授予美国花旗银行两项电子商务商业方法专利权，2004 年颁布了《商业方法相关发明专利申请的审查规则（试行）》。我国电子商务商业方法发明专利以企业为主，而金融业则是电子商务商业方法专利申请的主要领域之一。[4]

---

① 详见"深圳市精英商标事务所与重庆猪八戒网络有限公司、北京百度网讯科技有限公司侵害商标权纠纷案"。广东省深圳市中级人民法院，案件字号：（2017）粤 03 民初 890 号。

② 郭方明等：《我国电子商务环境下知识产权保护的特征、挑战与策略》，载《电子商务》2014 年第 5 期，第 3 页。

③ 李顺德：《电子商务与知识产权保护》，载《中国工商管理研究》2000 年第 11 期，第 14—15 页。

④ 陈霞等：《我国电子商务商业方法专利发展态势分析》，载《情报科学》2009 年第 12 期，第 1853—1857 页。

（四）电子商务挑战传统知识产权保护模式

电商活动与传统知识产权法律保护的冲突表现为：第一，电子商务的全球性使得在国际电子商务中，法律法规的不平衡对电子证据的采纳造成很大难度，极不利于电子商务法律的推行。第二，电商领域好的商业模式会导致很多人争相复制，但专利保护情况根据每个国家具体情况而定，将合法的专利垄断权力扩展到商业方法领域可能会造成商业垄断，扼杀竞争与创新。第三，电商环境下企业域名可能遭恶意抢注，而域名导航技术、中文网址、无线网址、企业微博账号等各类新技术无疑增加了域名保护难度，很多知名企业网络品牌的树立和维护遇到挑战。第四，数字作品能在很短时间内被复制、传递、存储和大量扩散，现有技术能力却难以及时发现、跟踪及消除。第五，超链接技术和搜索技术可能使得被链接网站的内容及商标等利益被侵权，损害内容提供商的利益。第六，隐形商标侵权，一些网站将他人商标安插在自己的网页源代码中，以增加自身网页搜索结果页排名靠前度。第七，电商知产侵权案件审理面临调查取证难、判定版权归属和是否侵权难、确定赔偿额度难等问题。[①]

三、电商知产纠纷案件特点

国内法院受理的有关电商知产纠纷案多发生在 2008 年之后，且呈逐年上升态势。

（一）主要集中在经济发达地区

从纠纷产生及案件管辖区域分布来看，电商知产纠纷案主要集中在东部沿海及内陆经济发达省、市，主要由于被告住所地或侵权行为地为此类案件主要管辖依据，而国内电商经营者多集中在北京、及长三角、珠三角等经济较发达地区。受理此类案件较多者系北京（占 50%）、浙江（占 24%）、上海（占 12%）、广东（占 6%）、江苏（占 4%）等地法院。

（二）多为侵犯著作权、注册商标专用权纠纷案件

在案件类型方面，绝大多数纠纷为知识产权侵权纠纷，占案件总数的 98%。涉及权利客体包括注册商标专用权、著作权、专利权、企业名称权、知名商品特有包装装潢等几乎所有类型的知识产权。从分布上看，侵犯注册商标专用权纠纷案件占 42%，侵犯著作权纠纷案件占 42%，侵犯专利权纠纷案件占 6%，不正当竞争纠纷案件占 8%，其他案件类型占 2%。

（三）涉案标的额普遍不高但社会影响力较大

此类案件标的额多在数万至数十万元之间，数万元案件比例较高，但却引发了较为广泛的关注。原因主要在于：其一，电商知产问题多为新问题，面临众多法律空白，案件处理引发诸多探讨；其二，对众多权利人而言，许多案件为"试水"诉讼，矛头直指平台经营者，一旦诉讼成功，对其他权利人无疑有重大示范效应，维权成本将锐减；其三，对电商而言，可谓寸土必争，其担心法院在个案中对其加重责任的判决会引发潜在维权诉讼爆发，危及行业发展与生存；其四，案件审理结果国际反响较大。从影响面而言，侵犯注册商标专用权案件影响受关注程度最高。如 2011 年北京一中院、二中院受理的"欧米茄、浪琴钟表、雷达表有限公司分别起诉浙江淘宝网络有限公司等被告的四件侵犯注册商标专用权纠纷案"[②]中，原告不仅要求平台与其网络用户（销售者）承担 200 万元人民币的连带责任，而且明确提出要求平台设置价格过滤机制这一各方极为关注、影响面较广的诉求。

（四）涉及平台经营者案件争议大

因电子商务依托于各平台经营者，故电商知产纠纷案突出问题是指平台经营者是否侵权、有无过错、是否担责等。各平台知产审查义务与其属何种类型或其具体涉案行为性质相关。实践中电商平台

---

① 郭子明等：《我国电子商务环境下知识产权保护的特征、挑战与策略》，载《电子商务》2014 年第 5 期，第 3—4 页。

② 详见"欧米茄、浪琴钟表、雷达表有限公司分别起诉浙江淘宝网络有限公司等被告的四件侵犯注册商标专用权纠纷案"。北京市第一中级人民法院，案件字号：(2011)一中民初字第 7876 号；北京市第二中级人民法院，案件字号：(2011)二中民初字第 8433 号、8434 号、8435 号。最终这四起案件以原、被告双方达成和解结案。

存在混业经营与业务分拆两种方向,混业经营平台可能同时提供不同性质平台服务,对其责任判定应依其具体涉案行为区别对待。自营型电商平台义务与责任较为明确,其对自身发布之信息、所供商品或服务管控力强,故涉及知识产权纠纷较少(占案件总数 28%),且多为著作权纠纷(占此类纠纷 93%),平台承担损害赔偿责任较少(占此类纠纷 28.6%)。②《电子商务法》第二章第二节从第四十一条至第四十五条就平台经营者"知识产权保护规则""知识产权权利人的通知与平台经营者的删除等措施""平台内经营者的声明及平台经营者采取措施的终止""知识产权权利人的通知、平台经营者采取的措施及平台内经营者声明的公示""平台经营者知识产权侵权责任"等予以规定。

实务分析 9-2
孙某诉天津人民出版社、当当网侵犯专有出版权纠纷案①

第二节　平台经营者知识产权保护制度

【背景思考】

1.韩寒是否享有《像》一书的信息网络传播权?

2.百度公司是否侵权并应承担侵权责任?

背景资料 9-2
韩寒与百度公司侵害著作权纠纷案③

《电子商务法》第五条要求所有电商经营者均应履行知产保护义务,第四十一至四十五条专门规定了平台经营者知产保护制度。

一、平台经营者知产保护义务

(一)建立知识产权保护规则

依《电子商务法》第四十一条,平台经营者须建立知识产权保护规则。该规则须符合相关知识产权法律、行政法规的规定,不得降低法定知产保护水平或为知产保护设置不合理条件或障碍。规则内容并非简单重复有关法律规定或要求,而是将法律规范应用于平台环境,并使之具体化、细致化。知产保护规则应包含平台内经营者知产保护义务、知识产权人发出通知的内容与程序、平台经营者实施措施的内容与程序、平台内经营者提交的声明的内容与程序、各方法律责任与相关争议解决机制等内容,并在平台上公示。平台经营者还应建立有关自动信息系统,接收、转递、处理来自知识产权人的通知与平台内经营者的声明。有关自动信息系统的使用步骤、注意事项、下载方法等亦应明示。平台经营者可在知产保护规则中规定恶意通知损害平台内经营者合法权益、扰乱正常经营活动者的加倍赔偿责任。

(二)与知识产权人等各方加强合作

依《电子商务法》第四十一条,平台经营者应与平台内外的知识产权人加强合作。平台经营者应依法给予平台内外知识产权人同等待遇,不应歧视平台外知识产权人或为其权利保护设置障碍,对侵害知识产权行为均应及时采取措施,不得偏私。平台经营者还应与平台内经营者、消费者等其他利益相关方合作,与相关执法机构加强合作,积极配合有关执法活动。

---

① 详见"孙某诉天津人民出版社、当当网侵犯专有出版权纠纷案"。一审:北京市东城区人民法院,案件字号:(2008)东民初字第 3802 号;二审:北京市第二中级人民法院,案件字号:(2008)二中民终字第 14472 号。

② 陈文煊:《电子商务知识产权纠纷案件综述》,载《电子知识产权》2012 年第 4 期,第 72—78 页。

③ 详见"韩寒与北京百度网讯科技有限公司侵害著作权纠纷案"。北京市海淀区人民法院,案件字号:(2012)海民初字第 5558 号。

（三）实施知识产权治理措施

依《电子商务法》第四十二至四十四条,平台经营者收到知识产权人通知后应对平台内相关经营者采取必要措施。

1.平台经营者采取治理措施

《电子商务法》第四十二条规定了知识产权人的通知与平台经营者的必要措施。知识产权人发出通知是电商平台治理措施的第一步。知识产权人应对其通知的真实性负责,并提供侵权的初步证据,包括身份证明、权利证明与所主张的侵权事实。平台经营者接到知识产权人通知后,依表面证据的认定方法,能初步认定通知的真实性与主张的合法性的,应依通知要求对平台内相关经营者采必要措施,并将该通知转送平台内经营者。平台经营者不能借口无力对通知真实性加以判断,拒绝或逃避采取必要治理措施。如果因此造成知识产权人损害扩大的,应与平台内经营者就扩大的损害承担连带责任。

2.知识产权人恶意通知的赔偿责任

《电子商务法》第四十二条规定,知识产权人发出通知错误,给平台内经营者造成损害的,依法承担民事责任;若知识产权人恶意发出错误通知,造成平台内经营者损失的,应加倍承担赔偿责任。加重责任的规定防止知识产权人滥用权利或扰乱市场竞争秩序,强化知识产权人发出通知的责任感,有利于减少恶意、不实通知。

3.平台终止治理措施的条件和程序

《电子商务法》第四十三条规定了平台内经营者终止治理措施的条件和程序,目的是平衡知识产权人与平台内经营者双方的合法权益,一方面强化平台知识产权治理措施的效力,另一方面督促知识产权人及时寻求法律救济,将有关纠纷从电商平台移至正式途径解决。平台经营者不对知识产权通知及平台内经营者否认侵权声明进行实质审查,其所采取的知识产权保护措施仅具临时性与自治性。在被通知的平台内经营者提出异议与抗辩时,知识产权人应及时寻求正式法律救济,向主管部门投诉或向法院起诉,并有15日缓冲期。若知识产权人为延续删除、屏蔽、断开链接、终止交易和服务等措施恶意提起投诉或起诉,故意损害平台内经营者合法竞争利益,应为此承担不正当竞争法律责任。平台经营者虽可依《电子商务法》建立在线争议解决机制,用于解决知识产权人与平台内经营者之间的知产争议,但不得因此规避或歪曲其依法应承担的知产治理措施义务。

实务分析 9-3
恶意投诉淘宝卖家商标侵权案①

4.信息公示义务

依《电子商务法》第四十四条,平台经营者应及时公示收到的知识产权人通知、平台内经营者的声明及处理结果,目的是保证平台治理的公开透明,接受有关各方监督。若涉及个人信息、秘密信息等内容,平台公示时可以适当方式加以保护,如过滤敏感信息,仅公示节略信息或统计性信息等。

二、平台经营者知产保护责任

（一）平台经营者知产保护民事责任一般规定

依《电子商务法》第四十五条,平台经营者违反知产保护义务应承担过错责任,责任方式为连带责任,具体分为以下情形。

1.平台经营者有意为之、明知故犯

即平台经营者确切"知道"平台内经营者的侵权行为,但未采取必要措施予以制止。

2.平台内侵权行为明显而平台经营者应注意到

即平台经营者应当知道平台内经营者侵权行为,却视而不见、听之任之,未采取必要措施予以制止。

---

① 详见"王垒、江海、浙江淘宝网络有限公司不正当竞争纠纷案"。杭州铁路运输法院,案件字号:(2018)浙8601民初868号。

3.第四十五条可能隐含第三种情形

即平台内经营者的侵权行为不易发现（如销售未经版权人许可擅自改编的有关作品）、不够明显，平台经营者仅有一般过失，其仅承担一般侵权责任，不应与侵权人承担连带责任。但平台经营者若收到知识产权人通知，则"知道"了平台内经营者的侵权行为，仍不采取必要措施的，依第四十二条第二款，应对知识产权损害扩大部分与侵权人承担连带责任。[①]

（二）平台经营者知产侵权责任认定

1.平台经营者一般不负事前审查义务

许多案件原告主张第三方平台经营者应承担平台上所售商品或服务的合法性审查义务，而涉案侵权行为存在恰恰说明平台未尽相应义务，因此主观上存在过错，应与平台用户（销售者）承担连带责任，但上述主张难获法院支持。法院一般赞同平台经营者应承担事前审查卖家主体身份、事后实施补救措施等义务，但不同意平台经营者在海量商品信息面前应对每一件商品承担合法性审查义务。在"彪马诉淘宝、陈某销售假冒注册商标商品纠纷案"[②]中，法院认为，网络容量近乎无限，网店及其销售商品数量惊人，而网络延伸空间具有全球性，平台经营者不可能对网店所售商品商标的合法性进行当面审查，要求平台经营者对每一家网店销售的每一件商品的商标合法性负责，是超出其能力范围的。在"友谊出版公司诉淘宝、杨某侵犯著作权纠纷案"中，一审法院认为淘宝公司负有对交易平台上发布经营信息销售主体的资质审查义务，但对交易平台上商品报价是否畸低及商品质量是否合格等则不负有事前审查义务，只有在权利人提出确有证据的主张后予以及时删除的义务，因淘宝公司在该案中未以任何形式履行主体资质审查义务，存在过失，故判令二被告承担连带赔偿责任；二审法院同意一审法院关于平台不负有事前审查义务的观点，但认为淘宝网公司作为交易平台提供者，核实了作为个人卖家的第二被告真实姓名与身份证号码，当时法律、行政法规并无具体明确规定要求平台经营者负有区分各种情况的义务，故淘宝公司未要求第二被告提供经营资质证明的做法未违反相关规定，淘宝公司不具有审查个人卖家的法定义务和审查能力，无法界定和判断个人卖家是否具有经营目的，已尽合理主体审查义务，故判决撤销一审关于淘宝公司承担损害赔偿责任的判项，驳回原告针对淘宝公司的诉求。[③]

2.过错是平台承担损害赔偿责任的要件

在涉及第三方平台经营者案件中，存在主观过错系平台方就涉案侵权行为承担损害赔偿责任的要件，平台服务类型不同其过错指向也不同。

（1）涉自营型电商信息服务平台案。在"中煤时代公司诉中企联讯公司、中煤远大电商公司侵犯著作权纠纷案"[④]中，被告未经许可在其经营的"煤炭网"自营型电商信息服务平台上擅自转载原告"中国煤炭市场网"上刊载并享有著作权的文章，法院认定构成侵权并承担停止侵权、损害赔偿等侵权责任。同类案件还有"汉涛公司诉搜狐公司侵犯著作权案"[⑤]和"汉涛公司诉爱帮聚信（北京）公司侵犯著作权案"[⑥]等。

（2）涉自营型电商交易服务平台案。在"孔某诉吉林摄影出版社、慧聪公司侵犯著作权案"[⑦]中，

---

① 薛虹：《电子商务平台知识产权保护制度解读》，载《国际商报》2019年1月28日，第008版。

② 详见"彪马诉淘宝、陈某销售假冒注册商标商品纠纷案"。广东省广州市中级人民法院，案件字号：(2006)穗中法民三初字第179号。

③ 详见"友谊出版公司诉淘宝、杨某侵犯著作权纠纷案"。一审：北京市东城区人民法院，案件字号：(2009)东民初字第2461号；二审：北京市第二中级人民法院，案件字号：(2009)二中民终字第15423号。

④ 详见"中煤时代公司诉中企联讯公司、中煤远大电商公司侵犯著作权纠纷案"。北京市海淀区人民法院，案件字号：(2011)海民初字第8951号。

⑤ 详见"汉涛公司诉搜狐公司侵犯著作权案"。北京市海淀区人民法院，案件字号：(2007)海民初字第5904号。

⑥ 详见"汉涛公司诉爱帮聚信（北京）公司侵犯著作权案"。北京市海淀区人民法院，案件字号：(2008)海民初字第16204号。

⑦ 详见"孔某诉吉林摄影出版社、慧聪公司侵犯著作权案"。北京市海淀区人民法院，案件字号：(2007)海民初字第14100号。

慧聪公司在其经营的"慧聪网"自营型电商交易服务平台上销售了抄袭原告作品的侵权图书,其所提交证据不足以证明其销售的侵权图书具有合法来源,因此被判担责。

(3)涉第三方电商信息服务平台案。在"苏州金莱克公司诉杭州金莱克公司、北京科普兰德公司侵犯商标专用权及不正当竞争纠纷案"①中,科普兰德公司辩称其经营的"颐家家居网"信息内容为第三方发布,其不知杭州金莱克发布的涉案文章系属侵权,但法院认定其诉讼中自始不能提供发布广告行为人真实信息,作为互联网信息广告经营者未尽审查义务,具有主观过错,故判令其停止侵权、消除影响并赔偿损失。

(4)涉第三方电商交易服务平台案。在"腾讯诉淘宝、王某侵犯计算机软件著作权纠纷案"②中,法院认为,因互联网信息量大、无法实地审查,要求淘宝网对所有用户(销售者)发布的信息履行严格审查义务既不可能也不现实,但这并非意指网络服务提供商可不再对用户经由其提供的网络交易平台实施的侵权行为承担任何责任,在腾讯向淘宝发出律师函明确告知淘宝用户销售 QQ 号码行为属侵犯腾讯计算机软件著作权行为后,淘宝公司仍在淘宝网上继续保留了为用户发布 QQ 号码销售信息专门开辟的场所,积极主动为用户发布销售 QQ 号码信息提供便利,属主动帮助淘宝网用户实施侵犯腾讯公司计算机软件著作权的行为。

在"淘宝网络有限公司与知钱(北京)理财顾问有限责任公司侵犯著作财产权纠纷案"③中,一审法院认定淘宝网有能力对其网络平台交易对象采取删除措施,权利人屡次投诉时,应对其他明显低价侵权信息予以删除,淘宝的行为导致原告损失扩大,应对扩大部分与卖家承担连带责任。二审法院认为原审法院认定淘宝公司对投诉通知未予列明的侵权链接应主动采取删除措施,缺乏法律依据,亦缺乏可操作性;但淘宝自接到知钱公司通知至删除侵权商品信息链接间隔长达一个月,明显超出合理期限,因此淘宝仍应承担损害赔偿责任。此案一审法院从某种程度上肯定了第三方平台负有事前审查义务,二审法院则认为此义务对平台而言过于严苛且缺乏可操作性。

实务分析 9-4
淘宝与知钱侵犯著作财产权纠纷上诉案④

在"衣念(上海)时装贸易有限公司诉浙江淘宝网络有限公司、杜国发侵害商标权纠纷案"⑤中,淘宝公司对 7 次售假的卖家仅进行删除侵权商品信息链接的措施,而未依淘宝规则进一步处罚侵权卖家,法院认为虑及每次投诉后,卖家均未异议,且淘宝网上有关涉案商标侵权信息众多,淘宝公司应当知晓权利人投诉的商品系属侵权,但其未严格执行其管理规则,未采取必要措施制止侵权,是对卖家继续实施侵权行为的放任、纵容,属故意为卖家销售侵权商品提供便利条件的行为,构成帮助侵权,具有主观过错,应承担连带赔偿责任。在"衣念(上海)时装贸易有限公司诉钱某、浙江淘宝网络有限公司与侵害商标专用权纠纷案"⑥中,案情与前述案件相似,法院进一步认为,淘宝公司在明知第一被告实施侵权行为时,针对原告投诉仅作删除链接处理不能防止侵权行为发生与继续,对制止侵

① 详见"苏州金莱克公司诉杭州金莱克公司、北京科普兰德公司侵犯商标专用权及不正当竞争纠纷案"。江苏省无锡市中级人民法院,案件字号:(2008)苏中知民初字第 0094 号。

② 详见"腾讯诉淘宝、王某侵犯计算机软件著作权纠纷案"。一审:广东省深圳市南山区,案件字号:(2007)深南法知初字第 7 号;二审:广东省深圳市中级人民法院,案件字号:(2008)深中法民三终字第 20 号。

③ 详见"淘宝网络有限公司与知钱(北京)理财顾问有限责任公司侵犯著作财产权纠纷案"。一审:北京市海淀区人民法院,案件字号:(2010)海民初字第 16148 号;二审:北京市第一中级人民法院,案件字号:(2011)一中民终字第 2223 号。

④ 详见"淘宝网络有限公司与知钱(北京)理财顾问有限责任公司侵犯著作财产权纠纷上诉案"。北京市第一中级人民法院,案件字号:(2011)一中民终字第 2223 号。

⑤ 详见"衣念(上海)时装贸易有限公司诉浙江淘宝网络有限公司、杜国发侵害商标权纠纷案"。一审:上海市浦东新区人民法院,案件字号:(2010)浦民三(知)初字第 426 号;二审:上海市第一中级人民法院,案件字号:(2011)沪一中民五(知)终字第 40 号。

⑥ 详见"衣念(上海)时装贸易有限公司诉钱某、浙江淘宝网络有限公司与侵害商标专用权纠纷案"。一审:上海市卢湾区人民法院,案件字号:(2010)卢民三(知)初字第 215 号;二审:上海市第一中级人民法院,案件字号:(2011)沪一中民五(知)终字第 159 号。

权行为不能起到有效避免作用,删除链接行为尚不能构成采取"必要措施"。遂判令两被告承担停止侵权、赔偿损失、消除影响的连带责任。"衣念案"判决表明法院对平台处理重复侵权措施的有效性提出更高要求,在必要措施理解方面课以平台更严格义务。[①]

实务分析 9-5

衣念诉淘宝等侵害商标权纠纷案[②]

(三)平台经营者知产保护行政责任

依《电子商务法》第八十四条,平台经营者未依法履行义务,对平台内经营者实施侵犯知识产权行为未依法采取必要措施的,除应与平台内经营者承担相应连带民事赔偿责任外,还应承担相应行政责任。即当平台经营者未依法履行义务,采取必要措施制止平台内经营者知产侵权行为,不仅导致知识产权权利人损失扩大,同时也有可能使得平台内经营者的行为损害更多消费者合法权益,破坏市场公平竞争秩序,因此有关知识产权行政部门有权责令相关平台经营者限期改正,逾期不改正的,处 5 万元以上 50 万元以下的罚款;情节严重的,处 50 万元以上 200 万元以下的罚款。[③]

三、红旗规则与避风港规则

(一)红旗规则与避风港规则的来源

避风港规则源于美国 1998 年《千禧年数字版权法》(DMCA)法案第二部分第五百一十二条"在线版权侵权责任限制"的规定。通过 DMCA,美国版权法为网络服务商提供了一个"避风港",一旦网络服务提供商的业务活动中(如搜索服务)出现了对权利人版权的侵权行为,其应在收到著作权人或其代理人要求索赔的通知后及时阻止其他用户继续访问或直接删除涉嫌侵权的材料,否则将承担侵权责任。规定"避风港规则"在于考虑到随着互联网行业的发展、信息网络时代的来临,网络服务提供商需处理规模庞大的大数据来维持其正常经营,较难事先审查所有他人上传的作品是否侵权,且该作品上传时其既不知晓亦未意识到该侵权事实存在。在此情况下,可由版权人通知服务商对相关侵权内容进行移除。该规定的核心即"通知+删除"规则,在实践过程中已成为网络版权侵权案中网络服务商的责任准则。该规定后来被世界各国普遍接受,我国《侵权责任法》第三十六条及《信息网络传播权保护条例》第十三至十八条亦采纳此规定。避风港规则立法目标是为网络服务商提供"进港避风"的保护以保证其正常营业,这对信息网络时代需处理大数据的网络服务商而言,非常必要而且合理。

美国关于 DMCA 的国会报告中还确立了"红旗规则",目的在于对 DMCA 中规定不明确及防止实践过程中避风港规则被滥用而进行的补充与纠正。"红旗规则"最早源于英国《机动车法案》,目的是为防止出现交通事故,因此要求蒸汽机车驾驶员必须配备一个手拿红旗的旗手先在前面开路,红旗代表着一种明确性、显著性的宣告。在互联网领域,"红旗规则"是指,如果对版权的侵犯事实显而易见,就像是"红旗"一样具备明确性与显著性,那么网络服务商就应主动对这种侵权行为进行制止,而不能以所谓不知道侵权事实的存在为理由来逃避其责任。因此,网络服务提供商应主动对侵权信息进行处理,即使未收到版权人通知。若其怠于行使该义务,则可认定其明知道第三方侵权行为但依然放纵损害事实的持续,应承担相应法律责任。可见,相对于"避风港规则"对互联网行业的推动,"红旗规则"更注重对版权人利益的考量和对网络服务商义务的强调,要求其应主动尽合理注意义务,不能对那种显著的侵权内容或链接置之不理,更不能纵容侵权行为,扩大权利人损失。我国 2000 年《最高人民法院关于审理计算机网络著作权案件适用法律若干问题的解释》中亦采纳"红旗规则",而 2013 年《信息网络传播权保护条例》第二十三条同样对"红旗规则"做出明确宣示:"网络服务提供商为服务

① 陈文煊:《电子商务知识产权纠纷案件综述》,载《电子知识产权》2012 年第 4 期,第 72—78 页。

② 详见"衣念(上海)时装贸易有限公司诉浙江淘宝网络有限公司、杜国发侵害商标权纠纷案"。一审:上海市浦东新区人民法院,案件字号:(2010)浦民三(知)初字第 426 号;二审:上海市第一中级人民法院,案件字号:(2011)沪一中民五(知)终字第 40 号。

③ 熊英:《电子商务平台经营者知识产权保护义务与责任分析》,载《中国市场监管研究》2019 年第 4 期,第 10—15 页。

对象提供搜索或者链接服务,在接到权利人的通知书后,根据本条例规定断开与侵权的作品、表演、录音录像制品的链接的,不承担赔偿责任;但是,明知或应知所链接的作品、表演、录音录像制品侵权的,应当承担共同侵权责任。"[1]

(二)红旗规则的适用

"红旗规则"即若侵犯著作权(主要是信息网络传播权)事实显而易见,就像"红旗"一样飘扬,网络服务提供商就不能装作看不见,或以不知道侵权的理由来推脱应该承担的法律责任。该规则要求网络服务提供商应尽合理注意义务,不能对非常明显的侵权内容或链接采不闻不问态度,否则,就应认定其主观上具有过错,不再享受"避风港规则"所谓"通知+删除"免责条款的庇护,而须对用户或第三方的直接侵权承担共同侵权责任。

1.红旗规则的优先适用

我国现行法对红旗规则规定不尽具体,实务中对是优先适用红旗规则还是避风港规则易生争议。实际上,红旗规则是用来判断网络服务提供商明知或应知的工具,用于判断其对互联网等信息网络上的侵权信息或活动是否明知,以及在获得有关事实情况之后是否看出明显侵权行为的存在,因而,红旗规则是避风港规则例外的一项判断标准,亦是判断是否适用避风港规则的一个先决条件。在实际适用中,应优先考虑是否适用红旗规则,如果适用红旗规则,就不再考虑适用避风港规则。

2.适用红旗规则的具体情形

(1)推荐热播或流行作品。网络服务提供商在提供网络服务时,对热播影视作品流行度较高的文字、音乐等以放置首页,设置榜单、目录、索引、描述性段落、内容简介等方式进行推荐,此情形下网络服务提供商对作品权属有注意义务,并有义务在未获授权情形下禁止上述作品的播放或复制;若公众可在其网页上直接以下载、浏览或其他方式获得的,可认定其应知网络用户侵害信息网络传播权。(2)对存储内容进行选择、编辑、整理、设置榜单。利用空间存储功能进行侵权是网络侵权活动的一个趋势,应防止网络服务提供商以"提供存储为名,行侵权之实"。提供存储空间的网络服务提供商对相关作品进行选择、编辑、整理、设置榜单,则其对相关作品具有较高的注意义务。(3)定向链接"专业侵权"网站。实践中,一些互联网企业为节约成本、规避风险,另以他人名义做一专业侵权网站,再与自身网站定向链接,试图以此逃避侵权认定。若网站目录提供者在查看一盗版网站时,该网站上含有录音、软件、电影或电子书籍可进行非法下载、公开表演或展示,但其明确提供了该网站地址,则可认定该服务提供者已意识到相关侵权活动是明显的。(4)反复侵权行为。若侵权内容链接、上传曾多次被删除,网络服务者有义务对此提高注意,采必要技术措施,制止再次出现相关链接、上传。(5)直接获得经济利益。网络服务提供商从网络用户提供的作品、表演、录音录像制品中直接获得经济利益,应认定其对该用户侵权行为负有较高注意义务。(6)未在合理期限内采必要措施。网络服务提供商接到权利人通知,未及时采取删除、屏蔽、断开链接等必要措施,应认定其明知相关侵权行为。[2]

(三)避风港规则的适用

1.避风港规则的适用对象

(1)适用主体需满足的条件。避风港规则的适用对象为网络服务提供商,在适用主体上需满足如下条件:第一,是网络服务提供商。避风港规则是针对网络服务提供商的法定免责条件,其合理性在于网络服务提供商不能控制和编辑信息内容,而是提供搜索、链接、存储等技术服务,不能因为其提供技术而要求承担他人利用技术服务进行的侵权行为所产生的法律责任。第二,适用的是提供中立性技术服务的网络服务提供商。法定免责条件仅是提供给具有中立性的网络服务提供商,当网络服务提供商尽到法定义务,没有可责难性,即使网络上存在侵权信息内容也不应当为他人侵权行为承担

---

① 林承铎等:《数字版权语境下避风港规则与红旗原则的适用》,载《电子知识产权》2016年第7期,第21—22页。

② 关光明等:《信息网络传播权案件中适用"红旗原则"的情形》,载《人民法院报》2014年10月29日,第007版。

责任。

（2）适用避风港规则的两类服务商。电子商务中常见的两类服务商都符合适用避风港规则对主体的要求。第一，搜索引擎服务提供商。搜索引擎本身并不产生营销词，而是由客户自行提交关键词、创意标题和创意描述，经自动过滤系统后，将关键词和呈现的创意标题和创意描述自动关联起来，当用户搜索特定关键词时，相关的营销内容就出现在搜索结果的特定区域。可见，搜索引擎并不提供信息，符合"避风港"适用主体的要求。第二，平台商。平台商向网络用户和商家提供网络交易平台，其本身并不参与交易过程，也不从单笔交易中获取利益。卖家通过网络交易平台发布商品及相关信息如促销广告，由买家主动与卖家联系、完成交易。因此，在网络交易过程中，平台商仅提供一个交易平台，其作用类似于线下大卖场经营者，为交易提供相关的技术支持和服务，也符合"避风港"适用主体的要求。

2. 接到权利人通知后采取必要措施

避风港规则要求网络服务提供商在接到权利人合格通知后及时采取必要措施以防止侵权行为扩大化或重复侵权。该规则使其主观过错认定客观化，当其接到通知时即推定其知道侵权事实存在；以免除赔偿责任促进其积极采取措施防范侵权信息，从而保护权利人利益。《侵权责任法》第三十六条原则规定了该规则，但未规定通知要件。实践存如下争议：第一，何为构成侵权的初步证明材料。在"衣念（上海）时装贸易有限公司诉浙江淘宝网络有限公司、杜国发侵害商标权纠纷案"中，淘宝公司认为通知书中判断侵权成立的初步证明可以是网页上明显的侵权信息、公证购买证据、卖家在聊天中的自认，判断侵权理由须是法定的侵权成立理由，不能以价格、未经授权销售等为理由。对此法院指出商标权利人向网络服务提供商发出的通知内容应能向后者传达侵权事实可能存在及被侵权人具有权利主张的信息。因此，初步侵权证明材料一般而言只要证明权利人享有商标权，并未授权许可或转让给行为人，如衣念公司指出的其经营方式是直营店模式，直营店价格要求不得低于吊牌价格的50%，现实中不太可能出现店家有大量产品低于正常价格，足以使网络服务提供商合理知晓侵权事实可能存在。第二，通知是否要求列明侵权信息链接地址。在"AKTIESELSKABET AF21. NOVEMBER 2001诉易趣网络信息服务（上海）有限公司侵犯商标权纠纷案"中，法院指出通知要求满足在权利人提供的材料能显示被控侵权商品的具体内容和在网络上所处具体位置。① 如何判断"具体"，可借鉴网络著作权中避风港规则长期以来建立的标准，若网络服务提供商根据该通知提供的信息对被诉侵权内容能准确定位的，可认定权利人提交的通知为有效通知。具体而言，对网络交易平台服务商，当权利人提供了卖家或店铺名称、商品名称及商标，利用搜索本店的功能，其可确定侵权信息具体位置。对竞价排名服务，当权利人提供了特定搜索词的搜索结果，搜索引擎服务商通过后台查明客户，可定位该客户提交的关键词和标题、描述等内容。

3. 无明知或应知侵权事实的情形

避风港的核心是服务提供者不存在明知或应知侵权事实的主观过错。对过错认定应依服务提供者电商经营模式及其应有注意义务而定。（1）对搜索链接服务商"应知"的认定。从搜索链接服务商认知能力和注意义务来看，其通过分公司和渠道销售其竞价排名服务，地域范围扩展至全国各地，遍布各行各业，因此竞价排名系统存在海量信息，同时客户会在不同时间不断改变或更新关键词和广告内容，其无法通过人工方式审查，只能通过机器过滤审查方式来尽其合理注意义务。在机器审查情形下，要求搜索引擎服务商审查关键词广告中使用商标的合法性超出其认知能力，机器无法识别出关键词或广告内容中的词语是否属商标，更难判定该标识是否为商标意义的使用，也无法判断是否可能造成混淆，但这并不意味其对商标权不承担合理注意义务。首先，对公众知晓的商标，可通过机器和人工审查相结合方式尽合理注意义务。其可将驰名商标纳入过滤系统，然后由人工审核使用这些驰名商标的关键词广告是否侵权，还可要求客户提供商标权权利证明，结合商标知名度和商品或服务类别

---

① 详见"AKTIESELSKABET AF 21. NOVEMBER 2001诉易趣网络信息服务（上海）有限公司侵犯商标权纠纷案"。上海市第一中级人民法院，案件字号：（2005）沪一中民五（知）初字第371号。

149

具体分析。其次,对明显的侵权词句负有审查过滤义务。如对关键词广告内容中"高仿""原单""水货"等明显宣传销售假冒商品字眼需通过技术设置过滤相关侵权内容。(2)对网络交易平台提供商"应知"的认定。平台商并非单纯技术提供者,除为网店提供技术服务外,还负有监管职责。平台商为网站声誉及电商顺利安全运行实施各种必要管理行为,并在与网店签订的各种入驻协议中,为网店设置诸多义务。以这种特定事实去衡量平台商注意义务,认定在特定情况下平台商具备审查能力,对特定侵权信息知道或有合理理由应当知道,则应提高其注意义务,负起事先阻止商标侵权的责任。[1]

(四)避风港规则的改进

避风港规则最初出现在信息网络传播权立法中,其他领域涉网纠纷亦多对其有所参考借鉴,《信息网络传播权保护条例》与《电子商务法》关于避风港规则的异同如表 9-1 所示。

表 9-1　平台经营者权利、义务和责任比较

	《信息网络传播权保护条例》及相关司法解释	《电子商务法》
通知	侵权初步证据	侵权初步证据
初步措施	立即删除或断开链接	及时删除、屏蔽、断开链接、终止交易
	转送通知,无法转达的予以公告	转达通知,并及时公示
责任	未及时采取措施的,认定其明知	未及时采取措施的,承担连带责任
	列举判断措施是否及时的因素	
	权利人错误通知,承担责任	错误通知,承担责任;恶意错误通知,承担加倍责任
后续措施	书面说明要求恢复	不侵权声明
	转送书面说明并立即恢复,权利人不得再通知	转送不侵权声明
		权利人 15 日内投诉、起诉
		公示声明、通知及处理结果
责任	明知或应知的,承担共同侵权责任	知道或应当知道的,应当采取必要措施,否则承担连带责任
	列举认定"应知"的因素	
	直接获得经济利益的,负有较高注意义务	
	责任例外:自动接入、自动传输、自动存储、自动提供,接通知后断链的	
	已采取合理、有效技术措施,认定无过错	
	未主动审查,不应认定过错	应当履行知识产权保护义务,应当建立知识产权保护规则

《信息网络传播权保护条例》(前者)与《电子商务法》(后者)避风港规则存有差异:①后者规定恶意错误通知的,承担加倍责任,前者无此规定;②后者规定权利人收到不侵权声明 15 日内须向平台经营者送达已投诉、起诉的反通知,前者无此规定;③后者规定平台经营者须及时公示通知、声明及处理结果,前者仅规定通知无法转达的予以公告;④前者规定网络服务提供商未主动审查的不认定具有过错,已采取合理、有效技术措施的认定无过错,而后者规定平台经营者应履行知识产权保护义务、应建立知识产权保护规则,实质认为平台经营者具有主动审查义务;⑤前者列举了网络服务提供商措施是否及时、"应知"如何认定的判断因素,以及网络服务提供商不承担赔偿责任的具体例外情形,而后者

---

[1]　张今等:《"避风港"原则在电子商务中的适用》,载《中华商标》2012 年第 12 期,第 60—62 页。

并无此类细化的具体规则。后者强化了平台经营者的注意义务和责任,其避风港规则设计适应了电商发展现实,顺应了加大知识产权及消费者利益保护的趋势。①

本章练习

第九章练习

(含"理论思考""实务分析""实务训练")

---

① 徐卓斌:《〈电子商务法〉对知识产权法的影响》,载《知识产权》2019 年第 3 期,第 37—39 页。

第十章　电商域名保护法

第一节　域名权概述

背景资料 10-1

阿里巴巴状告赖某

某赢回 9 个域名①

【背景思考】

何为"域名"？电子商务中应如何保护"域名"？

一、域名概述

（一）域名概念

依工信部 2017 年《互联网络域名管理办法》（工信部令第 43 号），域名是互联网上识别和定位计算机的层次结构式的字符标识，与该计算机的 IP 地址相对应；中文域名是含有中文文字的域名。互联网国际特设委员会（Internet International Ad Hoc Committee, IAHC）在其备忘录中称域名系统是专为网络中的计算机定位而设计的便于人们记忆 IP 地址的友好名称。

（二）域名构成

域名由两组或以上的美国信息交换标准代码（American Standard Code for Information Interchange, ASCII）或各国语言字符构成，各组字符间由点号分隔，最右边字符组为顶级或一级域名（TLDs）、倒数第二组为二级域名、倒数第三组为三级域名，以此类推，最后为服务商与超文本传输协议标志（http）。顶级域名是域名体系中根节点下的第一级域的名称。常见顶级域名为：①国家和地区顶级域名（ccTLDs），目前 200 多国家依 ISO 3166 国家代码分配了顶级域名，如中国为 cn，日本为 jp 等；②通用顶级域名（gTLDs），如工商企业的 .com，网络提供商的 .net，非盈利组织的 .org 等；③新顶级域名（New gTLD），如通用的 .xyz，"高端"的 .top，"红色"的 .red，代表"人"的 .men 等 1000 多种。二级域名是由域名使用者设计、能体现其特殊性并与他人域名相区别的字符串，是所有组织、个人在互

知识链接 10-1

中国互联网

域名体系

观点链接 10-1

关于域名权性质

的不同观点②

联网上身份的真正代表，为域名实体部分，每个注册人的二级域名不能相同。依互联网发展需要，各个国家或地区可设计层次更多的域名系统，如三级、四级域名等，以分别代表不同地域或行业标志。由不同层级域名代码构造的域名，作为注册人"在网络空间的绝对地址"和"网民认知网页所有人及其业务的唯一指示器"，其主要功能首先是识别功能，即将域名注册人与其他网络空间主体区别开来。

二、域名权概述

（一）域名权性质

域名是否是一独立权利、是否属于知识产权，各国立法鲜有明确规定，理论与实务界总体认为域名应受知识产权法保护。域名具有知识产权特征主要体现在：第一，为无形财产，具有潜在商业价值，符合知识产权客体非物质性的本质特征。第二，属智力创造成果，含人类智力创造活动。域名所有人申请时为吸引网民再次

---

① 阿佳：《阿里巴巴告赢赖启兴　赢回 9 个域名》，http://www.ebrun.com/online_trading/2772.html，2012-08-25。

② 景岗：《域名法律问题思考》，载《法学家》2000 年第 3 期，第 26 页；张乃根：《试析全球电子商务中的知识产权》，载《知识产权》1999 年第 3 期，第 9 页；吕晓东：《域名权与注册商标在先权的冲突及协调》，载《社会科学》2000 年第 9 期，第 28 页；李朝应：《域名的知识产权纠纷分析》，载《电子知识产权》1998 年第 8 期，第 19 页。

访问而精心构思、选择、创造出了较有特点的域名,此乃一种创造性劳动。第三,具有专有性,类似于商标、商号、专利等传统知识产权。

(二)国内域名相关规范

自1997年国务院信息化工作领导小组办公室发布《中国互联网络域名注册暂行管理办法》(已失效)以来,工信部(原信息产业部)、中国互联网络信息中心(China Internet Network Information Center,CNNIC)等相关部委、机构相继发布了一系列有关域名管理办法、域名注册细则、域名注册服务机构认证办法、域名争议解决办法及程序规则等部门规章、部委规范性文件。为适应我国域名行业发展新形势和管理新要求,工信部于2017年8月24日公布了《互联网域名管理办法》(工信部令第43号),自2017年11月1日起施行,原信息产业部于2004年11月5日公布的《中国互联网络域名管理办法》(原信息产业部令第30号)同时废止。

为规范国家顶级域名服务,保护用户合法权益,保障国家顶级域名系统安全可靠运行,推动中文域名和国家顶级域名发展和应用,更好地支撑我国互联网健康发展,中国互联网络信息中心依据《互联网域名管理办法》并结合工作实践,修订了域名注册细则、域名争议解决办法及程序规则等相关规范,发布了《国家顶级域名注册实施细则》《国家顶级域名争议解决办法》和《国家顶级域名争议解决程序规则》,自2019年6月18日起施行,2012年5月29日实施的《中国互联网络信息中心域名注册实施细则》、2014年11月21日施行的《中国互联网络信息中心国家顶级域名争议解决办法》《中国互联网络信息中心国家顶级域名争议解决程序规则》同时废止。

知识链接10-2
国内域名主要规范

最高人民法院为正确审理涉及计算机网络域名注册、使用等行为的民事纠纷案件(简称域名纠纷案件),于2001年7月17日发布自同年7月24日起施行《最高人民法院关于审理涉及计算机网络域名民事纠纷案件适用法律若干问题的解释》(法释〔2001〕24号)。

第二节 域名服务管理法律制度

背景资料10-2
《互联网域名管理办法》
(修订征求意见稿)①

【背景思考】

互联网域名管理办法为何要修订?主要做了哪些修订?

依《互联网域名管理办法》《互联网IP地址备案管理办法》(信息产业部令第34号)等规范,国内域名服务管理办法主要涉及域名服务管理一般规定、域名服务机构准入、域名服务规则、域名服务监管规定、互联网IP地址备案等内容。

知识链接10-3
《互联网域名管理办法》

一、域名服务管理一般规定

(一)域名服务管理目的与依据

域名服务管理目的在于规范互联网域名服务,保护用户合法权益,保障互联网域名系统安全可靠运行,推动中文域名和国家顶级域名发展和应用,促进中国互联网健康发展。域名服务管理主要依据《互联网域名管理办法》,该办法根据《行政许可法》《国务院对确需保留的行政审批项目设定行政许可的决定》等规定,并参照国际上互联网域名管理准则制定。

---

① 详见工业和信息化部关于《〈互联网域名管理办法(修订征求意见稿)〉公开征求意见的通知》。

（二）域名服务管理适用范围

在中国境内从事互联网域名服务及其运维、监管等相关活动，应遵守《互联网络域名管理办法》。该办法所称互联网域名服务（简称域名服务）是指从事域名根服务器与顶级域名运行和管理、域名注册、域名解析等活动。域名根服务器是指承担域名体系中根节点功能的服务器（含镜像服务器）；域名根服务器运行机构是指依法获得许可并承担域名根服务器运行、维护和管理工作的机构。域名注册管理机构是指依法获得许可并承担顶级域名运行和管理工作的机构。域名注册服务机构是指依法获得许可、受理域名注册申请并完成域名在顶级域名数据库中注册的机构。域名注册代理机构是指受域名注册服务机构的委托，受理域名注册申请，间接完成域名在顶级域名数据库中注册的机构。域名管理系统是指域名注册管理机构在境内开展顶级域名运行和管理所需的主要信息系统，包括注册管理系统、注册数据库、域名解析系统、域名信息查询系统、身份信息核验系统等。

（三）域名服务监管部门及其职责

1.国家域名服务监管部门及职责

工信部对全国的域名服务实施监督管理。其主要职责是：①制定互联网域名管理规章及政策，②制定中国互联网域名体系、域名资源发展规划，③管理境内的域名根服务器运行机构和域名注册管理机构，④负责域名体系的网络与信息安全管理，⑤依法保护用户个人信息和合法权益，⑥负责与域名有关的国际协调，⑦管理境内的域名解析服务，⑧管理其他与域名服务相关的活动。

2.地方域名服务监管部门及职责

各省级通信管理局对本行政区域内的域名服务实施监督管理。其主要职责是：①贯彻执行域名管理法律、行政法规、规章和政策，②管理本行政区域内的域名注册服务机构，③协助工业和信息化部对本行政区域内的域名根服务器运行机构和域名注册管理机构进行管理，④负责本行政区域内域名系统的网络与信息安全管理，⑤依法保护用户个人信息和合法权益，⑥管理本行政区域内的域名解析服务，⑦管理本行政区域内其他与域名服务相关的活动。

（四）域名体系

1.公告与调整

中国互联网域名体系由工信部予以公告。根据域名发展的实际情况，工信部可对中国互联网域名体系进行调整。

2.国家顶级域名

".cn"和".中国"是中国的国家顶级域名。

3.中文域名地位与推广

中文域名是中国互联网域名体系的重要组成部分。国家鼓励和支持中文域名系统的技术研究和推广应用。

（五）域名服务基本要求

1.依法依规

提供域名服务应遵守国家相关法律法规，符合相关技术规范和标准。

2.安全稳定

任何组织和个人不得妨碍互联网域名系统的安全和稳定运行。

二、域名服务机构准入制度

在境内设立域名根服务器及域名根服务器运行机构、域名注册管理及服务机构的，应依法取得工信部或省级通信管理局（统称电信管理机构）的相应许可。

（一）域名机构设立条件

1.设立域名根服务器及其运行机构的条件

域名根服务器设置在境内,并符合互联网发展相关规划及域名系统安全稳定运行要求;是依法设立的法人,该法人及其主要出资者、主要经营管理人员具有良好的信用记录;具有保障域名根服务器安全可靠运行的场地、资金、环境、专业人员和技术能力及符合电信管理机构要求的信息管理系统;具有健全的网络与信息安全保障措施,包括管理人员、网络与信息安全管理制度、应急处置预案和相关技术、管理措施等;具有用户个人信息保护能力、提供长期服务的能力及健全的服务退出机制;法律、行政法规规定的其他条件。

2.设立域名注册管理机构的条件

域名管理系统设置在境内,持有的顶级域名符合相关法律法规及域名系统安全稳定运行要求;是依法设立的法人,该法人及其主要出资者、主要经营管理人员具有良好的信用记录;具有完善的业务发展计划和技术方案,以及与从事顶级域名运行管理相适应的场地、资金、专业人员及符合电信管理机构要求的信息管理系统;具有健全的网络与信息安全保障措施,包括管理人员、网络与信息安全管理制度、应急处置预案和相关技术、管理措施等;具有进行真实身份信息核验和用户个人信息保护的能力、提供长期服务的能力及健全的服务退出机制;具有健全的域名注册服务管理制度和对域名注册服务机构的监督机制;法律、行政法规规定的其他条件。

3.设立域名注册服务机构的条件

在境内设置域名注册服务系统、注册数据库和相应的域名解析系统;是依法设立的法人,该法人及其主要出资者、主要经营管理人员具有良好的信用记录;具有与从事域名注册服务相适应的场地、资金和专业人员及符合电信管理机构要求的信息管理系统;具有进行真实身份信息核验和用户个人信息保护的能力、提供长期服务的能力及健全的服务退出机制;具有健全的域名注册服务管理制度和对域名注册代理机构的监督机制;具有健全的网络与信息安全保障措施,包括管理人员、网络与信息安全管理制度、应急处置预案和相关技术、管理措施等;法律、行政法规规定的其他条件。

（二）域名机构设立申请及受理

1.受理部门

申请设立域名根服务器及其运行机构、域名注册管理机构应向工信部提交申请材料;申请设立域名注册服务机构应向住所地省级通信管理局提交申请材料。

2.申请材料

申请单位的基本情况及其法定代表人签署的依法诚信经营承诺书;对域名服务实施有效管理的证明材料,包括相关系统及场所、服务能力的证明材料、管理制度、与其他机构签订的协议等;网络与信息安全保障制度及措施;证明申请单位信誉的材料。

3.分别处置

申请材料齐全、符合法定形式的,电信管理机构应向申请单位出具受理申请通知书;申请材料不齐全或不符合法定形式的,电信管理机构应当场或在 5 个工作日内一次性书面告知申请单位需补正的全部内容;不予受理的,应出具不予受理通知书并说明理由。

（三）域名机构许可

1.许可决定

电信管理机构应自受理之日起 20 个工作日内完成审查,做出予以许可或不予许可的决定。20 个工作日内不能做出决定的,经电信管理机构负责人批准,可延长 10 个工作日,并将延长期限的理由告知申请单位。需要组织专家论证的,论证时间不计入审查期限。予以许可的,应颁发相应的许可文件;不予许可的,应书面通知申请单位并说明理由。

2.许可有效期

域名根服务器运行机构、域名注册管理和服务机构许可有效期为 5 年。

3.许可变更

上述域名机构的名称、住所、法定代表人等信息发生变更的,应自变更之日起 20 日内向原发证机关办理变更手续。

4.许可有效期内终止服务

在许可有效期内,域名机构拟终止相关服务的,应提前 30 日书面通知用户,提出可行的善后处理方案,并向原发证机关提交书面申请。原发证机关收到申请后,应向社会公示 30 日。公示期结束 60 日内,原发证机关应完成审查并做出决定。

5.许可期满继续从事域名服务

许可有效期届满需继续从事域名服务的,应提前 90 日向原发证机关申请延续;不再继续的,应提前 90 日向原发证机关报告并做好善后工作。

(四)域名注册代理机构

域名注册服务机构委托域名注册代理机构开展市场销售等工作的,应监督和管理代理机构的工作。代理机构受委托开展市场销售等工作中,应主动表明代理关系,并在域名注册服务合同中明示相关域名注册服务机构名称及代理关系。

(五)域名应急备份管理

域名注册管理、服务机构应在境内设立相应的应急备份系统并定期备份域名注册数据。

(六)许可及相关信息的公示

域名根服务器运行、注册管理及服务机构应在其网站首页和经营场所显著位置标明其许可相关信息。域名注册管理机构还应标明与其合作的域名注册服务机构名单。域名注册代理机构应在其网站首页和经营场所显著位置标明其代理的域名注册服务机构名称。

(七)互联网 IP 地址备案

依 2005 年 3 月 20 日起施行的《互联网 IP 地址备案管理办法》,国家对 IP 地址的分配使用实行备案管理。需报备的 IP 地址信息,包括备案单位基本情况,即备案单位名称、备案单位地址、备案单位性质、电信业务经营许可证编号、联系人姓名、联系人电话、联系人电子邮件等;备案单位的 IP 地址来源信息,包括 IP 地址来源机构名称、IP 地址总量、各 IP 地址段起止地址码等;备案单位的 IP 地址分配使用信息;自带 IP 地址的互联网接入用户信息,包括用户基本信息(含用户名称、单位类别、单位所属行业、单位详细地址、联系人姓名、联系人电话、联系人电子邮件)、自带 IP 地址总量、IP 地址段起止地址码、自带 IP 地址的来源、网关 IP 地址、网关所在地址、IP 地址使用方式等。

知识链接 10-4
《互联网 IP 地址备案管理办法》

三、域名服务相关规则

(一)域名服务基本要求

域名根服务器运行机构、注册管理和服务机构应向用户提供安全、方便、稳定的服务。

(二)域名注册实施细则的制定与公开

域名注册管理机构应根据《互联网络域名管理办法》制定域名注册实施细则并向社会公开。为规范国家顶级域名注册服务和管理,保护用户合法权益,保障国家顶级域名系统安全可靠运行,维护网络安全和国家利益,促进国家顶级域名的发展和应用,中国互联网络信息中心根据《网络安全法》《互联网域名管理办法》等有关规定,制定《国家顶级域名注册实施细则》,自 2019 年 6 月 18 日起施行。该实施细则包括总则、域名注册服务机构、域名注册的申请与审核、域名的变更与注销、变更域名注册服务机构、网络与信息安全、域名争议处理、域名费用、用户投诉机制、附则,共十章五十九条内容。

（三）域名服务范围

域名注册管理机构应通过电信管理机构许可的域名注册服务机构开展域名注册服务。域名注册服务机构应按电信管理机构许可的域名注册服务项目提供服务,不得为未经电信管理机构许可的域名注册管理机构提供域名注册服务。

（四）域名注册规则

1.先申请先注册原则

域名注册服务原则上实行先申请先注册,相应域名注册实施细则另有规定的,从其规定。

2.域名注册保留字制度

为维护国家利益和社会公众利益,域名注册管理机构应建立域名注册保留字制度。

3.域名禁止内容

任何组织或个人注册、使用的域名中,不得含有下列内容:反对宪法所确定的基本原则的;危害国家安全,泄露国家秘密,颠覆国家政权,破坏国家统一的;损害国家荣誉和利益的;煽动民族仇恨、民族歧视,破坏民族团结的;破坏国家宗教政策,宣扬邪教和封建迷信的;散布谣言,扰乱社会秩序,破坏社会稳定的;散布淫秽、色情、赌博、暴力、凶杀、恐怖或教唆犯罪的;侮辱或诽谤他人,侵害他人合法权益的;含有法律、行政法规禁止的其他内容的。域名注册管理机构、服务机构不得为含有上述内容的域名提供服务。

4.不得以不正当手段要求他人注册域名

域名注册服务机构不得采用欺诈、胁迫等不正当手段要求他人注册域名。

（五）域名注册信息

1.信息提供

域名注册服务机构提供域名注册服务,应要求域名注册申请者提供域名持有者真实、准确、完整的身份信息等域名注册信息。

2.信息核验

域名注册管理和服务机构应对域名注册信息的真实性、完整性进行核验。

3.信息补正

域名注册申请者提供的域名注册信息不准确、不完整的,域名注册服务机构应要求其予以补正。申请者不补正或提供不真实域名注册信息的,不得为其提供注册服务。

4.信息公开

域名注册服务机构应公布域名注册服务的内容、时限、费用,保证服务质量,提供域名注册信息的公共查询服务。

5.信息存储保护

域名注册管理机构、域名注册服务机构应依法存储、保护用户个人信息。未经用户同意不得将用户个人信息提供给他人,但法律、行政法规另有规定的除外。

6.信息变更

域名持有者联系方式等信息发生变更,应在变更后 30 日内向域名注册服务机构办理域名注册信息变更手续;将域名转让给他人,受让人应遵守域名注册相关要求。

（六）域名注册服务机构的选择与变更

域名持有者有权选择、变更域名注册服务机构。变更域名注册服务机构的,原域名注册服务机构应配合域名持有者转移其域名注册相关信息,无正当理由不得阻止域名持有者变更域名注册服务机构。电信管理机构依法要求停止解析的域名,不得变更域名注册服务机构。

（七）域名服务投诉受理机制

域名注册管理服务机构应设立投诉受理机制，并在其网站首页和经营场所显著位置公布投诉受理方式。其应及时处理投诉；不能及时处理的，应说明理由和处理时限。

（八）域名解析服务

1. 基本要求

提供域名解析服务应遵守有关法律、法规、标准，具备相应技术、服务和网络与信息安保能力，落实安保措施，依法记录并留存域名解析日志、维护日志和变更记录，保障解析服务质量和解析系统安全。涉经营电信业务的，应依法取得电信业务经营许可。

2. 禁止行为

提供域名解析服务，不得擅自篡改解析信息。任何组织或个人不得恶意将域名解析指向他人 IP 地址。不得为含有《互联网域名管理办法》禁止内容的域名提供域名跳转（对某一域名访问跳转至该域名绑定或指向的其他域名、IP 地址或网络信息服务等）。

（九）域名使用规则

从事互联网信息服务的，其使用域名应符合法律法规和电信管理机构的有关规定，不得将域名用于实施违法行为。

（十）域名服务机构法定义务

1. 配合域名监管

域名注册管理机构、域名注册服务机构应配合国家有关部门依法开展的检查工作，并按电信管理机构的要求对存在违法行为的域名采取停止解析等处置措施。

2. 违法信息的处置与报告

域名注册管理、服务机构发现其提供服务的域名发布、传输法律和行政法规禁止发布或传输的信息，应立即采取消除、停止解析等处置措施，防止信息扩散，保存有关记录，并向有关部门报告。

3. 安保义务

域名服务机构应遵守国家相关法律、法规和标准，落实网络与信息安保措施，配置必要的网络通信应急设备，建立健全网络与信息安全监测技术手段和应急制度。域名系统出现网络与信息安全事件时，应在 24 小时内向电信管理机构报告。因国家安全和处置紧急事件需要，应服从电信管理机构统一指挥与协调，遵守电信管理机构的管理要求。

（十一）域名侵权争议解决路径

任何组织或个人认为他人注册或使用的域名侵害其合法权益的，可向域名争议解决机构申请裁决或依法向人民法院提起诉讼。

（十二）域名的注销

已注册域名有下列情形之一的，域名注册服务机构应予注销，并通知域名持有者：域名持有者申请注销域名；域名持有者提交虚假域名注册信息；依人民法院判决、域名争议解决机构的裁决，应当注销；法律、行政法规规定予以注销的其他情形。

四、域名服务监管规定

（一）基本规定

电信管理机构应加强对域名服务的监督检查。域名根服务器运行机构、域名注册管理、服务机构应接受、配合该监督检查。鼓励域名服务行业自律管理和公众监督域名服务。

（二）信息报送

域名根服务器运行机构、域名注册管理、服务机构应按电信管理机构要求,定期报送业务开展情况、安全运行情况、网络与信息安全责任落实情况、投诉和争议处理情况等信息。

（三）域名服务监管内容及方式

1.监管内容

电信管理机构实施监督检查时,应对域名根服务器运行机构、域名注册管理及服务机构报送的材料进行审核,并对其执行法律法规和有关规定情况进行检查。

2.委托监管

电信管理机构可委托第三方专业机构开展有关监督检查活动。

（四）域名服务信用管理

电信管理机构应建立域名根服务器运行机构、域名注册管理及服务机构的信用记录制度,将其违反《互联网域名管理办法》并受到行政处罚的行为记入信用档案。

（五）域名服务监管禁止行为

电信管理机构开展监督检查,不得妨碍域名根服务器运行机构、域名注册管理及服务机构正常的经营和服务活动,不得收取任何费用,不得泄露所知悉域名注册信息。

五、域名服务及监管相关法律责任

法律、行政法规对有关域名服务、域名监管违法行为的处罚另有规定的,依该规定执行。

（一）擅自从事域名服务的责任

违反《互联网域名管理办法》第九条,未经许可擅自设立域名根服务器及域名根服务器运行机构、域名注册管理机构、域名注册服务机构的,电信管理机构应依《行政许可法》第八十一条,采取措施予以制止,并视情节轻重,予以警告或处1万元以上3万元以下罚款。

（二）域名服务违法的责任

违反《互联网域名管理办法》规定,域名注册管理或服务机构有下列行为之一的,由电信管理机构依职权责令限期改正,并视情节轻重,处1万元以上3万元以下罚款,向社会公告:为未经许可的域名注册管理机构提供域名注册服务,或通过未经许可的域名注册服务机构开展域名注册服务;为未按许可的域名注册服务项目提供服务;未对域名注册信息真实性、完整性进行核验;无正当理由阻止域名持有者变更域名注册服务机构。

（三）域名解析服务违法的责任

违反《互联网域名管理办法》规定,提供域名解析服务,有下列行为之一的,由电信管理机构责令限期改正,可视情节轻重处1万元以上3万元以下罚款,向社会公告:擅自篡改域名解析信息或恶意将域名解析指向他人IP地址,为含有《互联网域名管理办法》第二十八条第一款所列内容的域名提供域名跳转,未落实网络与信息安保措施,未依法记录并留存域名解析日志、维护日志和变更记录,未按要求对存在违法行为的域名进行处置。

（四）其他域名服务违法行为的责任

违反《互联网域名管理办法》其他相关规定,[①]由电信管理机构依职权责令限期改正,可以并处1万元以上3万元以下罚款,向社会公告。

---

① 此处是指违反了《互联网域名管理办法》第十七条、第十八条第一款、第二十一条、第二十二条、第二十八条第二款、第二十九条、第三十一条、第三十二条、第三十五条第一款、第四十条第二款、第四十一条的规定。

（五）刑事责任

任何组织或个人违反《互联网域名管理办法》第二十八条第一款规定注册、使用域名,构成犯罪的,依法追究刑事责任;尚不构成犯罪的,由有关部门依法予以处罚。

第三节　域名保护法律制度

【背景问题】

域名权是否适用善意取得制度？域名权善意取得的构成要件是什么？

一、域名保护原则

（一）先申请原则

域名的取得基于域名申请登记,按先申请先注册原则处理。

（二）初步审查原则

域名审查仅限于对与在先域名是否相同的审查,即要求域名的区别特征仅在于其是否与在册域名相同,而不在于相似性。

（三）国际与国内检索原则

在国际上,建立各国商标数据库联网,域名注册时可进行国际检索。在国内,域名机构可利用商标查询数据库进行初步检查。这需要域名注册机构与商标注册机构之间进行必要协调。初步检索能减少大量域名争议。

（四）允许转让原则

发生域名争议时,若争议双方能在平等、自愿、公平基础上,达到意见一致,应允许调解,由一方将域名转让给有争议的另一方。

二、域名权的善意取得

（一）域名权适用善意取得制度

善意取得制度的价值目标在于维护善意第三人的利益和市场交易安全。善意取得对象是权利,而非权利客体。善意取得制度的适用范围与权利客体具体类型无关,权利客体既可适用有形财产,也可适用无形财产。域名权转让适用善意取得制度具有法理依据。

由于我国对域名的设立和转让设立了比较严格的审查程序,域名权登记状态与实际权利状态能达到高度一致,公示应具有高度公信力。但公示偶尔也会发生错误,登记的权利状态与真实权利状态不符,这就为善意取得的适用提供了可能性。域名权公示的低错误率成为适用善意取得的前提。

（二）域名权善意取得的构成要件

1. 受让人受让该域名时为善意

如何认定善意在理论上有积极观念说和消极观念说。积极观念说要求交易的受让人将处分人认为真实权利人,且受让人无重大过失;消极观念说要求第三人不知或不应知道出让人不是真实权利人。通说采纳消极观念说。消极观念说中的善意分为主观与客观善意。主观善意是通过第三人主观

---

①　详见"天津市河西区速捷网络技术服务部诉中国互联网络信息中心等垄断纠纷案"。北京知识产权法院,案件字号：(2017)京73民初1162号。

②　详见"江西华邦传媒有限公司与吴皎侵害网络域名纠纷案"。重庆市高级人民法院,案件字号：(2018)渝民终162号。

心理状态来判断善意,其立法例以法国和意大利为代表;客观善意是通过行为外观来判断善意,其立法例以德国为代表。应坚持主观与客观标准相结合原则认定善意。

2. 以合理价格转让取得域名权

善意取得以有偿转让为前提,合理价格是衡量域名权取得是否善意的标准。关于合理价格的标准,最高法院《关于适用合同法若干问题的解释(二)》第十九条规定,对合同法第七十四条规定的"明显不合理的低价",法院应以交易当地一般经营者的判断,并参考交易当时交易地的物价部门指导价或市场交易价,结合其他相关因素综合考虑予以确认。转让价格达不到交易时交易地的指导价或市场交易价70％的,一般可视为明显不合理的低价;对转让价格高于当地指导价或市场交易价30％的,一般可视为明显不合理的高价。最高法院《关于适用物权法若干问题的解释(一)》第十九条规定,物权法第一百零六条第一款第(二)项所称"合理的价格",应根据转让标的物的性质、数量及付款方式等具体情况,参考转让时交易地市场价及交易习惯等因素综合认定。

3. 转让的域名依法已登记

我国对域名转让规定了严格的登记程序。《中国互联网络信息中心域名注册实施细则》第二十五条规定:"申请转让域名的,应当向域名注册服务机构提交合法有效的域名转让申请表、转让双方的身份证明材料。域名注册服务机构收到前款资料后3个工作日内进行审核,审核合格后应予以变更持有者。"域名权转让须遵循公示公信原则。以登记为公示方法具有稳妥性,域名登记具有公示效力,善意第三人完全有理由相信域名权公示所表征的权利状态,进而受让权利。[①]

三、域名纠纷类型

依最高法院《关于审理涉及计算机网络域名民事纠纷案件适用法律若干问题的解释》,域名纠纷案件案由,依当事人争议法律关系性质确定,并在其前冠以计算机网络域名;争议法律关系性质难以确定,可通称为计算机网络域名纠纷案件。故网络域名纠纷主要有网络域名权属纠纷、网络域名合同纠纷、侵害网络域名纠纷、侵害商标权纠纷、不正当竞争纠纷等。

(一)域名权属纠纷

这是对域名归属而发生的争议。如A电脑公司为主营电脑数据恢复与电子商务的专营公司,为更好开展业务,虑及san与disk均为电脑专用名词,分别指网络存储服务器的一种先进存储技术与硬盘、软盘、光盘之意,与其主营电脑数据恢复业务具有密切关联,遂将san与disk组合,于2002年6月14日和2003年3月17日分别注册了域名"Sandisk. cn""Sandisk. com. cn""Sandisk. net. cn"(争议域名)。注册域名后,即在自身主营业务电脑数据恢复中使用争议域名,并投入大量广告宣传,使其获得一定知名度。2006年3月,B公司向中国国际经济贸易仲裁委员会域名争议解决中心投诉,要求将争议域名转移,该中心CND2006000046裁决书裁决将争议域名转移给B公司,故A电脑公司诉之。[②]网络域名权属纠纷案件的管辖,应区别权属争议发生原因是合同关系还是侵权行为,分别依民事诉讼法及其司法解释有关合同与侵权案件管辖规则来确定案件管辖。

(二)域名合同纠纷

网络域名合同纠纷系当事人之间就网络域名注册、转让与使用所订立的合同而发生的纠纷,具体包括网络域名注册合同、转让合同、许可使用合同纠纷,该类纠纷本质属合同纠纷,依民事诉讼法,因合同纠纷诉讼由被告住所地或合同履行地法院管辖。当事人对管辖问题做出约定,法院经审查合法有效,不违反知产案件专属与级别管辖,可按约确定管辖法院。[③]

---

① 胡相龙、肖毅:《江西华邦传媒有限公司与吴皎侵害网络域名纠纷案——域名权善意取得的构成要件》,载《人民司法·案例》2019年第17期,第86—88页。
② 于景森等:《民事案件立案指引(下)》,人民法院出版社2009年版,第871页。
③ 奚晓明:《最高人民法院民事案件案由规定理解与适用》(2011年修订版),人民法院出版社2011年版,第237页。

1.网络域名注册合同纠纷

这是指域名注册服务机构与域名注册申请者之间签订的域名注册协议而发生的纠纷。如原告某杂志社与被告王某于 2002 年 12 月 26 日签订《工作合同书》,聘任被告担任原告网络部主任,2003 年 12 月双方续签合同,聘期均为一年。原告要求被告随时关注涉案域名 traveler. com. cn,一旦该域名被注销后及时注册。2003 年 6 月 19 日,被告以其名义注册了该域名,并告知原告。原告支付了注册费,并于 2004 年 6 月 5 日续交费用。自注册之日起,该域名即始终指向原告网站。原告多次要求被告将该域名注册人变更为被告,被告未办理。故原告以网络域名注册合同纠纷为案由诉至法院。①

2.网络域名转让合同纠纷

这是指域名持有者将其注册的网络域名转让给他人所订立的合同而发生的纠纷。如原告张某与第一被告北京 A 文化发展有限公司签订《网站转让协议》及《优先购买债权协议》约定,原告将其独立合法拥有的三个域名"www. oldbeijing. net""www. kkd. cn""www. obj. org. cn",以及这三个域名所指向空间的所有内容及与此域名和网址上内容有关知识产权(简称标的物)转让给第一被告,转让费为 100 元人民币;当第一被告无法续存、全部或部分公开对外出售标的物或将标的物抵押时,原告享有以 100 元人民币价格对标的物的优先购买权。后第一被告在原告不知情的情形下,将标的物转让给第二被告所有,且在北京 B 数码信息技术有限公司完成了更名手续。两被告恶意串通擅自转让标的物,违反了原被告之间的协议,严重侵害了原告合法权益,故原告以计算机网络域名转让合同纠纷为案由诉至法院。②

3.网络域名许可使用合同纠纷

这是指域名持有者将其注册的网络域名许可他人使用所订立的合同而发生的纠纷。如原告 A 大厦有限责任公司与被告 B 数码有限责任公司于 2004 年 6 月 1 日签订了域名续费合同,即"企业主页优惠服务登记表"。原告按约支付了 300 元续费,但被告收费后未能及时开通原告已使用 2 年的域名,直到 2004 年 10 月 28 日才告知原告该域名已被抢注。故原告以计算机网络域名许可使用合同纠纷为案由诉至法院。③

实务思考 10-1

国网公司是否恶意注册"www. ikea. com. cn"域名④

(三)域名侵权纠纷

侵害网络域名纠纷一般指因他人擅自使用权利人已注册的网络域名而发生之争议。对侵害网络域名纠纷案件的管辖,依民事诉讼法,因侵权行为提起的诉讼,由侵权行为地或被告住所地法院管辖,而侵权行为地包括侵权行为实施地与侵权结果发生地。最高法院《关于审理涉及计算机网络域名民事纠纷案件适用法律若干问题的解释》第二条对侵害网络域名纠纷案件地域管辖做出进一步限定,即对难以确定侵权行为地与被告住所地的,原告发现该域名的计算机终端等设备所在地可视为侵权行为地。⑤

【思考】被告国网公司注册"www. ikea. com. cn"域名的行为主观上是否构成恶意?

三、域名纠纷的预防与处置

(一)域名纠纷的预防

若域名权人对自身域名权益进行了合理保护,则基本可避免域名合同违约与侵权纠纷。域名注册(续费)代理机构与域名持有人应注意以下几点:①要及时按合同约定履行合同义务;②特别要关注

① 于景森等:《民事案件立案指引(下)》,人民法院出版社 2009 年版,第 785 页。

② 于景森等:《民事案件立案指引(下)》,人民法院出版社 2009 年版,第 788 页。

③ 于景森等:《民事案件立案指引(下)》,人民法院出版社 2009 年版,第 791 页。

④ 详见"英特艾基公司诉国网公司域名纠纷案"。一审:北京市第二中级人民法院,案件字号:(1999)二中知初字第 86 号;二审:北京市高级人民法院,案件字号:(2000)高知终字第 76 号。

⑤ 景汉朝:《民事案件案由新释新解与适用指南》,人民法院出版社 2013 年版,第 324 页。

自己服务或持有的域名,并在域名注册时预留正确的联系人和联系信箱等联系方式;③保持对域名的及时关注,半月对域名查询一次。域名若被误删除或故意删除,一般会有 15 天赎回期,在此期限内只有以域名持有人名义才能购买。发现域名被报删除应及时赎回,弥补误删除或被故意删除可能造成的后果;④域名持有人应注册并使用与自身企业、商标、已有域名相同或相近的域名,提前保护。

此外,有些域名纠纷是基于域名注册续费程序漏洞引起,个人注册域名时较为常见。域名管理机构规范域名注册程序是预防此类域名纠纷的重要途径。

(二)域名纠纷非诉解决机制

含国际层面统一域名争端解决政策与国内层面国家顶级域名争议解决办法与程序规则。

1. 统一域名争端解决政策

国际域名体系形成了以 1999 年互联网名称与数字地址分配机构(The Internet Corperation for Assigned Names and Numbers,ICANN)《统一域名争端解决政策》为代表的非诉纠纷解决机制。

(1)适用范围。涉国际顶级域名".com"、".net"和".org"的争议,符合以下条件,可申请纠纷处理机构裁决:第一,注册域名与投诉人享有权利的商品或服务商标相同或令人混淆地近似;第二,域名注册人就其域名不享有权利或合法利益;第三,域名被恶意注册与使用。投诉人对上述条件负举证责任。

(2)判断"恶意"的参考因素。纠纷裁决者发现有下列任一情形(不限于此),将认定为恶意注册与使用域名的证据成立。第一,被投诉人注册或获得域名的主要目的在于,向作为商标权人的投诉人或投诉人的竞争对手,以高于域名注册的直接花费的昂贵价格,出售、出租或以其他方式转让域名注册;第二,被投诉人注册域名是为阻止商标权人将商标注册为对应域名,并且被投诉人已实施了此类型行为;第三,被投诉人注册域名的主要目的在于扰乱其竞争对手的经营活动;第四,被投诉人通过使用域名,可能使网络用户误以为投诉人的商标与被投诉人使用域名的网站或其他在线站点及其提供的产品或服务有同一来源或有其他联系,从而出于商业目的,故意试图将网络用户吸引到其自己的网站或其他在线站点。

(3)善意抗辩。域名注册人收到投诉通知后,若能举证证明下列任一情形(不限于此),裁决者即可基于证据证明力,认定域名注册人就域名享有权利或合法利益。第一,在收到投诉通知前,域名注册人就已出于善意在所提供商品或服务上使用或能证明准备使用域名或某个与域名对应的名称;第二,域名注册人(不论是个人、企业或其他组织)因该域名而为公众所知,虽然域名注册人并未获得相应商标权;第三,域名注册人使用域名出于合法目的或合理使用,并非出于牟取商业利益目的而误导性吸引消费者或贬损有关商标声誉。

(4)纠纷处理服务提供者与裁决人员。《统一域名争端解决政策》纠纷处理服务者是由 ICANN选择的专业、中立的替代性纠纷解决组织,目前有亚洲域名争议解决中心、公共资源中心纠纷解决事务所、国家仲裁事务所及世界知识产权组织等。具体裁决域名纠纷的人员为各纠纷处理服务机构所聘用的电子商务、知识产权、网络技术等领域专家。个案裁决人员为一人独任制或三人制。

(5)裁决形式及与诉讼关系。第一,裁决时间。正常情况下,裁决人员应在被任命后 14 日内将就投诉做出的裁决交给纠纷处理服务机构。第二,裁决形式。裁决书应采书面形式,写明裁决理由、出具日期及裁决者姓名。第三,裁决结论。裁决者给予域名纠纷投诉的救济限于要求域名注册组织取消被投诉人的域名注册或将系争域名转移给投诉人。至于投诉人因被投诉人恶意行为而造成的其他损失,则不属《统一域名争端解决政策》处理范围。第四,裁决执行。域名注册管理机构收到有关裁决后,应立即按裁决要求取消或转移系争域名。第五,与诉讼的关系。《统一域名争端解决政策》属"替代性争议解决机制",其裁决强制效力源于当事人与域名注册机构之间的契约,因此,依《统一域名争端解决政策》做出的裁决让位于司法判决。域名注册组织在收到纠纷处理机构关于某域名纠纷裁决通知后,将等待 10 个工作日。若被投诉的域名持有人在此期间提交了其已向对投诉人有管辖权的法院起诉的证明(起诉书副本或法院收案收据等),域名注册管理机构将不执行依《统一域名争端解决政

策》做出的裁决。直到域名注册管理机构得到证据证实当事人已解决了纠纷,或域名注册人的起诉已被驳回或撤回,或收到法院驳回域名持有人的起诉,或法院亦判定域名注册人无权继续使用域名,才会采取进一步行动。为保证法院诉讼判决顺利执行,在得到有关域名纠纷诉讼或仲裁程序已开始的通知后,域名注册管理机构不得再同意域名持有人将域名转让给其他人,除非受让人以书面方式同意接受法庭判决或仲裁庭裁决的约束。域名注册人违反上述要求的,域名注册管理机构有权取消有关域名的转让。

2.国家顶级域名争议解决办法与程序规则

中国互联网络信息中心为解决".cn"".中国"国家顶级域名(以下简称"域名")争议,根据有关法律法规及《互联网域名管理办法》的规定,制定了《国家顶级域名争议解决办法》,该办法自2019年6月18日起施行。

(1)适用范围。适用于".cn"".中国"国家顶级域名的注册或使用而引发的争议。争议域名注册期限满3年的,域名争议解决机构不予受理。任何人认为他人已注册的域名与其合法权益发生冲突的,均可以向域名争议解决机构提出投诉。

(2)争议解决机构及程序规则。第一,争议解决机构。域名争议由中国互联网络信息中心认可的域名争议解决机构受理解决。第二,争议解决程序规则。域名争议解决机构应根据本办法和《国家顶级域名争议解决程序规则》(简称"程序规则"),制定相应的补充规则,补充规则应经中国互联网络信息中心审核认可。第三,争议解决专家组。域名争议解决机构实行专家组负责争议解决的制度。专家组由一名或三名掌握互联网络及相关法律知识,具备较高职业道德,能够独立、中立并公正地裁决域名争议的专家组成。域名争议解决机构通过在线方式公布可供投诉人和被投诉人选择的专家名册。域名争议解决机构受理投诉后,应按程序规则的规定组成专家组。第四,回避规则。在专家组就有关争议做出裁决之前,投诉人或者被投诉人认为专家组成员与对方当事人有利害关系,有可能影响案件公正裁决的,可以向域名争议解决机构提出要求专家回避的请求,但应当说明提出回避请求所依据的具体事实和理由并举证;是否回避,由域名争议解决机构决定。在域名争议解决程序中,中国互联网络信息中心和域名注册服务机构不以任何身份或者方式参与争议解决程序。域名注册服务机构根据域名争议解决机构的要求提供与域名注册及使用有关的信息除外。第五,多争议合并。针对同一被投诉人的多个域名提出争议的,投诉人或者被投诉人可以请求域名争议解决机构将多个争议合并为一个争议案件,由同一个专家组处理。是否合并处理,由专家组决定。

(3)裁决。①裁决原则与语言。专家组根据《国家顶级域名争议解决办法》及程序规则,遵循"独立、中立、公正、便捷"的原则,自专家组成立之日起十四日内对争议做出裁决。裁决程序使用的语言为中文,投诉人和被投诉人另有约定,或专家组决定采用其他语言的除外。②应获支持的投诉。符合下列条件的投诉应获支持:第一,被投诉的域名与投诉人享有民事权益的名称或标志相同,或具有足以导致混淆的近似性;第二,被投诉的域名持有人对域名或其主要部分不享有合法权益;第三,被投诉的域名持有人对域名的注册或使用具有恶意。③恶意认定。被投诉域名持有人有下列情形之一的,其行为构成恶意注册或使用域名:第一,注册或受让域名的目的是为了向作为民事权益所有人的投诉人或其竞争对手出售、出租或以其他方式转让该域名,以获取不正当利益;第二,将他人享有合法权益的名称或标志注册为自己的域名,以阻止他人以域名形式在互联网上使用其享有合法权益的名称或标志;第三,注册或受让域名是为了损害投诉人声誉,破坏投诉人正常业务活动,或混淆与投诉人之间的区别,误导公众;第四,其他恶意的情形。④善意抗辩。被投诉人在接到域名争议解决机构送达的投诉书之前具有下列情形之一的,表明其对该域名享有合法权益:第一,被投诉人在提供商品或服务过程中已善意使用该域名或与该域名相对应的名称;第二,被投诉人虽未获得商品商标或有关服务商标,但所持有域名已获一定知名度;第三,被投诉人合理使用或非商业性合法使用该域名,不存在为获取商业利益而误导消费者的意图。⑤举证责任。投诉人和被投诉人应对各自的主张承担举证责任。⑥裁决依据与结论。专家组根据投诉人和被投诉人提供的证据及争议涉及的事实,对争议进行裁决。

专家组认定投诉成立的,应裁决注销已注册域名,或裁决将注册域名转移给投诉人。专家组认定投诉不成立的,应裁决驳回投诉。⑦裁决的执行。域名争议解决机构裁决注销域名或者裁决将域名转移给投诉人的,自裁决公布之日起满10日的,域名注册服务机构予以执行;若有管辖权的司法机关或仲裁机构已受理相关争议,则暂停执行。

(4)与诉讼、仲裁的关系。在依本办法提出投诉之前,争议解决程序进行中,或专家组做出裁决后,投诉人或被投诉人均可就同一争议向中国互联网络信息中心所在地的法院提起诉讼,或基于协议提请中国仲裁机构仲裁。被投诉人自裁决公布之日起10日内提供有效证据,证明有管辖权的司法机关或者仲裁机构已经受理相关争议的,域名争议解决机构的裁决暂停执行。对于暂停执行的域名争议解决机构的裁决,域名注册服务机构视情况作如下处理:第一,有证据表明,争议双方已经达成和解的,执行和解协议;第二,有证据表明,有关起诉或者仲裁申请已被驳回或撤回的,执行域名争议解决机构的裁决;第三,有关司法机关或仲裁机构做出裁判,且已发生法律效力的,执行该裁判。

(5)对争议域名的限制。在争议解决期间及裁决执行完毕前,域名持有人不得申请转让或注销处争议状态域名,不得变更注册服务机构,受让人书面同意接受裁决约束的除外。

(6)争议在线解决。域名争议解决机构建立专门的网站,通过在线方式接受有关域名争议的投诉,并发布与域名争议有关的资料。经投诉人或者被投诉人请求,域名争议解决机构认为发布后有可能损害投诉人或者被投诉人利益的资料和信息,可不予发布。

(7)争议解决办法的修改及其效力。中国互联网络信息中心可依网络及域名技术的发展,及有关法律、法规及政策变化等情况对《国家顶级域名争议解决办法》加以修改,修改后的办法通过网站公布。该办法修改前已提交到域名争议解决机构的域名争议不适用新办法。修改后的办法自动成为域名持有人与域名注册服务机构之间域名注册协议的一部分。域名持有人不同意接受争议解决办法或其修改后的文本约束的,应及时通知域名注册服务机构。收到通知后,注册服务机构为其保留30日域名服务;30日后,对有关域名予以注销。

知识链接 10-5
国家顶级域名
争议解决办法

(三)域名纠纷司法解决

在司法实践基础上,2001年最高人民法院出台《关于审理涉及计算机网络域名民事纠纷案件适用法律若干问题的解释》(法释〔2001〕24号,简称《解释》)。

1. 域名争议案由的确定

《解释》出台时,国内就域名本身能否单独构成权利存有很大争议,故其未直接确立一种新的"域名权",仅在"案由的确定"上声称"根据双方当事人争议法律关系的性质确定,并在其前冠以计算机网络域名"。依最高人民法院2011年《民事案件案由规定》,域名纠纷被纳入"第五部分知识产权与竞争纠纷"一级案由中,并被分别列入"十三、知识产权合同纠纷"与"十四、知识产权权属、侵权纠纷"两个不同的二级案由,表现为"140.网络域名合同纠纷"与"149.网络域名权属、侵权纠纷"两个三级案由。网络域名合同纠纷包括网络域名注册合同、转让合同、许可使用合同纠纷。网络域名权属、侵权纠纷包括网络域名权属纠纷和侵害网络域名纠纷。

2. 判定被告构成侵权或不正当竞争的条件

依《解释》第四条,判决被告(域名持有人)侵害了原告(商标权人)权利或构成不正当竞争,应同时符合以下条件:①原告享有合法有效的民事权益。②被告域名或其主要部分构成对原告驰名商标的复制、模仿、翻译或音译;或者与原告的注册商标、域名等相同或者近似,足以造成相关公众的误认。③被告对域名不享有权益,或者无注册、使用的正当理由。④被告的注册、使用行为具有恶意。

3. 关于"恶意"

以下任一种情况均可构成上述恶意:①为商业目的将他人驰名商标注册为域名。②为商业目的注册、使用与原告的注册商标、域名等相同或近似的域名,故意造成与原告提供的产品、服务或者原告网站的混淆,误导网络用户访问其网站或其他在线站点。③曾要约高价出售、出租或者以其他方式转

让该域名获取不正当利益。④注册域名后自己并不使用也未准备使用,而有意阻止权利人注册该域名。⑤具有其他恶意情形。

知识链接 10-6

网络域名民事纠
纷案件司法解释

4.驰名商标认定

《解释》肯定各个法院在域名纠纷案件中认定驰名商标的做法:根据当事人的请求及案件的具体情况,可以对涉及的注册商标是否驰名依法做出认定。

(四)国内域名纠纷案件审理原则

1.域名注册已被投诉但尚无裁决结论,法院不予受理域名注册人的起诉

一些域名注册人在相关权利人向域名争议解决中心投诉后即诉至法院,请求确认其对所注册域名享有权利。国内一些法院对此类案件不予受理,已受理的则裁定驳回起诉。主要理由是:原告起诉时,争议域名注册人仍为原告,在未经法律程序变更、撤销其注册人身份前,其仍为域名持有人。原告诉求确认尚在其名下争议域名权益,缺乏法律依据。民事诉讼前提是当事人间存在实质民事争议。相关权利人向域名争议解决中心投诉的行为仅是对域名注册人相关域名权益提出异议,并未导致其权益丧失,不应给予其司法救济,否则浪费司法资源。

2.域名争议解决机构的域名争议裁决并非法院司法审查内容

国内域名争议大批案件通过中国国际经济贸易仲裁委员会域名争议解决中心和中国香港国际仲裁中心受理解决。一些域名争议案中,原告请求法院判决撤销域名争议解决中心做出的域名争议裁决书,需界定裁决书法律性质及法院受理的域名争议纠纷性质。首先,域名争议解决机构的裁决为民间解决机制,裁决依据为中国互联网络信息中心制定的《域名争议解决办法》和《程序规则》,并非仲裁法及相关程序规则或行政规章,既无仲裁法律效力,亦非具体行政行为,不能对之提起行政诉讼。其次,依《域名争议解决办法》,该争议解决程序并不排斥诉讼程序,并且服从司法裁判,不需司法程序维持或撤销。再次,域名纠纷多系当事人提起的民事侵权诉讼,法院需解决原、被告之间平等民事主体之间的法律关系,而并非裁决的合法性问题。因此,国内一些法院对原告提出撤销争议裁决诉讼请求的,均予驳回,不作为审理内容。

3.能以其他理由认定域名注册存在恶意则不对商标是否驰名进行认定

依《域名解释》第四条,只有域名注册人具有恶意时,其注册域名行为才构成侵权。同时,最高法院列举了五项可认定恶意的情形,其中第一项系"为商业目的将他人驰名商标注册为域名"。实践中,有部分当事人请求以该情形认定恶意,以达到利用诉讼认定驰名商标的商业目的。为避免驰名商标制度被滥用,一些法院在审理涉及驰名商标认定的域名案中,严格遵循"按需认定"原则,在能通过其他情形认定恶意时,不予认定驰名商标。在涉"'保时捷·中国'和'保时捷.cn'域名案"中,法院判断恶意时认为"保时捷"并非固有词汇,域名注册人对"保时捷"不享有合法民事权益。作为主要从事汽车及其零配件贸易的企业,域名注册人在他人已将"保时捷"在汽车等商品上注册为商标,且该商标已有一定知名度情况下,未尽应有的避让义务,故意以"保时捷"为主要部分注册了两个争议域名,并用于其公司网站,其行为足以误导网络用户访问其网站,具有恶意。[①] 在此情况下,未对"保峙捷"商标是否构成驰名进行认定。

4.当争议域名仅用于指向本身已有域名的网站时,不视为对该争议域名的使用

注册域名后自己并不使用亦未准备使用,而有意阻止权利人注册该域名,是《域名解释》第五条规定的恶意情形之一。在一些案件中,域名注册人通过争议域名链接到某一网站,而该网站具有自己的域名,即争议域名并非该网站真实域名,仅起链接作用。在此情况下,域名注册人往往主张其对争议域名进行了使用,不具有恶意。而对方当事人则提出此种使用并非真实使用。一些法院认为,若此种情况下认定为使用,易致当事人规避法律,不利于保护权利人合法权益,多未将此使用方式认定为使用,进而认定域名注册人注册争议域名存在恶意。

---

① 详见"'保时捷·中国'和'保时捷.cn'域名案"。北京市第一中级人民法院,案件字号:(2007)一中民初字第3900号。

5. 原、被告均对争议域名主要部分享有合法权益时,并不以保护在先权利为原则

依《域名解释》第四条,若域名注册人对域名主要部分享有权益或注册、使用争议域名有正当理由,则不能认定其行为构成侵权或不正当竞争。我国域名注册采用先申请先注册原则,一般情况下,先申请先注册者是当然域名所有人,享有域名相关权益。若该域名注册者对争议域名显著部分享有合法权益,则其注册行为具有正当性,不应因他人在先享有权利而受限。[②] 在"hallmark.com.cn 和 hallmark.cn 域名纠纷案"中,虽被告于 1982 年即在我国注册 hallmark 文字商标,但原告从 1999 年开始将 hallmark 作为其英文名称主要识别部分使用,法院认定原告于 2001 年注册争议域名具有正当理由,不构成对被告侵权及不正当竞争。[③]

实务分析 10-2
边锋网络与新网公司网络域名合同纠纷案[①]

本章练习

第十章练习
(含"理论思考""实务分析""实务训练")

---

① 详见"杭州边锋网络技术有限公司与北京新网数码信息技术有限公司上海第一分公司、北京新网数码信息技术有限公司网络域名合同纠纷案"。浙江省杭州市中级人民法院,案件字号:(2018)浙 01 民终 1816 号。

② 杨柏勇、姜颖:《计算机网络域名纠纷案件的审理》,载《人民司法》2008 年第 5 期,第 47—50 页。

③ 详见"hallmark.com.cn 和 hallmark.cn 域名纠纷案"。北京市第一中级人民法院,案件字号:(2005)一中民初字第 2132 号、第 4914 号及(2006)一中民初字第 936 号。

第十一章 电商著作权保护法

第一节 电商著作权保护立法现状

背景资料 11-1

硅谷动力因《丰乳肥臀》被判赔 1.3 万①

【背景思考】

1."中文在线"获得了《丰乳肥臀》作品的什么权利?

2.如何认定硅谷动力的行为是否构成侵权?

一、相关法律与行政法规

国内电商著作权保护基本法为《著作权法》,在规范电商著作权保护方面,该法引入公共传播权理念,分别规定了"广播权"与"信息网络传播权";秉承 TRIPS 协议内容,确立了汇编作品的著作权属性;明确将世界知识产权组织主持通过的两大互联网条约中的技术措施与权利管理信息保护纳入著作权调整范围,规定了几种可经著作权人许可使用的行为;亦涉及有关"技术规避"与"保护作品完整性"等常见的电子商务著作侵权问题。《侵权责任法》第三十六条对电商交易各方相关责任有所提及,虽不全面,但表现了国家立法对此类网络侵权现象的重视。《电子商务法》第四十一至四十五条专门规定了平台经营者知产保护制度。

国务院《信息网络传播权保护条例》(2013 年修正)依信息网络传播权特点,主要规定如下保护措施:①保护信息网络传播权。除法律、行政法规另有规定外,通过信息网络向公众提供权利人作品,应获权利人许可并支付报酬。②保护信息网络传播权技术保护措施。③不仅禁止故意避开或破坏技术措施的行为,而且还禁止制造、进口或向公众提供主要用于避开、破坏技术措施的装置、部件或为他人避开或破坏技术措施提供技术服务的行为。④保护用来说明作品权利归属或使用条件的权利管理电子信息。不仅禁止故意删除或改变权利管理电子信息的行为,而且禁止提供明知或应知未经权利人许可被删除或改变权利管理电子信息的作品。⑤建立处理侵权纠纷的"通知＋删除"简便程序。②

二、相关司法解释

《最高人民法院关于审理侵害信息网络传播权民事纠纷案件适用法律若干问题的规定》法释〔2012〕20 号(简称《信息网络传播权司法解释》)是一部系统性对信息网络传播权进行保护的司法解释,对指导法院正确审理涉及信息网络传播权纠纷案件,依法保护权利人的信息网络传播权、保护和促进信息网络产业健康有序发展具有重要意义。该司法解释共十六条,主要对法院审理信息网络传播权纠纷案件的原则、侵害信息网络传播权的行为构成、网络服务提供者的教唆侵权、帮助侵权行为及其判定标准、法院对此类案件的管辖等问题进行了规定。③ 相关司法解释有最高人民法院《关于做好涉及网吧著作权纠纷案件审判工作的通知》《关于开展涉及集成电路布图设计案件审判工作的通知》等。而北京市高级人民法院《关于视频分享著作权纠纷案件的审理指南》亦可供参考。

① 阿佳:《阿里巴巴告赢赖启兴 赢回 9 个域名》,http://www.ebrun.com/online_trading/2772.html,2010-02-22。

② 新华社:《国务院法制办负责人阐释〈信息网络传播权保护条例〉》,载《中国文化报》2006 年 6 月 2 日,第 002 版。

③ 王艳芳:《〈最高人民法院关于审理侵害信息网络传播权民事纠纷案件适用法律若干问题的规定〉理解与适用》,载《中国版权》2013 年第 1 期,第 16—20,25 页。

三、相关技术类法规

相关技术类法规系从技术层面规范电子商务著作权侵权行为,主要包括:《中华人民共和国计算机系统安全保护条例》《互联网信息服务管理办法》《计算机软件保护条例》《互联网出版暂行管理办法》《关于数字化制品的著作权规定》《电子出版物管理规定》《网上银行信息服务管理办法》等。这些技术法规虽未对电子商务著作权侵权行为直接定性,但从技术标准等细节之处规范了著作权作品在电商领域的应用,为保护相关权利起到辅助作用。

知识链接 11-1

美国、相关国际组织电商著作权保护立法

第二节　信息网络传播权

【背景思考】

1. 微播视界公司、百度在线公司是否为本案适格的主体?

2. "我想对你说"短视频是否构成类电作品?

3. 二被告对"我想对你说"短视频是否构成侵权,是否承担责任?

背景资料 11-2

抖音诉伙拍信息网络传播权纠纷案[①]

为适应互联网等信息网络技术的发展,在《伯尔尼公约》基础上,世界知识产权组织(World Intellectual Property Organization,WIPO)于 1996 年主持通过"互联网条约"即《世界知识产权组织版权条约》(WIPO Copyright Treaty,WCT)和《世界知识产权组织表演和录音制品条约》(WIPO Performances and Phonograms Treaty,WPPT),从而将著作权保护延伸至互联网空间。[②] 我国著作权法第一次修订(2001 年)草案亦因应互联网发展,直接借鉴 WCT 第八条后半段规定的"向公众提供权",该法第十条第一款第十二项为作者增设信息网络传播权,使之能控制作品在互联网等信息网络中的传播,网络著作权保护从此有了确定的法律依据。

知识链接 11-2

《信息网络传播权保护条例》(2013 修订)

一、信息网络传播权的概念与特征

(一)信息网络传播权的概念

依《著作权法》第十条第十二项,信息网络传播权系以有线或无线方式向公众提供作品,使公众可在其个人选定的时间与地点获得作品的权利。该权利首先体现在《世界知识产权组织著作权条约》《世界识产权组织表演和录音制品条约》之中,以"向公众传播权"方式表述。国内《著作权法》不仅规定了信息网络传播权属著作权内容之一,同时明确了表演者与录音、录像制作者等邻接权人亦享有信息网络传播权。《著作权法》第三十八条第一款第六项规定了表演者对其表演享有许可他人通过信息网络向公众传播其表演并获报酬的权利。第四十二条第一款规定了录音录像制作者对其制作的音像制品享有许可他人通过信息网络向公众传播并获报酬的权利。由上可知,信息网络传播权主体是享有该项权利的著作权人和邻接权人,权利客体是可通过计算机网络传播的受著作权法保护的文学、艺术作品及政治、经济、科学技术等非公有领域的信息。信息网络传播权内容主要是指权利享有人在法律或合同约定的范围内以计算机网络传播方式向公众传播或许可(授权)他人向公众传播信息作品。从权属性质上分析,信息网络传播权是著作权内一项独立的权能,属著作财产权范畴。[③]

---

① 浙江电视台经济生活频道"经视新闻":《"抖音短视频"诉"伙拍小视频"信息网络传播权纠纷案胜诉》,https://tv.sohu.com/v/cGwvOTUwNDgzNC8xMTQzNzI0MTEuc2h0bWw=.html,2018-12-27。

② 李明德等:《欧盟知识产权法》,法律出版社 2010 年版,第 275 页。

③ 于军波:《略论信息网络传播权》,载《政法论丛》2003 年第 1 期,第 54 页。

（二）信息网络传播权的特征

1. 主体专有性

《著作权法》《信息网络传播权保护条例》明确将著作权人、表演者、录音录像制作者规定为信息网络传播权主体，未包括出版者与广播电视组织。对该传播权，著作权人既可自行行使，亦可授权许可他人或转让给他人行使，表演者、录音录像制作者亦可将其许可他人使用；他人未经著作权人和表演者、录音录像制作者授权许可，不得擅自将其作品、表演和录音录像制品在网络上传输与传播，否则侵权。

2. 内容复合性

信息网络传播权内容包括著作权人自己或许可他人向网络上载与使用其作品并获报酬及禁止他人未经许可向网络上载其作品的权利，表演者或录音录像制作者许可他人通过信息网络向公众传播其表演、音像制品并获报酬的权利。信息网络传播作品、表演和录音录像制品过程复杂，混合多种技术方式，涉及相关作品上载、网上展览、下载等多个技术环节，每个技术环节同时亦是一次独立的对作品等的传播方式。因此，国内信息网络传播权是复合性权利，包括上载权、网络展览权、下载权等。

3. 具有传播性

作品使用以传播为条件，传播在一定程度上构成作品价值得以实现的前提。而信息网络传播权是信息通过互联网络传播，作品在互联网上形成本身是传播作品的又一渠道，在信息网络传播过程中，信息被上载至互联网络是信息网络传播权的基本特点。

4. 具有网络性

通过互联网络向公众提供作品，其权利行使依托于数字化环境，即网络性。作品网上传播主要形式为上载、转载与下载，网络是"向公众传播权"的必备条件，网络性即构成信息网络传播行为不可缺少的特点。

5. 具有交互性

互联网等信息网络出现前，公众只能在广播电台电视台固定时间与覆盖区域收看节目，无法自主选择接收时间、地点及内容。网络环境下公众能自由获得作品。网络与传统媒介最大不同是公众并非被动，而是依自身需要选择信息。公众可自己决定获得网络作品的时间与地点（自己选定时间，即公众既可在传播同时亦可在以后的任意时间内获取相关作品；自己选定地点，即公众可在与信息网络连通的任何地点获取相关作品）。

（三）信息网络传播权与链接的关系

对他人作品设置内链接构成网络传播行为，如未经许可则有可能直接侵犯他人信息网络传播权；对他人作品设置外链接不构成网络传播行为，仅在视被链接作品为侵权内容时才有可能构成间接侵权。可用内链、外链的分类来判断链接行为性质，分析该行为是否直接侵犯网络传播权。浅层和深层链接划分对分析链接行为和信息网络传播权的关系并无实质意义。

1. 内链

将他人作品在自己网页中使用，使其成为该网页组成部分，设链网站在向公众提供自己网页时即向公众提供了他人作品。当用户浏览该网页时，被链接作品已显示在网页中，或在网页中播放，用户获得了被链接作品。这符合网络传播行为"使公众可获得作品的行为"等构成要件，因此，内链行为属网络传播行为。对他人享有著作权的作品设置内链接，应取得著作权人许可，未经许可，又不属合理使用的，直接侵犯了著作权人的网络传播权。若采用视框链接技术，还有可能侵犯著作权人其他权利，如保护作品完整权等。不管是浅层还是深层链接，内链都落入网络传播权的控制范围。浅层和深层链接的区别在于链接对象不同：主页、分页或非网页文件。但这种行为对象外在形式的差异并不影响对行为本身性质的判断，因主页、分页、非网页文件都可能承载作品，仅属内链方式，其行为均属"使公众可以获得作品的行为"。《华盛顿邮报》诉"全部新闻"网站案中的链接即属内链。该案原告是华盛顿邮报、时代周刊、CNN 等著名新闻机构,他们都拥有自己的网页作为其出版物的电子版本。被告亦经营一个网站,使用视框链接技术在主框中显示原告网页,在环绕主框的其他框中出现的则是被告用于获利的广告。该案中被告设置的这些未经原告许可的链接并未将用户从设链页引至被链页,而是直接将原告网页为己所用。若原告以著作权人身份起诉,系典型的内链直接侵犯网络传播权案例,该案因双方和解而未形成判例。

2. 外链

外链行为不构成网络传播行为。这并非因设链网站未在其服务器上存储作品,而是因为设链网站并未在自己的网页中使用他人作品,只是通过链接引导公众进入被链网站,向公众提供"定位服务"而非"向公众提供作品"。这不符合网络传播行为构成要件。外链中的浅层链接不构成著作权法上的网络传播行为,并无争议。但对外链中的深层链接,实践中认识并不统一。2004 年正东、新力和华纳三大唱片公司对 chinamp3.com 网站经营者提起的三起诉讼鲜明体现了对深层链接认识的分歧。

三起针对 chinamp3.com 网站的诉讼事实背景如下:chinamp3.com 是一家专业音乐网站,其栏目中排列了大量歌曲列表,表中项目都伴有指向第三方网站中相应歌曲文件的链接,用户点击后即可将第三方网站中的歌曲文件下载至自己电脑中。而第三方网站中的这些歌曲均是未经许可而被上传至网站服务器中的。三家唱片公司称 chinamp3.com 网站未经许可,从事了"在互联网上传播原告制作的录音制品的行为"。北京一中院认定 chinamp3.com 网站对第三方网站中的歌曲文件设置链接"已经不是提供链接通道服务",而构成"对音乐作品通过互联网的方式向公众传播的行为",遂判决被告败诉,意味着被告链接行为被认为构成对"信息网络传播权"的直接侵犯。而北京高院却做出了否定回答,认为被告"所提供的服务本质上依然属于链接通道服务""并没有向公众传播被链接的录音制品",相反,其认为被告在"主观过错明显"的情况下"参与、帮助了被链接网站实施侵权行为",因此主要依《民法通则》第一百三十条有关"共同侵权"规定判决被告败诉。为何产生如此分歧?因深层链接可细分为网页文件链接、非网页文件链接。在外链中,非网页文件链接被点击后的表现很特殊:浏览器一般不直接打开而是提醒用户下载。由于没有打开新页面(仅出现较小的下载窗口),易被误认为是内链。就是这种特殊性导致深层链接的复杂性。浅层链接目标都是网页文件,并无此种复杂性。在上述案例中,被告的链接正是目标为非网页文件的一种深层链接。能判断出本案所涉深层链接不是内链,若是内链,则被链接歌曲可在被告网页中直接使用(播放)。以外链方式使用的深层链接和以外链方式使用的浅层链接一样,被链接作品的内容并未成为设链网站网页的组成部分,那么设链网站提供的仅是"定位服务"而非"作品",不符合网络传播行为构成要件,不可能对之适用"直接侵权"。因此,上述案例中被告行为并不构成对原告网络传播权的直接侵害。综上,不管是浅层还是深层链接,外链都是提供"定位服务"的行为,而非提供"作品"的行为,不会构成对网络传播权的直接侵害。当然,当被链网站侵犯网络传播权时,外链行为则有可能构成间接侵权,上述案例中被告行为即属此种情况。对此,《信息网络传播权保护条例》第二十三条规定:"网络服务提供者为服务对象提供搜索或者链接服务,在接到权利人的通知书后,根据本条例规定断开与侵权的作品、表演、录音录像制品的链接的,不承担赔偿责任;但是,明知或者应知所链接的作品、表演、录音录像制品侵权的,应当承担共同侵权责任。"此"链接服务"显然是指设置外链的行为,因内链设置者使用链接的目的是使用链接对象,谈不上为公众提供"链接服务"。深层链接的复杂性更多体现在设链网站和被链网站的关系当中。浅层链接不影响被链网站的传播利益,深层链接可能导致被链网站的传播利益无法实现。如直接链接到他人未显示网站标识、未体现传播利益(如广告)的分页,或链接到他人服务器中存储的非网页文件,被链网站(传播者)预设的传播途径和方式被改变,其传播行为背后的经济或其他目的完全落空。有研究者指出对此类行为可用《反不正当竞争法》调整。深层和浅层链接的区分在分析设链网站和被链网站之间关系时更有价值。[①]

---

① 陈加胜:《信息网络传播权与链接的关系》,载《电子知识产权》2010 年第 2 期,第 70—75 页。

二、信息网络传播权的权利主体与客体

（一）信息网络传播权的权利主体

1.作者

（1）网下文字作品作者。设立信息网络传播权主要是保护作者作品被数字化后在网上传输的问题。通过有形载体体现具有独创性作品的作者，是当然享有信息网络传播权的权利主体资格。我国信息网络传播权以在现实生活中已存在的权利主利益需获保护为前提，其作品通过数字化进入网络环境时，自然存在信息网络传播权。（2）网上数字式作品的作者。随着网络普及与广泛应用，在线写作者与日俱增，如网络文学、网络音乐等直接在网上创作完成的数字式作品，其作者属原始创作作者。

2.表演者

依《著作权法》第三十八条第一款第一项，表演者有许可他人通过信息网络向公众传播其表演并获得报酬的权利。

3.录音录像制作者

录音录像能将表演者表演的作品定型与固定，使社会公众多人可同时或先后播放欣赏同一部作品，能大大提高作品传播速度。赋予其信息网络传播权，符合《著作权法》立法宗旨，有利于保护传播者利益。依该法第四十二条第一款，录音录像制作者对其制作的录音录像制品，享有许可他人通过信息网络向公众传播并获报酬的权利。

（二）信息网络传播权的权利客体

1.网页

通常，网页为汇编作品受著作权法保护。网页素材若选用著作权作品，则这些作品无疑是网络传播权客体，网页著作权人在行使其网络传播权时，不得侵犯这些作品权利人的著作权。若网页由不构成著作权作品的数据或其他材料汇编而成，则该制作人须对网页内容选择、编排以体现出独创性，否则制作人不能享有著作权，该网页亦不能为著作权客体。

2.在线交互数据库

这是指用户与网站之间通过信息双向交流，用户不仅接收亦能主动上传信息以参与作品创作，从而产生用户与网站共同完成的交互式作品。如BBS讨论库与远程教育在线答疑库，为交互式作品代表。就在线答疑库而言，师生之间通过网络实现了充分的信息双向交流，一问一答的任何一方都需做出信息反馈而非信息被动接收，这是交互式特征的体现；师生之间就教学内容的理解进行答疑与讨论，提出自身困惑，表达各自观点，显属师生共同创作行为。在线交互数据库是网络环境下特有的创造，符合作品构成要件，应受著作权法保护。若仅为事实材料堆积而无创作意义的转贴与编排，则不能确定其为作品。

三、信息网络传播权的权利内容

（一）作品的网络传播权

1.网络上载权

此上载是指将数字化作品传输至网络服务器硬盘上，从而可被网络服务器用户访问。主要方式为：第一，网站工作人员在网络服务器计算机上将作品数字化并直接将其复制到服务器硬盘上；第二，将数字化作品从其存储硬盘传输至网络服务器硬盘上；第三，将一存储有数字化作品的局域网的网络服务器连接到另一个可为公众自由访问的网络服务器上。第一、二种方式结果都是在网络服务器硬盘上新产生一作品复制件，网络服务器用户即可对其访问。在第三种方式中，由于连接者连接行为，虽本身并未复制他人作品，但却让作品存在被传输复制到其他网络服务器中去，甚至被用户下载的可能性。

2. 网络公开展览权

这是指当数字化作品被上载到具体网站的网络浏览器硬盘后,网站通过网络服务器公开展示该数字化作品的行为,与传统展览权有很大区别。作品在网上公开展览是指作品以二进制编码后所形成的数字信息通过计算机网络传输到用户计算机硬盘或随机存储器上,然后由用户计算机显示器展示,并非展示作品原件或复制件的有形载体。作品通过网络公开展示的方式有:第一,网站直接将作品复制在网站计算机硬盘上,通过互联网文字或图像链接技术,用户可将作品暂时复制到自身计算机随机存储器上,并通过显示屏阅读该作品;第二,网站未将作品直接复制到自身网络服务器硬盘里,而是通过"视框链接"技术,将存于他人网站网络服务器上的作品显示在自己网页的某一个视框内,供用户在线阅读作品。公众在两种方式中都能在该网站网页里获得该作品,都构成网站对作品的网络传播,未经著作权人同意都是对其信息网络传播权的侵害,第一种方式亦是上载行为。

3. 网络下载权

作品被上载到网站的网络服务器上并经公开展览后,网络用户可将该作品下载至自身计算机随机存储器上形成临时复制件,供在线阅读,或下载至自己计算机硬盘上形成永久复制件,供随时阅读。该下载包括临时与永久复制。对作品被直接下载至个人计算机硬盘上产生永久复制而带来永久复制权,当属著作权人专有。临时复制行为(在线浏览)确实在用户计算机里产生了作品复制件,属复制行为,是复制权体现,当属著作权之一。可临时复制行为只是基于互联网存在,利用自身计算机从其他用户或网站上了解、查看作品的一种方式而已,此行为本身并未导致浏览者计算机上长期保存所浏览作品,且临时复制是特殊情况下的复制,为用户所不能控制,未与作品正常使用相冲突,亦未不合理损害作者合法利益。对此,可用著作权权利限制来规制,将其归为合理使用范畴。

(二)许可权与获得报酬权

1. 许可权

任何组织与个人通过信息网络向公众提供他人作品等,应取得权利人许可。

2. 获酬权

通过信息网络向公众提供他人作品、表演、录音录像制品,应向权利人支付报酬。虽可在许可协议中明确报酬条款,但控制作品的使用与获得报酬是著作权主要经济权利,获酬权法定化更能保护权利人的经济权利。

四、信息网络传播权的限制

(一)合理使用

《信息网络传播权保护条例》依著作权法第二十二条,在遵守有关国际公约最低要求基础上,从国情出发,设定了信息网络传播权合理使用制度。虑及网络环境特点,该条例将著作权法第二十二条中的九项规定在网络环境下做了合理延伸。该条例第六条规定,通过信息网络提供他人作品,属下列情形的,可不经著作权人许可,不向其支付报酬:①为介绍、评论某一作品或说明某一问题,在向公众提供的作品中适当引用已发表作品;②为报道时事新闻,在向公众提供的作品中不可避免地再现或引用已发表作品;③为学校课堂教学或科学研究,向少数教学、科研人员提供少量已发表作品;④国家机关为执行公务,在合理范围内向公众提供已发表作品;⑤将中国公民、法人或其他组织已发表的、以汉语创作的作品翻译成少数民族语言文字作品,向中国境内少数民族提供;⑥不以营利为目的,以盲人能感知的独特方式向盲人提供已发表的文字作品;⑦向公众提供在信息网络上已发表的关于政治、经济问题的时事性文章;⑧向公众提供在公众集会上发表的讲话。第七条规定,图书馆、档案馆、纪念馆、博物馆、美术馆等可不经著作权人许可,通过信息网络向本馆馆舍内服务对象提供本馆收藏的合法出版的数字作品和依法为陈列或保存版本的需要以数字化形式复制的作品,不向其支付报酬,但不得直接或间接获得经济利益。当事人另有约定的除外。

（二）法定许可

《信息网络传播权保护条例》虑及网络环境特殊性，仅规定了两种法定许可情形。

1. 制作课件的法定许可

为通过信息网络实施九年制义务教育或国家教育规划，可不经著作权人许可，使用其已发表作品片断或短小文字作品、音乐作品或单幅美术作品、摄影作品制作课件，由制作课件或依法取得课件的远程教育机构通过信息网络向注册学生提供，但应向著作权人支付报酬。

2. 扶助贫困的法定许可

为扶助贫困，通过信息网络向农村地区公众免费提供中国公民、法人或其他组织已发表的种植养殖、防病治病、防灾减灾等与扶助贫困有关的作品和适应基本文化需求的作品，网络服务提供者应在提供前公告拟提供的作品及其作者、拟支付报酬的标准。自公告之起30日内，著作权人不同意提供的，网络服务提供者不得提供其作品；自公告之起30日内，著作权人无异议的，网络服务提供者可提供其作品，并依公告标准向著作权人支付报酬。网络服务提供者提供著作人的作品后，著作权人不同意提供的，网络服务提供者应立即删除著作权人作品，并依公告标准向著作权人支付提供作品期间的报酬。依前款规定提供作品的，不得直接或间接获得经济利益。

知识链接 11-3
《最高人民法院关于审理侵害信息网络传播权民事纠纷案件适用法律若干问题的规定》

五、信息网络传播权侵权行为的类型

（一）依侵权行为主体划分

1. 网络内容提供者的侵权行为

其侵权形式主要是未经权利人许可，又无法律依据，擅自将权利人作品、表演、录音录像制品上载至互联网，造成其他用户能在线浏览或下载。

2. 网络服务提供者的侵权行为

网络服务提供者本身不选择所要传播的信息，而是依用户选择传输或接受作品，主要表现为"传输管道"和"服务器代理缓存"。对其侵犯信息网络传播权适用过错归责原则，尽量避免其承担过重责任。

3. 网络使用者的侵权行为

网络使用者侵犯信息网络传播权行为层出不穷，如网络用户擅自破坏权利人为保护其作品而采取的技术防范措施。

（二）依侵权行为方式划分

1. 上载行为

是否将自己作品上载于网络，是信息网络传播权权利人享有的权利。任何组织或个人未经权利人许可，擅自将其作品以有线或无线方式提供到网上向公众传播，均可定性为侵犯信息网络传播权的行为。

2. 转载行为

转载侵权行为，主要是未经权利人许可，又无法律依据，擅自将权利人的网络作品在互联网上转载。

3. 链接行为

链接是为访问者提供交互搜索、浏览信息的便捷手段。链接并非著作权上的一项权利，技术本身不会构成侵权行为，而是在使用链接技术时，设链者可能存在侵害知识产权的情况：一是出于商业目的而链接录音制品、电影制品；二是主观上存在恶意链接。

4.下载行为

未取得权利人许可,擅自将网络作品下载并在网下非法使用,如擅自下载他人作品,并将其发表在传统媒体或非法表演、播放等。

【思考】涉案作品的著作权归属与谁?苹果公司是否为"APP STORE"的经营者?涉案被控侵权行为是否成立?性质如何认定?苹果商贸公司和苹果公司应否承担法律责任及应承担何种法律责任?

实务分析 11-1
大百科全书公司诉苹果商贸信息网络传播权纠纷案①

第三节　网络服务商著作权侵权分析

【背景思考】

原告盛大对涉讼作品享有什么权利?原告盛大通知删除是否符合规定?百度是否侵权?是间接侵权还是直接侵权?赔偿数额如何确定?

背景资料 11-3
盛大文学诉百度著作权侵权纠纷②

一、网络服务商著作权侵权界定

(一)侵犯著作权行为的确认

网络服务商著作权侵权可分为:直接侵害,网络服务商或用户未经著作权人许可,将他人的作品在网络上传播,这一行为直接导致作品在网络上传播的后果产生。间接侵害,对网络服务商而言,仅在其明知或应知网主或用户实施了网络版权侵权行为而未采取必要防范措施时,即其主观上有过错时,构成对著作权的间接侵害。

(二)存在被侵犯的客体

著作权侵权行为所涉对象包括著作财产权、著作人身权和著作权有关权益(邻接权)。依《著作权法》第十一条第四款,如无相反证明,在作品上署名的公民、法人或其他组织为作者。结合"盛大文学诉百度著作侵权纠纷案"中5套涉讼作品的图书、作品转让协议、授权声明等证据,能形成原告权利证据链。在百度公司未提供任何相反证据情形下,法院支持原告作为涉讼作品权利人依法享有本案诉讼主体资格与追究百度公司侵权责任的权利。

(三)侵权行为造成了损害事实

凡未经作者同意,将其作品发表、改变署名、修改复制、表演、播放、展览、发行、摄制电影、电视、录像,或改变、翻译、编辑等方式使用,均属侵权。盛大文学从未许可第三方通过互联网向公众传播涉讼作品,任何非在原告网站发布的涉讼作品内容均为侵权内容。

(四)侵权行为具有违法性

网络用户利用网络服务实施侵权行为的,被侵权人有权通知网络服务提供者采取删除、屏蔽、断开链接等必要措施。网络服务提供者接到通知后未及时采取必要措施的,对损害扩大部分与该网络用户承担连带责任。

(五)侵权行为人主观上有过错

网络服务提供者的过错形态包括"明知"与"应知",即故意与过失。网络服务商通过网络自行实施侵犯他人著作权的行为,或参与他人著作权侵权活动;网络服务商教唆、帮助用户实施著作权侵权

---

① 张剑:《大百科全书公司诉苹果等公司侵害作品信息网络传播权纠纷案评析》,载《中国版权》2012年第6期,第28—31页。

② 详见"上海玄霆娱乐信息科技有限公司诉北京百度网讯科技有限公司等侵犯著作财产权纠纷案"。上海市卢湾区人民法院,案件字号:(2010)卢民三(知)初字第61号。

行为等,都是作为的侵权行为,在主观上存在明显故意,故应对自身行为承担法律责任。不作为的侵权行为主要是提供内容服务的网络服务商实施的。提供内容服务的网络服务商对其传输内容有控制、监督、增删编辑的权利和义务,当其明知网络上存有用户传输侵害他人著作权的信息内容时,应在技术可能、经济许可的范围内采取措施移除侵权内容。如果拒不移除,主观上有过错,应承担连带侵权责任。

二、不同类型网络服务商著作权侵权典型判例分析

(一)IAP 典型判例——音著协诉网易、北京移动公司案

中国音乐著作权协会(以下简称音著协)经曲作者苏越授权,获得歌曲《血染的风采》信息网络传播权。网易公司未经授权在其开办的 www.163.com 网站铃声传情项目服务中,将该歌曲提供给移动电话用户供音乐振铃下载使用。北京移动公司向移动电话用户提供增值服务项目,使任一移动电话用户均可利用该项目下载涉案歌曲。音著协诉求二被告立即停止《血染的风采》下载服务,公开道歉,共同赔偿因侵权造成的经济损失及原告为制止侵权行为的合理支出。[①]

行为人构成著作权侵权须有过错。本案北京移动公司设置的短信网关为接收网易公司发送的信息及向移动电话用户发送该信息提供了短信平台,而短信网关无法对所传输信息进行识别、记录和编辑等任何处理,亦无技术能力将已知侵权信息予以剔除、过滤,整个接收、传输过程均基于技术规则自动完成。移动公司无主观过错,不构成对苏越著作权的侵权,不承担侵权责任。司法实践一般基于过错责任原则认定 IAP 仅起传输通道作用,并非明知侵权行为存在,也不可能进行筛选,因此不存在过错。上述案件存在明确的 ICP——广州网易公司,权利人不至于维权落空,但基于 P2P 技术产生的大量著作权侵权案中,不存在内容服务商,有可能导致权利人无从维权。

(二)ICP 典型判例——奇志大兵诉新浪案

杨奇志、任军拥有《检查卫生》《洗脚城》《戏说百家姓》等作品的著作权。"新浪"在其科技时代搞笑 Flash 下载栏目中未经授权使用了上述作品,并将《检查卫生》更名为《开会》,《洗脚城》更名为《金盆洗脚》,并将涉案 Flash 画面部分另行绘制。原告请求法院判令新浪公司停止侵权、赔礼道歉、赔偿经济损失 10 万元及合理费用 2 万元。[②]

法院判定新浪公司知道也应当知道涉案作品是改编自原告作品,但仍在其网站上提供商业性传播和下载,构成侵权。其对"新浪"ICP 是否构成侵权的判决依据是"新浪"明知上传的内容侵权,采过错责任原则。而在 2007 年"上海市二中院审理的魏肇权诉搜狐公司著作权纠纷案"[③]中,魏肇权创作长篇小说《东厂与西厂》一书,在 2005 年 1 月由中国戏剧出版社出版发行,却被搜狐网站擅自删减并上传至其网页上,法院认定结果为魏肇权享有对《东厂与西厂》著作权,而"搜狐"未经著作权人授权即上传该作品,侵犯了魏肇权信息网络传播权和获得报酬权。该审理结果并未说明被告是否有过错。现行立法未明确 ICP 著作权侵权责任归责原则,ICP 以自己不明知或没有理由应该知道为借口提出抗辩,导致法官裁定标准不一。很多视频分享网站分明是一个视频内容服务提供商 ICP,却往往通过技术手段伪造大量用户,然后辩称是这些"用户"上传的盗版视频内容,自己只是一个 IPP,基于上传内容浩瀚,不知亦无由知道侵权内容存在,以此规避责任。现行法律虽规定 IPP 有信息披露义务,但未规定 IPP 拒绝履行披露义务或披露信息不实致无法找到直接侵权人时 IPP 的侵权责任。

---

①　周晓冰:《移动公司不对铃声下载侵权承担责任》,http://www.deheng.com.cn/qianyan/html/200712622363123.htm,2013-01-21。

②　吴晓锋:《奇志大兵告赢新浪》,http://news.sina.com.cn/o/2008-01-06/104213205865s.shtml,2008-01-06。

③　详见"上海市二中院审理的魏肇权诉搜狐公司著作权纠纷案"。上海市第二中级人民法院,案件字号:(2007)沪二中民五(知)初字第 271 号。

（三）IPP 典型判例——友谊公司诉杨某、淘宝公司案

2008 年中国友谊出版公司取得《盗墓笔记 4》著作权。后发现杨海林在淘宝网"杨帆书屋"店铺以明显不合理低价销售《盗墓笔记 4》。原告代理人经购买、检查、核对，发现杨海林所售《盗墓笔记 4》质量低劣，是盗版图书。随后，友谊公司将"杨帆书屋"及淘宝网告上法庭。请求判令二被告停止侵权行为，在公开发行的媒体上赔礼道歉，消除影响；赔偿其经济损失 20 万元；支付其为制止侵权行为所支付的合理费用 2.4 万元。[①] 本案争议焦点在于"淘宝"作为 IPP 应否承担共同侵权责任，负有怎样的合理审查义务。

一审法院判决淘宝作为 IPP 应具备相应审查义务，应负有审查图书销售主体相应资质的义务，但并未采取任何措施履行该项义务，因此，其行为发挥了重要辅助作用，应承担共同侵权责任。判令杨海林与淘宝共同赔偿友谊公司 2000 元经济损失。二审法院判决淘宝由于其交易商品数量巨大、类别繁多、个人卖家数量巨大、情况复杂，且对于个人卖家，由于目前法律法规并无明确规定，要求其负有审查图书销售主体相应资质的义务，故仅审查个人卖家的真实姓名和身份证号码即可。因此，淘宝未要求杨某提供其经营资质方面的证明并未违反相关规定。同时法律、法规并未要求 IPP 审查卖家销售商品价格是否明显低于市场价格，因此淘宝网对杨某以明显低于定价的价格销售涉案图书的行为并不构成共同侵权。淘宝网公司接到警告信后及时删除涉案图书相关信息。因此，淘宝公司对于杨某注册为淘宝网个人卖家已尽合理审查和事后补救义务，不构成共同侵权。淘宝作为 IPP 是否构成侵权的争议就在于其是否"明知"侵权行为存在，而判断依据则在于其应尽怎样的审查义务，但相关立法未明确界定该类服务商的具体审查义务。这起"互联网销售盗版中国第一案"，虽然淘宝网二审胜诉，但出于社会责任感和避免类似的纠纷以降低经营风险，淘宝网发出公告，要求所有书籍类卖家须有"出版物经营许可证"，才可在淘宝经营书籍。卖家卖书时须提供该图书 ISBN 国际标准书号。这对打击淘宝网上盗版书籍销售起到了极大作用。可见，IPP 若能尽到必要审查和注意义务，尽可能避免侵权行为发生，显然比维权责任交由著作权人更合理高效。

（四）超文本链接典型判例——百度 MP3 侵权案

2005 年原告步升公司拥有对胡彦斌、黑棒组合、许巍和花儿乐队演唱的共计 46 首歌曲的著作权，发现百度未经其授权，在其经营网站上向公众提供这些歌曲 MP3 下载服务，因此请求法院判令百度承担停止侵害、消除影响、公开赔礼道歉、赔偿经济损失的民事责任。[②] 争议焦点：百度行为是直接侵犯著作权的行为，还是只是一个深度链接行为，若只是深度链接，则要考量其是否"明知"被链接内容侵权，才能确定其是否承担共同侵权责任。

用户并未向百度搜索系统发出查询指令，而是通过点击相关网页上"MP3""歌手列表""歌手姓名"等链接标识访问到载有涉案"歌曲列表"网页；且可下载相关歌曲 MP3 文件，在下载过程中，网页上自动弹出下载框，注明相关 MP3 文件来自"mp3. baidu. com"，同时此网页右侧刊载有雀巢咖啡、摩托罗拉手机等商品广告。因此，被告以营利为目的，在其网站上提供上述歌曲 MP3 文件下载服务，行为已超出搜索引擎服务范围，侵犯了原告著作权，故被告应立即停止侵权并依法承担侵权责任，赔偿原告经济损失。对深度链接究竟应定性为直接侵犯著作权还是和真正的内容发布者构成共同侵权，我国立法无明确界定，从而导致"服务器标准"和"用户感知标准"之争。[③] 司法实践存在同类案情不同判决的结果。如 2005 年"新力唱片公司诉济宁之窗信息有限公司案"，济宁之窗信息有限公司网站上有大量指向第三方网站中黎明专辑 *The Red Shoes* 中 12 首歌曲的深层链接。而最高院回函认定济

---

① 杨静：《个人卖家出售盗版图书 淘宝网是否担责任》，http://www. chinacourt. org/html/article/200910/15/377586. shtml,2013-01-30。

② 贾鹏雷：《百度 mp3 侵权案一审败诉 被判赔偿六万八千元》，http://www. enet. com. cn/article/2005/0916/A20050916454686. shtml,2013-01-30。

③ 王迁：《网络环境中版权直接侵权的认定》，载《东方法学》2009 年第 2 期，第 15 页。

宁之窗公司行为只是设置了一个深度链接,因此,其必须明知侵权,或经著作权人提出确有证据的侵权警告仍提供链接服务,才承担法律责任。据此,济宁之窗不必负法律责任。②

【思考】两个或两个以上互联网服务商涉嫌共同侵犯他人信息网络传播权时,应如何准确认定他们之间行为的性质,进而准确判定他们应否及如何承担相应的法律责任?

第四节　技术措施与权利管理信息的法律保护

【背景思考】
破坏技术措施盗链的行为是否侵犯信息网络传播权?

一、技术措施的法律保护

著作权保护的技术措施,系著作权人为防止未经授权的不法访问与使用作品而主动采取的各种技术手段。常用技术措施主要有反复制设备、电子水印、数字签名或数字指纹技术、电子版权管理系统、追踪系统及控制进入受保护作品等,计算机软件著作权广泛采用软件加密保护措施。著作权人可采用技术措施保护上载网络的作品,对这类技术措施不进行法律保护,对擅自破解或规避技术措施的行为不加以禁止和惩罚,则无法切实保障著作权人权利。

《著作权法》第四十八条第六项原则性规定保护技术措的,即未经著作权人或有关权利人许可,故意避开或破坏权利人为其作品、录音录像制品等采取的保护著作权或有关权利的技术措施,属侵权行为,法律、行政法规另有规定的除外。《计算机程序保护条例》第二十四条第一款第三项规定故意避开或破坏著作权人为保护其软件著作权而采取的技术措施,属侵权行为。上述规定较为简约,未具体界定技术措施,未细化受保护条件,未明确例外与限制规则等。《信息网络传播权保护条例》在技术措施保护方面有一定突破,其第四条第二款规定任何组织或个人不得故意避开或破坏技术措施,不得故意制造、进口或向公众提供主要用于避开或破坏技术措施的装置或部件,不得故意为他人避开或破坏技术措施提供技术服务,但法律、行政法规规定可避开的除外。

二、权利管理信息的法律保护

权利管理信息与技术保护措施关系密切,电子签名、电子水印等技术措施本身具有权利管理信息作用,各国法律均将其放在一起规定,分为著作权与邻接权管理信息。著作权管理信息为识别作品、作品的作者、对作品拥有任何权利的所有人的信息,或有关作品使用的条款和条件的信息,以及代表此种信息的任何数字或代码,各该项信息均附于作品的每件复制品上或在作品向公众进行传播时出现(WCT 第十二条第二款)。邻接权管理信息为识别表演者、表演者的表演、录音制品制作者、录音制品、对表演或录音制品拥有任何权利的所有人的信息,或有关使用表演或录音制品的条款和条件的信息,以及代表此种信息的任何数字或代码,各该项信息均附于录制的表演或录音制品的每件复制品上或在录制的表演或录音制品向公众提供时出现(WPPT 第十九条第二款)。

---

① 叶若思、祝建军:《网络服务商帮助型共同侵权与意思联络型共同侵权的区分——电影〈天黑请闭眼〉著作权侵权纠纷案评析》,载《科技与法律》2009 年第 4 期,第 56—59 页。

② 详见《侵犯信息网络传播权》[最高人民法院(2005)民三他字第 2 号批复]。

③ 详见"腾讯计算机系统有限公司诉北京易联伟达科技有限公司侵犯信息网络传播权纠纷案"。一审:北京市海淀区人民法院,案件字号:(2015)海民(知)初字第 40920 号;二审:北京知识产权法院,案件字号:(2016)京 73 民终 143 号。

权利管理信息源于著作权标识制度,法律允许权利人对作品加注著作权标记,以向公众表彰著作权主体权利存在及权利状态。依存在形态划分,著作权管理信息分为权利管理电子信息和非电子信息两类。前者为数字形态的权利管理信息,应用于网络环境,被嵌在电子文档资料里,附加于作品的每件复制品上或在作品上向公众传播时显示出来;后者为非数字形态,体现为文字编码,主要应用于非网络环境下著作权或邻接权管理,印刷物版权页上有关作者、出版日期的信息,即为非数字化权利管理信息。国内著作权立法中的权利管理信息仅指权利管理电子信息,目的在于解决网络环境著作权保护问题,协调网络环境中著作权人、邻接权人和网络用户之间的利益关系。

《计算机网络著作权解释》(2000 年)第九条第四项对故意去除或改变著作权管理信息而导致侵权后果的行为构成侵权的法律适用问题做出规定(2003 年该解释第一次修正时被删除),现行《著作权法》第四十八条第七项规定未经著作权人或有关权利人许可,故意删除或改变作品、录音录像制品等的权利管理电子信息的属侵权行为。该规定为认定、制裁故意删改权利管理信息侵权行为提供了基本法律依据,但过于原则,缺乏对权利管理信息的界定、侵权免责事由等具体规定。《信息网络传播权保护条例》第五条规定,未经权利人许可,任何组织或个人不得进行下列行为:①故意删除或改变通过信息网络向公众提供的作品、表演、录音录像制品的权利管理电子信息,但由于技术原因无法避免删除或改变的除外;②通过信息网络向公众提供明知或应知未经权利人许可被删除或改变权利管理电子信息的作品、表演、录音录像制品。但该条例侵权行为表现形式依旧限定较窄,仅含删除与改变两种。

实务分析 11-3
杭州硕文与优酷不正当竞争纠纷案①

权利管理信息并非独立的权利保护对象,其仍是类似于技术保护措施那样维护著作权和邻接权的管理措施,相关规定并不意味产生一种独立于著作权与邻接权的"管理信息权"。

【思考】杭州硕文屏蔽广告的软件是否正当?

本章练习

第十一章练习
(含"理论思考""实务分析""实务训练")

---

① 详见"杭州硕文软件有限公司与优酷信息技术(北京)有限公司不正当竞争纠纷上诉案"。杭州市中级人民法院,案件字号:(2018)浙 01 民终 231 号。

第十二章　电商专利权保护法和商标权保护法

第一节　电商专利权保护法

背景资料 12-1
某网络公司诉
某在线书店侵
害 411 专利案①

【背景思考】

传统商业方法进入网络是否具有可专利性？

一、电子商务专利的内容

电子商务中可获专利权的客体主要有以下几类。

（一）电子商务技术

电子商务技术包括：①计算机基础技术、通信基础技术、数据处理基础技术，在电子商务出现前已属可专利技术领域；②经营系统、基础结构技术，一直为可专利的软件技术领域。

（二）商业方法系统

商业方法指人们在社会经济活动中总结出来，符合经济规律，为社会所接受并普遍使用的商业活动基本规则和实现方式，是人类的智力劳动成果。传统专利权客体，并不包括纯粹的商业方法，因其并未利用自然规律，属专利法不予保护的智力活动规则和方法范畴。电子商务是商业流通在网络环境下的表现形式，是纯粹的一种商业上的方法或策略。若电子商务商业方法仅是一种商业思想，即纯粹商业方法，属智力活动规则方法，不能授予专利。商业方法须建立在技术特征基础上，即构成商业方法系统，并通过计算机或网络运用才有可能取得专利权，成为电子商务商业方法专利。该专利是指将商业活动的一般经营、管理规则与网络技术、计算机软件或硬件相结合申请的专利。该专利授权方式与我国专利法体系对计算机程序专利的授权相类似：依《计算机程序保护条例》，现阶段国内软件主要受《著作权法》保护，对单纯的程序软件不授予专利。但依专利法相关内容，若计算机程序被固定在某一硬件之上，可以以硬件作为专利申请对象。《专利审查指南》（2006 年版）关于涉及计算机程序的发明专利申请审查的若干规定中写道："为了解决技术问题而利用技术手段，并获得技术效果的涉及计算机程序的发明专利申请属于专利法实施细则第二条第一款规定的技术方案，因而属于专利保护的客体。"和计算机程序专利的实质仍是程序本身一样，电子商务商业方法专利也有类似之处，其实质仍是靠网络系统支持的方法，且是一种经营方法，即具有技术效果的商业方法。WIPO 认为商业方法专利涉及的是那些借助数字化网络经营商业的、有创造性的商业方法。因商业方法专利都是通过计算机系统实现的，且大都以计算机软件形式表现出来，亦被称为以计算机实现的商业方法，并被认为是计算机程序相关发明的一种特例。③

知识链接 12-1
发明专利——基于 SaaS 服务促进低频类交易的电子商业方法②

---

① 郭懿美、蔡庆辉：《电子商务法经典案例研究》，中信出版社 2006 年版，第 85 页。

② 相关信息经国家知识产权局"专利检索及分析"查询获取，网址为 http://www.pss-system.gov.cn/sipopublicsearch/patentsearch/showViewList-jumpToView.shtml。SaaS，即 Software as a Service，软件即服务之意，是指通过网络提供软件服务。

③ 张楚：《电子商务法》（第三版），中国人民大学出版社 2011 年版，第 162—163 页。

二、商业方法专利的授予与侵害判断

（一）商业方法专利的授予

1.商业方法与技术的组合才是可授予专利的标的

一项发明是否为可专利的标的，须事先审查其仅为描述抽象的概念，还是具体提供了可实施的技术或流程。只有当专利说明书内容揭露了可具体实施的技术或流程后，才可进一步检验该商业方法是否符合专利要件中的新颖性、创造性、实用性。商业方法本身仅是抽象概念，仅描述一种观念或人类心智推理过程。产生了某一商业方法概念后，并不意味着只要其具有实际用途，即可成为可专利的标的，须进一步将该概念应用于可实施的技术或程序中，借由特定技术执行与运作，达成该商业方法本身所欲诉求的功效。通常该技术或程序须是可重复或自动执行，不需借助人类思考过程去完成，借由该技术或程序所执行的商业方法才能成为可专利标的。实际上，可授予专利标的，在于该商业方法概念与实施该商业方法所需技术的组合。对无法落实、无法重复或自动实施的商业方法，则无法提供产业上的运用效果，违反专利法律制度的精神，自然不是专利法保护的标的。目前已授予专利的商业方法，通常是以软件程序或装置技术加以具体化。对商业方法专利申请注重对其技术特征审查，非对商业方法本身审查。授予专利的商业方法须符合专利法规定的实质性条件，其中新颖性、创造性判断是否准确，取决于专利局是否拥有足够文献和相关信息。商业方法申请专利在新颖性判断方面面临困难。商业方法专利提出和实践时间不长，以往商业方法仅停留在管理者脑海里，甚至是商业秘密，很少以文字或其他形式被记录，专利审查部门无足够技术资料来对每项商业方法专利的新颖性进行判断。

2.审查原则从"技术性"向"实用性"演进

一般来说，一项申请要取得专利权，必须要符合两个资格。一是入门资格，即专利适格性，是否属专利保护客体，在本质上将不具有可专利性的申请排除在外；二是条件资格，即所申请的标的是否符合专利法规定的其他具体条件，如新颖性、创造性、实用性等，可将创新程度较低的技术排除在外。传统专利法中符合条件资格的基础是技术性，必须属于技术领域、具有技术性质、可解决某个技术问题、具有技术特征。就目前实践而言，无论商业方法专利还是计算机软件专利或是两者结合，都已从"技术性"向"实用性"方向转化。商业方法软件在专利法下已不存在"入门资格"问题，而是如何取得条件资格的问题。对商业方法在不同时期给予不同的保护政策不是从成文法上反映出来，而是通过专利局审查基准中反映出来。在美国判例法中，法官没有突破专利法第一百零一条的定义，仅是在如何理解和解释该条含义上给出了更宽泛的原则。专利保护标准从"技术性"演进到"实用性"，没有改变法律保护客体，仅是对法律的不同解释。

（二）商业方法专利的侵害判断

1.专利侵害行为——直接与间接侵害

直接侵害指无权利使用专利的人未经专利权人许可实施其专利的行为，即所实施行为被包含在该专利说明书所揭露的技术范围之中。直接侵害分字面和非字面侵害：字面侵害或称完全侵害，若一商业方法专利申请范围中所描述的方法、技术组成与被控侵权的方法、技术组成完全相同，则被控侵权的方法、技术组成直接侵害了该商业方法专利；非字面侵害或称均等侵害，此种直接侵害的判断一般以均等论（等同原则）为出发点。即被控侵权的方法、技术组成与该商业方法专利申请范围中所描述方法、技术组成不完全相同，但两者目的、运用手段、功能及结果实质相同，仍然侵犯该商业方法专利。我国《专利法》第十一条针对的就是直接侵害行为。间接侵害指行为人未经专利权人的许可诱导、怂恿、唆使其他无权利使用专利的人侵犯专利权的行为。行为人本身并未直接实施侵犯专利权的行为，但却对直接侵权行为的发生起推波助澜作用。其在主观上有诱导或唆使他人侵犯专利权的故意，在客观上为直接侵权行为发生提供了必要条件。对间接侵犯专利权行为，我国专利法无专门规定，美国专利法将间接侵害分为引诱与参与侵害两种。

电子商务法

2.等同原则适用的困境

源于美国判例法的等同原则在我国司法实践中被广泛适用。最高法院《关于审理专利纠纷案件适用法律问题的若干规定》(法释〔2001〕第21号)首次确认了等同原则为专利侵权判定的一项司法原则。等同特征须同时具备两个条件:一是与权利要求中的技术特征以基本相同的手段、实现基本相同的功能、达到基本相同的效果;二是本领域普通技术人员无须经创造性劳动就能联想到,即对本领域普通技术人员来讲显而易见。在专利侵权判断原则中,等同原则的使用经发展已趋成熟。但等同原则主要适用于针对机械、化学或组合物的侵权认定上。对商业方法和计算机软件专利而言,由于存在许多不确定因素,其适用性遭到质疑。许多商业经营理念在传统模式中已被广泛使用,对那些通过软件运行的"在先技术"在互联网上构成的专利,是否与传统模式中"在先技术"构成等同,其标准很难断定。而且,由于文献与资料缺乏,可能在审查中不能发现问题,让这样的专利申请极易获得通过。很多商业方法专利权人在使用自己专利时极易落入与"在先技术"的实质等同范围,这将导致大量专利纠纷产生并给专利侵权诉讼埋下隐患。而且等同原则适用尺度也是问题,美国CAFC曾提出非均等理论,指在字面侵害下,对象物在原理上若不同于专利申请范围,就足以阻止侵权认定,若只是添加组件、功效增加乃至于超越,都不能借以使用非均等理论来阻止专利权行使。由于不同国家授予商业方法专利在同一互联网上使用,因互联网无地域性,任何商业方法专利权所覆盖范围都大大超出某一国本土。各国对等同原则的不同使用尺度将直接影响对侵权与否的判定。③

观点链接12-1

关于电子商务商业方法可专利性的反思①

知识链接12-2

商业模式创新知识产权保护制度的探索与研究②

第二节 电商商标权保护法

背景资料12-2

无锡昆达制球公司诉张醒狮等商标侵权纠纷案④

【背景思考】

1.被告沙溪奥仕制球厂的行为是否构成对原告注册商标专用权的侵犯?

2.被告阿里巴巴公司是否构成共同侵权?

3.原告赔偿数额与赔礼道歉诉求能否获法院支持?

商标是商品或服务提供者为将自身商品或服务与他人提供的同种或类似商品或服务相区别而使用的标记,⑤主要有识别、质量保障和广告宣传等功能。依《商标法》(2019修正)(主席令第29号,自2019年11月1日起实施)第三条第一款,经商标局核准注册的商标为注册商标,包括商品商标、服务商标和集体商标、证明商标;商标注册人享有商标专用权,受法律保护。该法第八条规定,任何能将自然人、法人或其他组织的商品与他人的商品区别开的标志,包括文字、图形、字母、数字、三维标志、颜色组合和声音等,以及上述要素的组合,均可作为商标申请注册。2014年"双11"前夕,阿里巴巴通告全国媒体其已注册"双11""双12"商标,仅授权旗下"天猫"使用,要求各大媒体勿

① 蔡步青:《后Bilski时代电子商务商业方法专利之因应与挑战》,载《河北法学》2012年第7期,第148—153页。

② 详见《国家知识产权局关于对政协十三届全国委员会第一次会议第2822号(科学技术类111号)提案答复的函》(发文字号:国知发法函字〔2018〕121号)。

③ 张楚:《电子商务法(第三版)》,中国人民大学出版社2011年版,第165—168页。

④ 详见"无锡昆达制球公司诉张醒狮等商标侵权纠纷案"。浙江省杭州市中级人民法院,案件字号:(2005)杭民三初字第367号。

⑤ 王迁:《知识产权法教程(第四版)》,中国人民大学出版社2014年版,第376页。

为其他电商发布带有"双 11"字样促销广告,以免承担连带责任,此举给电商行业敲响了商标保护警钟。[①]

一、电商经营者商标保护策略

商标是电商经营者的无形资产,对其发展至关重要,信息网络与电子商务的发展使越来越多的商标侵权更容易、更隐蔽,网络及电商领域商标一旦被侵权,传播速度更快、波及范围更广,给电商经营者造成的损失则无可估量。若电商经营者能从根源上重视商标保护,其品牌效应则会深长久远。"双11"商标事件提升了电商经营者对商标的重视度,各电商经营者纷纷重审其商标战略,调整商标布局。下文择要介绍电商经营者商标保护策略。

(一)重视企业字号的商标保护

电商经营者在成立前即应重视自身企业字号,可至中国商标网初步查询,分析判断该字号能否注册商标。若能注册,需迅速将该字号进行登记,待营业执照审批后立刻注册商标,避免因时间延误造成字号不能注册的风险。不重视企业字号事先查询易陷入商标侵权纠纷。

(二)加强商标本身的显著性

在商标注册方面,商标本身的显著性问题是电商经营者首先要面临的问题。所谓显著性,是商标本身在指定的商品/服务上传达给消费者的可识别性,是商标"区分"功能得以彰显的灵魂,也是整个商标法的核心枢纽。商标法对商标显著性问题做了明确要求。实践中,电商经营者在"商标显著性"问题上屡屡碰壁。很多互联网产品或服务的名称,或是对产品功能或服务品质的直接描述,或包含计算机网络技术术语或通用名词,很难通过审查进而获得专用权。电商经营者一方面可采取将此类商标与企业主标识组合注册、增加其他可区分性要素等方式,增加授权概率;另一方面,对此类商标在提交注册申请后进行大范围、长时间的持续使用,使之与企业建立唯一对应关系,即使商标被驳回,在复审阶段仍有授权机会。

(三)及时开展类别注册

电商经营者成立后,还需要对其字号商标予以注册相关类别并加以保护。

1. 加强核心类别保护

很多电商经营者认为自己属互联网企业,多数消费者亦将电商经营者归类为网站建设,往往首选电子和网站相关联类别,如第 9、38 类等,而忽略了最核心的第 35 类。事实上,电商经营者和传统线下经营模式实质相同,都是向消费者提供商品,仅销售途径不同。第 35 类中"为零售目的在通信媒体上展示商品、广告、替他人推销、商业管理辅助、商业信息"等小项均较重要,一旦被其他企业抢先注册,将引发致命损害。

2. 注重关联类别保护

电商平台的搭建,离不开第 42 类"计算机编程及相关的服务",包括"计算机编程、提供互联网搜索引擎、计算机软件更新、计算机软件维护、计算机系统设计"等一系列与电商平台搭建相关联的小项,电商经营者不应漏申请对这些关联类别的商标注册。以滴滴打车为例,一款打车软件至少涉及应用程序下载、地图服务、广播功能、出租车运输、旅行预订等内容,这就要求软件运营商需在第 9、16、38、39 类等多个商标类别中进行商标注册。若其中某一类别商标被他人抢注,将不可避免造成不同类别商标之间的冲突。一旦发生这种情况,软件运营商或是花巨资购买这件商标,或是放弃这件商标,但这意味着前期巨大的广告与运营投入付诸东流,无论哪种情况,都将付出巨大代价。[②]

① 刘春泉:《电商们在商标上斗法》,载《上海证券报》2014 年 12 月 11 日,第 A02 版;吴学安:《电商商标背后的知识产权之争》,载《中国工商报》2015 年 1 月 13 日,第 005 版。

② 彭文雪:《"互联网+"时代的商标注册风险及应对策略》,载《中华商标》2015 年第 7 期,第 34 页。

3.不能忽视物流配送类别

电商经营者的销售离不开物流配送,第 39 类"运输及运输前的包装服务"及"投递服务",包括企业销售产品后的物流配送方式,应成为不可遗漏的类别。选择此项进行注册的多为提供物流配送的快递公司,电商经营者大多忽视此类别。

4.注意相关产品类别

电商经营者还应考虑销售的是自身还是别人的产品,若是自身产品,还需在相关产品上进行商标注册保护。电商经营者面临不同类别间的商标冲突主要是其商标注册类别不到位所引发,因此,其在商标注册时一定要全面分析公司、产品、服务情况,根据实际情况进行多类别商标注册。若条件许可,采取全类别注册商标方式更为保险。

实务分析 12-1

厦门雅宝与北京今点、北京雅宝纠纷案①

(四)注册防御商标

电商经营者品牌一旦打响,会成为很多企业伪造的目标,搭便车时有发生,为防止辛苦经营的品牌和投入的巨额广告费不为他人所用,也为防止被他人效仿和淡化,降低商标被傍风险,注册防御商标必不可少。② 防御性注册就是对自己正在用的或可能要用的品牌及其可能混淆的对象均前瞻性地予以注册商标。阿里 2010 年启动防御性商标注册,2013 年拿到"双 11"商标注册证,2014 年亮出此证,迫使其他电商经营者紧急应对。电商经营者防御性注册主要作用如下。

(1)可为其新上项目开拓疆土提供法律保障。好的品牌词汇是有限的资源。打造品牌知名度和美誉度,绝非一朝一夕之功。Google 进入中国时即希望树立一中文品牌,斟酌众多备选词语,最后确定使用"谷歌"。嘀嘀打车曾经尽风头,可在接到法院传票被状告侵犯商标权后,只能在第一时间改为"滴滴打车"。(2)可预防竞争对手和职业投资人的恶意抢注。职业投资人恶意抢注商标牟取暴利有泛滥之势。企业通常不想透露购买商标的价格以免鼓励恶意投机抢注,故购买商标价格一般秘不示人。有些商标是其他企业在正常经营中早已注册在先,非属抢注,后来企业希望注册该品牌,只能协商购买他人合法注册商标,如"IPad 商标争议案"③,苹果为此付出 6000 万美元商业代价。(3)有利于改变品牌定位提升形象。从凌志到雷克萨斯,丰田树立了一个全新的豪华汽车品牌。联想更新品牌 Lenovo,实现了从中国区域企业向全球性跨国公司转变。(4)可为上市等资本市场重大举措扫清障碍。国内移动社交应用陌陌向 SEC 提交 IPO 申请时遭遇商标侵权法律风险,因为 2014 年最新版本的商品分类表增加了在线社交网络类别,微信及时更正了,而陌陌却忽视了,遂不幸落入陷阱,该新增类别商标被他人抢注。④

(五)注意应对组合商标风险

组合商标是指使用两种或两种以上商标构成要素组合而成的商标,如"文字+图形""字母+数字"商标等,结合了各种要素的不同特点,具有图文并茂、形象生动、易于识别等优势,并能大大节省分开注册的费用,因此得到广泛认可与使用。但组合商标也存在不容忽视的风险。除商标注册成功率降低外,被核准注册后,权利人使用组合商标时,只能将其作为一个整体标记使用,不可随意改变组合方式或单独使用各组合要素,否则将失去注册商标效力,不受法律保护。而他人擅自使用组合商标中的某一部分,则有可能不被判定为侵权行为,从而为商标侵权行为提供便利条件。如知名品牌阿迪达斯"Adidas+图形"组合商标,因品牌知名度广,该组合商标的英文及图形部分均具有很高识别度,单独使用时也会令消费者产生品牌联想,若该组合商标各构成要素未分开注册,则有很大的被侵权风险。互联网开放的环境无疑放大了该风险。网络传播速度快、范围广,企业信息获取更加容易,抓住

---

① 蔡步青:《后 Bilski 时代电子商务商业方法专利之因应与挑战》,载《河北法学》2012 年第 7 期,第 148—153 页。

② 黄波:《电商企业须加强商标保护》,载《中国贸易报》2015 年 11 月 12 日,第 006 版。

③ 刘春泉:《电商们在商标上斗法》,载《上海证券报》2014 年 12 月 11 日,第 A02 版。

④ 遅少杰:《"IPAD"商标争议案评析》,载《中国专利与商标》2012 年第 2 期,第 102—104 页。

企业商标保护漏洞,利用组合商标天然劣势趁机"搭便车""傍名牌"的商标侵权行为猖獗,企业使用组合商标的风险增大。为应对组合商标上述风险,电商经营者可考虑分开注册,切莫因小失大。在注册商标时,尽可能将组合商标中的文字、图形、字母等各构成要素区分开,单独注册,最大限度保护企业自身合法权益,有效降低商标被侵权风险。同时,单一要素构成的商标在使用时没有组合限制,即可单独使用,也可多个注册商标随意组合使用,使用方式更加自由,保护范围更大。因此,电商经营者切不可因节省注册费而盲目注册组合商标。①

(六)重视商标注册后的保护问题

电商经营者的商标获准注册后,不能高枕无忧,而应自行或通过中介服务机构,密切关注《类似商品和服务区分表》中商品/服务项目的变动情况及自身实际使用的商标图样的变动情况,及时做好相关商标,尤其是主商标和重点子商标的后续补充注册保护工作,从而为正当使用及后续商标维权打好坚实基础。国家商标局通过修订《类似商品和服务区分表》,加强对互联网相关产品及服务的保护力度,内容涵盖云计算、网上银行、网络金融、社交网络等服务以及计算机应用软件、平板电脑、电子书阅读器等软硬件产品,涉及第9类、35类等多个类别,明确了"通过网站提供金融信息""在线社交网络服务""通过网站提供商业信息""商业中介服务"等服务项目应当归属的类别。这些修订与电商经营者息息相关,电商经营者对此应予足够重视,并结合自身实情做好补充注册工作。③

知识链接 12-3
电商经营者"主商标＋子商标"的商标保护模式②

二、电商环境下的商标侵权

电商环境商标侵权认定与传统商标侵权遵循相同原理,但不能将商标是否近似及商品或服务是否相同或类似作为判断电商环境中商标侵权的必要因素,在特定情况下,即使不符合"近似""类似"要求,亦可构成侵权。

(一)域名侵犯商标权

最高人民法院《关于审理商标民事纠纷案件适用法律若干问题的解释》第一条第三项,明确将与他人注册商标相同或相近似文字注册为域名,并通过该域名进行相关商品交易的电子商务,容易使相关公众产生误认,属侵犯商标权行为。主要包括"恶意注册和使用域名""域名的盗用""囤积域名"等,在本章第二节已有相关分析,在此不再赘述。

实务分析 12-2
明基公司与顾某网络域名侵犯商标权纠纷案④

(二)超文本链接侵犯商标权

网络用户点击网页链接标志,计算机自动转向预先固定的网址,此即超文本链接。从技术角度看,超文本链接是将被链接文件的网址嵌入设链文件的超文本标记语言,方便用户根据设链文件提供的被链接文件网址,访问被链文件。通常情况下,每一链接包括一组含有命令性语言和地址的程序,实为简单的文本、图案、照片或文字标识,如一则标题、公司名称或商标。电商经营者通过五彩缤纷的链接标志装点网页时,可能在不经意间就侵犯了他人商标权。

1.擅用他人商标作为链接标志

信息网络空间中储存于不同服务器上的文件可通过超文本标记语言链接起来。网页上那些带有下划线的蓝色或绿色字符或图形被通称为"锚",是最常见的链接标志,其功能在于向互联网用户宣称链接的存在;网页上文件转换和跳跃的过程就是

实务分析 12-3
宝洁诉天地商标侵权及不正当竞争纠纷案⑤

---

① 彭文雪:《"互联网＋"时代的商标注册风险及应对策略》,载《中华商标》2015年第7期,第35页。
②③ 娄丽:《浅谈互联网企业商标注册保护》,载《中国知识产权报》2014年4月16日,第029版。
④ 详见"明基公司与顾某网络域名侵犯商标权纠纷案"。江苏省苏州市中级人民法院,案件字号:(2006)苏中民三初字第0068号。
⑤ 程永顺:《计算机软件与网络纠纷案件法官点评》,知识产权出版社2004年版,第134—136页。

"链接"。判定设链者使用链接标志的行为构成侵犯商标权的要件,主要是用户对设链者及被链者(权利人)提供的商品或服务的来源产生了混淆,或利用权利人商誉,使用户误认为设链者及被链者二者之间有授权、许可或其他联系。

2. 纵深链接对商标的侵权

纵深链接(deep link)是指通过网站的分页地址设置链接,掠过所在网站的广告主页,直接将用户导向某个分页。在纵深链接中,尽管被链入网页能在浏览器地址栏显示其地址,但由于该等地址的显现是机器自动识别的结果,一般访问者如果不被提醒,网站页面的变化和滚动常常使其忽略上述网址显示的变化,从而可能误认被链入页面同设链网站页面属同一网站。因此,设链者被判定为不正当竞争的可能性较大。纵深链接对商标的侵权,是指在自己网页上使用他人商标作为链接到该商标权人网页的"锚",行为人此种行为是否构成商标侵权,关键在于"锚"是否被链接设置者当作商标使用,以及该使用行为是否足以使消费者产生混淆。判断设置纵深链接者的行为是否构成侵犯商标权或不正当竞争,对其设链目的的考量至关重要。如设链行为并非出于商业性目的,则该行为一般不构成商标侵权与不正当竞争。如 2001 年福特汽车公司对被告纵深链接的控诉被法院驳回,理由就是认定被告没有在商业活动中使用原告商标,亦未经销任何商品或服务。

3. 加框链接对商标的侵权

加框技术使设链者可将一个网页分成若干个"框",每个框都是一个基于超文本制作语言的信息窗口。用户从其浏览器界面上可看到每个框的内容,每个框或各自独立,或互相关联(如左侧小框为菜单,中间及右侧大框则显示正文),但都源自同一网站。若设链者将广告及其本身信息放在环绕屏幕的小框中,在中间主框设置链接,当用户在链的引导下访问链接对象时,屏幕就出现此种景象:链接对象显现在屏幕中间的主框中,四周小框则是设链者的广告和其他信息,亦即设链者网页"框"住了被链者网页。加框技术使链接导引呈现不完全状态,设置超链接后,网民可浏览被链者网站内容,但被链者网站地址却不仅未出现在页面上,而且该页面内容还被显示在设链者设置的窗口内。设链者行为如同有人打开自家房间窗户,让来访者看到对面人家风景,不论外面景致看得多么真切,毕竟不是该房间真实组成部分。由于设链者可在框中任意添加一些文字和图案,有的为扩大自身网站影响,会在框中使用一些文字或图案商标,进行"搭便车",以提高自己网络服务知名度或可识别性,这就会侵犯有关商标专用权。

(三)搜索引擎隐形商标侵权

"隐形"商标侵权纠纷与元标记(metatag)设计和网上搜索引擎的发展有关。元标记是网站超文本标记语言中的一种软件参数(指令),它被网站设计者镶嵌在网站源代码中,用来记述有关网页拥有者的信息、版权信息、网页关键词信息等,但这些并非网站正常运行所必需。用户在浏览网站内容时看不到元标记,但在网上进行关键词搜索时,搜索引擎可按元标记中的关键词查询结果,实现快速、准确查询。其技术原理是随着某关键词在网站元标记中出现频率升高,用户搜索与该词汇对应网站时,该网站在搜索结果中出现频率随之升高。该搜索词在网站内容和元标记中出现的次数通常作为主流搜索引擎排列这些网站在搜索结果顺序的基本依据。设置元标记可影响甚至改变搜索引擎的搜索结果,元标记得到广泛应用。

一个网站用户浏览数量与其广告收入紧密相关,一些网站经营者发现利用网上搜索引擎快速致富的方法,就是设置覆盖面广、吸引眼球的关键词,网友查询相关主题时搜索引擎便指向这些网页,但网页内容是否真与这类关键词有关则在所不计。关键词作为招揽网络用户和商业广告的手段,则"隐形"商标侵权纠纷产生也在意料之中。与显形商标侵权不同,隐形使用他人商标,依靠他人商业信誉、品牌价值将网友吸引到自己网站上。该行为虽未直接在自身商品或服务、商业广告中使用他人注册商标,但却对他人商标造成淡化、降低该商标对公众的影响,甚至起贬低作用,构成对商标权的侵犯和不正当竞争。1999 年美国"MovieBuff"商标案原告指控被告侵犯其商标权,理由是被告与其业务相同,被告不仅注册了域名"www.moviebuff.com",且在元标记中使用了"MovieBuff"一词。法院认定被告行为使用户键入"MovieBuff"以搜索引擎查找原告网页时,会在查询结果中发现被告类似网页,导致用户"初始混淆"。法院认为即使网络用户其后知道产品来源,被告行为也构成对原告商标权的侵犯,而且被告使用原告商标的行为不属合理使用。

"隐形"商标侵权另一表现形式是由搜索引擎读出"埋藏"关键词技术引发。该技术作为改变搜索结果的方法之一,原理是在网页背景中重复某个词,这些"埋"在背景中的词虽躲过了网络用户访问视线,但却被搜索引擎捕获。该技术给侵权者可乘之机,其在建立自己网站时,故意埋入一些与本网站无关而与他人企业名称、商标相同或近似的字符串,如知名企业名称及驰名商标。当用户使用网上搜索引擎查找他人知名商业标志时,搜索结果中会同时出现含有类似关键词的网站供用户链接并挑选浏览,侵犯权利人商誉,是不正当竞争行为。

(四)网站名称对商标权的侵犯

网站名称犹如网站字号,网站设立人往往投入大量资金予以推广。而国内涉网站名称的管理政出多门,多头管理,一些人利用此漏洞,申请一些与知名企业名称、商标、字号类似名称作为网站名称,此举涉嫌不正当竞争和商标侵权。

实务分析 12-4
嘉兴四季沐歌与
北京四季沐歌商
标权等纠纷案[①]

三、电商环境下的商标碰瓷

"商标碰瓷"是指违反诚信原则,通过恶意注册商标或伪造、变造注册证书虚构注册商标专用权,发起维权,获取不当利益;或利用已有注册商标以维权之名行不正当竞争之实的行为。2016年阿里巴巴全平台知产投诉商品量达 2000 万件以上,申诉成立率高达 49%,涉及卖家数 20 多万,总成交影响 5 亿元以上,其中有 1531 个投诉方发起的投诉占投诉总量 0.59%,但却占申诉成立总量的八成,说明大量申诉成功案例高度集中在极少部分投诉方身上,而造成此现象的原因正是"知识产权流氓"的恶意投诉。[②] 其中,利用商标权发起碰瓷最易操作且最易实现,在所有碰瓷行为里占比最大。

(一)商标碰瓷类型

1. 恶意注册不当商标类型的碰瓷

这些用来"碰瓷"的商标通常是行为人恶意抢注他人已使用但未注册的商标,或是将各行业商品通用名称、描述性词汇或地名申请为注册商标,假借维权之名收取许可费或赔偿金。有人以此为业,批量注册批量投诉,逐渐形成一条黑色产业链。"破洞""呼啦圈""一脚蹬""打地鼠"等描述性词汇,正越来越多地被一些人恶意注册为商标。2016 年度超八成电商卖家遭受商标"碰瓷",主要集中在鞋服、家装和美妆领域。截至 2017 年 3 月,天猫平台收到 83 个"恶意商标"投诉累计涉及 1.5 万商家的 11 万件商品,损失估算数百万元。已注册"恶意商标"实际可投诉商品总量近 6000 万件,涉及 900 万商家。以"破洞"商标权利人张某为例,其曾投诉 731 个有"破洞"关键词的服装类商品,而淘宝、天猫平台上有 214 万余件含"破洞"关键词服装商品;其同时注册了"邮差""花苞"等上百个商标,随时可能袭扰更多平台商家。[③]

2. 打击竞争对手管控价格类型的碰瓷

一些企业手持真实有效注册商标,为打击竞争对手而恶意投诉,迫使对方产品下架,以此影响对方销量;他们通常委托第三方操作,并选在促销季来临前投诉,目的在于让对方商品在热销期下架,至于热销过后是否重新上架则不再关心。亦有一些实体店经销商利用此手段管控价格,与实体店销售成本相比,网络销售成本低,因此网店产品售价比实体店低很多,经销商为控制价格,就聘请第三方恶

---

① 详见"嘉兴四季沐歌与北京四季沐歌商标权等纠纷案"。江苏省高级人民法院,案件字号:(2012)苏知民终字第 0237 号。

② 祝梅:《跟你没完! 对抗"知识产权流氓"阿里又放了个大招》,https://zj.zjol.com.cn/news/559882.html,2017-02-17。

③ 天下网商:《"恶意商标"挟持 900 万商家 专挑爆款商品敲竹杠》,http://www.iwshang.com/Post/Default/Index/pid/250107.html,2017-03-27。

知识链接 12-4
商标碰瓷成因①

意投诉。2017年2月9日"阿伍淘宝店"店主实名举报,请求行政机关处罚"网卫"②,其店自2016年8月开始三次被"网卫"投诉为售假(销售侵犯他人注册商标专用权的商品)。实际上其店之货均从正规渠道采购,能通过品牌官网12位防伪码鉴定真伪,因遭"网卫"恶意投诉,其店铺销量下跌超7成,总损失上百万元;而"网卫"对其恶意投诉的根本目的并非维权而是帮注册商标权人或其授权使用该商标的企业或个人管控价格。③

(二)商标碰瓷对策

1.建立各行业通用名称数据库

严格商标授权审查,尽可能从源头阻断商品通用名称、描述性词汇被授权。描述性词汇易被审查出来,但日常接触较少的商品通用名,仅依审查人员智慧与知识面,则难以识别,唯有被动等待公告期内的异议。但平台卖家多为小商户,既无意识亦无能力关注相关商标注册信息。故有必要建立各行业商品通用名称数据库,供审查人员检索,降低恶意注册成功率,从源头阻止商标碰瓷。

2.推行知识产权投诉分层机制

将投诉方分为优质、普通、劣质和恶意四类,分别配置不同的处理机制。对恶意投诉者提高举证门槛,要求投诉者提供相关评价报告,否则不予受理。分层机制既可减少卖家损失,亦能有效保障优质投诉方权益。

3.平台与授权机构信息联动

当被投诉者证明恶意商标是通用名称、描述性词汇等不应被授权时,平台第一时间将相关信息传递给商标局,由其及时做出宣告商标无效决定。

4.完善平台投诉处理规则

对被归入劣质、恶意类别的投诉,给予卖家一定申诉时间,卖家可接订单但发货受限,或暂停销售但不下架,投诉者可选择交纳保证金要求被投诉方商品下架,卖家可提供反担保而免受商品删除,投诉者在法定期限内未向行政机关投诉或未向法院起诉,则卖家一切限权恢复正常,从而使碰瓷者丧失据以要挟的筹码。《电子商务法》第四十三条即规定:"平台内经营者接到转送的通知后,可以向电子商务平台经营者提交不存在侵权行为的声明。声明应当包括不存在侵权行为的初步证据。""电子商务平台经营者接到声明后,应当将该声明转送发出通知的知识产权权利人,并告知其可以向有关主管部门投诉或者向人民法院起诉。电子商务平台经营者在转送声明到达知识产权权利人后15日内,未收到权利人已经投诉或者起诉通知的,应当及时终止所采取的措施。"

实务分析 12-5
江海恶意投诉王
磊商标侵权案④

5.完善确认不侵权之诉法律规定

关于知识产权领域特有的,最高人民法院《关于审理侵犯专利权纠纷案件适用法律若干问题的解释》规定了专利不侵权之诉的提起条件。其提审"北京数字天堂信息科技有限责任公司与江苏省南京烽火星空通信发展有限公司侵犯著作权案"时,认为著作权不侵权之诉应否受理,应参照《关于审理侵犯专利权纠纷案件适用法律若干问题的解释》第十八条审查,商标权不侵权之诉亦可参照执行。该诉发起条

① 张秀玲:《电商环境下"商标碰瓷"的法律规制问题研究》,载《电子知识产权》2017年第11期,第60—66页。

② 此"网卫"是指杭州网卫科技有限公司,该公司自2015年初至2016年投诉数千商家,致相关商家经济损失约上千万元,阿里于2017年2月7日对其发布封杀令,全平台停止受理其代理发起的任何知产投诉,并于同月14日对其提起不正当竞争诉讼。

③ 李斌、邓一鸣:《90后商家实名举报"杭州网卫"杭州工商部门已介入调查》,http://zjnews.china.com.cn/yuanchuan/2017-02-10/117238.html,2017-02-10。

④ 详见"王垒、江海、浙江淘宝网络有限公司不正当竞争纠纷案"。杭州铁路运输法院,案件字号:(2018)浙8601民初868号。

件是,权利人发起侵权警告,被警告方书面催告对方行使诉权,对方在法定期间内不起诉亦不撤回警告,被投诉人可提起不侵权之诉。只要使行为人收到被警告的意思表示即可,警告方式途径可多样化,不限于向被警告者本人发送书面警告函,还包括向行政部门、平台投诉,向公安机关报案等各种方式。另,应允许在确认不侵权之诉中提起赔偿请求,此举可减少诉累,便于当事人维权,避免同案不同判现象。

6.实施恶意碰瓷惩罚性赔偿制度

《电子商务法》第四十二条第三款规定:因通知错误造成平台内经营者损容的,依法承担民事责任;恶意发出错误通知,造成平台内经营者损失的,加倍承担赔偿责任。该规定既能激发被碰瓷经营者的维权动力,又可打击碰瓷行为。[①]

本章练习　　　　　**第四编拓展阅读文献清单**

第十二章练习　　　电商知识产权保护法拓展阅读文献清单
（含"理论思考""实务分析""实务训练"）

---

① 张秀玲:《电商环境下"商标碰瓷"的法律规制问题研究》,载《电子知识产权》2017年第11期,第60—66页。

第十三章　电商市场促进法

知识链接 13-1
政策法律化与
法律政策化①

《电子商务法》以支持、鼓励和促进电商发展为根本目的。在国家促进电商发展各项政策基础上,该法将一些关键措施用法律条文固定下来,旨在进一步推动形成促进电商发展的政策法律环境。该法第五章名为"电子商务促进",涉及创新发展、绿色发展、产业发展基础、与各产业融合发展、数据应用和共享、信用评价体系建设、跨境电商。

第一节　促进电商创新与绿色发展

背景资料 13-1
浙江省电子商
务促进中心②

【背景思考】

1.浙江省为何要专门设立电子商务促进中心?

2.我国《电子商务法》是如何将电子商务促进政策转化为法律规定的?

一、促进电商创新发展

为明确国务院与省级政府促进电商产业创新发展应采取的措施,《电子商务法》第六十四条规定:"国务院和省、自治区、直辖市人民政府应当将电子商务发展纳入国民经济和社会发展规划,制定科学合理的产业政策,促进电子商务创新发展。"

（一）电商发展规划

1.综合规划

电子商务被纳入"国民经济和社会发展规划",有利于将其置于国民经济发展全局,充分调动国家、社会各种资源要素,促进其发展。"十二五"规划已明确推动经济社会各领域信息化,积极发展电子商务,完善面向中小企业的电商服务,推动面向全社会的信用服务、网上支付、物流配送等支撑体系建设。"十三五"规划将拓展网络经济空间单列一篇,提出发展现代互联网产业体系,促进互联网深度广泛应用,带动生产模式和组织方式变革,形成网络化、智能化、服务化、协同化的产业发展新形态。

2.专项规划

《电子商务发展"十一五"规划》是我国 2007 年发布的第一部专门针对电子商务的国家级规划。2012 年发布了《电子商务"十二五"发展规划》。2016 年发布的《电子商务"十三五"发展规划》,分析了

---

① 刘继峰:《经济法》,高等教育出版社 2011 年版,第 25 页;赵旭东:《中华人民共和国电子商务法适用与原理》,中国法制出版社 2018 年版,第 503 页。

② 详见浙江省电子商务促进中心官网,网址为 http://zjpepc.com/index.php/home/index/zxgk.html。

"十三五"期间电商发展机遇和挑战,明确了电商发展指导思想、基本原则和发展目标,提出了电商发展五大主要任务、十七项专项行动和六条保障措施。该规划指出,电商经济区域发展不平衡问题日渐显现,迫切需要探索协调、共享发展途径。电商新市场主体之间及新旧市场主体间资源争夺日趋激烈,电商市场创新和现行法规碰撞日趋频繁,跨平台、跨区域违法违规行为日趋隐蔽,电商国际贸易规则、诚信体系建设、网络交易安全及隐私保护工作日趋艰巨,凸显了制定政策措施、法律规范的必要性。上述综合及专项规划,对电商发展起到宏观、长远的基础指导和保障作用,具有战略性、预测性和指导性。在规划指导下,国内电

知识链接 13-2
"十三五"规划
"第六篇　拓展网
络经济空间"①

商产业实现跨越式发展。2018 年国内电商交易规模达 31.63 万亿元,其中网上零售额超过 9 万亿元,同比增长 23.9%,实物商品网上零售额超过 7 万亿元,占社会消费品零售总额 18.4%,继续保持世界最大网络零售市场地位。③

知识链接 13-3
《电子商务"十三
五"发展规划》②

(二)电商产业政策

国家近年来不断加大对电商行业政策扶持力度,制定了多项战略规划和产业政策。2005 年国务院办公厅出台的《关于加快电子商务发展的若干意见》是我国第一部国家层面电商产业政策;2015 年国务院发布《关于大力发展电子商务加快培育经济新动力的意见》,并陆续出台《"互联网+"行动计划》《促进跨境电子商务健康快速发展的指导意见》《推进线上线下互动加快商贸流通创新发展转型升级的意见》等政策措施;2017 年 1 月国家发改委《战略性新兴产业重点产品和服务指导目录》、商务部《关于进一步推进国家电子商务示范基地建设工作的指导意见》等,均系促进电商发展的重要产业政策。

(三)电商创新发展

电子商务具备高度动态性和不确定性,各种商业模式创新和新技术应用不断涌现,鼓励创新发展仍是我国电商政策法律的核心目标。国务院《关于大力发展电子商务加快培育经济新动力的意见》明确提出了电商创新发展的具体路径。

1.积极推动

主动作为、支持发展,积极协调解决电商发展各种矛盾与问题,在政府资源开放、网络安全保障、投融资支持、基础设施和诚信体系建设等方面加大服务力度,推进电商企业税费合理化,减轻企业负担,释放电商发展潜力,提升其创新发展水平。

2.逐步规范

简政放权、放管结合,法无禁止的市场主体即可为,法未授权的政府部门不能为,最大限度减少行政干预电商市场。在放宽市场准入的同时,在发展中逐步规范市场秩序,营造公平竞争创业发展环境,进一步激发社会创业活力,拓宽电商创新发展领域。

3.加强引导

把握趋势、因势利导,加强研究电商发展中前瞻、苗头、倾向性问题,加大对电商企业在商业模式创新、关键技术研发、国际市场开拓等方面的支持引导,引领电商打造"双引擎"、实现"双目标"发展,增强其创新动力,加速其创新发展步伐。

知识链接 13-4
《关于大力发展电子
商务加快培育经济
新动力的意见》④

---

① 详见《中华人民共和国国民经济和社会发展第十三个五年规划纲要》,http://www.xinhuanet.com//politics/2016lh/2016-03/17/c_1118366322_7.htm,http://www.xinhuanet.com//politics/2016lh/2016-03/17/c_1118366322_8.htm,2016-03-17。

② 详见商务部　中央网信办　发展改革委《关于印发〈电子商务"十三五"发展规划〉的通知》,http://www.mofcom.gov.cn/article/zt_dzsw135/lanmufour/201612/20161202425237.shtml,2016 12 20。

③ 商务部电子商务和信息化司:《中国电子商务报告 2018》,中国商务出版社 2019 年版,第 1 页。

④ 详见《国务院关于大力发展电子商务加快培育经济新动力的意见》(国发〔2015〕24 号),http://www.gov.cn/zhengce/content/2015-05/07/content_9707.htm,2015-05-07。

二、促进电商绿色发展

2018年度国内快递业务量超507亿件。人们疯狂网购时亦在制造包装垃圾。目前电商快递包装主要是包装箱、塑料袋、胶带、编织袋、内部缓冲物等,存在不能循环利用、不可降解、被过度使用、随意丢弃等问题,既破坏环境又浪费资源。国家邮政局等十部门联合发布的《关于协同推进快递业绿色包装工作的指导意见》提出了快递包装绿色化、减量化、可循环目标;《国务院办公厅关于推进电子商务与快递物流协同发展的意见》鼓励电商与快递企业开展供应链绿色流程再造,推广绿色包装,推动绿色运输与配送等。《电子商务法》第六十五条规定:"国务院和县级以上地方人民政府及其有关部门应当采取措施,支持、推动绿色包装、仓储、运输,促进电子商务绿色发展。"该条明确了各级政府及有关部门在电商绿色发展中的责任,聚焦在绿色包装、绿色仓储、绿色运输等方面。为支持推动绿色包装、仓储、运输,促进电商绿色发展,政府部门、行业协会应完善相关行业标准,建立与电商市场实际发展相适应的标准化体系,依实情及时更新。电商经营者不断提升环保意识,强化社会责任与创新意识,开发新型绿色产品服务于电商绿色发展。[2]

知识链接 13-5
《关于协同推进快递业绿色包装工作的指导意见》[1]

第二节 促进电商基础建设

《电子商务法》第六十六条规定:"国家推动电子商务基础设施和物流网络建设,完善电子商务统计制度,加强电子商务标准体系建设。"依此,电商基础建设主要包括以下几点。

一、推动电商基础设施建设

国家推动电商基础设施建设,具体包括以下几点。

1. 电子通信基础设施

进一步提高宽带速度,降低收费标准;明确定位宽带为信息社会基础设施,提高宽带普及率和上网速率。

2. 物流快递基础设施

发展综合交通运输体系,完善物流基础设施布局;采用先进技术与装备,优化业务流程,提升物流业信息化水平;发挥电商与物流整合优势,发展第三方物流,培育骨干物流企业,提升电商综合配送能力。

3. 电子支付基础设施

推进网络支付体系建设,完善网络支付业务规范和技术标准,加强业务监督和风险控制;构建安全、快捷、方便的网络支付平台,健全清算体系,推动网络支付业务规范化、标准化。

4. 电商信用体系

建设可信交易环境,建立健全网络经营者信用评价体系,建立违法经营者黑名单制度。

---

① 详见《国家邮政局等十部门关于协同推进快递业绿色包装工作的指导意见》(国邮发〔2017〕86号),http://www.cea.org.cn/content/details_34_18205.html,2017-10-26。

② 电子商务法起草组:《中华人民共和国电子商务法解读》,中国法制出版社2018年版,第337—348页。

二、推动电商物流网络建设

《电子商务"十三五"发展规划》明确提出：支持社会化、信息化、智能化、国际化电商物流体系及平台建设。鼓励企业整合社会存量资源，大力发展分布式区域物流配送中心，积极探索城市共同配送、众包物流、社区自提等电商物流新模式。鼓励骨干快递企业拓展服务领域，健全仓储、冷链、运输、供应链管理等能力，加快向综合性快递物流运营商转型。支持应用新技术，实现库存前置、供应链协同，探索智能化仓储物流配送服务。围绕跨境电商对物流服务的迫切需求，加强国际港口、公路、铁路、水路等基础设施及物流资源的互联互通，打造国际电商物流协作体系。

知识链接 13-6
《国务院办公厅关于推进电子商务与快递物流协同发展的意见》①

三、完善电商统计制度

制定实施有效的电商产业政策，需以准确统计数据为依据。电商专项统计指标体系包括电商交易额、网络零售额、实物商品网上零售额、占社会消费品零售总额比重、电商就业人员及经济增长贡献率等。国家统计局和商务部等部门进行电商统计。2018 年《关于做好电子商务统计工作的通知》明确，电商服务业统计调查依国家统计局备案批准的《商贸服务典型企业统计调查制度》开展，主要包括年度和月度调查。电商服务企业是为电商活动顺利开展提供各种专业服务的企业，包括交易服务（各类电商交易平台）、支撑服务（电子支付、物流、认证）和衍生服务（代运营、信息技术、营销、咨询、培训等）。典型电商服务企业调查对象以交易服务企业为主，兼顾支撑和衍生服务企业。

知识链接 13-7
典型电子商务服务企业经营情况统计年报表②

四、加强电商标准体系建设

为更好实现电子化商务活动，须建设现代物流、信用服务、在线支付、安全认证等系列支撑体系。电商标准重点解决不同行业、领域的企业、政府和消费者之间在参与电子商务时的技术与商务互操作问题，从而实现既定商业活动和目标。电商标准可分为基础技术标准、业务标准、支撑体系标准和监督管理标准。标准化缺失导致电商各环节信息传递不畅，致使各环节电商成为"信息孤岛"。国家市场监管总局正在着力完善电商领域标准体系，推动制定《电子商务产品质量风险信息分类处理规范》《电子商务商品近似品牌技术识别指南》等 10 项国家标准，推动国内主流电商企业开展以消费体验为导向的品质标准研究应用。④

知识链接 13-8
电商产品质量将不再"自说自话"③

---

① 详见《国务院办公厅关于推进电子商务与快递物流协同发展的意见》（国办发〔2018〕1 号），https://baijiahao.baidu.com/s? id=1590378303812088907&wfr=spider&for=pc，2019-08-24。

② 详见《关于做好电子商务统计工作的通知》（国办发〔2018〕1 号），http://www.mofcom.gov.cn/article/h/redht/201803/20180302725088.shtml，2018-03-27。

③ 于普增：《电商产品质量将不再"自说自话"——《电子商务产品质量信息规范》2 月 1 日起正式实施》，载《中国质量报》2018 年 1 月 31 日，第 2 版。

④ 电子商务法起草组：《中华人民共和国电子商务法条文研析与适用指引》，中国法制出版社 2018 年版，第 263—267 页。

第三节 促进电商融合发展

一、推动电商与各产业融合发展

知识链接 13-9

《国务院办公厅关于推进线上线下互动加快商贸流通创新发展转型升级的意见》①

《电子商务法》第六十七条规定:"国家推动电子商务在国民经济各个领域的应用,支持电子商务与各产业融合发展。"2015 年国务院办公厅印发《关于推进线上线下互动加快商贸流通创新发展转型升级的意见》,就电子商务与各产业融合发展做如下规定。

(一)支持商业模式创新

包容和鼓励商业模式创新,释放商贸流通市场活力。支持实体店通过互联网展示、销售商品和服务,提升线下体验、配送和售后等服务,加强线上线下互动,促进线上线下融合,不断优化消费路径、打破场景限制、提高服务水平。鼓励实体店通过互联网与消费者建立全渠道、全天候互动,增强体验功能,发展体验消费。鼓励消费者通过互联网建立直接联系,开展合作消费,提高闲置资源配置和使用效率。鼓励实体商贸流通企业通过互联网强化各行业内、行业间分工合作,提升社会化协作水平。

(二)鼓励技术应用创新

加快移动互联网、大数据、物联网、云计算、北斗导航、地理位置服务、生物识别等现代信息技术在认证、交易、支付、物流等环节的应用推广。鼓励建设商务公共服务云平台,为中小微企业提供商业基础技术应用服务。鼓励开展商品流通全流程追溯和查询服务。支持大数据技术在商务领域深入应用,利用商务大数据开展事中、事后监管和服务方式创新。支持商业网络信息系统提高安全防范技术水平,将用户个人信息保护纳入网络安全防护体系。

(三)促进产品服务创新

鼓励企业利用互联网逆向整合各类生产要素资源,按消费需求打造个性化产品。深度开发线上线下互动的可穿戴、智能化商品市场。鼓励第三方电商平台与制造企业合作,利用电子商务优化供应链和服务链体系,发展基于互联网的装备远程监控、运行维护、技术支持等服务市场。支持发展面向企业和创业者的平台开发、网店建设、代运营、网络推广、信息处理、数据分析、信用认证、管理咨询、在线培训等第三方服务,为线上线下互动创新发展提供专业化的支撑保障。鼓励企业通过虚拟社区等多种途径获取、转化和培育稳定的客户群体。

二、促进农村电商与精准扶贫

农业在国民经济中发挥基础性作用,在推动电商与各行业融合过程中,电子商务与农业的融合至关重要。《电子商务法》第六十八条规定:"国家促进农业生产、加工、流通等环节的互联网技术应用,鼓励各类社会资源加强合作,促进农村电子商务发展,发挥电子商务在精准扶贫中的作用。"

---

① 详见《国务院办公厅关于推进线上线下互动加快商贸流通创新发展转型升级的意见》(国办发〔2015〕72 号),http://www.gov.cn/zhengce/content/2015-09/29/content_10204.htm,2015-09-29。

（一）支持农村电商发展

自 2014 年以来,每年中央一号文件都对农村电商发展做出部署。2015 年以来,国务院相继印发《关于大力发展电子商务加快培育经济新动力的意见》《关于积极推进"互联网＋"行动的指导意见》《国务院办公厅关于促进农村电子商务加快发展的指导意见》,对农村电商发展进行顶层设计。多部委积极行动,部署若干重大工程、重大计划、重大行动,推动农村电商蓬勃发展。农村网购市场增长迅速,呈现集聚发展态势。

知识链接 13-10
《国务院办公厅关于促进农村电子商务加快发展的指导意见》[1]

（二）精准扶贫

在农村电商高速发展的同时,电商扶贫取得突破性进展。2014 年以来,国家累计支持 756 个电商进农村示范县,其中国家级贫困县 49 个。商务部官网开通电商扶贫频道,开发了电商扶贫 APP。2015 年初国务院扶贫办将电商扶贫工程列为精准扶贫十大工程之一。2016 年中央网信办等印发《网络扶贫行动计划》提出大力发展农村电商。2018 年中共中央、国务院《关于打赢脱贫攻坚战三年行动的指导意见》明确提出实施电商扶贫,优先在贫困县建设农村电商服务站点,继续实施电商进村综合示范项目,动员大型电商企业和电商强县对口帮扶贫困县,推进电商扶贫网络频道建设。《电子商务"十三五"发展规划》明确提出,积极开展电商精准扶贫。建立电商助力精准扶贫的带动机制,探索通过电务平台调动全社会扶贫力量,实现产品或项目资源精准对接,充分发挥互联网在助推脱贫攻坚中的作用,深入实施网络扶贫行动。[3]

知识链接 13-11
《网络扶贫行动计划》[2]

第四节　促进电商数据应用与共享

《电子商务法》第六十九条规定:"国家维护电子商务交易安全,保护电子商务用户信息,鼓励电子商务数据开发应用,保障电子商务数据依法有序自由流动。""国家采取措施推动建立公共数据共享机制,促进电子商务经营者依法利用公共数据。"

一、保护电商数据安全与共享公共数据的意义

数据已经成为国家发展的基础性资源要素。电商活动各方主体对数据的开放利用对政府治理能力提升、电商产业发展具有重要作用。2015 年国务院常务会议通过《促进大数据发展行动纲要》。《国务院办公厅关于运用大数据加强对市场主体服务和监管的若干意见》(国办发〔2015〕51 号)提出推进政府和社会信息资源开放共享,进一步加大政府信息公开和数据开放力度,大力推进市场主体信息公示,积极推进政府内部信息交换共享,有序推进全社会信息资源开放共享。电子商务法立法首要目的在于消除电商发展障碍,促进电商产业发展。电子商务法顺应国内大数据开放利用呼声,将政策文件中有关政府大数据发展职责的表述上升为法律规定,明确国家采取措施推动建立公共数据共享机制,促进电商经营者依法利用公共数据,将有利于消除公共数据信息共享不足对电商产业发展的障碍。

---

① 详见《国务院办公厅关于促进农村电子商务加快发展的指导意见》(国办发〔2015〕78 号),http://www.gov.cn/zhengce/content/2015-11/09/content_10279.htm,2015-11-09。

② 详见《中央网信办、国家发展改革委、国务院扶贫办联合发文　加快实施网络扶贫行动》,http://www.cac.gov.cn/2016-10/27/c_1119801364.htm,2016-10-27。

③ 电子商务法起草组:《中华人民共和国电子商务法条文释义》,法律出版社 2018 年版,第 222—225 页。

二、保护电商数据信息安全

信息是电商活动的基础,电商交易安全的核心为数据信息安全。主要体现为:其一,保障交易信息安全,即信息在存储、传输等整个过程中,不遭受被拦截、丢失、非法泄露等影响,以保障电子支付和物流的顺利进行,即履约安全。其二,保障交易当事人人身和财产安全,如用户个人信息免受非法收集、利用和泄露,个人账户资金不被盗取。其三,关注国家安全。第三方电商平台存储有大量交易数据,这些交易数据事关我国经济安全,基于国家安全考虑,电商数据应在法律规定的范围内有序流动。《电子商务法》第六十九条所指用户信息不仅含网络安全法所指个人信息,[①]还包括法人各种相关信息及用户在交易中形成的有关信息。国家保护电商用户安全,保护电商信息安全,保障主体身份信息安全和交易信息不被非法窃取和泄露,保证用户信息被合法使用,是促进电商发展的必然要求。这是因为电子商务法所追求的促进发展是促进电商"持续健康发展"。其"健康"要求在促进发展的同时,应保障各方合法权益,消除不合理风险,制止与惩罚违法违规行为;"持续"要求在促进发展时,应进行长远利益考量,避免盲目短视发展。由此,一个用户信息安全难获保障的电商行业,不仅直接违背"健康"要求,而且从长期看亦将对电商发展产生负面影响,从而违背"持续"要求。因此,保护电商用户信息安全是促进电商发展应有之义。

三、鼓励电商数据开发应用并保障其依法有序自由流动

国家鼓励电子商务数据开发应用,保障电子商务数据依法有序自由流动。电商数据是由电商活动派生出来并对电商起支撑作用的信息存贮介质,是从事电商活动的经济单位的现实商业活动在虚拟世界中的全面表现和记录,不仅反映出电子商务的全部内容,使电商活动数字化、完整化、有序化、科学化、开放化、高效化、便捷化、普遍化,而且它的健康与否也直接关系商业活动的健康与成长与否。在大数据时代,电商数据能否充分进行开发和应用,能否合法有序流动,直接关系交易效率能否有效提高、交易成本能否有效降低、交易安全性、可靠性能得到有效保障,因此国家鼓励电商数据开发应用,保障其依法有序自由流动,推动数据资源应用。国务院《"十三五"国家信息化规划》特别指出,支持各类市场主体、主流媒体利用数据资源创新媒体制作方式,深化大数据在生产制造、经营管理、售后服务等各环节创新应用,支撑技术、产品和商业模式创新,推动大数据与传统产业协同发展。

四、建立公共数据共享机制并促进其依法利用

知识链接13-12
《促进大数据发
展行动纲要》[②]

国家采取措施推动建立公共数据共享机制,促进电商经营者依法利用公共数据。公共数据是政府在行政管理过程中所收集及产生的信息,建立公共数据共享机制,一方面可降低电商经营者及相关参与者自行收集相关信息的成本;另一方面依托政府力量形成的公共数据更具有可靠性,有助于了解交易主体双方身份、信誉等信息,促进交易进行,提高交易效率,保障交易安全。因此,本条规定了电商领域公共数据共享与数据利用。"十三五"规划纲要明确指出,要加快建设国家政府数据统一开放平台,推动政府信息系统和公共数据互联开放共享。制定政府数据共享开放目录,依法推进数据资源向社会开放。统筹布局建设国家大数据平台、数据中心等基础设施。研究制定数据开放、保护等法律法规,制定政府信息资源管理办法。工信部发布《2018年大数据产业发展试点示范项目实施方案》,将建

---

① 《网络安全法》第七十六条第五项规定:"个人信息,是指以电子或者其他方式记录的能够单独或者与其他信息结合识别自然人个人身份的各种信息,包括但不限于自然人的姓名、出生日期、身份证件号码、个人生物识别信息、住址、电话号码等。"

② 详见《国务院关于印发促进大数据发展行动纲要的通知》(国发〔2015〕50号),http://www.zyczs.gov.cn/html/xzfg/2018/9/1536891571437.html,2018-09-15。

立大数据资源整合共享开放平台试点示范项目,建立公共数据共享开放平台。支持数据资源丰富的科研机构、行业协会、社会组织、重点企业等单位建立公共数据共享开放平台,实现行业公共数据资源的有效整合和开放,向社会提供数据资源、计算能力、开发环境等基础资源及基于数据的政策咨询、技术支持、创业孵化等服务。②

知识链接 13-13
《促进大数据发展
行动纲要》解读①

第五节　促进电商信用评价体系建设

《电子商务法》第七十条规定:"国家支持依法设立的信用评价机构开展电子商务信用评价,向社会提供电子商务信用评价服务。"该条是关于建设电商信用体系的规定,旨在鼓励电商经营主体建立电商信用评价体系。

一、依法设立信用评价机构

"依法设立"主要指依国务院于 2013 年发布的《征信业管理条例》第六条,设立经营个人征信业务的征信机构,应符合公司法规定的公司设立条件和下列条件,并经国务院征信业监管部门批准。若信用评价涉及非个人征信业务,针对电商经营者,其他依法设立的信用评价机构亦可从事相应信用评价服务。

二、政府积极推进信用保障服务

政府电商信用监管更应体现在服务上。为促进电商发展,推进信用保障服务,政府应推动建立电商信用服务保障机制。监管部门推动电商可信交易公共服务建设已获一定经验。

三、实行多元联动信用监管

电商信用监管应当多元化,通过政府、行业、社会、市场共同协作完成。信用监管主要优势在于通过信息透明、开放、流动而发挥作用。在电子商务生态中,相关信息系统和体系不同,只有相互开放信用信息,信息共享,实行联动监管,才能有效实现信用监管目标。

知识链接 13-14
《征信业管理条例》③

四、实施开放性信用评价

电商信用评价目前突出问题在于信用评价机构和来源单一,多由平台主导建立信用评价机制,相应评价规则由平台制定,而评价基础和信息都是基于平台内信息,相对而言比较封闭。由此导致了比较猖獗的"刷单""炒信"等弄虚作假行为,严重侵害消费者权益,扭曲了信用制度本应发挥的奖优罚的劣效果。电商信用评价应当具有开放性,不应垄断在平台经营者手中,任何具有资质的第三方,只要符合法律规定,都可从事电商信用评价业务,电子商务信用评价

知识链接 13-15
《商务部关于"十二
五"电子商务信用体
系建设的指导意见》④

---

① 单志广:《解读〈关于促进大数据发展行动纲要〉》,http://www. sic. gov. cn/news/574/9190. htm,2015-09-22。

② 赵旭东:《中华人民共和国电子商务法适用与原理》,中国法制出版社 2018 年版,第 511—513 页。

③ 详见《征信业管理条例》[中华人民共和国国务院令(第 631 号)],http://finance. people. com. cn/n1/2018/0427/c1004-29954936. html,2018-04-27。

④ 详见《商务部关于"十二五"电子商务信用体系建设的指导意见》(商电发〔2011〕478 号),http://dzsws. mofcom. gov. cn/aarticle/zcfb/201112/20111207907229. html,2011-12-07。

主体趋于多元化,才能够保障消费者基于客观的信用评价所提供的信息,而真正地享有知情权、选择权。[1]

第六节　促进跨境电商发展

跨境电商是指经互联网等信息网络从事商品或服务进出口的经营活动。《电子商务法》对跨境电商予以专门规定,为支持、促进和保障跨境电商发展提供法律基础。

一、跨境电商便利化、综合服务与小微企业支持

《电子商务法》第七十一条规定:"国家促进跨境电子商务发展,建立健全适应跨境电子商务特点的海关、税收、进出境检验检疫、支付结算等管理制度,提高跨境电子商务各环节便利化水平,支持跨境电子商务平台经营者等为跨境电子商务提供仓储物流、报关、报检等服务。""国家支持小型微型企业从事跨境电子商务。"该条是关于跨境电商的原则性规定,表明国家支持与促进跨境电商发展的政策主张,指出跨境电商法律制度发展方向,包括构建适应跨境电商特点、提高贸易便利化水平的政府管理制度,认可与支持跨境电商综合服务,支持小微企业参与跨境电商活动。

（一）协同管理体系

《电子商务法》第七十一条第一款呼应第七条国家建立符合电商特点的协同管理体系的规定,表明国家建立健全适应跨境电商特点的涉多领域协同管理体系的政策走向。跨境电商主要是货物进出口和国际服务贸易,未来可延伸至技术、数字产品进出口等,既有电商特点,更有跨境、国际化特点,与政府进出口管理法律制度联系紧密。因此,政府管理制度是否适应跨境电商特点、是否提高进出口贸易便利化水平,对跨境电商影响极大。上述条款要求国家建立健全适应跨境电商特点的海关、税收、进出境检验检疫、支付结算等管理制度,提高跨境电商各环节便利化水平,涉及多个主管部门的改革及相关法律、法规及制度修订与调整。国家为探索有关制度改革与管理经验,于2016年批复设立中国(杭州)跨境电商综试区,目前已有35个跨境电商综试区,正部署增加一批试点城市,鼓励搭建服务跨境电商的平台,完善包容审慎监管。[2] 跨境电商综试区在实践中逐步建立了信息共享、金融服务、智能物流、电商信用、统计监测和风险防控体系,及线上单一窗口和线下综合园区两个平台框架,初步实现制度体系再造、商业模式创新、贸易体系重塑、产业水平提升,六体系与两平台框架经验已在全国范围内复制推广。2013年国家批准建立中国(上海)自贸试验区,随后在天津等9个省(直辖市)特定区域、海南全岛建立自贸试验区,探索、实施政府各部门监管信息共享、相互协同机制。上述实践可为《电子商务法》第七十一条第一款所规定的建立健全适应跨境电商特点,涉及海关、税收、进出境检验检疫、支付结算等多领域协同管理体系奠定基础。

（二）跨境电商综合服务

《电子商务法》第七十一条第一款规定支持跨境电商平台经营者等为跨境电商提供仓储物流、报关、报检等服务,从法律上认可了跨境电商综合服务。依对外贸易法、海关法等,经营主体须如实申报并提供数据信息。跨境电商经营者未如实向海关等进出口监管部门提供订单、物流、支付及其他交易数据信息,有关部门有权依法追究其责任。但跨境电商中很多中小微企业缺乏独立报关、报检及申报进出口数据的资质与能力,跨境平台经营者可为其提供相应服务,弥补其不足。但平台经营者不同于传统外贸代理人,在现行监管体制下受到很多制约,承受很大压力。依海关法,报关企业受进出口货

① 电子商务法起草组:《中华人民共和国电子商务法解读》,中国法制出版社2018年版,第364—366页。
② 高少华:《跨境电商企业再迎政策利好》,载《经济参考报》2019年7月12日,第A08版。

物收发货人委托,以自己名义办理报关手续,应承担与收发货人相同的责任,而跨境电商平台经营者以自己名义,为未办理进出口备案的中小微企业办理报关、报检等手续("假自营、真代理"),自身被认定为进出口商,承担很大法律风险,挫伤其服务积极性。上述条款首次明确跨境电商平台经营者提供服务的法律地位,使之获得合法发展空间。平台经营者作为服务提供者,为平台内经营者提供报关、报检等服务,不应承担与收发货人相同责任。平台经营者提供的服务不仅包括办理报关、报检等传统外贸代理服务,还包括为跨境电商提供仓储物流、信用融资、品牌管理、市场营销、供应链管理等综合性新型服务。平台经营者从事综合服务得天独厚、优势明显,能实现平台与经营者双赢。但不能排除平台之外的其他经营者提供此类跨境电商增值服务,因此,上述条款使用了"跨境电子商务平台经营者等"的表述,更具包容性。

(三)支持小微企业从事跨境电商

《电子商务法》第七十一条第二款规定国家支持小微企业从事跨境电商。此规定为国家未来制定与实施关于扶植小微企业从事跨境电商的具体产业发展政策及有关优惠措施(包括有条件的税收优惠等)提供了法律依据。关于跨境电商的有条件税收优惠政策,国务院有关部门可根据电子商务法制定具体的行政法规加以细化。

二、单一窗口与电子单证

《电子商务法》第七十二条为跨境电商单一窗口与单证电子化制度提供了法律依据。

(一)单一窗口

第七十二条第一句规定,国家进出口管理部门应当推进跨境电商海关申报、纳税、检验检疫等环节的综合服务和监管体系建设,优化监管流程,推动实现信息共享、监管互认、执法互助,提高跨境电商服务和监管效率。上述条文使用了"应当"一词,表明国家有关部门担负建设跨境电商综合服务与监管体系的法律义务。本条目的是提高跨境电商服务和监管效率,具体举措是建设跨境电商海关申报、纳税、检验检疫等环节的综合服务和监管体系,目标是有关主管部门信息共享、监管互认、执法互助。因此,本条规定的是海关申报、纳税、检验检疫等环节多个主管部门应当实现的协同管理。若从跨境电商经营者角度理解本条规定,则意味着经营者不再为报关、报检、纳税向不同主管部门分别提交数据信息与单证,而是在各主管部门信息共享的综合服务与监管体系中,通过单一入口一次性提交有关数据信息,即可满足进出口监管的全面法律要求。如此制度设计与《世界贸易组织贸易便利化协定》中的"单一窗口"制度完全一致,即国际贸易和运输相关各方在单一登记点一次性以电子形式提交满足全部进口、出口和转口相关监管要求的标准资料、单证与数据的措施。[①] 单一窗口机制通过对进出口贸易信息的集约化和自动化处理,达到数据共享,大大提高国际贸易效率和效益,促进贸易商和政府机构之间、政府机构相互之间国际贸易信息交换,方便许可证和授权、证书的颁发和必需的审批手续的完成,对促进与保障跨境电商发展尤其重要。我国已建立电子口岸,正在建立整合商务、海关、检验检疫、结汇、关税等进出口监管关键环节的"单一窗口"综合服务体系,简化与完善跨境电商货物通关流程,提高通关效率。《电子商务法》第七十二条所提供的法律支持,将为此制度建设提供新的推动力。

(二)单证电子化

《电子商务法》第七十二条第二句规定跨境电商经营者可凭电子单证向国家进出口管理部门办理有关手续,进一步明确了海关法电子报关的合法性。[②]《合同法》《电子签名法》允许在经贸活动中使用电子形式的合同等法律文件,但未明确规定为满足政府进出口监管需要向有关机关提交的报关单、税单等文件可采用电子形式。电子商务法上述规定为跨境电商中各类单证(检验检疫报告和证书、清

---

① 详见《联合国贸易便利化与电子业务中心(UN/CEFACT)2005年第33号建议书》关于"单一窗口"的定义。
② 《海关法》第二十五条规定:"办理进出口货物的海关申报手续,应当采用纸质报关单和电子数据报关单的形式。"

单、税单、原产地证书、支付凭证、票据等)的电子化提供了法律依据,认可了电子单证的法律效力。申报、纳税、检验检疫等环节的电子化,将极大提高我国贸易便利化水平与行政管理效率,并奠定电子化的单一窗口机制建立与实施的基础。电子商务法第十四条仅认可了电子发票的法律效力,第七十二条则保障电子交易凭证、电子可转移票据、电子检验检疫报告和证书、电子清单、电子税单等跨境电商生成的各类电子单证均获得与纸质单证同等法律效力,可作为向国家进出口管理部门办理有关手续的凭证。因此,第七十二条规定对跨境电商发展具有重大意义。

三、国际交流与合作

《电子商务法》第七十三条规定:"国家推动建立与不同国家、地区之间跨境电子商务的交流合作,参与电子商务国际规则的制定,促进电子签名、电子身份等国际互认。""国家推动建立与不同国家、地区之间的跨境电子商务争议解决机制。"确立了我国跨境电商国际法律发展战略的三个层面,即国际交流合作、制定国际规则、建立国际机制。

《电子商务法》第七十三条第一款前一句规定国家推动建立关于跨境电商的国际交流合作。我国政府、企业、行业协会等与其他国家、地区进行跨境电商交流合作,进行信息沟通与对话,推动电子商务走出去,鼓励发展面向"一带一路"沿线国家的电子商务交流,提升合作水平,共同打造畅通、安全、高效的电商大通道,符合我国经济利益与跨境电商发展需要。国际交流合作可构建有关国际共识,奠定电商国际规则与国际机制的发展基础。

《电子商务法》第七十三条第一款后段规定国家参与电子商务国际规则的制定。保障与促进跨境电商活动,不仅需要国内法律发展,而且亟须相应的国际双边、多边、区域性法规体系支持。因此,我国参与并在有条件情况下主导相关国际规则制定,构建跨境电商国际秩序,是我国电商国际法律发展战略重要组成部分。我国已积极发起或参与关于电子商务法律规则的国际多边、双边或区域性谈判(如我国与东盟十国、日本、韩国、澳大利亚、新西兰和印度谈判的"区域性全面经济伙伴关系协定"中包括电子商务章节),积极参与世界贸易组织及联合国关于网络安全、数字经济、电子商务的国际规则的制定。我国已在《联合国国际合同使用电子通信公约》《亚太跨境无纸贸易便利化框架协定》等新的国际法律上签字。《电子商务法》第七十三条为我国力争国际电商法律规则制定主动权和跨境电商发展话语权,积极主导和参与制定电商国际规则,提供了法律依据。

《电子商务法》第七十三条规定,国家参与电商国际规则制定,促进电子签名、电子身份等国际互认;推动建立与不同国家、地区之间的跨境电商争议解决机制。我国已签署《亚太跨境无纸贸易便利化框架协定》,该协定第八条专门规定了电子形式贸易数据和文件的跨境互认:①各缔约方应在可靠程度大致相当基础上对来自其他缔约方的电子形式贸易数据和文件提供互认。②"大致相当的可靠程度"由各缔约方通过在本框架协定下建立的机构安排共同商定。③各缔约方可根据跨界信任环境原则及其他各项总体原则,缔结用于实施电子形式贸易数据和文件跨境互认的双边和多边安排,条件是这些双边和多边安排中的条文不与本框架协定相矛盾。上述规定将作为我国在协定框架内建立与其他国家的电子形式贸易数据和文件的跨境互认标准,具体可采用双边条约、地区性条约等方式规定实施标准的方式。《电子商务法》第七十三条规定的我国与不同国家、地区之间的电子签名、电子身份等国际互认机制与跨境电商争议解决机制,亦可采用类似模式,先行确定跨境互认标准,再行确定具体实施方式。该条为我国跨境电商国际法律发展提供了保障与支持。②

知识链接 13-16
《国务院办公厅关于促进跨境电子商务健康快速发展的指导意见》①

---

① 详见《国务院办公厅关于促进跨境电子商务健康快速发展的指导意见》(国办发〔2015〕46 号),http://www.gov.cn/zhengce/content/2015-06/20/content_9955.htm,2015-06-20。
② 电子商务法起草组:《中华人民共和国电子商务法条文释义》,法律出版社 2018 年版,第 228—236 页。

本章练习

第十三章练习

（含"理论思考""实务分析""实务训练"）

第十四章　电商税收法

电子商务在国民经济中的作用与地位日益重要,其税收意义也日益彰显。电商领域税收监管面临困难,税收流失严重,仅 C2C 行业 2018 年增值税与个人所得税流失额估算突破 1000 亿元,[①]不仅影响国家财政收入,亦形成不合理竞争优势,违背线上线下融合发展原则。[②] 因此,《电子商务法》明确电商经营者应依法纳税、办理纳税登记、出具发票、享受税收优惠。电商领域税收范围涉跨境税收、经营者普通交易税收,缴纳主体含平台、平台内经营者。[③]

第一节　电商经营者依法纳税与办理纳税登记

背景资料 14-1
淘宝女装网店要
交税 430 万[④]

【背景思考】
电子商务对税收制度产生了哪些影响? 是否应该对淘宝网店征税? 为什么?

《电子商务法》第十一条规定:"电子商务经营者应当依法履行纳税义务,并依法享受税收优惠。""依照前条规定不需要办理市场主体登记的电子商务经营者在首次纳税义务发生后,应当依照税收征收管理法律、行政法规的规定申请办理税务登记,并如实申报纳税。"

一、线上线下公平税负

税负公平是现代社会经济的基本特征之一,电商经营主体应与传统线下经营者同样缴纳税收。《电子商务法》第十一条对此特别予以确认,强调了电商业态本身不能成为特权区域,平等纳税,营造公平市场竞争环境,是中国电商发展的基础条件。对电商经营活动征税,不同国家因不同历史背景,有不同表现。美国曾对电子商务事实免税,2018 年美国最高法院裁定互联网零售商在其无实体店的州亦被要求缴纳消费税,正式结束电商税收红利期,与实体零售商平等竞争。我国虽无针对电商的专门税收法律法规,但我国从事电商的企业或个人仍需纳税。依 2017 年《增值税暂行条例》第一条,在中国境内销售货物或劳务、服务等的单位和个人,均为增值税纳税人,应依该条例缴纳增值税;依 2018 年《国家税务总局关于小微企业免征增值税有关问题的公告》,在 2018 至 2020 年间免除月销售额不超过 3 万元的小规模纳税人的增值税,该规定既适用于电商经营者,亦适用

知识链接 14-1
C2C 型电商模式
对传统税收征管
的挑战[⑤]

于线下企业。

①　蔡昌:《电商税收流失测算与治理研究》,载《会计之友》2017 年第 8 期,第 10 页。
②　凌斌:《电子商务法》,中国人民大学出版社 2019 年版,第 42 页。
③　李琪:《电商经营者税收终于来了》,载《计算机与网络》2018 年第 19 期,第 11 页。
④　刘莉等:《淘宝女装网店要交税 430 万》,载《楚天都市报》2011 年 6 月 28 日,第 01 版。
⑤　张玉凯:《论 C2C 型电子商务税收征管的协同治理》,载《广西民族大学学报(哲学社会科学版)》2018 年第 2 期,第 170—171 页。

二、电商经营者应依法履行纳税义务

《电子商务法》第十一条第一款是关于电商经营者纳税义务的确认。电商经营者因从事经营活动,依国家税收法律规定,亦须承担纳税义务,该义务与线下经营者平等、一致。至于电商经营者具体需缴纳的税收类型和税率,基于税收法定原则,应适用税收征收管理法及其实施细则相关规定,并依法享受税收优惠政策。该款规定体现了税收问题线上线下平等对待。对同性质经营活动,若线上经营不交或少交税,对其他经营者则构成税收歧视,不符公平竞争要求。因此,平台经营者有义务向征税机关提供平台内经营者经营方面的真实完整信息,以确定相应税基数据,平台内经营者亦有如实申报和纳税的义务。

三、电商经营者应依法办理税务登记

《电子商务法》第十一条第二款与该法第十条衔接,规定了不需办理市场主体登记的电商经营者的纳税义务问题。强调了不需办理市场主体登记,并不意味不发生纳税义务。不需要进行市场主体登记的电商经营者,若其营业额达到首次纳税义务基准,应办理税务登记。在此情形下,相关经营主体虽未进行市场主体登记,但应如实申报纳税,至于相关税种与税率,则依税收征管相关法律规定予以确定。[2] 该法第二十八条第二款规定平台经营者应提示依该法第十条不需办理市场主体登记的电商经营者应依第十一条第二款办理税务登记。

知识链接 14-2
淘宝店如何办
税务登记[1]

四、电商经营者依法享受税收优惠

电商经营者在履行税收义务时,可依其行业或企业特殊性依法享有一定税收优惠。

(一)农产品各环节税收优惠

依《企业所得税法》第二十七条第一项,企业从事农、林、牧、渔业所得可免征、减征所得税。财政部和国税总局下达了大量规范性文件规定农产品生产、销售等各环节的税收优惠,如《关于免征蔬菜流通环节增值税有关问题的通知》《关于发布享受企业所得税优惠政策的农产品初加工范围(试行)的通知》《关于享受企业所得税优惠的农产品初加工有关范围的补充通知》等。依线上线下平等对待原则,电商经营者在销售法定各类农产品时,理应与线下经营者享受同等税收优惠。

(二)小微、高新技术企业税收优惠

依《企业所得税法》第二十八条,符合条件的小型微利企业,减按20%税率征收企业所得税;国家需重点扶持的高新技术企业,减按15%税率征收企业所得税。若电商经营者属《企业所得税法》所规定的小微或高新技术企业,亦可依法享受税收优惠。至于如何认定小微、高新技术企业及其税收优惠的具体实施办法,已有大量规范性文件予以规定,如《财政部、税务总局关于进一步扩大小型微利企业所得税优惠政策范围的通知》《财政部、国家税务总局、科技部关于企业委托境外研究开发费用税前加计扣除有关政策问题的通知》等。[4]

知识链接 14-3
小型微利企业所
得税优惠政策[3]

---

① 网经社:《实战:淘宝店办理营业执照后 如何办税务登记?》,http://www.100ec.cn/detail-6491060.html,2019-01-11。

② 电子商务法起草组:《中华人民共和国电子商务法条文研析与适用指引》,中国法制出版社2018年版,第63—65页。

③ 《国家税务总局关于贯彻落实进一步扩大小型微利企业所得税优惠政策范围有关征管问题的公告》(国家税务总局公告2018年第40号)。

④ 赵旭东:《中华人民共和国电子商务法适用与原理》,中国法制出版社2018年版,第68页。

第二节　电商经营者应依法出具发票

背景资料 14-2

电子发票启用①

【背景思考】

1.电子发票与纸质发票有何区别？二者效力一样吗？

2.电子发票给我们的生活带来哪些便利？

《电子商务法》第十四条规定："电子商务经营者销售商品或者提供服务应当依法出具纸质发票或者电子发票等购货凭证或者服务单据。电子发票与纸质发票具有同等法律效力。"本条明确了电商经营者开具发票等单据的义务及其形式，并对电子发票效力予以确认。

一、电商经营者出具发票等单据的义务

作为商品、服务提供者，电商经营者依法应为消费者开具发票等购物凭证或服务单据，系经营者在履行合同义务后向消费者出具的证明合同履行的书面凭证，除纸质与电子发票外，还有收据、小票等。(1)发票。依《发票管理办法》第三条，发票是指在购销商品、提供或接受服务及从事其他经营活动中，开具、收取的收付款凭证，具有以下法律意义：①证据作用。发票可证明合同的存在与履行。如买卖中经营者向消费者提供发票，用以证明合同已履行，经营者已交货，消费者已付款。②税务管理。依《税收征收管理法》，发票是税收机关征税的主要凭证。如可用增值税专用发票将一货物从最初生产到最终消费的各环节连接起来，各环节开具的增值税专用发票上注明的应纳税额之和，即为该商品或劳务的整体税负。③财务管理。作为交易凭证，发票中交易金额、纳税额记录系财务管理重要内容。(2)收据、小票等。收据是企事业单位经济活动中使用的原始凭证，主要指财政部门印制的盖有财政票据监制章的收付款凭证，用于行政事业性收入而非应税业务。收据、小票等购物凭证是经营者与消费者合同关系的直接证明，出现质量问题时是消费者主张权利的重要证据。相对于发票，其无税务管理作用，但亦是财务管理的重要凭证。

电子商务作为交易行为，交易各方权利义务需凭证予以证明。《消费者权益保护法》第二十二条规定了经营者出示单据的义务，即经营者提供商品或服务，应按国家有关规定或商业惯例向消费者出具发票等购货凭证或服务单据。电商经营者作为经营者，亦负出示单据义务，不得以网络经营为由拒绝开具发票等单据。事实上，电商经营者不提供发票的情形时有发生。一方面，因其经营行为性质，提供发票确有难度，《电子商务法》颁布之前未登记的个人电子商务者一般无法提供发票；另一方面，一些电商经营者为偷漏税款，以网络经营为由主观上不愿提供发票。这不仅危害消费者合法权益，亦不利于国家税收监管。因此，《电子商务法》第十四条第一句规定了电商经营者出示单据的法定义务。除本条规定外，我国相关法律法规具体规定了发票等购物凭证或服务单据的出具，如《发票管理办法》对发票印制、领购、开具和保管等事项予以详细规定，电商经营者出具单据时应遵守这些规定。②

二、电子发票的效力

《电子商务法》第十四条第二句确认了电子发票这种新型发票的效力，即电子发票与纸质发票具有同等效力。依《发票管理办法》，发票是最基本的会计原始凭证之一，其作为记录经济活动内容的载

① CCTV-13 央视新闻频道"新闻直播间"：《电子发票启用：电子发票使我们的生活更便利》，http://tv.cctv.com/2015/08/21/VIDE1440135241301916.shtml,2015-08-21。

② 赵旭东：《中华人民共和国电子商务法适用与原理》，中国法制出版社 2018 年版，第 86—87 页。

体,是财务管理的重要工具;发票也是税务机关征收税款和纳税人申报纳税、抵扣税款的重要凭据。对消费者而言,发票是其购买商品或服务的凭证,亦是其主张权利的依据。依法开具发票是经营者的法定义务,《发票管理办法》第十九条即规定,销售商品、提供服务及从事其他经营活动的单位和个人,对外发生经营业务收取款项,收款方向付款方开具发票;特殊情况下,由付款方向收款方开具发票。《消费者权益保护法》第二十二条亦规定,经营者提供商品或服务,应按国家有关规定或商业惯例向消费者出具发票等购货凭证或服务单据;消费者索要发票等购货凭证或服务单据的,经营者必须出具。在电商领域,法律法规对开具发票亦有专门规定。《网络交易管理办法》第十三条即规定,网络商品经营者销售商品或提供服务,应按国家有关规定或商业惯例向消费者出具发票等购货凭证或服务单据,征得消费者同意时可以电子化形式出具,电子化购货凭证或服务单据可作为处理消费投诉的依据;消费者索要发票等购货凭证或服务单据的,网络商品经营者必须出具。在电商环境中,经营者和消费者的交易行为以虚拟化方式发生,二者往往不在同一地区,消费者难以在交易发生后及时取得纸质凭证。天猫、京东、亚马逊、当当等大型平台在消费者索要后可将纸质发票邮寄给消费者,但纸质发票不易保存且邮寄时间较长,电子(网络)发票应运而生。国家税务总局《网络发票管理办法》第三条第一款规定,网络发票是指符合国家税务总局统一标准并通过国家税务总局及省级税务局公布的网络发票管理系统开具的发票。《国家发展改革委办公厅关于组织开展国家电子商务示范城市电子商务试点专项的通知》(发改办高技〔2012〕1137号),在重庆、南京、杭州、深圳、青岛五个城市率先推广网络(电子)发票试点。2013年6月中国电商领域第一张电子发票诞生。2015年11月《国家税务总局关于推行通过增值税电子发票系统开具的增值税电子普通发票有关问题的公告》向全社会推广使用增值税电子发票,明确该发票开票方和受票方需纸质发票可自行打印其版式文件,其法律效力、基本用途、基本使用规定等与税务机关监制的增值税普通发票相同。

与纸质发票相比,电子发票可降低经营者运营成本,促进交易信息共享,便利税收征管;消费者可通过手机、电脑等终端及时接收和下载,避免发票丢失和造假问题。对电商经营者而言,《电子商务法》第十四条以法律形式明确了包括电子发票在内的电子购货凭证或服务单据的法律效力。意味着经营者可为消费者出具电子发票,该电子发票可作为交易凭证或服务单据,证明消费者与经营者之间存在买卖或其他合同关系,消费者以电子发票要求经营者履行合同义务(如退货、换货、维修等),经营者不得拒绝。此外,电子发票亦可作为经营者的财务凭证及申报纳税的依据。② 电子商务法将提供发票作为其应尽的基本义务,在客观上能起到堵塞税收漏洞的作用,既有助于找准反逃税切入点,亦有助于营造各经营主体公平竞争的环境。电子商务法还对拒不如实申报纳税者明确了严厉的处罚标准,特别是税务机关可随时调取电子交易相关证据的规定,让企图不开发票逃税的电商经营者无处遁形。③

知识链接 14-4

《网络发票管理办法》(2018修正)①

第三节　平台经营者税收协助义务

《电子商务法》第二十八条第二款规定:"电子商务平台经营者应当依照税收征收管理法律、行政法规的规定,向税务部门报送平台内经营者的身份信息和与纳税有关的信息,并应当提示依照本法第十条规定不需要办理市场主体登记的电子商务经营者依照本法第十一条第二款的规定办理税务登记。"该款涉平台经营者纳税信息报送义务与税务登记提示义务。

---

① 详见《网络发票管理办法》(2018修正)(国家税务总局令第30号)。
② 宋燕妮:《中华人民共和国电子商务法精释与适用》,中国法制出版社2018年版,第60—62页。
③ 张智全:《堵住电商交易税收漏洞》,载《经济日报》2018年10月10日,第009版。

一、纳税信息报送义务

（一）立法背景

《税收征收管理法》第五条第三款规定各有关部门和单位应支持、协助税务机关依法执行职务,履行此款义务的基本方式含自动报送、基于税务机关请求报送课税信息和接受税务机关检查等。现行税收征管法仅规定了市场监管机关自动报送纳税人登记注册信息的义务。其他主体仅在税务机关针对特定纳税人某一具体纳税事项提出信息提供请求时承担协助义务,该法第十七条第三款即规定税务机关依法查询从事生产、经营的纳税人开立账户情况时,有关银行、其他金融机构应予协助。依税收征管法第五十四、五十六条,接受税务机关检查、如实反映情况、提供有关资料亦是协助义务履行的重要方式。[①]《电子商务法》第十一条已明确平台内经营者与线下经营者一样需承担纳税义务。而用以确定平台内经营者纳税义务的基本数据资料多由平台经营者掌握,因此,平台经营者负有纳税信息报送义务。

（二）主要内容

1. 报送平台内经营者身份信息

主要是与市场主体登记信息相联系的纳税主体信息。就自然人而言,可参考《网络交易管理办法》第七条第二款,主要包括其姓名、地址、有效身份证明、有效联系方式等真实身份信息;就已领取营业执照的法人、其他经济组织或个体工商户而言,其身份信息还涉及其市场主体登记的相关身份信息及营业执照所公示的信息。

2. 报送平台内经营者与纳税有关的信息

主要包括经营数据,如经营收入等信息。一般而言,为实现税收所需要的信息,均属此处所言与纳税有关的信息的范围,平台经营者均需向税务部门报送,但应限于平台经营者能掌握的信息,且遵循必要性原则。即平台经营者信息报送义务范围应限于协助税务机关税收征管这一特定目的,任何超出该目的范围之外的数据信息,相关部门在没有法律明确规定和授权的情况下,都不得要求平台经营者报送。

（三）注意事项

《电子商务法》第二十八条第二款涉平台经营者向税务部门承担信息报送义务的特别规定,与该法第二十五条系特别与一般规定的关系,第二十五条关于保护数据信息安全,对严格保密个人信息、隐私和商业秘密,不得泄露、出售或非法向他人提供的规定,仍应适用。

《电子商务法》第二十八条第一款规定向市场监管部门是按照"规定"报送平台内经营者身份信息,向税务部门报送信息是按照"税收征收管理法律、行政法规",强调了法律依据的效力层级,除法律、行政法规以外的其他规定不得对平台经营者设定该义务。

平台经营者履行信息报送义务的方式以合目的性为依规。相应义务的履行须全面、完整,即平台报送的信息须全面、完整、真实,不得经过篡改。

平台为履行该报送义务所发生费用原则上应由平台承担,但监管部门应注意以减少平台经营者负担的方式来要求平台履行该义务。[②]

二、税务登记提示义务

依《电子商务法》第二十八条第二款,平台经营者应提示未办理市场主体登记的电商经营者,在符合法定前提条件情形下,需依法办理税务登记。一些经营者需办理市场主体登记,其中包括税务登记,

---

① 宋燕妮:《中华人民共和国电子商务法精释与适用》,中国法制出版社 2018 年版,第 92 页。
② 电子商务法起草组:《中华人民共和国电子商务法解读》,中国法制出版社 2018 年版,第 151—153 页。

此情形下,平台经营者提示平台内经营者办理税务登记义务与提示其办理市场主体登记义务联系在一起。一些电商经营者依法律规定不需办理市场主体登记,但并不意味其当然不需进行税务登记、不需纳税,事实上可能存在某个电商经营者不需办理市场主体登记,但依税法规定需纳税,因此需进行税务登记,此情形下,平台经营者需单独提示该平台内经营者依法办理税务登记,若不履行相应提示义务,需承担相应法律责任。

知识链接 14-5

《电子发票第三方平台涉税服务管理办法(试行)》①

第四节　跨境电商税收规则

背景资料 14-3

2018 跨境电商新政②

【背景思考】

1.2018 跨境电商新政与 2016 跨境电商政策有何区别？ 对跨境电商企业有哪些利好？

2.我国跨境电商税收政策是什么？

一、跨境电子商务对税收的冲击

（一）冲击现行税制

现行税收制度依纳税人、征税对象、计税依据、纳税地点等要素而制定。跨境电商作为新型商贸方式,具有国际化、无纸化、虚拟化等特点,其交易主体、地点和时间隐蔽且易更改,难以确定跨境电商征税主体、纳税人、纳税期限、纳税地点等。

（二）挑战当前税收征管

在电商形态下,如何确定征税地点成为难题,是以纳税主体所在地或注册登记地,还是以商品交易行为发生地,或以交易服务器所在地确定,在实际征管时难以把握。跨境电商因涉及两个或多个关税区域的税务机关和征税权,情况更为复杂,对税源管理和代扣代缴方式的采用、税务日常管理和税务案件稽查等都有很大影响。

（三）冲击国际税收利益分配

传统贸易模式下各国通过长期竞争与合作,建立了普遍认可的税收利益分配格局与基本准则。跨境电商对现行国际税收利益分配格局产生影响,对国家间避免双重征税协定常设机构及其利润归属相关条款产生明显影响。跨境电商模式下通常无须在消费市场所在国设立有形场所,容易规避构成常设机构,侵蚀消费市场国税收权益。③

二、国内跨境电商主要财税政策

（一）跨境电商出口财税政策

国务院办公厅《关于促进跨境电子商务健康快速发展的指导意见》(国办发〔2015〕46 号)规定,对跨境电商企业走出去重点项目给予必要资金支持。财政部、国税总局《关于跨境电子商务零售出口税收政策的通知》(财税〔2013〕96 号)规定两类电商企业可获增值税和消费税退(免)税政策。一类是同

---

① 详见国家税务总局福建省税务局《关于印发〈电子发票第三方平台涉税服务管理办法(试行)〉的通知》(闽税函〔2019〕131 号)。

② CCTV-2 央视财经频道"财经评论":《跨境电商新政　实惠多在哪儿?》,http://tv.cctv.com/2018/11/22/VIDEYKP5-5jGRjM0Ki8dHRIvu181122.shtml,2018-11-12。

③ 路向东等:《跨境电子商务的税收应对措施》,载《国际税收》2015 年第 10 期,第 73—74 页。

时符合下列条件的企业：属增值税一般纳税人并已办理出口退（免）税资格认定；取得海关出口货物报关单且与电子信息一致；在退（免）税申报期截止之日内收汇；属外贸企业的，购进出口货物取得合法有效凭证，且与出口货物报关单内容相匹配。还有一类是同时符合下列条件的企业：已办理税务登记；取得海关签发的出口货物报关单；购进出口货物取得合法有效的进货凭证。

为进一步促进跨境电商健康快速发展，财政部、税务总局、商务部、海关总署于 2018 年 9 月 28 日发布了《关于跨境电子商务综合试验区零售出口货物税收政策的通知》（财税〔2018〕103 号），该通知对跨境电商综试区内的跨境电商零售出口（以下简称电商出口）货物有关税收政策规定如下：①对综试区电商出口企业出口未取得有效进货凭证的货物，同时符合下列条件的，试行增值税、消费税免税政策：其一，电商出口企业在综试区注册，并在注册地跨境电商线上综合服务平台登记出口日期、货物名称、计量单位、数量、单价、金额；其二，出口货物通过综试区所在地海关办理电商出口申报手续；其三，出口货物不属财政部和税务总局依国务院决定明确取消出口退（免）税的货物。②各综试区建设领导小组办公室和商务主管部门应统筹推进部门之间的沟通协作和相关政策落实，加快建立电商出口统计监测体系，促进跨境电商健康快速发展。③海关总署定期将电商出口商品申报清单电子信息传输给税务总局。各综试区税务机关根据税务总局清分的出口商品申报清单电子信息加强出口货物免税管理。具体免税办法由省级税务部门商财政、商务部门制定。④该通知所称综试区是指经国务院批准的跨境电商综试区；所称电商出口企业，是指自建跨境电商销售平台或利用第三方跨境电商平台开展电商出口的单位和个体工商户。⑤该通知自 2018 年 10 月 1 日起执行，具体日期以出口商品申报清单注明的出口日期为准。

（二）国内跨境电商进口税收政策

为促进跨境电商零售进口行业健康发展，营造公平竞争市场环境，经国务院批准，2016 年 3 月 24 日财政部、海关总署、国家税务总局发布了《关于跨境电子商务零售进口税收政策的通知》（财关税〔2016〕18 号，自 2016 年 4 月 8 日起执行，业界称为"四八新政"），对跨境电商零售（B2C）进口税收政策有关事项规定如下：第一，跨境电商零售进口商品按货物征收关税和进口环节增值税、消费税，购买跨境电商零售进口商品的个人为纳税义务人，实际交易价格（含货物零售价、运费和保险费）为完税价格，电商企业、电商交易平台企业或物流企业可为代收代缴义务人。第二，跨境电商零售进口税收政策适用于从其他国家或地区进口的、《跨境电子商务零售进口商品清单》范围内的以下商品：其一，所有通过与海关联网的电商交易平台交易，能实现交易、支付、物流电子信息"三单"比对的跨境电商零售进口商品；其二，未通过与海关联网的电商交易平台交易，但快递、邮政企业能统一提供交易、支付、物流等电子信息，并承诺承担相应法律责任进境的跨境电商零售进口商品。不属跨境电商零售进口的个人物品及无法提供交易、支付、物流等电子信息的跨境电商零售进口商品，按现行规定执行。第三，跨境电商零售进口商品的单次交易限值为人民币 2000 元，个人年度交易限值为人民币 20000 元。在限值以内进口的跨境电商零售进口商品，关税税率暂设为 0；进口环节增值税、消费税取消免征税额，暂按法定应纳税额的 70％征收。超过单次限值、累加后超过个人年度限值的单次交易，及完税价格超过 2000 元限值的单个不可分割商品，均按一般贸易方式全额征税。第四，跨境电商零售进口商品自海关放行之日起 30 日内退货的，可申请退税，并相应调整个人年度交易总额。第五，跨境电商零售进口商品购买人（订购人）身份信息应予认证；未予认证的，其身份信息应与付款人一致。第六，《跨境电子商务零售进口商品清单》由财政部商有关部门另行公布。2016 年 4 月 7 日，财政部等 11 个部门共同公布了《跨境电子商务零售进口商品清单》对该政策予以补充。

2018 年 11 月 29 日财政部、海关总署、国家税务总局发布了《关于完善跨境电子商务零售进口税收政策的通知》（财关税〔2018〕49 号，自 2019 年 1 月 1 日起执行），就完善跨境电商零售进口税收政策有关事项规定如下：第一，将跨境电商零售进口商品的单次交易限值由人民币 2000 元提高至 5000 元，年度交易限值由人民币 20000 元提高至 26000 元。第二，完税价格超过 5000 元单次交易限值但低于 26000 元年度交易限值，且订单下仅一件商品时，可自跨境电商零售渠道进口，按货物税率全额征收关税和进口环节增值税、消费税,交易额计入年度交易总额,但年度交易总额超过年度交易限值的,应按一般贸易管理。第三,已购买的电商进口商品属消费者个人使用的最终商品,不得进入国内市场再次销售;原则上不允许网购保税进口商品在海关特殊监管区域外开展"网购保税＋线下自提"模式。第四,其他事项继续按财关税〔2016〕18 号文件有关规定执行。第五,为适应跨境电商发展,财政部会同有关部门对《跨境电子商务零售进口商品清单》进行了调整并另行公布。

(三)跨境电商税收政策调整的原因

1. 税负不公

跨境电商发展初期,正规跨境电商企业较少,大部分消费者通过"海淘""人肉代购"等灰色渠道购买境外商品。国家为鼓励发展跨境电商行业,打压不合法"海淘"等,最大程度给予跨境电商行业税收优惠,从而迎来近年来该行业蓬勃发展的趋势。政策适用性须酌情而论,在行业发展初期各项优惠政策的确可推动行业迅速发展和壮大,而经过几年发展,跨境电商行业已初步成型,目前该行业更需与之适应的法律法规促进行业调整与规范,利好政策对其发展的推动力逐步减弱,但这些政策对其他行业造成了税负不公,主要体现在:①对传统进出口贸易企业不公。该类型业主要是 B2B 模式,其进口商品属在国内还需再次交易的贸易性货物,须按相关规定征收增值税、消费税和关税,税负远高于跨境电商零售进口企业。因此,在两个行业间造成不正当竞争,不利于传统进出口贸易企业发展。②对国内零售型企业不公。跨境电商零售进口商品的低税负对境内市场上交易的商品也造成一定影响,由于不需征收增值税和消费税,相比同类型境内商品,无疑具有一定价格优势,从而在一定程度上影响境内实体经济。比如进口商品中常见的母婴类产品,按行邮税标准只需按 10%税率征收相关税费,而对同样价格商品在境内需按 17%税率征收增值税,这对境内市场上无论是商家进口商品还是国产商品的出售均为不利。

2. 税收流失

(1)简易征收造成税收流失。行邮税征税对象原本是行李和邮寄物品等非贸易属性进口商品,而跨境电商进口商品其贸易属性更强,和传统纳税非贸易性的文件票据、旅客行李、亲友馈赠物品有本质区别。将此类商品依行邮税标准简易办法征收税费,和按贸易货物进口相比,无疑会对我国税收收入造成部分流失。

(2)偷税漏税造成税收流失。目前对跨境电商进口环节征税等事项,尚无专门法规,相关制度还不完善,存在大量进口环节偷税行为。行为税有免税额度,一些跨境电商使用各种方法"钻空子",如"拆包",将原本需纳税的商品拆分成多个包裹再通关。

(3)征税"盲区"造成税收流失。跨境电商市场上存在一定数量类似淘宝代购、拍拍网及微商等 C2C 型平台,不同于天猫国际等大型第三方交易平台,其类似个体经营,很多经营者尚未办理营业执照和税务登记,形成征税"盲区"。

3. 减小境内外价差并完善税收制度

境内外商品价格较大差异是驱使我国跨境电商零售进口业蓬勃发展的强大动力。除进口商品一些基本成本费用,最大差异在于境内税制结构和境外的区别。我国主税种是增值税等流转税,主要征税对象是流通中的商品,税率一般为 17%,而美国等主税种是个人所得税,税率一般为 5%~7%,从而形成一定价差。各国(地区)电商税收政策也存在一定差异,尚无统一规范,加强国际跨境电商税收信息交流和工作配合成为必然。因此需不断完善我国税收制度。[②]

实务评析 14-1

张黎案带来的

法律启示[①]

① 张楠奇:《张黎案带来的法律启示》,http://sh.eastday.com/eastday/shnews/zhengfa30/node48115/u1a505233.html,2008-11-26。

② 景雨娅:《跨境电子商务零售进口税收政策调整及其原因分析》,载《知识经济》2016 年第 19 期,第 39—40 页。

本章练习

第十四章练习

（含"理论思考""实务分析""实务训练"）

第十五章　电商反垄断与反不正当竞争法

第一节　电商经营者不得滥用市场支配地位

【背景思考】

1. 腾讯公司在相关市场内是否具有支配地位？是否滥用了该地位？

2. 电子商务法如何规制电商领域垄断行为？电商领域滥用市场支配行为该如何认定？

背景资料 15-1
徐书青诉腾讯公司滥用市场支配地位纠纷案[1]

为预防与制止垄断行为，保护市场公平竞争，提高经济运行效率，维护消费者利益与社会公益，促进市场经济健康发展，我国于 2007 年特制定《反垄断法》。该法禁止的是垄断行为而非单纯垄断状态，垄断行为系该法规制对象与核心内容，垄断行为依该法包括"经营者达成垄断协议""经营者滥用市场支配地位""具有或可能具有排除、限制竞争效果的经营者集中"。电商领域的垄断协议与经营者集中可适用反垄断法一般规则，但就电商滥用市场支配地位行为的判断，则呈现出不同于传统经济的鲜明特征。电子商务在聚拢大量社会资本的同时，造就了大批具有市场支配地位的电商经营者，法律须谨防具有垄断地位的经营者破坏市场竞争体系。因此，《电子商务法》第二十二条规定："电子商务经营者因其技术优势、用户数量、对相关行业的控制能力以及其他经营者对该电子商务经营者在交易上的依赖程度等因素而具有市场支配地位的，不得滥用市场支配地位，排除、限制竞争。"本条是对电商经营者市场支配地位的认定及不得滥用该地位的规定。

一、反垄断法关于市场支配地位的界定

（一）市场支配地位的定义

依《反垄断法》第十七条第二款，市场支配地位是指经营者在相关市场内具有能控制商品价格、数量或其他交易条件，或能阻碍、影响其他经营者进入相关市场能力的市场地位。市场支配地位实为一经济现象，反映企业市场竞争地位，即拥有该地位的企业不再受相关市场内市场竞争的约束，不必考虑竞争者或交易对手即可自由定价或自由做出其他经营决策。

（二）市场支配地位的认定

不能仅凭某单个要素认定经营者是否具有市场支配地位，经营者具有市场支配地位认定因素为：该经营者在相关市场的市场份额及相关市场竞争状况，其控制销售市场或原材料采购市场的能力，其财力和技术条件，其他经营者对其在交易上的依赖程度，其他经营者进入相关市场的难易程度，与认定其市场支配地位有关的其他因素。在这些因素中，市场份额是最为重要的考虑因素，占有特定市场份额会被推定为具有市场支配地位，具体情形包括：1 个经营者在相关市场的市场份额达到 1/2 的，2 个经营者在相关市场的市场份额合计达到 2/3 的，3 个经营者在相关市场的市场份额合计达到 3/4 的。依上述规定被推定具有市场支配地位的经营者，有证据证明不具有市场支配地位，不应认定其具有市场支配地位。

---

① 详见"徐书青诉腾讯公司滥用市场支配地位纠纷案"。一审：广东省深圳市中级人民法院，案件字号：(2016)粤 03 民初 182 号；二审：广东省高级人民法院，案件字号：(2016)粤民终 1938 号；再审：最高人民法院，案件字号：(2017)最高法民申 4955 号。

二、认定电商经营者市场支配地位面临的新情况

传统反垄断法对垄断的考虑因素和认定规则需依电商领域新市场状况做出调整。互联网产业具有典型规模经济效应,易在各领域由一家或少数几家企业通过"网络效应""锁人效应"等方式占据优势,拥有较明显市场份额。互联网产业反垄断指控常指向"滥用市场支配地位",即"店大欺客"。从"滥用市场支配地位"反垄断法认定步骤分析,无论从"相关市场的界定",到"市场支配地位"的认定,再到"滥用市场支配地位行为"的判断,电商领域反垄断法认定难以简单套用传统经济下原有认定模式。如"相关市场"传统界定方法面临挑战,业界常用 B2B、B2C 对电商平台开展行业分类与数据统计,未区分具体商品与服务,将种类繁多的商品与服务一起统计,未考虑反垄断法上界定相关市场的规则与因素,不能直接成为具体案件中对相关市场界定的依据。讨论电商平台领域可替代性时,需区分商品、服务类别,如服装与电器市场格局可能不同,即使服装市场内部,高端与低端市场亦可能呈不同竞争态势。电商领域相关地域市场界定充满挑战,针对特定商品,究竟界定为全球还是限于某个国家甚至局部地区,需依商品特定情况分析,母婴产品与家政服务可能同在一个平台,但产品与服务特性、交付模式不同,购买者对品质要求、消费习惯等大相径庭。母婴产品相关地域市场可能超越国家边界,而家政服务地域市场可能仅限一个城市甚至更窄区域。

三、电商经营者市场支配地位的认定因素

《电子商务法》第二十二条针对电商领域反垄断实情,就电商经营者不得滥用市场支配地位问题予以专门规定,即电商经营者因其技术优势、用户数量、对相关行业的控制能力及其他经营者对该电商经营者在交易上的依赖程度等因素而具有市场支配地位的,不得滥用市场支配地位,排除、限制竞争。由此,电商经营者市场支配地位的认定因素有以下几类。

(一)技术优势

在相关市场内,技术优势能给经营者带来巨大竞争优势,尤其数字经济时代,经营者竞争与技术密不可分。若经营者率先掌握该领域先进技术,即使并未占有较大市场份额,亦可在相关市场占据支配地位。

(一)用户数量

用户数量与市场份额并不直接挂钩,有很多不确定性,但可作为市场份额参考指标。不同行业地域背景下的数量标准体系不尽一致,用户数量指标较少作为一个单独直接的判断标准,一般宜确定时间维度并结合具体地域、行业等背景谨慎判断。

(三)对相关行业的控制能力

在相关市场,若经营者具有控制市场能力,其为买方可不断要求交易相对人降低价格,其为卖方可不断提高销售价格。即经营者在相关市场内具有能控制商品价格、数量或其他交易条件,或能阻碍、影响其他经营者进入相关市场能力的市场地位,通常被认定为该经营者具有对相关行业的控制能力。

(四)其他经营者对该电商经营者在交易上的依赖程度

从供求关系分析,经营者之间在市场交易中形成的依赖性,可能使某个经营者较其他经营者具有市场支配地位。依赖性表现在产品、特定经营者等方面。一般而言,某经营者与其上下游经营者之间联系越密切,则其在相关市场竞争优势越明显。[①]

---

① 赵旭东:《中华人民共和国电子商务法释义与原理》,中国法制出版社 2018 年版,第 136—138 页。

四、认定电商经营者市场支配地位的注意事项

电商活动仍受反垄断法规制。《电子商务法》第二十二条仅是对从事电商活动的电商经营者滥用市场支配地位而排除、限制竞争行为的禁止条款,电商经营者的经营活动仍受反垄断法规制,电商领域其他垄断行为亦是如此,而并非仅调整滥用市场支配地位行为。

认定因素非穷尽列举。应将这些因素与其他可能影响竞争的因素综合考虑,立足点是经营者是否具备了排除、限制竞争的能力。

形成市场支配地位并不必然构成垄断。电商经营者通过合法手段在激烈的电商市场竞争中获胜,最终取得市场支配地位本身并不为法律所禁止,此时需继续依反垄断法判断经营者是否存在滥用市场支配地位的行为。只有当经营者通过滥用市场支配地位的行为达到了排除、限制竞争的效果,可能对竞争造成损害,才可认定其违反反垄断法。

实务评析 15-1
徐书青诉腾讯公司滥用市场支配地位纠纷案①

仍需综合相关因素认定。需从市场份额、相关市场竞争状况、被诉经营者控制商品价格、数量或其他交易条件的能力、该经营者财力与技术条件、其他经营者对该经营者在交易上的依赖度、其他经营者进入相关市场难易度等方面,分析其是否具有市场支配地位。②

五、电商经营者滥用市场支配地位的法律责任

依《电子商务法》第八十五条,电商经营者违反本法规定,滥用市场支配地位,依有关法律的规定处罚。反垄断法第四十七条规定,经营者违反本法规定,滥用市场支配地位的,由反垄断执法机构责令停止违法行为,没收违法所得,并处上一年度销售额 1% 以上 10% 以下的罚款。2011 年 2 月 1 日施行的《工商行政管理机关禁止滥用市场支配地位行为的规定》进一步明确了滥用市场支配地位的界定标准、法律责任,其第十四条规定,经营者违反本规定第四条至第七、九条规定,滥用市场支配地位的,由工商行政管理机关责令停止违法行为,没收违法所得,并处上一年度销售额 1% 以上 10% 以下的罚款。工商行政管理机关确定具体罚款数额时,应当考虑违法行为的性质、情节、程度、持续的时间等因素。经营者主动停止滥用市场支配地位行为的,工商行政管理机关可以酌情减轻或者免除对该经营者的处罚。该处罚标准保持了与《反垄断法》第四十七条的一致性,但因《工商行政管理机关禁止滥用市场支配地位行为的规定》对"利用市场支配地位"的具体界定,以及第十四条第二、三款在确定具体罚款数额时,对违法行为的性质、情节、程度、持续时间等因素综合考量,以及对经营者主动停止滥用市场支配地位行为可酌情减轻或免除对该经营者的处罚规定,使《反垄断法》第四十七条对滥用市场支配地位的处罚更具可操作性。此外,《刑法》第二百二十六条"强迫交易罪"规定,以暴力、威胁手段强买强卖商品、强迫他人提供服务或强迫他人接受服务,情节严重的,处 3 年以下有期徒刑或拘役,并处或单处罚金。

实务评析 15-2
奇虎科技诉腾讯滥用市场支配地位纠纷案③

---

① 详见"徐书青诉腾讯公司滥用市场支配地位纠纷案"。最高人民法院,案件字号:(2017)最高法民申 4955 号。

② 电子商务法起草组:《中华人民共和国电子商务法条文释义》,法律出版社 2018 年版,第 83 页。

③ 详见"北京奇虎科技有限公司诉腾讯科技(深圳)有限公司、深圳市腾讯计算机系统有限公司滥用市场支配地位纠纷案"。一审:广东省高级人民法院,案件字号:(2011)粤高法民三初字第 2 号;二审:最高人民法院,案件字号:(2013)民三终字第 4 号。

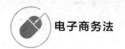

第二节　电商经营者不得实施网络不正当竞争行为

背景资料 15-2

"头腾之战"①

【背景思考】

1. 腾讯与今日头条究竟谁在不正当竞争？本案可能存在哪些不正当竞争行为？

2. "头腾之战"中谁是赢家？电子商务不正当竞争行为如何规制？

互联网等信息网络的发展有赖于自由竞争和科技创新，该行业鼓励自由竞争和创新，但这并不等于该领域是一可为所欲为的法外空间。② 司法实践中涉网络竞争案件日益增多，统计显示北京地区法院自 2013 年 1 月至 2016 年 12 月共受理 1192 件不正当竞争案件，涉网络不正当竞争案件为 619 件，占比为 52%。③《反不正当竞争法》（2019 修正）第十二条规定："经营者利用网络从事生产经营活动，应当遵守本法的各项规定。""经营者不得利用技术手段，通过影响用户选择或者其他方式，实施下列妨碍、破坏其他经营者合法提供的网络产品或者服务正常运行的行为：（一）未经其他经营者同意，在其合法提供的网络产品或者服务中，插入链接、强制进行目标跳转；（二）误导、欺骗、强迫用户修改、关闭、卸载其他经营者合法提供的网络产品或者服务；（三）恶意对其他经营者合法提供的网络产品或者服务实施不兼容；（四）其他妨碍、破坏其他经营者合法提供的网络产品或者服务正常运行的行为。"

一、典型网络不正当竞争行为

网络不正当竞争行为大体分为两类。一类属传统不正当竞争行为在网络领域的延伸，如利用网络实施混淆仿冒、虚假宣传、商业诋毁等，其与传统经济领域不正当竞争行为相比，仅因网络领域特点而呈现出不同表现形式，并无实质区别，对此类行为，一般可依《反不正当竞争法》第二章相应条文的具体规定进行处理。另一类属网络领域特有的、利用技术手段实施的不正当竞争行为，随网络技术发展而出现的新情况，主要有以下几类。

（一）流量劫持

"流量为王"是网络经济特色，流量就是社会公众关注度，既决定了经营者的产品销量、广告投入，亦是消费者决定消费的判断指标之一，网络经济竞争某种程度就是流量争夺。在"百度诉搜狗案"中，被告系搜狗输入法开发者，且经营搜狗搜索引擎网站。法院认可了被告将输入法与搜索引擎技术相结合的合理性与正当性，但在百度搜索环境下，用户心理预期是使用百度搜索，而被告对其输入法的设置方式不仅增加了用户使用搜索服务的操作步骤和负担，并且利用用户使用习惯，诱使用户进入被告提供的搜索结果页面，既违背消费者心理预期，影响用户体验，又可能造成部分用户对搜索服务来源的混淆，不当争夺、减少百度搜索引擎商机，其行为构成不正当竞争。④ 在相同当事人之间另一案件中，虽被告同样通过输入法引导用户进入被告经营的搜索引擎网站，但该行为发生在用户使用浏览器时，法院认为用户对原告搜索引擎的使用行为尚未开始，此时商机并不必然属原告所有，因而被告

---

① 许可：《"头腾之战"的立体疗法：从规制平台转向平台治理》，https://tech.sina.com.cn/i/2018-06-14/doc-ihcwpc-mq8387738.shtml，2018-06-14。

② 详见"北京奇虎科技有限公司、奇智软件（北京）有限公司与腾讯科技（深圳）有限公司、深圳市腾讯计算机系统有限公司不正当竞争纠纷案"。一审：广东省高级人民法院，案件字号：（2011）粤高法民三初字第 1 号；二审：最高人民法院，案件字号：（2013）民三终字第 5 号。

③ 陶钧：《反法中"互联网"条款的破茧与化蝶》，载"知产力"公众号。

④ 详见"百度诉搜狗案"。北京市海淀区人民法院，案件字号：（2015）海民（知）初字第 4135 号。

不构成不正当竞争;但在顶部栏为原告图标前提下,被告提供的输入垂直结果和搜索推荐词的设置方式会引起相关公众混淆,构成不正当竞争。① 在这类案件中,法院肯定将输入法与搜索服务相结合的技术,认为其可促进竞争,增进消费者福利,但禁止被告以可能导致用户混淆方式诱导公众选择;法院认为用户一旦在原告搜索页面搜索,就推断该部分用户所带流量属原告,被告应予合理避让,否则构成不正当竞争。但当用户利用搜索引擎服务时,其追求的是信息搜索结果,通过输入法直接输入,可为用户提供更多、更便捷搜索方式,促进竞争,无疑可增加用户福利,未见该行为有何不当。输入法提供者对自己产品依经营或竞争之需进行设置,并无法定义务维护其他竞争者利益,即便其在输入法中将首选搜索项指向自己经营的网站服务,亦无不妥,恰系正常市场竞争考量。当然,被告在设置其输入法搜索功能时,不能以造成用户可能混淆的方式设置,不能让用户误以为其进入的是原告搜索网站,即便用户进入之后并未产生实际混淆,该行为亦构成对原告的不正当竞争。被告应在设置时明确告知用户,当点击搜索关键词时,其指向的是原告还是被告或是第三方网站,由用户选择。"流量劫持"不正当竞争案争议点依然在于是否造成相关公众混淆可能上。若是出于消费者不受误导、胁迫的自主选择,则不存在"流量劫持","流量"本属有竞争力的经营者。法院应尽量避免预判流量归属,流量归属归根结底是用户选择。

(二)抓取数据

大数据时代,只要有足够数据,仅通过数据分析,即可刻画出一个人的生活方式、兴趣爱好、性格特点乃至身材容貌。经营者依分析结果,向不同目标人群有的放矢投放依其偏好所计算出来的商品或服务,以增加交易成功可能性。网络经营者一方面对消费者信息数据的获取不遗余力,另一方面则对自己掌握的数据信息视若禁脔,不愿他人染指。在微梦诉淘友案中,法院查明原被告双方曾通过新浪微博 Open API 接口合作,原告允许脉脉软件接入新浪微博平台,获取微博平台上包括用户名称、性别、头像、邮箱等相关用户信息,被告将所获取新浪微博用户信息在脉脉软件中展示并向用户提供新浪微博账号注册、登录入口。但像用户职业信息、教育信息等深层信息需申请高级接口,被告并未申请,可这些信息同样出现在脉脉软件中。且双方结束合作后,被告依然利用技术手段从原告微博平台抓取用户信息。两审法院均以违背诚信原则、违反公认商业道德为由,裁判被告构成不正当竞争。②

(三)屏蔽广告

因屏蔽广告行为而提起不正当竞争之诉,近年来颇为多发,法院一般支持原告诉求,认为被告屏蔽行为构成侵权。在"合一公司诉金山公司等不正当竞争纠纷案"中,原告经营优酷视频网站,其向用户提供两种模式视频点播服务:广告加免费视频节目与注册用户付费点播无广告视频节目。被告是猎豹浏览器开发者,用户使用该浏览器观看优酷视频时,可屏蔽视频广告,直接观看正片。③ 在"爱奇艺公司诉极科公司不正当竞争纠纷案"中,被告是"极路由"路由器的生产者和销售者。用户在极路由云平台下载安装"屏蔽视频广告"插件后,通过"极路由"路由器上网,可屏蔽原告爱奇艺网站视频的片前广告。④ 在"百度公司诉奇虎科公司等不正当竞争纠纷案"中,用户可在被告经营的 360 极速浏览器和 360 安全浏览器的扩展平台上下载屏蔽插件,当用户使用 360 浏览器时,该插件会去除原告百度搜

---

① 详见"北京百度网讯科技有限公司(简称百度网讯公司)、百度在线网络技术(北京)有限公司(简称百度在线公司)与北京搜狗信息服务有限公司(简称搜狗信息公司)、北京搜狗科技发展有限公司(简称搜狗科技公司)不正当竞争纠纷案"。一审:北京市海淀区人民法院,案件字号:(2014)海民初字第 15008 号;二审:北京知识产权法院,案件字号:(2015)京知民终字第 557 号。

② 详见"北京微梦创科网络技术有限公司(新浪微博)诉北京淘友天下技术有限公司、北京淘友天下科技发展有限公司(脉脉)不正当竞争纠纷案"。一审:北京市海淀区人民法院,案件字号:(2015)海民(知)初字第 12602 号;二审:北京知识产权法院,案件字号:(2016)京知民终字第 588 号。

③ 详见"合一公司诉金山公司等不正当竞争纠纷案"。一审:北京市海淀区人民法院,案件字号:(2013)海民初字第 13155 号;二审:北京市第一中级人民法院,案件字号:(2014)一中民终字第 3283 号。

④ 详见"爱奇艺公司诉极科公司不正当竞争纠纷案"。北京市海淀区人民法院,案件字号:(2014)海民(知)初字第 21694 号。

索结果页面的推广链接。① 这类案件争议焦点在于被告屏蔽广告的行为是否具有正当性。无论是视频网站还是搜索引擎网站，法院都认为其"广告＋内容"商业模式系行业惯例，值得保护，因而被告针对该商业模式的破坏行为违背诚信原则，构成不正当竞争。

（四）产品不兼容

我国网络领域影响最大的产品不兼容行为发生在"3Q 大战"期间。针对奇虎 360 公司"扣扣保镖"软件，腾讯公司告知用户，要在装有 360 软件的电脑上停止运行 QQ，用户只有卸载 360 软件才可登录 QQ，只能"二选一"。在"奇虎公司与金山公司互诉的多个不正当竞争纠纷案"中，双方都指责对方对己方的杀毒软件实施恶意不兼容。在"金山公司诉合一公司不正当竞争纠纷案"中，使用原告开发的猎豹浏览器的用户无法观看被告提供的优酷视频，原告起诉被告对其浏览器恶意不兼容，构成不正当竞争。② 在"搜狗诉奇虎案"中，原告起诉被告利用杀毒软件的地位，阻碍用户正常设置原告的浏览器，构成不正当竞争。③ 通过上述案件可知，网络产品不兼容在各领域均可能发生：杀毒软件之间、杀毒软件与浏览器之间、杀毒软件与社交软件之间、视频网站与浏览器之间，等等。经营者的经营活动必然围绕自身利益最大化进行，对他人产品不兼容，有可能出于产品功能需要，比如允许某一产品运行会导致不同杀毒软件发生冲突；有可能出于打压竞争对手需要，如故意对竞争对手软件实施不兼容，诱导或迫使用户安装自己的竞争产品；还可能是报复手段，如"3Q"大战的"二选一"，不允许猎豹浏览器用户观看优酷视频等。这些行为是否构成不正当竞争，并不能一概而论。首先，经营者对他人产品实施兼容一般并非其法定义务，不兼容本身并不违法。其次，产品之间兼容有利于用户或消费者权益最大化，其在预装软件或接受其他网络服务时，一般以产品兼容为前提条件，不兼容的情形必须提前、充分告知用户，由用户选择是否继续使用该产品或到底使用哪种产品。再次，产品不兼容不应采取欺骗、诱导、胁迫方式，偷偷在用户设备中实施不兼容或迫使用户做出不兼容选择。最后，具有市场支配地位的经营者不得实施不兼容行为。一旦此类经营者实施不兼容，用户根本无力选择，只能被动接受，竞争对手无法通过在产品上的努力赢得市场，将被迫处于与竞争无关的不利境地。④

二、网络不正当竞争行为的法律适用

《反不正当竞争法》（2019 修正）第十二条对网络领域不正当竞争行为法律适用做出专门规定。该条第一款规定："经营者利用网络从事生产经营活动，应当遵守本法的各项规定。"表明网络非竞争法法外之地，经营者利用网络从事生产经营活动，参与市场竞争，同样受竞争法调整和规范。此处"本法各项规定"包括三方面内容。

（一）该法第二章第六至十一条关于传统类型不正当竞争行为规制的规定

如经营者利用网络实施混淆仿冒虚假宣传、违法有奖销售、商业诋毁等行为，属传统不正当竞争行为在网络领域的延伸，对此可直接依据该法相应具体规定进行处理。

1. 混淆行为

经营者不得实施下列混淆行为，引人误认为是他人商品或与他人存在特定联系：擅自使用与他人有一定影响的商品名称、包装、装潢等相同或近似标识；擅自使用他人有一定影响的企业名称（包括简称、字号等）、社会组织名称（包括简称等）、姓名（包括笔名、艺名、译名等）；擅自使用他人有一定影响的域名主体部分、网站名称、网页等；其他足以引人误认为是他人商品或与他人存在特定联系的混淆行为。

---

① 详见"百度公司诉奇虎科公司等不正当竞争纠纷案"。北京市东城区人民法院，案件字号：(2013)东民初字第 08310 号。
② 详见"搜狗诉奇虎案"。北京市海淀区人民法院，案件字号：(2013)海民初字第 17359 号。
③ 详见"奇虎公司与金山公司互诉的多个不正当竞争纠纷案"。一审：北京市第二中级人民法院，案件字号：(2013)二中民初字第 15709 号；二审：北京市高级人民法院，案件字号：(2015)高民(知)终字第 1071 号。
④ 李阁霞：《互联网不正当竞争行为分析——兼评〈反不正当竞争法〉中"互联网不正当竞争行为"条款》，载《知识产权》2018 年第 2 期，第 22—27 页。

2. 商业贿赂

经营者不得采用财物或其他手段贿赂下列单位或个人,以谋取交易机会或竞争优势,交易相对方工作人员,受交易相对方委托办理相关事务的单位或个人,利用职权或影响力影响交易的单位或个人。经营者在交易活动中,可以明示方式向交易相对方支付折扣,或向中间人支付佣金。经营者向交易相对方支付折扣、向中间人支付佣金的,应如实入账。接受折扣、佣金的经营者也应如实入账。经营者工作人员进行贿赂,应认定为经营者行为;但经营者有证据证明该工作人员行为与为经营者谋取交易机会或竞争优势无关的除外。

3. 虚假宣传

经营者不得对其商品的性能、功能、质量、销售状况、用户评价、曾获荣誉等做虚假或引人误解的商业宣传,欺骗、误导消费者。经营者不得通过组织虚假交易等方式,帮助其他经营者进行虚假或引人误解的商业宣传。

4. 侵犯商业秘密

商业秘密是指不为公众所知悉、具有商业价值并经权利人采取相应保密措施的技术信息、经营信息等商业信息。经营者不得实施下列侵犯商业秘密的行为:以盗窃、贿赂、欺诈、胁迫、电子侵入或其他不正当手段获取权利人的商业秘密;披露、使用或允许他人使用以前项手段获取的权利人的商业秘密;违反保密义务或违反权利人有关保守商业秘密的要求,披露、使用或允许他人使用其所掌握的商业秘密;教唆、引诱、帮助他人违反保密义务或违反权利人有关保守商业秘密的要求,获取、披露、使用或允许他人使用权利人的商业秘密。经营者以外的其他自然人、法人和非法人组织实施前款所列违法行为的,视为侵犯商业秘密。第三人明知或应知商业秘密权利人的员工、前员工或其他单位、个人实施侵犯商业秘密行为,仍获取、披露、使用或允许他人使用该商业秘密的,视为侵犯商业秘密。

5. 违法有奖销售

经营者进行有奖销售不得存在下列情形:所设奖的种类、兑奖条件、奖金金额或奖品等有奖销售信息不明确,影响兑奖;采用谎称有奖或故意让内定人员中奖的欺骗方式进行有奖销售;抽奖式的有奖销售,最高奖的金额超过5万元。

6. 商业诋毁

经营者不得编造、传播虚假信息或误导性信息,损害竞争对手商誉。

(二)该法第十二条第二款的规定

经营者违反规定利用网络技术手段,通过影响用户选择或其他方式,实施妨碍、破坏其他经营者合法提供的网络产品或服务正常运行的不正当竞争行为,应依该法承担相应责任。

(三)该法第二条关于不正当竞争行为定义的规定

互联网技术及新经济、新业态发展迅速。若经营者在生产经营活动中,利用网络实施了该法第二章(包括第十二条第二款)规定之外的其他行为,且该行为违反了诚信原则或商业道德,扰乱了市场竞争秩序,损害了其他经营者或消费者的合法权益依法构成不正当竞争行为的,可依该法第二条关于不正当竞争行为定义的规定予以认定并进行处理。

三、网络不正当竞争行为的规制

《反不正当竞争法》第十二条第二款对网络领域特有的、经营者利用技术手段实施的不正当竞争行为进行了规制。经营者利用网络领域专业技术手段,妨碍其他经营者合法提供的网络产品或服务正常平稳顺利运行,或进行破坏,使其不能运行,均违反诚信原则和商业道德,属不正当竞争行为。此"运行"应做宽泛理解,既包括网络产品或服务的安装、使用,也包括下载。经营者合法提供的网络产品或服务,应平等接受用户自主选择。经营者实施的对他人网络产品或服务的妨碍、破坏行为,即使通过误导、欺骗等手段取得用户同意,或通过强迫手段由用户做出决定,由于影响了用户自主选择,相关行为仍属不正当竞争行为。该款还列举了"妨碍、破坏其他经营者合法提供的网络产品或者服务正常运行"的具体情形。

（一）对流量劫持的规制

知识链接 15-1

网络不正当竞争

案件的事实查明[①]

即"未经其他经营者同意，在其合法提供的网络产品或服务中，插入链接、强制进行目标跳转"。此规定涉流量劫持行为。实践中属流量劫持的网络竞争行为很多，如搜索助手软件在百度搜索结果页面强行插入预置搜索条[②]、联通青岛公司与奥商网络在百度搜索页面发布广告页面[③]、搜狗通过输入法将用户从百度搜索引导至自己的内容网站[④]均被视为流量劫持的典型表现。如用户在使用某款搜索引擎进行关键词搜索时，其他经营者在搜索结果页面出现前插入广告页面并持续数秒，其间，点击该广告页面即跳转至广告宣传网站新窗口，不点击则数秒钟后自动展现搜索结果页面，该情况即属未经同意插入链接的不正当竞争行为。

（二）对恶意干扰的规制

实务评析 15-3

腾讯诉科贝不正

当竞争纠纷案[⑤]

即"误导、欺骗、强迫用户修改、关闭、卸载其他经营者合法提供的网络产品或服务"。此规定涉恶意干扰行为。此类案例较多，如百度软件阻止一搜工具条正常安装[⑥]、奇虎安全卫士将雅虎助手软件标注为"危险"并从默认选项中清除[⑦]、QQ输入法在安装过程中诱导用户删除搜狗拼音输入法快捷方式[⑧]等，都涉嫌"恶意干扰"。如用户安装某款安全软件后，该软件自动对某款社交软件进行体检，以红色字体警示用户该软件存在严重健康问题（实际并不存在），并以绿色字体提供"一键修复"帮助，用户点击"一键修复"后，该安全软件即禁用了该社交软件部分插件，并将该社交软件安全沟通界面替换成自己的相应界面。该情况即属误导、欺骗用户修改他人网络产品或服务的不正当竞争行为。在"'三百'插标案"中，奇虎在百度搜索结果中添加警示图标的行为[⑨]还引发了关于非公益必要不干扰标准的讨论[⑩]。

---

① 北京法院课题组：《网络不正当竞争案件审理难点的调查研究》，https://www.sohu.com/a/166181834_726435，2017-08-21。

② 详见"田军伟诉百度公司发布虚假广告进行宣传纠纷案"。北京市第一中级人民法院，案件字号：（2005）一中民初字第5456号。

③ 详见"北京百度网讯科技有限公司诉青岛奥商网络技术有限公司等不正当竞争纠纷案"。山东省高级人民法院，案件字号：（2010）鲁民三终字第5—2号。

④ 详见"北京搜狗信息服务有限公司（简称搜狗信息公司）、北京搜狗科技发展有限公司（简称搜狗科技公司）诉北京百度网讯科技有限公司（简称百度网讯公司）、百度在线网络技术（北京）有限公司（简称百度在线公司）不正当竞争纠纷案"。北京知识产权法院，案件字号：（2015）京知民终字第557号。

⑤ 详见"深圳市腾讯计算机系统有限公司等诉杭州科贝网络有限公司等不正当竞争纠纷案"。杭州铁路运输法院，（2018）浙8601民初1020号。

⑥ 详见"北京中文在线文化发展有限公司（简称中文在线公司）诉北京小熊在线信息系统咨询有限公司（简称小熊在线公司）、被告沈阳泽宇广告有限公司（简称沈阳泽宇公司）侵犯著作权纠纷案"。北京市海淀区人民法院，案件字号：（2005）海民初字第1223号。

⑦ 详见"北京阿里巴巴信息技术有限公司诉北京三际无限网络科技有限公司侵犯著作权及不正当竞争纠纷案"。北京市第二中级人民法院，案件字号：（2006）二中民初字第16174号。

⑧ 详见"北京搜狗信息服务有限公司等诉深圳市腾讯计算机系统有限公司等不正当竞争纠纷案"。北京市第二中级人民法院，案件字号：（2009）二中民初字第12482号。

⑨ 详见"百度在线网络技术（北京）有限公司等与北京奇虎科技有限公司等不正当竞争纠纷上诉案"。北京市高级人民法院，案件字号：（2013）高民终字第2352号。

⑩ 支持观点参见石必胜：《互联网竞争的非公益必要不干扰原则：兼评百度诉360插标和修改搜索提示词不正当竞争纠纷案》，载《电子知识产权》2014年第1期，第30—37页。反对观点参见薛军：《质疑"非公益必要不干扰原则"》，载《电子知识产权》2015年第Z1期，第66—70页；宋亚辉：《网络干扰行为的竞争法规制——"非公益必要不干扰原则"的检讨与修正》，载《法商研究》2017年第1期，第91—100页。

（三）对恶意不兼容的规制

即"恶意对其他经营者合法提供的网络产品或服务实施不兼容"。此规定涉恶意不兼容行为。提起恶意不兼容，人们可能会联想到金山网盾与360安全卫士的软件冲突，[①]或者回忆起乐视网针对猎豹浏览器实施的不兼容。[②] 至于"3Q大战"中，腾讯在《致广大QQ用户的一封信》中要求用户做出二选一的"艰难的决定"，读者可能更是历历在目。[③] 互联网以互联互通为基础，强调共享、共治、开放、包容。经营者恶意对他人的网络产品或服务实施不兼容，不仅违反互联网开放，包容的精神，也构成对他人网络产品或者服务的妨碍破坏，使其不能正常运行，属不正当竞争行为。在对经营者是否存在恶意的判断上，可从该经营者实施的不兼容行为是否符合诚信原则和商业道德等要求进行综合考量。

（四）兜底条款

为防止挂一漏万，该款还规定了一项兜底条款，即"其他妨碍破坏其他经营者合法提供的网络产品或者服务正常运行的行为"。[④]

本章练习

第十五章练习
（含"理论思考""实务分析""实务训练"）

---

① 详见"百度在线网络技术（北京）有限公司等与北京奇虎科技有限公司等不正当竞争纠纷上诉案"。北京市第一中级人民法院，案件字号：（2011）一中民初字第136号。

② 详见"北京金山网络科技有限公司与合一信息技术（北京）有限公司不正当竞争纠纷"。北京市海淀区人民法院，案件字号：（2013）海民初字第17359号。

③ 详见"北京奇虎科技有限公司等与腾讯科技（深圳）有限公司等不正当竞争纠纷上诉案"。最高人民法院，案件字号：（2013）民三终字第5号。

④ 王瑞贺：《中华人民共和国反不正当竞争法释义》，法律出版社2018年版，第41—46页；蒋舸：《〈反不正当竞争法〉网络条款的反思与解释 以类型化原理为中心》，载《中外法学》2019年第1期，第182—183页。

第十六章　电商消费者权益保护法

背景资料 16-1
平台服务协议
未公示，天价用
车费惹争议①

《电子商务法》重视保护消费者权益，有 30 多处直接规定了对消费者权益的保护，间接规定对消费者权益保护的法律条文则更多。

【背景思考】

1. 陈女士何种权益受侵犯？某共享汽车服务平台在本案中未尽何种义务？

2. 本案交通事故产生的逾期停车费应归责于谁？

3. 电商消费者权益保护有何新特点？电子商务法是如何保护电商消费者权益的？

第一节　消费者权利与经营者义务

知识链接 16-1
电商消费者界定②

一、消费者权利

线上、线下消费者权利多为一致，仅部分存有差异，消费者主要享有以下权利。

（一）安全保障权

依《消费者权益保护法》第七条，安全保障权就权利内容而言，包括生命健康权和财产安全权；就其所针对经营者义务而言，包括对经营场所和出售产品的安保要求，即要求宾馆、商场、餐馆等各类经营场所经营者，应对在其经营场所内消费的消费者，尽安保义务，同时要求经营者提供的产品和服务，不得因质量或其他问题侵害消费者生命健康和财产安全。安全保障权对产品或服务质量的要求，在线上线下一般并无区别。依《电子商务法》第三十八条第二款，除直接销售商品、提供服务的站内商户外，电商平台亦对消费者负有安保义务。而在经营场所安保义务方面，线上经营者安保义务不仅针对消费者有形身体、财产，还包括消费者数据与个人信息安全。但网约车平台仍对乘客负身体、财产方面安保义务。如自营网约车平台作为承运人依《合同法》第三百零二、三百零三条承担相应安保义务。③ 就顺风车等非平台自营网约车而言，在乘客因交通事故或他人加害而致损害时，因顺风车司机与网约车平台之间并无用人关系，平台非承运人，难依《合同法》规则追究其侵权责任，可依《侵权责任法》第三十七条将网约车平台认定为"群众性活动组织者"，此时，其安保义务事前为审查车辆试驾性、驾驶员适格性等，事中为审查人车线上线下一致性、提供安全保证附加服务、建立异常情形快速发现与处置机制等，事后为建立与完善数据备份制度等。④

① 吴景明：《〈中华人民共和国电子商务法〉消费者权益保护法律制度：规则与案例》，中国法制出版社 2019 年版，第 124—125 页。

② 中国消费者权益保护法学研究会：《消费者权益保护法学》，中国社会出版社 2017 年版，第 15 页；最高人民法院办公厅：《对十二届全国人大五次会议第 590 号建议的答复意见》（法办函〔2017〕181 号），http://www.chinaiplaw.cn/index.php? id=4792,2017-07-27；凌斌：《电子商务法》，中国人民大学出版社 2018 年版，第 4 页，198—199 页。

③ 《合同法》第三百零二条规定："承运人应当对运输过程中旅客的伤亡承担损害赔偿责任，但伤亡是旅客自身健康原因造成的或者承运人证明伤亡是旅客故意、重大过失造成的除外。""前款规定适用于按照规定免票、持优待票或者经承运人许可搭乘的无票旅客。"第三百零三条规定："在运输过程中旅客自带物品毁损、灭失，承运人有过错的，应当承担损害赔偿责任。""旅客托运的行李毁损、灭失，适用货物运输的有关规定。"

④ 张新宝：《顺风车网络平台的安全保障义务与侵权责任》，载《法律适用》2018 年第 12 期，第 100—103 页。

（二）知情权

依《消费者权益保护法》第八条，消费者享有知悉其购买、使用的商品或接受的服务的真实情况的权利，消费者有权获知的信息包括价格、产地、生产者、用途、性能、规格等。现代社会商品和服务日益丰富与多样化，一般消费者难以对其有深入了解，经营者与消费者之间存在明显的信息不对称，而电商领域消费者无法直接观察、感受商品或服务的实际样态，其知情权更易受损害。因此，《电子商务法》第十七条规定电商经营者应全面、真实、准确、及时地披露商品或服务信息，保障消费者知情权和选择权；不得以虚构交易、编造用户评价等方式进行虚假或引人误解的商业宣传，欺骗、误导消费者。

（三）自主选择权

依《消费者权益保护法》第九条，消费者有按自己意愿，不受强迫或误导，自主选择商品或服务。线下主要是商家强买强卖或不合理搭售等行为侵害消费者自主选择权，线上还要防范电商经营者利用技术手段或消费者不仔细阅读格式条款、不熟悉网站功能布局等诱骗、误导消费者等行为，如通过默认勾选方式诱导消费者。

（四）公平交易权

依《消费者权益保护法》第十条，消费者享有公平交易的权利；其在购买商品或接受服务时，有权获得质量保障、价格合理、计量正确等公平交易条件，有权拒绝经营者的强制交易行为。应依社会公众一般认知判断是否公平，且公平交易并不限制市场自由，只要交易条件公平，消费者自愿购买即可。线上、线下消费者同等享有公平交易权，线上交易应特别预防经营者通过技术手段谋取不公平交易地位的行为。

（五）求偿权

依《消费者权益保护法》第十一条，消费者因购买、使用商品或接受服务而受人身、财产损害，有权依法获得赔偿。线上、线下消费者均享有求偿权。许多平台经营者格式服务条款要求在其所在地提起诉讼，提高了消费者行使求偿权的成本。

（六）依法结社权

依《消费者权益保护法》第十二条，消费者享有依法成立保护消费者社会组织的权利。中国消费者协会和各地方消费者协会是依法成立保障消费者权益的组织，具有参与制定有关规范性文件、向有关部门反映消费者意见、对商品和服务进行监督等职能。消费者协会对消费者保护不局限于线下，需发展专门面向线上消费者的维权组织。

（七）获得知识权

依《消费者权益保护法》第十三条，消费者享有获得有关消费和消费者权益保护方面知识的权利。一些线上消费者因不熟悉电商平台链接设置，可能面临维权无路、投诉无门的处境。

（八）获得尊重权与个人信息保护权

依《消费者权益保护法》第十四条，消费过程中消费者名誉权、姓名权、隐私权、肖像权等人格尊严应受尊重，个人信息不遭泄露。线上交易中，卖家必然要获知消费者部分信息，个别卖家骚扰、报复留差评买家的情况屡现报端，有必要保障线上消费者隐私与信息安全。

（九）批评监督权

依《消费者权益保护法》第十五条，消费者享有对商品和服务及消费者权益保护工作进行批评、监督、建议、检举或控告的权利。消费者组织有权对价格行为进行社会监督，《价格法》第三十八条第二款即规定，任何单位和个人均有权对价格违法行为进行举报；政府价格主管部门应对举报者给予鼓励，并负责为举报者保密。电商实践中，消费者批评监督权通常通过向平台经营者投诉而实现，此时针对平台自身的批评建议，可能遭其漠视，需监管部门强化消费者对平台经营者批评监督权的特别保护。

二、经营者义务

（一）守法履约义务

依《消费者权益保护法》第十六条,经营者向消费者提供商品或服务,应依本法和其他有关法律、法规的规定履行义务;经营者和消费者有约定的,应按约定履行义务,但双方的约定不得违背法律、法规的规定;经营者向消费者提供商品或服务,应恪守社会公德,诚信经营,保障消费者合法权益;不得设定不公平、不合理的交易条件,不得强制交易。此系诚信原则的具体体现,线上、线下经营者均应遵循。商务部《关于规范网络购物促销行为的通知》(商贸发〔2011〕3 号)中的"一、引导企业依法促销"即要引导网络购物企业按《反垄断法》《消费者权益保护法》《广告法》《商标法》《价格违法行为行政处罚规定》《零售商促销行为管理办法》等有关法律法规,依法开展促销活动;遵循合法、公平、诚信原则,遵守商业道德,不得开展违反社会公德的促销活动,不得扰乱市场竞争和社会公共秩序,不得侵害消费者和其他经营者合法权益。《电子商务法》第五条亦从一般义务视角,要求电商经营者从事经营活动,应遵守法律和商业道德履行消费者权益保护方面的义务。

（二）接受消费者监督的义务

此义务与消费者批评监督权相对应,依《消费者权益保护法》第十七条,经营者应听取消费者对其提供的商品或服务的意见,接受消费者监督。法律设定该义务,利于督促经营者履行其他各项义务,促使经营者守法经营,改进商品质量,提升服务水平。消费者对经营者提供商品或服务合法性与质量、价格合理性等全方位监督。《电子商务法》第八条即规定电商行业组织监督、引导本行业经营者公平参与市场竞争。

（三）保障人身和财产安全的义务

此义务与消费者人身安全保障权对应,依《消费者权益保护法》第十八条,经营者应保证其提供的商品或服务符合保障人身、财产安全的要求;对可能危及人身、财产安全的商品和服务,应向消费者作真实说明和明确警示,并说明和标明正确使用方法及防止危害发生的方法。除经营场所安保义务,若商品缺陷非常严重,危及消费者人身、财产安全,该法第十九条还规定了缺陷信息报告、告知和召回义务。此义务线上线下一致,线上经营者可通过出单、发货记录进行危险通知和防控。《电子商务法》第三十八条第二款将安保义务从站内商户扩展到电商平台,对关系消费者生命健康的商品或服务,电商平台经营者对平台内经营者资质资格未尽审核义务,或对消费者未尽安保义务,致消费者损害,依法承担相应责任。

（四）提供真实信息的义务

此义务与消费者知情权对应,依《消费者权益保护法》第二十条,经营者向消费者提供有关商品或服务的质量、性能、用途、有效期限等信息,应真实、全面,不得作虚假或引人误解的宣传;对消费者就其提供的商品或服务质量和使用方法等问题提出的询问,应做出真实、明确的答复;提供商品或服务应明码标价。

1. 禁止虚假宣传

经营者应提供真实信息,通过标签、包装、广告等方式对商品或服务的宣传须符合真实情况,不得进行虚假或引人误解的宣传。《网络交易管理办法》第十四条规定网络商品、有关服务经营者提供的商品或服务信息应真实准确,不得作虚假宣传和虚假表示,针对线上交易提出明确要求,与对线下交易的要求相一致。

2. 禁止故意隐瞒商品、服务瑕疵

经营者应提供充分、全面的信息,包括有利于经营者的信息,但不得故意隐瞒商品或服务存在的瑕疵。

3.通过恰当方式使消费者获知信息

经营者提供信息的方式要适当,提供有关信息的载体应直观易见,《广告法》即要求广告应具有可识别性,商品重要信息披露应准确、清楚、明白。同时,传达信息的文字图形应清楚明白,重要信息应以特别醒目方式强调以引起消费者注意。对网购、电视、电话购物等特殊销售方式,《消费者权益保护法》第二十八条要求经营者须提供营业地址、联系方式、价格、数量等信息,并应特别提示风险和售后信息,强化了经营者的信息提供义务。线上交易经营者信息提供义务关键在于重要信息的特别提示,一些电商网站页面各类信息繁杂,使人眼花缭乱,一般消费者很难分辨出重要信息,平台经营者与平台内经营者在页面设计上应突出显示重要信息。

《电子商务法》就电商经营者提供真实信息的义务做出系列规定,如第十五条涉营业执照、行政许可信息公示义务、第十六条涉自行歇业公示义务、第十七条涉商品或服务信息披露义务、第十八条涉推送广告的限制性义务、第五十条涉清晰、全面、明确告知用户订立合同相关事项的义务,等等;并就平台经营者信息公示义务做出特别规定,如第三十三条涉公示服务协议和交易规则的义务、第三十六条涉及时公示对平台内经营者处罚的义务、第三十七条第一款涉区分自营与他营业务的义务,第四十条涉显著标明竞价排名的商品或服务为"广告"的义务,第四十四条涉及时公示知识产权侵权通知、未侵权声明及处理结果的义务,第六十三条涉公示争议解决规则的义务,等等。详见本书第二章第三节及其相关章节。

(五)出具购货凭证和服务单据的义务

发票等购物凭证或服务单据具有合同证明、税务管理、账目管理等多种功能,对维护消费者合法权益,监管经营行为有重要意义。依《消费者权益保护法》第二十二条,经营者提供商品或服务,应按国家规定或商业惯例向消费者出具发票等购货凭证或服务单据;消费者索要发票等购货凭证或服务单据的,经营者必须出具。电子化购货凭证或服务单据可作为处理消费投诉的依据。《网络交易管理办法》第十三条第一款第二分句规定,网络商品经营者销售商品或提供服务,应按国家有关规定或商业惯例向消费者出具发票等购货凭证或服务单据;征得消费者同意的,可以电子化形式出具。电子化的购货凭证或服务单据,可作为处理消费投诉的依据。《电子商务法》第十四条规定,电商经营者销售商品或提供服务应依法出具纸质发票或电子发票等购货凭证或服务单据。电子发票与纸质发票具有同等法律效力。

(六)保证商品、服务质量的义务

依《消费者权益保护法》第二十三条,经营者应保证向消费者提供的商品或服务合法并具有相应质量与性能。依该法第二十四条,经营者对不符合质量要求的商品或服务应履行"三包"义务。此外,各专门法律还对食品、药品和化妆品等特别关系到消费者人身安全和健康的产品施以更严格的质量保障责任。以上商品或服务质量规定统一适用于线上、线下交易。同时因线上交易的特殊性,保护消费者无理由退货权尤为重要,《消费者权益保护法》第二十五条,针对网购、电视购物和电话购物等规定了经营者无理由退货义务,除了某些退货后影响销售的商品外,消费者有权无理由退货;工商行政管理总局《网络交易管理办法》第十六条亦规定了网购无理由退货制度;《电子商务法》第十三条则要求电商经营者销售商品或提供服务应符合保障人身、财产安全的要求。

(七)公平交易义务

依《消费者权益保护法》第二十六条,经营者与消费者交易时应公平确定双方权利义务。

1.经营者不得不当免责

经营者提出的合同条款,尤其是格式合同条款,应公平、合理,符合法律规定,符合大众公平观念及商业习惯;不得通过格式合同条款减轻或免除其损害消费者利益的赔偿责任,不当免责条款无效;线上交易中,因平台经营者具有技术优势,可利用技术手段强制消费者接受不利交易条件,《网络交易管理办法》第十七条第二款特别要求其不得利用合同格式条款并借助技术手段强制交易。

2.价格公道

经营者应遵守国家价格管理法律制度,不得做出不正当价格行为,如《价格法》第十四条规定的操纵市场、倾销、哄抬物价、诱骗交易、价格歧视等行为。电商领域存在一种特殊的不正当价格行为,即经营者利用自身技术优势,通过大数据算法掌握消费者的"消费画像"和消费习惯,实现精准"价格歧视",即根据不同消费者个人消费习惯,给出其能接受的最高价格,出现"会员价更高"的"大数据杀熟"情况。

3.计量准确

经营者应遵守国家计量管理法律制度,依法正确计量。因看不到商品实物,线上交易极易发生缺斤短两的情况,平台应设置相关机制,避免站内商户缺斤短两。

4.不得进行不正当竞争

关于反不正当竞争的法律规制,见本书第十五章相关内容。

(八)尊重消费者人格权的义务

此与消费者人格受尊重的权利相对应。依《消费者权益保护法》第二十七条,经营者不得对消费者进行侮辱、诽谤,不得搜查消费者的身体及其携带的物品,不得侵犯消费者的人身自由。线上交易不可能出现搜查或限制消费者人身自由的情况,但线上实物商品交易需通过物流完成,经营者必然要获悉消费者部分个人信息,现实中曾出现卖家通过骚扰电话侮辱留差评买家,或经营者泄露消费者信息而侵犯其隐私权的情况。《网络安全法》《消费者权益保护法》规定信息采集应经消费者同意,并严格保密,不得泄露,保护个人信息的重要目的就是避免侵犯消费者人格权。

第二节　消费者权益的法律保护

一、消费者权益的主张对象

(一)经营者或服务提供者

在服务消费中,经营者一般系侵害消费者权益直接主体,消费者可直接向其主张权利。《消费者权益保护法》第四十二条明确了营业执照与求偿对象的关系,规定使用他人营业执照违法经营者损害消费者合法权益的,消费者可向经营者求偿,亦可向营业执照持有人求偿。

(二)生产者与销售者

在商品消费中,为保障消费者求偿权,《消费者权益保护法》第四十条特别规定消费者可向销售者和生产者要求赔偿。即消费者在购买、使用商品时,其合法权益受到损害,可向销售者要求赔偿。销售者赔偿后,属生产者责任或属向销售者提供商品的其他销售者的责任,销售者有权向生产者或其他销售者追偿。消费者一般直接同销售者打交道,相对于向生产者主张权利,向销售者主张则更为方便,该规定降低了消费者维权成本。

(三)产品推荐人

依《消费者权益保护法》第四十五条第三款,社会团体或其他组织、个人在关系消费者生命健康商品或服务的虚假广告或其他虚假宣传中,向消费者推荐商品或服务,造成消费者损害的,应与提供该商品或服务的经营者承担连带责任。该款规定了产品推荐人因参与虚假宣传而应承担的连带责任。该规则线上线下统一适用,如机构、团体或个人在互联网上参与虚假宣传造成消费者损失,亦应承担责任。

(四)广告经营者、发布者

依《消费者权益保护法》第四十五条第一款、第二款规定,消费者因经营者利用虚假广告或其他虚假宣传方式提供商品或服务,其合法权益受损害,可向经营者要求赔偿。广告经营者、发布者发布虚假广告,消费者可请求行政主管部门予以惩处。广告经营者、发布者不能提供经营者真实名称、地址和有效联系方式,应承担赔偿责任。广告经营者、发布者设计、制作、发布关系消费者生命健康商品或服务的虚假广告,造成消费者损害的,应与提供该商品或服务的经营者承担连带责任。依《食品安全法》第一百四十条,广告经营者、发布者设计、制作、发布虚假食品广告,使消费者合法权益受到损害,应与食品生产经营者承担连带责任。

(五)展销会举办者、柜台出租者

依《消费者权益保护法》第四十三条,消费者在展销会、租赁柜台购买商品或接受服务,其合法权益受到损害,可向销售者或服务者要求赔偿。展销会结束或柜台租赁期满后,也可向展销会举办者、柜台出租者要求赔偿。展销会举办者、柜台出租者赔偿后,有权向销售者或服务者追偿。依《食品安全法》第六十一条,集中交易市场的开办者、柜台出租者和展销会举办者,应依法审查入场食品经营者的许可证,明确其食品安全管理责任,定期对其经营环境和条件进行检查,发现其有违反本法规定行为的,应当及时制止并立即报告所在地县级人民政府食品安全监督管理部门。

(六)电商平台提供者、销售者或服务者

依《消费者权益保护法》第四十四条,消费者通过网络交易平台购买商品或接受服务,其合法权益受到损害的,可向销售者或服务者要求赔偿。网络交易平台提供者不能提供销售者或服务者的真实名称、地址和有效联系方式的,消费者也可以向网络交易平台提供者要求赔偿;网络交易平台提供者做出更有利于消费者的承诺的,应履行承诺。网络交易平台提供者赔偿后,有权向销售者或服务者追偿。网络交易平台提供者明知或应知销售者或服务者利用其平台侵害消费者合法权益,未采取必要措施的,依法与该销售者或服务者承担连带责任。

二、消费者权益的救济途径

依《消费者权益保护法》第三十九条,消费者和经营者发生消费者权益争议的,可通过与经营者协商和解、请求消费者协会或依法成立的其他调解组织调解、向有关行政部门投诉、根据与经营者达成的仲裁协议提请仲裁机构仲裁、向人民法院起诉等途径解决。依《电子商务法》第六十条,电子商务争议可通过协商和解,请求消费者组织、行业协会或者其他依法成立的调解组织调解,向有关部门投诉、提请仲裁,或提起诉讼等方式解决。依该法第六十一条,消费者在电商平台购买商品或接受服务,与平台内经营者发生争议时,电商平台经营者应积极协助消费者维护合法权益。

(一)电商平台站内维权

保护消费者权益,解决消费者与站内商户的争议是电商平台的重要职能。各平台通常在自己的平台交易规则中规定相关的程序和各方权利。

(二)请求消费者协会调解

《消费者权益保护法》第三十七条第四至八项明确了消费者协会如何协助消费者维护正当权益,即:①就有关消费者合法权益的问题,向有关部门反映、查询,提出建议;②受理消费者的投诉,并对投诉事项进行调查、调解;③投诉事项涉及商品和服务质量问题的,可委托具备资格的鉴定人鉴定,鉴定人应当告知鉴定意见;④就损害消费者合法权益的行为,支持受损害消费者提起诉讼或依法提起诉讼;⑤对损害消费者合法权益的行为,通过大众传播媒介予以揭露、批评。

(三)向行政机关投诉

消费者自身权益受损时可向相关行政机关投诉。《消费者权益保护法》第四十六条规定,消费者向有关行政部门投诉的,该部门应自收到投诉之日起 7 个工作日内,予以处理并告知消费者。该法第五十六条规定了侵害消费者合法权益的行政责任,列举了 10 种损害消费者权益的行为,该条还规定了对上述行为的行政处罚。经营者有前述行为,除依法予以处罚外,处罚机关应将其记入信用档案并向社会公布。

（四）司法救济

消费者可直接通过仲裁、诉讼维护自身权益。《民事诉讼法》第五十五条规定,对侵害众多消费者合法权益等损害社会公共利益的行为,法律规定的机关和有关组织可向法院起诉。《消费者权益保护法》第四十七条规定了消费公益诉讼,即对侵害众多消费者合法权益的行为,中国消费者协会及省级消费者协会,可向法院提起诉讼。最高人民法院2016年4月24日出台《关于审理消费民事公益诉讼案件适用法律若干问题的解释》,明确了可提起消费公益诉讼的情况包括:①提供的商品或服务存在缺陷,侵害众多不特定消费者合法权益的;②提供的商品或服务可能危及消费者人身、财产安全,未做出真实说明和明确警示,未标明正确使用商品或接受服务的方法及防止危害发生方法的;对提供的商品或服务质量、性能、用途、有效期限等信息做虚假或引人误解宣传的;③宾馆、商场、餐馆、银行、机场、

实务评析 16-1

小鸣单车押金退款公益诉讼案①

车站、港口、影剧院、景区、娱乐场所等经营场所存在危及消费者人身、财产安全危险的;④以格式条款、通知、声明、店堂告示等方式,做出排除或限制消费者权利、减轻或免除经营者责任、加重消费者责任等对消费者不公平、不合理规定的;⑤其他侵害众多不特定消费者合法权益或具有危及消费者人身、财产安全危险等损害社会公共利益的行为。上述情形中除第三项涉及线下经营场所,其他各种情况均可能出现在电商领域,因电商跨地域、数量大,出现在电商领域的可能性比线下传统商业可能更高。《行政诉讼法》(2017修正)增加了消费者权利保护的公益诉讼,即检察院可提出"检察建议"和对不履行职责的行政机关提起诉讼。

三、侵犯消费者权益的法律责任

主要包括民事、行政和刑事责任三类。其中,在电商领域具有特殊性的问题,是消费者权益保护法中所规定的惩罚性赔偿。电商领域因技术手段更新,某些行为可能被认定为"欺诈行为",尤其是价格欺诈行为,因而适用"惩罚性赔偿"。依《消费者权益保护法》第五十五条,经营者提供商品或服务有欺诈行为的,应按消费者的要求增加赔偿其受到的损失,增加赔偿的金额为消费者购买商品的价款或

实务评析 16-2

利用技术手段进行价格欺诈②

接受服务的费用的三倍;增加赔偿的金额不足500元的,为500元。法律另有规定的,依照其规定。经营者明知商品或服务存在缺陷,仍然向消费者提供,造成消费者或其他受害人死亡或者健康严重损害的,受害人有权要求经营者依照本法第四十九条、第五十一条等法律规定赔偿损失,并有权要求所受损失两倍以下的惩罚性赔偿。《食品安全法》第一百四十八条第二款规定,生产不符合食品安全标准的食品或经营明知是不符合食品安全标准的食品,消费者除要求赔偿损失外,还可向生产者或经营者要求支付价款10倍或损失3倍的赔偿金;增加赔偿的金额不足1000元的,为1000元。

第三节　电商消费者权益保护特殊规则

因电商消费者权益保护面临消费者知情权与选择权易受侵害、经营者身份及所在地不易确定、网上维权困难等问题,《消费者权益保护法》《电子商务法》设置了一些电商领域特殊的消费者权益保护规则。这些规则着重保护消费者的知情权和自主选择权。概括来说,保护这两项权利的主要途径有:

---

① 详见"关于广东省消费者委员会诉广州悦骑信息科技有限公司案"。广州市中级人民法院,案件字号:(2017)粤01民初445号。

② 详见"王辛诉小米科技有限责任公司网络购物合同纠纷案"。一审:北京市海淀区人民法院,案件字号:(2014)海民(商)初字第17310号;二审:北京市第一中级人民法院,案件字号:(2014)一中民(商)终字第8587号。

①给消费者反悔的机会，也就是如果消费者因为信息不对称发生了对商品的误判，应当允许消费者拥有比线下交易更多的退换货权利。②对侵犯消费者合法权益的技术滥用给予行政处罚。具体而言，包括以下制度。

一、加强信息披露

全面、真实、准确、及时的信息披露与信用评价，可以给消费者提供更多的信息，尽可能消除消费者和经营者之间的信息不对称。

（一）加强真实信息披露，禁止"刷单""炒信"

《电子商务法》第十七条规定电商经营者应全面、真实、准确、及时地披露商品或服务信息，保障消费者知情权和选择权；不得以虚构交易、编造用户评价等方式进行虚假或引人误解的商业宣传，欺骗、误导消费者。这一规则除了概括规定了电商经营者全面、真实、准确、及时披露信息的义务，还在法律层面特别禁止了"刷单""炒信"等虚假宣传行为。

（二）标记区分自营业务和站内商户业务

《电子商务法》第三十七条规定，平台经营者在其平台上开展自营业务的，应以显著方式区分标记自营业务和平台内经营者开展的业务，不得误导消费者；平台经营者对其标记为自营的业务依法承担商品销售者或服务提供者的民事责任。不同消费者对平台自营业务和站内商户经营业务的偏好有所不同，有的消费者认为平台经营者规模大、质量保障好，另一些消费者则认为站内商户的商品性价比较高，这一规则要求平台将自营产品和站内商户产品做清楚的区别，不得误导消费者。

二、不得删除信用评价

《电子商务法》第三十九条第二款规定，电商平台经营者不得删除消费者对其平台内销售的商品或提供的服务的评价。其他消费者对商品或服务的评价是电商领域消费者获得商品或服务信息的重要途径。为避免有害信息，保证消费者不受任何干扰地进行信用评价，是消费者知情权的重要保障。正式颁布的《电子商务法》既未采取草案二审稿关于"消费者使用侮辱性、诽谤性语言或者明显违背事实进行评价的除外"的但书，亦删除了草案三审稿"删除侮辱、诽谤等法律、行政法规禁止发布或者传输的信息或者明显违背事实的评价的，应当依照本法第三十条的规定记录、保存信息"的规定。由此可知，立法者并未赋予电商平台界定并因而删除"侮辱性、诽谤性语言或者明显违背事实"或"侮辱、诽谤等法律、行政法规禁止发布或者传输的信息或者明显违背事实"的消费者评价的权力，该权力原则上应由司法机关保留和行使，电商平台不具备判断这类言论合法性的资格与能力。

三、搜索结果中立

《电子商务法》第四十条规定，电商平台经营者应根据商品或服务的价格、销量、信用等以多种方式向消费者显示商品或服务的搜索结果；对竞价排名的商品或服务，应显著标明"广告"。电商经济一定程度属"注意力经济"，而消费者注意力非常有限，一般倾向于排名靠前的商品或服务的搜索结果。因此，《电子商务法》规定应给予消费者按自己看重的信息对商品搜索结果进行排序的途径。同时，由于对站内商户而言，其商品或服务在搜索结果中的排名非常重要，因而诞生出了付费提高商品搜索排名的"竞价排名"业务，其本质是广告，因此，《电子商务法》要求竞价排名必须明确标注出来，以保证消费者理解两种不同的排名机制之间的差异。违反这一规则，未做显著标明的，按《电子商务法》第八十一条，应按《广告法》相关规则处罚。《广告法》第八条规定，法律、行政法规规定广告中应当明示的内容，应当显著、清晰表示。该法第五十九条规定，违反这一规则的法律责任是广告行政管理部门可以责令停止发布广告并处10万元以下的罚款。

四、禁止默认搭售

《电子商务法》第十九条规定,电商经营者搭售商品或服务,应以显著方式提请消费者注意,不得将搭售商品或服务作为默认同意的选项。一些移动互联网应用程序将相关服务默认勾选为同意,如预订机票默认搭售接机服务,而消费者匆忙中可能未注意到此类默认同意,这构成对消费者自主选择权的一种侵害。在"王亦一与上海携程商务有限公司服务合同纠纷案"中,原告诉称,2017 年 5 月 8 日,因将要去台北交流学习,在手机携程 APP 平台搜寻由上海至台湾的往返机票并选中了一款东方航空的机票组合,订单号为 3800358031,当时即完成了付款。然而,当原告返还订票界面时却发现该机票组合定价与原告所付价款相异,原告点开付款明细发现除了应有的机票原价和机建、燃油费外,竟然还有一张价值 38 元的酒店优惠券。原告遭遇被告隐性搭售酒店优惠券 38 元,被告这种默认勾选搭售产品的行为严重侵犯了原告的消费权、知情权、自由选择权,已构成欺诈。故诉求法院判令被告退还 38 元并支付赔偿费用 114 元,取消默认勾选搭售产品的设置,负担诉讼费。[①]

五、无理由退换货

无理由退换货权亦称"消费者撤回权""消费者反悔权"。设置该权利是因为消除消费者与经营者之间的信息不对称,解决电商消费者不能接触商品实物的问题,因而不能充分了解商品实情的问题。依《消费者权益保护法》第二十五条,经营者采用网络、电视、电话、邮购等方式销售商品,消费者有权自收到商品之日起七日内退货,且无须说明理由,但消费者定制的商品,鲜活易腐的商品,在线下载或消费者拆封的音像制品、计算机软件等数字化商品,交付的报纸、期刊除外。除前款所列商品外,其他依商品性质并经消费者在购买时确认不宜退货的商品,不适用无理由退货。消费者退货的商品应当

知识链接 16-2

《网络购买商品七日无理由退货暂行办法》主要内容[②]

完好。经营者应自收到退回商品之日起七日内返还消费者支付的商品价款。退回商品的运费由消费者承担;经营者和消费者另有约定的,按照约定。为保障《消费者权益保护法》七日无理由退货规定的实施,保护消费者合法权益,促进电商健康发展,依《消费者权益保护法》等相关法律、行政法规,国家工商总局于 2017 年 1 月 6 日发布《网络购买商品七日无理由退货暂行办法》(国家工商总局令第 90 号),该办法自 2017 年 3 月 15 日起实施,包括一般规定、不适用退货的商品范围、商品完好与不完好的认定标准、退货程序、特别规定、监督检查、法律责任等内容。

六、商品、服务质量担保机制和先行赔偿责任

需多方推动保护电商消费者合法权益。建立有利于电商发展和消费者权益保护的商品、服务质量担保机制,设立消费者权益保证金,平台经营者承担先行赔偿责任等,是建立健全综合性电商消费者权益保护制度的重要组成部分。我国电商发展呈平台化趋势,平台经营者在商品、服务质量保障上可起积极作用。实践中,部分平台经营者已据自身平台内实情建立了相关的商品、服务质量担保责任制度。结合实情,鼓励平台经营者建立有利于电商发展和消费者权益保护的质量担保责任机制,有其必要性和现实意义。《电子商务法》第五十八条规定:"国家鼓励电子商务平台经营者建立有利于电子商务发展和消费者权益保护的商品、服务质量担保机制。""电子商务平台经营者与平台内经营者协议设立消费者权益保证金的,双方应当就消费者权益保证金的提取数额、管理、使用和退还办法等做出明

---

① 详见"王亦一与上海携程商务有限公司服务合同纠纷案"。苏州市姑苏区人民法院,案件字号:(2017)苏 0508 民初 7819 号。

② 详见《网络购买商品七日无理由退货暂行办法》(国家工商总局令第 90 号)。

确约定。""消费者要求电子商务平台经营者承担先行赔偿责任以及电子商务平台经营者赔偿后向平台内经营者的追偿,适用《中华人民共和国消费者权益保护法》的有关规定。"该条是关于鼓励电商平台经营者建立质量责任担保机制、设立消费者权益保证金及承担先行赔偿责任的规定。

(一) 商品或服务质量担保机制

《电子商务法》第五十八条第一款倡导和鼓励平台经营者建立商品、服务质量担保机制。对此理解如下:(1)鼓励由平台经营者(发起)建立商品、服务质量担保机制。(2)平台经营者所建立的质量担保机制,应有利于电商发展和消费者权益保护。(3)该质量担保机制的保证人不限于电商经营者,可由电商经营者或第三方机构中的一方单独做出或多方共同(联合)做出,具体情形为:①由平台经营者就商品、服务向消费者做出质量保证;②平台经营者要求平台内经营者就其销售的商品、提供的服务向消费者做出质量保证;③平台经营者与平台内经营者就商品、服务共同向消费者做出质量保证;④第三方机构对平台内经营者销售的商品、提供的服务向消费者做出质量保证;⑤平台经营者、平台内经营者中的一方或双方与第三方机构,共同对商品、服务向消费者做出质量保证。上述第三方机构可为保险公司、担保公司或其他能独立承担民事法律责任的第三方(机构)。(4)(质量)保证人做出的担保应符合或高于法定或交易合同约定的标准。在电商活动中,消费者出于交易安全考虑往往选择更有保障的平台进行交易。电子商务法设立此倡导性规定,推动平台经营者自行建立质量担保机制,能促进电商经营者通过消费者选择,优胜劣汰,不断提高商品及服务质量。

(二) 设立消费者权益保证金

此"消费者权益保证金"是平台经营者与平台内经营者之间达成协议,交纳的用于保障消费者合法权益的专用款项。协议中应就消费者权益保证金的提取数额、管理、使用和退还办法等内容做出明确约定。此外,协议还需对交纳义务人、交纳标准、期限、赔偿对象、赔偿范围、赔偿标准和赔偿程序等进行约定,以保障平台内经营者的合法权益。交纳保证金的数额标准可按以下情况分别确定:所有经营者均按统一数额标准交纳;根据具体经营者的所属行业、所售商品或提供服务的种类及营业额等因素确定不同的交纳数额。此外,保证金数额可浮动变化,平台经营者可定期根据平台内经营者被投诉、因违法被处罚、信用变化等情况对保证金数额进行调整。对平台内经营者交纳的保证金,平台经营者应尽安全存管义务。平台经营者应将消费者权益保证金与企业自有资金分离存管,并制定合理措施和制度保证其能被专款专用。保证金主要用于以下两种情况:因平台内经营者违反合同约定,经平台经营者查证属实,需向消费者承担违约责任的;因平台内经营者销售商品或提供服务侵害消费者的人身或财产权益,经平台经营者查证属实,需承担侵权责任的。

(三) 先行赔偿责任机制

消费者通过电商平台购买商品或接受服务与平台内经营者产生争议时,由于无法知悉或查询到平台内经营者的身份信息、有效联系方式等信息,其无法通过司法途径维护权益。该条第三款援引消费者权益保护法规定,在特定情况下,消费者有权要求平台经营者承担先行赔偿责任;平台经营者赔偿后,有权向平台内经营者追偿。因消费者权益保护法已作规定,故电子商务法不再重复,直接援引即可。消费者要求平台经营者先行赔偿,有以下两种情况。

1. 根据法律规定

《消费者权益保护法》第四十四条规定,消费者向平台内经营者维权时,有权要求平台经营者提供平台内经营者的真实名称、地址和其他有效联系方式,在平台经营者不能提供时,即应对消费者承担先行赔偿责任,此为法定义务。而作为平台经营者,只要依法尽责,必能掌握相关信息,因此,在消费者需要时,既有能力亦有义务向消费者提供。如平台经营者不能提供相关真实信息,有两种情况:一是平台内经营者入驻时,平台经营者未尽审核义务,因此未掌握相关真实信息;二是平台经营者明知平台内经营者的信息而故意不提供。不论何种情形,均属平台经营者不履行法定义务的情形,应由平台经营者承担先行赔偿责任。此种情况下,消费者可直接以平台经营者为被告向法院起诉。

知识链接 16-3

经合组织电商环境下

消费者保护原则①

台内经营者追偿。②

2.根据平台经营者承诺

部分平台经营者为提高自身信誉,更好地维护消费者权益,会做出比法律规定更有利于消费者的承诺。此种情况下,平台经营者应履行承诺。平台经营者做出的附限定条件承诺,其限定条件须优于法定标准。平台经营者不履行其承诺,消费者可直接以平台经营者为被告起诉维权。平台经营者无论是依法还是依承诺,在承担先行赔偿责任后,均可依《消费者权益保护法》第四十四条,向平台内经营者追偿。②

本章练习

第十六章练习

(含"理论思考""实务分析""实务训练")

---

① 宋建宝:《经合组织关于电商环境下消费者保护的八大原则》,载《人民法院报》2019 年 7 月 12 日,第 008 版。

② 电子商务法起草组:《中华人民共和国电子商务法解读》,中国法制出版社 2018 年版,第 296—302 页。

第十七章　网络广告法

网络广告兴起和发展,极大改变了广告行业生态,给广告法带来挑战,2015 年 4 月 24 日《中华人民共和国广告法》即被修订。

第一节　网络广告概述

【背景思考】

什么是网络广告? 网络广告在哪些方面挑战了传统广告的法律概念?

背景资料 17-1
20 家网站超 30％网
络广告严重违法①

一、网络广告的法律概念

（一）广告的概念

在广告法修订之前,一般认为,广告是一种由广告主、个人或组织机构将经编码的特定信息以适当符号形式,通过一定传媒反复传达给目标受众,以达到影响或改变其观念或行为的公开、非面对面、有偿信息传播活动。② 修订前的广告法将广告定义为商业广告,即商品经营者或服务提供者承担费用,通过一定媒介和形式直接或间接介绍自己所推销商品或所提供服务的商业广告,强调了广告的有偿性。修订后的广告法并非以定义方式界定广告概念,而是通过适用范围形式规定:即在中国境内,商品经营者或服务提供者通过一定媒介和形式直接或间接介绍自己所推销商品或服务的商业活动,适用本法。与修订前相比,修订后广告法中广告概念最大的改变是去掉了"承担费用"要件,即去除了广告概念中的有偿性要件。广告有偿性曾是控制广告概念外延的重要要件,修订后的广告法极大扩张了广告外延。

（二）网络广告的概念

网络世界中广告所体现在时间与空间上的形式不再明晰可辨,新闻、科普、行业资讯、个人日志等很多信息当中似乎都有广告身影。目前国内法律规范称之为"互联网广告"。依 2016 年《互联网广告管理暂行办法》(国家工商总局令第 87 号,以下简称《暂行办法》)第三条,互联网广告是通过网站、网页、互联网应用程序等互联网媒介,以文字、图片、音频、视频或其他形式,直接或间接推销商品或服务的商业广告,包括推销商品或服务的含有链接的文字、图片或视频等形式的广告,电子邮件广告,付费搜索广告,商业性展示中的广告(法律、法规和规章规定经营者应向消费者提供的信息的展示依照其规定),其他通过互联网媒介推销商品或服务的商业广告。有观点认为,所有面向公众进行商业宣传的互联网空间都可以是广告媒介,包括博客、网络论坛、电子商铺、自设网站等。③ 当所有网络空间均被理解为广告概念中的媒介,而有偿性要件又从广告概念中去除时,广告外延则被极度扩张,几乎可将网络上所有关于产品或服务的商业性信息纳入其中。上述《暂行办法》第三条第二款第四项"推销商品或者服务的商业性展示中的广告",是指电商平台上的商品或服务的经营者所发布的商业性展示中所含有的广告,也包括广告主通过自设网站或拥有合法使用权的互联网媒介发布的商

---

① CCTV-13 央视新闻频道"24 小时":《国家工商总局:20 家网站超 30％网络广告严重违法》,http://tv.cctv.com/2014/01/13/VIDE1389627959448870.shtml,2014-01-13。

② 陈培爱:《广告学原理》,复旦大学出版社 2014 年版,第 2 页。

③ 李明伟:《网络广告的法律概念与认定》,载《新闻与传播研究》2011 年第 5 期,第 68—73 页。

业性展示中的广告。这些广告的发布多为免费,广告主通过自设网站或其社交媒体账号发布信息,通常不需支付发布费用。电商经营者(卖家)在电商平台上发布信息,则要区分界定。经营者若在其拥有合法使用权的经营空间(店铺)内发布信息,通常不需支付发布费;若在其经营空间之外,如电商平台(网站)首页位置发布广告,鉴于首页位置稀缺,需向平台支付费用,该费用与传统媒体广告费并无二致。①

尽管广告是关于产品或服务的信息,但并非所有关于产品或服务的信息均属广告。《暂行办法》第三条第四项互联网商业性展示中的非广告信息规定了重要例外:"法律、法规和规章规定经营者应当向消费者提供的信息的展示依照其规定。"互联网本质是提供信息,互联网上的商业性信息包含广告与非广告信息。互联网经营者按《消费者权益保护法》等法律法规规定,须向消费者提供有关产品或服务的相关信息,这是对消费者知情权的保护,这部分信息属非广告信息,是那些按相关法律法规必须要提供给消费者的信息。②

二、网络广告的法律特点

互联网等信息网络与传统大众传播媒介的差异使得网络广告具有其自身特点。

(一)经营主体多样

互联网等信息网络多为开放网络,凡有权使用网络的一切单位与个人,均可在网上发布信息,包括在网上进行广告活动。一些网络信息服务机构(如 ISP)不属传统广告经营者之列,但同样可进行广告经营业务,网络广告经营者范围因此被扩大。

(二)覆盖范围广泛

传统广告赖以传播的媒体,无论是广播、电视还是报纸、刊物,在发行与传播领域,均受政府及其有关部门严格管制,具有明显地域性,传播范围有限。而互联网等信息网络的覆盖面可不受国别与地域限制,网络广告理论上可覆盖全世界,远比传统广告传播范围广泛。

(三)自由程度较高

从主体资格上看,在互联网等信息网络上,任何单位与个人,只要取得网络使用权,即可从事广告发布、经营活动,甚至可自行发布自己的广告。从广告内容与形式上看,网络广告发布者可依自身意愿,选择其所喜好内容与形式来发布,无传统广告繁杂审查程序。

(四)交流方式双向

传统广告采用图像或视听资料等形式,通过广播、电视、报纸、刊物向社会公众输送广告内容以达宣传目的,为单向推介。在互联网等信息网络上,人们一般会主动检索查询有关资料,而网络对信息并无容量限制,因此,广告制作及发布者可将广告复杂化,并提供给用户开展交互式查询,使用户认为所有信息是自己认真查询而获结果,比较容易被接受。

实务评析 17-1
在网店页面放置图片是否是广告行为③

(五)法律适用冲突

互联网等信息网络多为全球化网络,一个网络广告可能同时牵涉数国法律,而各国法律对同一内容与形式的广告可能会有不完全相同甚至截然相反的规定,在某些国家被禁止的内容,可能在其他国家并不受限,其决定因素是各国

① 国家工商行政管理总局广告监督管理司:《〈互联网广告管理暂行办法〉释义》,中国工商出版社 2016 年版,第 18—23 页。

② 姚志伟:《新广告法规中互联网广告概念的合理性辨析——以电子商务网站销售页面信息为中心》,载《湖南师范大学社会科学学报》2017 年第 6 期,第 110—116 页。

③ 详见"平湖市宜华服饰有限公司诉平湖市市场监督管理局市场监管行政处罚案"。浙江省嘉兴市中级人民法院,案件字号:(2017)浙 04 行终 251 号。

政治、经济、文化传统与道德风俗习惯。世界各国情况不一,因而在对待网络广告态度上难能一致,从而导致法律适用冲突。[1]

第二节　网络广告类型

【背景思考】

1.网络广告有哪些形式? 本案中的网络广告合法吗?

2.什么是侵扰性网络广告? 如何规制侵扰性网络广告?

背景资料 17-2

强制捆绑的网络广告[2]

一、网络广告主要类型

(一)文本链接广告

亦称文字广告,以文字形式发布,形式上类似传统报刊文字广告的网络版本,可出现在网络页面任何位置,可竖排亦可横排,每一行即为一广告,点击后将被链接到相应广告页面上,是一最简单且对网络用户干扰最少但却最有效的网络广告形式。

(二)网幅广告

亦称旗帜广告,是最早出现的网络广告,多以条状图像横向出现于网页中,点击后可链接到广告主页面。早期网幅广告以静态为主,即在网页上显示一幅固定图片。随着技术进步,动态与交互式网幅广告出现。动态网幅广告画面可移动或闪烁,在加深浏览者印象时可向浏览者传递更多信息。交互式网幅广告形式多样,如游戏式、插播式、问答式、下拉菜单式、填表式等,给浏览者提供了更直接的交互平台,比单纯点击包含更多内容。

(三)电子邮件广告

以电子邮件为传播载体,通常采文本格式将一段广告性文字放置于新闻或电子邮件中,亦可设置一网页地址链接到广告主主页或提供产品或服务的特定页面。该类广告可能全部是广告信息,亦可能含有相关广告信息;可能一次性发送,亦可能多次或定期发送。其针对性强、费用低廉。网络用户通常需事先同意加入到该广告邮件列表中,以表示同意接受此类广告信息,该类广告才会被接受。未经许可而收到的电子邮件广告常被视为垃圾邮件。

(四)企业网站或主页广告

这是企业利用自身独立网站或主页发布的有关企业产品与服务的广告,是企业电子商务应用的最佳途径,亦是一种特殊广告,可将企业形象与产品或服务直接发布于互联网等信息网络上,因此,此类广告兼具向浏览者提供产品与服务信息及提供与树立企业形象的功能。

(五)隐性广告

亦称植入或嵌入式广告,是将产品或服务广告信息植入到一定影视动画场景或故事情节中,在受众无意识状态下,将商品或品牌信息展现给受众,进而达到广告主所期望的传播目标,是以非广告形式出现但包含广告信息的广告形式,如企业赞助式及与内容结合式广告。企业通过对网站提供赞助取得某一栏目冠名权或成为网站合作伙伴是赞助式广告常见形式,如阿迪达斯搜狐体育频道。与内

---

① 陈旭初:《关于计算机网络广告的法律思考》,载《法商研究》第 2000 年第 4 期,第 36—37 页。

② CCTV-13 央视新闻频道"24 小时":《3.15 在行动:强制捆绑的网络广告》,http://tv.cctv.com/2013/03/16/VIDE1363447559738664.shtml,2013-03-16。

容结合式广告主要包括使用电子公告栏或新闻组发布广告信息,通过网上调查形式发布广告信息,以论坛等形式讨论企业产品与服务信息的广告等。

（六）插播式广告

亦称弹出式广告,访客在请求登录网页时强制插入一广告页面或弹出广告窗口,类似电视广告,打断正常节目播放,强迫观看,其出现无任何征兆。插播式广告有各种尺寸,有全屏亦有小窗口,互动程度不同,从静态到全部动态。浏览者可通过关闭窗口不看这些广告,但某些插播式广告无法关闭。相关法律要求这些插播式广告必须可被一键关闭。

（七）富媒体广告

一般指由声音、图像、文字等多媒体组合的媒介形式使用浏览器插件或其他脚本语言、Java 语言等编写的具有复杂视觉效果与交互功能的网络广告。与其他类型网络广告相比,富媒体广告能表现更多、更精彩的广告内容。[1]

知识链接 17-1
网络广告主要
播发形式

（八）网络新闻式发布的广告

网络空间中新闻与广告的界限变得模糊。除 ISP、ICP 事实上炒作新闻外,一些知名度极高的 ID-NEWS 等专业性网站亦通过网络新闻方式发布广告。一些网站专业化程度高,拥有特定阅览群体,某些企业与该类网站有特殊关系。在这类广告中,难免出现违反行业广告规定的广告。由于行业原因,对广告要求有所不同,较突出者为医药与烟草,这些行业的产品对人身体可能产生一定影响,因此,各国法律对其广告活动均有一些特殊要求。若网络经营者未能依本国法律对特定行业的特殊规定进行广告活动,则可能会构成违法广告。[2]

二、侵扰性网络广告

具有侵扰性的网络广告,往往采用让人"无法拒绝"的形式,影响用户正常使用互联网。

（一）悄然改变的旗帜广告

传统大小的旗帜广告(468 像素×60 像素)起先并不具备侵扰性,随着广告点击率一再下跌,广告效果越来越差,广告商因此采取了加大搜索办法来提升点击率,这使得最为传统的旗帜广告亦开始具备一定侵扰性。广告商还推出了旗帜广告的一种变形,这种广告垂直贯通于网页右栏,被形象地称为"摩天大楼"。除加大搜索,广告商还大大增加了同一网页上旗帜广告数量。这些过多广告分散了用户的注意力,使用户不得不在大量网络广告之间小心翼翼地搜寻所需信息,稍不留意,即会误击广告,弹出一个广告窗口,妨碍用户正常使用互联网。

（二）应运而生的弹出式广告

在旗帜广告被认为无效的背景下,一种新颖的"弹出式广告"成为广告商新宠。弹出式广告开始了真正意义上的"侵扰广告时代"。对广告商而言,越具有侵扰性的广告,其效果越好。越来越多的弹出式广告占据了更多带宽,直接影响计算机系统工作速度,一旦连续弹出广告窗口过多,计算机便会难以承受,甚至彻底崩溃。弹出式广告因占据很多带宽,严重降低网页打开速度,用户不得不为此花费更多时间与费用。

（三）屡遭非议的电子邮件广告

电子邮件广告是垃圾邮件的最主要来源。收件人根本没有机会对这种电子垃圾广告说"不",而且由于标识不明,收件人须打开才能知晓其真面目。现在只要打开邮箱,即会发现各种形式、五花八

---

① 韩学平:《电子商务法》,东北财经大学出版社 2008 年版,第 270—271 页。
② 冷伏海等:《网络广告的类型及其法律调整》,载《情报科学》2003 年第 9 期,第 926—928 页。

门的电子邮件广告充斥其间。电子垃圾广告占用了大部分网络资源与计算机存储空间,妨碍收件人阅读有用邮件与正常使用电子邮箱收发邮件,而且不得不承担下载这些电子邮件广告的通信费及上网费。更为严重的是,过多数量或体积过大的电子邮件广告还可能堵塞收件人邮箱,甚至使邮箱"爆炸",亦可能导致电子邮件服务提供者计算机系统拥堵、瘫痪,进而危害更多网络用户。

(四)其他形式的侵扰性网络广告

如漂浮式、全屏播放式等多种形式网络广告。漂浮式广告采用漂浮于网页之上的形式,又分固定规则漂动、紧随鼠标漂动与漂浮于文本框之上等多种形式。最具侵扰性的莫过于漂浮于文本框上,用户填写时,稍有不慎,即会击中广告而突然弹出相关链接的广告窗口。全屏播放式广告则运用多种手段结合,进行全屏播放,该广告无法退出且持续时间较长。[①]

知识链接 17-2
侵扰性网络广告产生原因

第三节 网络广告法律规制

【背景思考】

1.网络广告用语可以随便说吗? 本视频中的哪些网络广告用语涉嫌违法?

2.我国相关法律对网络广告有哪些专门规范?

背景资料 17-3
规范网络广告用语[②]

一、《广告法》对网络广告的规制

(一)规范电子垃圾广告

依《广告法》第四十三条,任何单位或个人未经当事人同意或请求,不得向其住宅、交通工具等发送广告,也不得以电子信息方式向其发送广告;以电子信息方式发送广告的,应明示发送者真实身份和联系方式,并向接收者提供拒绝继续接收的方式。此系规范垃圾广告,保护受众免于垃圾广告干扰的规定,属 2015 年《广告法》修订新增条款。

1.未经当事人同意或请求不得发送

广告活动主体须在向当事人发送电子广告前征得当事人同意或得到其请求。事前同意应以广告首次发布前为准,即第一次发起前。同意或请求方式则无限制,可为口头、书面、数据电文等形式,只要当事人做出意思表示即可。我国相关法律也对保护个人不受商业性信息打扰的权利做出规定:《消费者权益保护法》第二十九条第三款规定,经营者未经消费者同意或请求,或消费者明确表示拒绝的,不得向其发送商业性信息。2012 年《全国人民代表大会常务委员会关于加强网络信息保护的决定》第七条规定,任何组织和个人未经电子信息接收者同意或请求,或电子信息接收者明确表示拒绝的,不得向其固定电话、移动电话或个人电子邮箱发送商业性电子信息。2015 年《通信短信息服务管理规定》(工信部令第 31 号)第十八条规定,短信息服务、内容提供者未经用户同意或请求,不得向其发送商业性短信息。用户同意后又明确拒绝接收的,应停止向其发送。短信息服务、内容提供者请求用户同意接收商业性短信息的,应说明拟发送商业性短信息的类型、频次和期限等信息。用户未回复的,视为不同意接收。用户明确拒绝或未回复的,不得再次向其发送内容相同或相似短信息。第三十八条规定,利用互联网向固定电话、移动电话等通信终端用户提供文字、数据、声音、图像等具有短信息特征的信息递送类服务,参照该规定执行。依法需经主管部门审核通过的,应经有关部门审核通过。

---

① 金艳:《侵扰性网络广告形式及其规范》,载《法治论丛》2007 年第 1 期,第 41—43 页。

② 南宁新闻综合"新闻夜班":《规范网络广告用语 净化互联网金融环境》,http://news. cctv. com/2016/03/29/VIDE-TLjqomfPwUBGh9a73y4P160329. shtml,2016-03-29。

2.知情权及拒绝权

《广告法》第四十三条第二款一方面保障广告受众知情权,另一方面保护了其拒绝权。实际生活中,广告发送者故意隐瞒真实身份和联系方式,导致广告接收者无法拒绝和举报,也给执法工作造成很大困难。因此,该款规定以电子信息方式发送广告的,应当明示发送者真实身份和联系方式,向接收者提供拒绝继续接收的方式。

3.法律责任

依《广告法》第六十三条第一款,"违反本法第四十三条规定发送广告的,由有关部门责令停止违法行为,对广告主处五千元以上三万元以下的罚款"。该款专门针对未经当事人同意发送广告的行为所应承担法律责任的规定,至于广告内容是否符合规定,不在其规制范围内。该款主要规制以下情形:一是未经消费者同意或请求,以电子信息方式向消费者电子邮箱、移动电话、即时通信工具、社交媒体账户等发送广告,侵害其自主选择权、人身财产安全权,对其生活和工作可能会产生一定影响。二是未经单位同意或请求,以电子信息方式向单位的电子邮箱、移动电话、即时通信工具、社交媒体账户等发送广告,扰乱其正常工作秩序。三是以电子信息方式发送,未明示发送者真实信息,未向接收者提供拒绝继续接受的方式,同样属于骚扰行为,违反广告法规定。对上述情形,本款规定了实施违法行为的单位或个人应承担相应责任,由有关部门给予行政处罚。该有关部门应是法定职责部门,执法实践中,各地情况可能有所不同,尤其是涉及利用电子信息发送广告,若以通信短信息形式发布的,依《通信短信息服务管理规定》,由通信管理部门依法处理。

实务评析 17-2
何卓律与合合
公司网络侵权
责任纠纷案①

（二）规范互联网广告

依《广告法》第四十四条,利用互联网从事广告活动,适用该法各项规定。利用互联网发布、发送广告,不得影响用户正常使用网络。在互联网页面以弹出等形式发布的广告,应显著标明关闭标志,确保一键关闭。此系《广告法》2015 年修订新增条款。

1.将互联网广告纳入广告法规范并适用该法各项规定

第四十四条第一款是关于利用互联网从事广告活动的原则性规定。1994 年《广告法》制定时,中国互联网产业刚刚萌芽,法律规定主要针对电视、广播、报纸等传统媒体广告。随着互联网和电子商务的快速发展,互联网广告占据的广告市场份额逐年大幅度提高,互联网已成为非常重要的广告媒介。互联网广告具有成本低廉、传播迅速、投放精准等种种新特点,在广告活动主体、广告表现形式、广告经营模式、广告收费方式等方面,均表现出与传统广告业态的显著区别。2015 年广告法修订,专门增加了针对互联网广告的规范内容。第四十四条第一款表达了两方面的立法意图,一是互联网广告和其他各种广告活动形式一样,都应遵守广告法的规定,不应游离于广告法调整范围之外;二是从支持和保护互联网发展的角度,广告法只对互联网广告做出原则性规定,为互联网和互联网广告的发展预留了空间。

2.利用互联网发布发送广告不得影响用户正常使用网络

利用互联网发布发送广告时须注意平衡商业利益与用户体验之关系。《广告法》第四十四条第二款发布与发送广告各具特定含义。前者指向不特定对象进行广告推销,如面向任何浏览者的网页横幅广告;后者对象一般是特定受众,是基于信息技术而产生的广告推销方式,即"精准投放",如移动短信广告、电子邮箱广告、根据浏览记录弹出的网页弹窗广告等。为保障消费者使用网络的合法权益,该款规定广告不得影响用户正常使用网络,如广告弹窗伪装关闭方式等。

---

① 详见"何卓律与上海合合信息科技发展有限公司网络侵权责任纠纷案"。四川省成都市中级人民法院,案件字号:(2018)川 01 民终 14654 号。

3.在互联网页面以弹出等形式发布广告应显著标明关闭标志并确保一键关闭

弹出等形式,主要指会遮挡、妨碍网页显示内容,影响互联网用户正常浏览的广告,如浮窗广告。显著标明关闭标志,一要明显,引人注目,字体大小等应达到常人可见程度;二是标志应让受众能理解其表示关闭的功能,常见如"×"或"关闭"字样。确保一键关闭,主要为防止一些广告不设关闭标志或以虚假关闭标志,强迫、欺骗用户浏览观看。执法中重点应调查广告是否实际具有关闭功能,关闭功能标志是否一键执行,是否达显著程度。

4.法律责任

依《广告法》第六十三条第二款,违反该法第四十四条第二款规定,利用互联网发布广告,未显著标明关闭标志,确保一键关闭的,由市场监管部门责令改正,对广告主处 5000 元以上 3 万元以下的罚款。此情形下会影响用户正常使用网络,由广告发布者所在地市场监管部门依法处理,对处理异地广告主有困难的,可移交异地广告主所在地处理。

(三)明确第三方平台制止违法广告的义务

依《广告法》第四十五条,公共场所的管理者或者电信业务经营者、互联网信息服务提供者对其明知或应知的利用其场所或者信息传输、发布平台发送、发布违法广告的,应予以制止。该条明确第三方信息平台制止违法广告的义务,亦是新增条款。日常实践中,有些违法广告是利用电信传输平台或互联网媒体平台发送、发布的,当以上电信业务经营者、互联网信息服务提供者在此类广告活动中没有接受广告主或广告经营者的委托从事广告发布活动时,应视为以上主体仅为他人发送、发布广告的活动提供了一个信息传输的场所或第三方平台。虽然这些主体不是广告发布者,但其作为信息渠道的提供者也应负有相应法律义务。本条对这些平台的管理者设定了制止违法广告的义务,即电信业务经营者、互联网信息服务提供者对其明知或应知的利用其信息传输、发布平台发送、发布违法广告的,应予制止。

1.制止违法广告的义务

电信业务经营者、互联网信息服务提供者对明知或应知的利用其场所或信息传输、发送、发布违法广告的,应采取必要措施予以制止。实践中,经广告管理部门告知广告违法;或互联网、电信经营者对违法广告编辑处理;或消费者及相关社团投诉且有充分证据支持的违法广告;或传输、发布广告内容明显违法,均应视作相关主体明知或应知广告违法。

2.制止违法广告义务的措施

不同第三方平台,依其自身特点,可采取的制止措施不尽相同。电信业务经营者对利用其传输平台以语音、文字、图像及其他任何形式发送、发布违法广告的,负管理职责,应采取必要措施予以制止,如暂停提供电信服务方式立即停止传输违法信息,保存有关记录。互联网信息服务提供者拥有专业技术配置及技术人员,可对其平台进行监控,更易及时发现其平台上违法广告,并采停止传输等措施制止违法广告发布传播。

3.法律责任

依《广告法》第六十四条,违反该法第四十五条规定,公共场所的管理者和电信业务经营者、互联网信息服务提供者,明知或应知广告活动违法不予制止的,由市场监管部门没收违法所得,违法所得 5 万元以上的,并处违法所得 1 倍以上 3 倍以下的罚款,违法所得不足 5 万元的,并处 1 万元以上 5 万元以下的罚款;情节严重的,由有关部门依法停止相关业务。该条涉及电信业务经营者和互联网信息服务提供者在网络广告活动中不履行法定义务所承担行政责任的规定。电信网络和互联网络是广告传播的重要第三方,承担信息传输、平台发布、发送等功能,为发挥第三方制止违法广告传播的作用,保护消费者的合法权益、维护广告市场秩序,《广告法》第四十五条规定,上述第三方管理者或经营者应制止利用其载体发布、发送违法广告的行为。若明知或应知利用其载体的广告活动违法而未制止的,由市场监督管理部门没收违法所得,违法所得 5 万元以上的,并处违法所得 1 倍以上 3 倍以下的

罚款,违法所得不足5万元的,并处1万元以上5万元以下的罚款;情节严重的,市场监管部门应将情况通报有关部门,由有关部门依法停止相关业务。[①]

二、《互联网广告管理暂行办法》对网络广告的规制

(一)加强网络广告行业自律

鼓励和支持广告行业组织依法律、法规、规章和章程的规定,制定行业规范,加强行业自律,促进行业发展,引导会员依法从事互联网广告活动,推动互联网广告行业诚信建设。

(二)规范网络广告发布

1.禁止发布网络广告的情形

法律、行政法规规定禁止生产、销售的商品或提供的服务,及禁止发布广告的商品或服务,任何单位或个人不得在互联网上设计、制作、代理、发布广告;禁止利用互联网发布处方药和烟草的广告。

2.经审查发布网络广告的情形

医疗、药品、特殊医学用途配方食品、医疗器械、农药、兽药、保健食品广告等法律、行政法规规定须经广告审查机关进行审查的特殊商品或服务的广告,未经审查,不得发布。

3.网络广告应有可识别性

互联网广告应具有可识别性,显著标明"广告",使消费者能辨明其为广告;付费搜索广告应当与自然搜索结果明显区分。

4.不得影响用户正常使用网络

利用互联网发布发送广告,不得影响用户正常使用网络,在网页以弹出等形式发布广告,应显著标明关闭标志,确保一键关闭;不得以欺骗方式诱使用户点击广告内容;未经允许,不得在用户发送的电子邮件中附加广告或广告链接。

5.订立书面合同

互联网广告主、广告经营者、广告发布者在互联网广告活动中应依法订立书面合同。

(三)互联网广告活动主体的义务

1.互联网广告主的义务

互联网广告主应对广告内容真实性负责;广告主发布互联网广告需具备的主体身份、行政许可、引证内容等证明文件,应真实、合法、有效;广告主可通过自设网站或拥有合法使用权的互联网媒介自行发布广告,也可委托互联网广告经营者、发布者发布广告;互联网广告主委托互联网广告经营者、发布者发布广告,修改广告内容时,应以书面或其他可以被确认的方式通知为其提供服务的互联网广告经营者、发布者。

2.互联网广告发布者、广告经营者的义务

为广告主或广告经营者推送或展示互联网广告,并能核对广告内容、决定广告发布的自然人、法人或其他组织,是互联网广告发布者。互联网广告发布者、经营者应按国家有关规定建立、健全互联网广告业务的承接登记、审核、档案管理制度;审核查验并登记广告主的名称、地址和有效联系方式等主体身份信息,建立登记档案并定期核实更新。应查验有关证明文件,核对广告内容,对内容不符或证明文件不全的广告,不得设计、制作、代理、发布。应配备熟悉广告法规的广告审查人员;有条件的还应设立专门机构,负责互联网广告审查。

(四)规范程序化购买广告方式发布的互联网广告

1.清晰标明广告来源

互联网广告可以以程序化购买广告的方式,通过广告需求方平台、媒介方平台及广告信息交换平台等所提供的信息整合、数据分析等服务有针对性地进行发布;通过程序化购买广告方式发布的

---

① 全国人大常委会法工委经济法室:《中华人民共和国广告法解读》,中国法制出版社2015年版,第95—102、141—144页。

互联网广告,广告需求方平台经营者应当清晰标明广告来源。此处广告需求方平台是指整合广告主需求,为广告主提供发布服务的广告主服务平台,广告需求方平台的经营者是互联网广告发布者、广告经营者;媒介方平台是指整合媒介方资源,为媒介所有者或者管理者提供程序化的广告分配和筛选的媒介服务平台;广告信息交换平台是提供数据交换、分析匹配、交易结算等服务的数据处理平台。

2.查验合同相对方

广告需求方平台经营者、媒介方平台经营者、广告信息交换平台经营者及媒介方平台的成员,在订立互联网广告合同时,应当查验合同相对方的主体身份证明文件、真实名称、地址和有效联系方式等信息,建立登记档案并定期核实更新。

3.采取措施制止违法广告

媒介方平台经营者、广告信息交换平台经营者及媒介方平台成员,对其明知或应知的违法广告,应采删除、屏蔽、断开链接等措施予以制止。

(五)禁止利用互联网广告不正当竞争

互联网广告活动中不得有下列行为:①提供或利用应用程序、硬件等对他人正当经营的广告采取拦截、过滤、覆盖、快进等限制措施;②利用网络通路、网络设备、应用程序等破坏正常广告数据传输,篡改或遮挡他人正当经营的广告,擅自加载广告;③利用虚假的统计数据、传播效果或互联网媒介价值,诱导错误报价,谋取不正当利益或损害他人利益。

(六)对互联网广告违法行为的处置

1.互联网信息服务提供者制止违法广告的义务

未参与互联网广告经营活动,仅为互联网广告提供信息服务的互联网信息服务提供者,对其明知或者应知利用其信息服务发布违法广告的,应予制止。

2.互联网广告违法行为的行政管辖

对互联网广告违法行为实施行政处罚,由广告发布者所在地市场监管部门管辖,该市场监管部门管辖异地广告主、广告经营者有困难的,可以将广告主、广告经营者的违法情况移交广告主、广告经营者所在地市场监管部门处理;广告主所在地、广告经营者所在地市场监管部门先行发现违法线索或者收到投诉、举报的,也可管辖;对广告主自行发布的违法广告实施行政处罚,由广告主所在地市场监管部门管辖。

3.市场监管部门查处违法广告的职权

市场监管部门在查处违法广告时,可行使下列职权:对涉嫌从事违法广告活动的场所实施现场检查;询问涉嫌违法的有关当事人,对有关单位或个人进行调查;要求涉嫌违法当事人限期提供有关证明文件;查阅、复制与涉嫌违法广告有关的合同、票据、账簿、广告作品和互联网广告后台数据,采用截屏、页面另存、拍照等方法确认互联网广告内容;责令暂停发布可能造成严重后果的涉嫌违法广告。市场监管部门依法行使前款规定的职权时,当事人应协助、配合,不得拒绝、阻挠或隐瞒真实情况。

4.对互联网广告的技术监测

市场监管部门对互联网广告的技术监测记录资料,可作为对违法的互联网广告实施行政处罚或采取行政措施的电子数据证据。

5.行政处罚决定的公示

市场监管部门依广告法和该办法规定所做出的行政处罚决定,应通过企业信用信息公示系统依法向社会公示。

（七）行政处罚责任

1. 违法发布禁止发布的网络广告的责任

违反该办法第五条第一款规定,利用互联网广告推销禁止生产、销售的产品或提供的服务,或禁止发布广告的商品或服务的,依《广告法》第五十七条第五项的规定予以处罚;违反第二款规定,利用互联网发布处方药、烟草广告的,依《广告法》第五十七条第二项、第四项的规定予以处罚。即由市场监管部门责令停止发布广告,对广告主处 20 万元以上 100 万元以下的罚款,情节严重的,并可吊销营业执照,由广告审查机关撤销广告审查批准文件、一年内不受理其广告审查申请;对广告经营者、广告发布者,由市场监管部门没收广告费用,处 20 万元以上 100 万元以下的罚款,情节严重的,并可吊销营业执照、吊销广告发布登记证件。

2. 未经审查发布网络广告的责任

违反本办法第六条,未经审查发布广告的,依《广告法》第五十八条第一款第十四项的规定予以处罚。即由市场监管部门责令停止发布广告,责令广告主在相应范围内消除影响,处广告费用 1 倍以上 3 倍以下的罚款,广告费用无法计算或明显偏低的,处 10 万元以上 20 万元以下的罚款;情节严重的,处广告费用 3 倍以上 5 倍以下的罚款,广告费用无法计算或明显偏低的,处 20 万元以上 100 万元以下的罚款,可吊销营业执照,并由广告审查机关撤销广告审查批准文件、一年内不受理其广告审查申请。

3. 发布的网络广告不具有可识别性的责任

互联网广告违反本办法第七条规定,不具有可识别性的,依《广告法》第五十九条第三款的规定予以处罚。即由市场监管部门责令改正,对广告发布者处 10 万元以下的罚款。

4. 网络广告影响用户正常使用网络的责任

违反本办法第八条第一款规定,利用互联网发布广告,未显著标明关闭标志并确保一键关闭的,依《广告法》第六十三条第二款的规定进行处罚,即由市场监管部门责令改正,对广告主处 5000 元以上 3 万元以下的罚款;违反第二款、第三款规定,以欺骗方式诱使用户点击广告内容的,或未经允许,在用户发送的电子邮件中附加广告或广告链接的,责令改正,处 1 万元以上 3 万元以下的罚款。

5. 互联网广告发布者、经营者未尽法定义务的责任

违反本办法第十二条第一款、第二款规定,互联网广告发布者、广告经营者未按国家有关规定建立、健全广告业务管理制度的,或未对广告内容进行核对的,依《广告法》第六十一条第一款的规定予以处罚。即由市场监管部门责令改正,可处 5 万元以下的罚款。

6. 相关互联网平台未尽法定义务的责任

有下列情形之一的,责令改正,处 1 万元以上 3 万元以下的罚款:①广告需求方平台经营者违反本办法第十三条第二款规定,通过程序化购买方式发布的广告未标明来源的;②媒介方平台经营者、广告信息交换平台经营者及媒介方平台成员,违反本办法第十五条第一款、第二款规定,未履行相关义务的。

知识链接 17-3

2018 年典型虚假违法互联网广告案件①

7. 互联网信息服务提供者未制止违法广告的责任

违反本办法第十七条规定,互联网信息服务提供者明知或者应知互联网广告活动违法不予制止的,依《广告法》第六十四条规定予以处罚。即由市场监管部门没收违法所得,违法所得 5 万元以上的,并处违法所得 1 倍以上 3 倍以下的罚款,违法所得不足 5 万元的,并处 1 万元以上 5 万元以下的罚款;情节严重的,由有关部门依法停止相关业务。

---

① 国家市场监督管理总局:《国家市场监督管理总局公布 2018 年典型虚假违法互联网广告案件》,http://www.gov.cn/xinwen/2018-07/20/content_5307983.htm,2018-07-20。

本章练习

第十七章练习

（含"理论思考""实务分析""实务训练"）

第五编拓展阅读文献清单

电商市场促进与规制法拓展阅读文献清单

第十八章　电商争议解决一般规定

背景资料 18-1
买家给差评卖
家不退货①

【背景思考】

电子商务纠纷有何特点？如何公正、公平、快速处理此类纠纷？

电商环境下传统纠纷解决机制面临起诉、管辖、执行等诸多难题。③电商争议解决遂成《电子商务法》重点内容，该法"第四章电子商务争议解决"共六条，含电商争议解决方式，在线争议解决机制，建立投诉、举报机制，平台经营者协助消费者维权，电商经营者提供原始合同和交易记录，设立消费者权益保证金，建立质量担保机制及对消费者先行赔偿等内容。

知识链接 18-1
十大焦点电子
商务纠纷②

第一节　电商争议解决方式

背景资料 18-2
开启互联网审
判新时代④

【背景思考】

电商争议可通过哪些方式解决？互联网法院与传统法院解决电商争议有何不同？

依《电子商务法》第六十条，电商争议可通过协商和解，请求消费者组织、行业协会或其他依法成立的调解组织调解，向有关部门投诉，提请仲裁，或提起诉讼等方式解决。

一、多元化电商纠纷解决机制

（一）多元争议解决机制背景

电商活动法律关系复杂、参与主体多样，发生争议在所难免。争议解决制度是保障电商健康发展的重要法律制度。电商争议包括经营者之间、经营者与消费者之间、经营者与其他主体（如知识产权人）之间、平台内经营者或其他主体与平台经营者之间的争议。《电子商务法》重视非诉争议解决方式，支持与鼓励多元争议解决机制，该法第六十条规定了协商和解、调解、行政投诉、仲裁、诉讼等争议

---

① 简工博：《网上消费纠纷"拉锯战"如何了》，载《解放日报》2011 年 03 月 14 日，第 10 版。

② 编辑部：《十大焦点电子商务纠纷》，载《信息网络安全》2006 年第 12 期，第 65—68 页。

③ 范筱静：《在线纠纷解决机制研究——以电子商务消费者纠纷解决为视角》，载《西部法学评论》2012 年第 4 期，第 81—82 页。

④ 金春华、陈东升：《开启互联网审判新时代》，载《浙江人大》2017 年第 9 期，第 28—31 页。

解决方式,与现行其他法律规定一致。① 最高人民法院《进一步深化多元化纠纷解决机制改革的意见》(法发〔2016〕14 号)要求引导当事人选择适当的纠纷解决方式,建立与完善和解、调解、仲裁、行政投诉与诉讼有机衔接、相互协调的多元化纠纷解决机制;鼓励和引导当事人优先选择成本较低、对抗性较弱、利于修复关系的非诉方式解决纠纷;树立"国家主导、司法推动、社会参与、多元并举、法治保障"的现代纠纷解决理念,营造诚信友善、理性平和、文明和谐、创新发展的社会氛围。

(二)鼓励在线解决电商争议

《电子商务法》第六十条虽未规定所列争议解决方式必须在线运行,但最高人民法院已提出创新在线纠纷解决方式、推广现代信息技术在多元化纠纷解决机制中运用的要求,即推动建立在线调解、在线立案、在线司法确认、在线审判、电子督促程序、电子送达等为一体的信息平台,实现纠纷解决的案件预判、信息共享、资源整合、数据分析等功能,促进多元化纠纷解决机制的信息化发展。因此,该法第六十条所列争议解决方式均可线上、线下实施,在法律允许范围内,鼓励传统争议解决方式在线运行,以便更好地服务于电商争议解决。

(三)认识每一争议解决方式的重要性

电商争议不仅限于经营者与消费者之间,还包括经营者之间,甚至国际贸易(跨境电商)中的争议。由于电商争议的多样性,《电子商务法》规定的每一种争议解决方式均有其应用价值。在线下消费贸易领域较少采用的仲裁等方式,在电商争议解决中获得新发展空间。经营者之间的跨境电商争议因涉及复杂的法律适用与司法管辖冲突,宜采用由当事人自主选择仲裁地点、机构、规则与适用法律的仲裁方式解决。

(四)推动多元化纠纷解决机制国际化

即要充分尊重中外当事人法律文化的多元性,支持其自愿选择调解、仲裁等非诉方式解决纠纷,进一步加强我国与其他国家或地区司法、仲裁机构、调解组织的交流和合作,提升我国纠纷解决机制的国际竞争力和公信力。发挥各种纠纷解决方式的优势,不断满足中外当事人纠纷解决的多元需求。

二、电商争议具体解决方式

电商争议解决方式多种多样,性质不同,法律机制各异,相互关系复杂。

(一)协商和解

《电子商务法》第六十条规定的协商和解方式,与其第五十九条电商经营者接受用户投诉机制相衔接与配合,即使其未收到有关投诉亦可直接与相对方协商解决争议。应鼓励与认可电商争议当事人通过协商和解、达成和解协议来解决纠纷,有律师代理的,可鼓励律师引导其先行和解。特邀调解员或其他人员依当事人申请或委托参与协商,可为当事人之间的谈判提供辅助性协调和帮助。以金钱或有价证券给付为内容的和解协议,债权人依民事诉讼法及其司法解释,向有管辖权的基层法院申请支付令的,法院应依法发出支付令。债务人未在法定期限内提出书面异议且逾期不履行支付令的,法院可强制执行。

(二)调解

人民调解是人民调解委员会通过说服、疏导等方法,促使当事人在平等协商基础上自愿达成调解协议,解决民间纠纷的活动。《电子商务法》第六十条规定的调解是解决电商争议的重要方式之一。

---

① 如我国《消费者权益保护法》第三十九条规定:"消费者和经营者发生消费者权益争议的,可以通过下列途径解决:(一)与经营者协商和解;(二)请求消费者协会或者依法成立的其他调解组织调解;(三)向有关行政部门投诉;(四)根据与经营者达成的仲裁协议提请仲裁机构仲裁;(五)向人民法院提起诉讼。"

依法建立的人民调解制度在解决电商争议中发挥着日益重要的作用。2014 年建立的新浪人民调解委员会是首个互联网上的人民调解组织。

1. 调解的效力

（1）法律明确认可人民调解的效力。《人民调解法》规定经人民调解委员会调解达成的调解协议，具有法律约束力；双方当事人可自调解协议生效之日起 30 日内共同向法院申请司法确认；法院依法确认该协议有效，一方当事人拒绝或未全部履行的，对方可申请法院强制执行。（2）法院不予确认调解协议效力的情形。包括：违反法律、行政法规强制性规定的；侵害国家利益、社会公益的；侵害案外人合法权益的；涉及是否追究当事人刑事责任的；内容不明确，无法确认和执行的；调解组织、调解员强迫调解或有其他严重违反职业道德准则的行为的；其他不应当确认的情形。（3）其他调解组织调解的效力。行政机关、商事调解组织、行业调解组织或其他具有调解职能的组织调解当事人达成的具有民事合同性质的协议，当事人可向调解组织所在地基层法院依法申请确认其效力。以金钱或有价证券给付为内容的调解协议，有管辖权的基层法院根据债权人申请发出支付令。经其他调解组织对民事纠纷调解后达成的具有给付内容的协议，当事人可依公证法申请公证机关依法赋予其强制执行效力。（4）无争议事实记载机制与无异议调解方案认可机制。即调解程序终结时，当事人未达成调解协议的，调解员在征得各方当事人同意后，可用书面形式记载调解过程中双方无争议事实，并由当事人签字确认。经调解未能达成调解协议，但对争议事实无重大分歧的，调解员在征得各方当事人同意后，可提出调解方案并书面送达双方当事人。当事人在 7 日内未提出书面异议的，调解方案即视为双方自愿达成的调解协议；提出书面异议的，视为调解不成立。当事人申请司法确认调解协议的，应依有关规定予以确认。（5）调解过程不公开原则。调解过程一般不公开，但双方当事人要求或同意公开调解的除外。

2. 调解组织

依《电子商务法》第六十条，消费者组织、行业协会或其他依法成立的调解组织均可对电商争议予以调解。（1）消费者组织。消费者协会和其他消费者组织是依法成立的对商品和服务进行社会监督的保护消费者合法权益的社会组织；消费者协会的公益性职责包括受理消费者投诉，并对投诉事项进行调查、调解；消费者和经营者发生消费者权益争议的，可请求消费者协会或依法成立的其他调解组织调解。在面向消费者的电子商务中，消费者组织的调解，特别是在线调解机制，将发挥越来越大的作用。（2）行业组织。《电子商务法》第八条规定了电商行业组织开展行业自律、监督与引导本行业经营者公平参与市场竞争等作用，调解电商争议即包括其中。（3）其他调解组织。《电子商务法》第六十条规定的其他依法成立的调解组织范围很广。（4）在线调解组织。2014 年 3 月，国内首家互联网领域调解组织"新浪人民调解委员会"上线运行，受理接驳在新浪网、微博平台的任意第三方之间产生的纠纷；每周受理案件 2 万余件，涉及名誉权、著作权、商标权等纠纷，实现了纠纷处理自动化、运行机制自治化与处理结果公开化。①

（三）行政投诉

《电子商务法》第六十条规定的向有关部门投诉是指向依法负有处理电商争议职责的行政机关投诉。随着电子政务发展，越来越多的行政机关可在线接受投诉。依《消费者权益保护法》，消费者向有关行政部门投诉，该部门应自收到投诉之日起 7 个工作日内予以处理并告知消费者。通过向有关行政部门投诉，以行政调解、和解、裁决等方式解决争议，是解决电商争议的重要方式。

（四）仲裁

仲裁是《电子商务法》第六十条规定的解决电商争议的方式之一，在跨境电商中发挥重要作用。依《仲裁法》，当事人采用仲裁方式解决纠纷，应以双方自愿达成的仲裁协议为基础与前提；仲裁协议

---

① 王斌、王开广：《首家网络调委会开创"网民自治"》，http://www.legaldaily.com.cn/index/content/2014-12/01/content_5868814.htm? node＝20908,2014-12-01.

包括合同中订立的仲裁条款和以其他书面方式在纠纷发生前、后达成的请求仲裁的协议,应具有请求仲裁的意思表示、仲裁事项、选定的仲裁委员会等内容,可采取数据电文方式达成。① 电商经营者可在其自动信息系统中设置仲裁条款,使通过该系统订立的电商合同含有仲裁协议。除非得到特别授权与批准,电商经营者无权建立仲裁机构。很多知名国际仲裁机构已建立网上仲裁程序与规则。中国国际经济贸易仲裁委员会于 2014 年修订《网上仲裁规则》,适用于解决电商争议,该规则在仲裁法基础上,在电子证据、网上开庭、裁决书的电子化等方面进行探索与尝试。

（五）诉讼

依《电子商务法》第六十条,诉讼是电商争议解决的重要方式与终极保障。国内司法系统改革一直重视应用信息技术,以适应电商争议解决,最高人民法院规定裁判文书与庭审过程均可通过专门信息系统公示与传播。2017 年"杭州互联网法院"成立,此后北京、广州互联网法院相继建立。互联网法院配备了满足网上诉讼的硬件设施,如全电子化的导诉台及机器人扫描仪器,可实现证据材料自助扫描提交一体化;电子证据平台提供实时电子数据,相关证据可实时传输至法院;通过实名认证软件核实当事人身份,必要时结合线下传统方式进行身份确认,开庭采当事人持身份证在线验证方式核实身份,并通过人脸识别系统辅助进行身份验证;举证质证方面,互联网法院产生并存储在网络平台的电子证据可从平台一键式导入,非电子证据可通过扫描、拍照等方式转化为电子证据提交;对已上传至互联网法院平台的证据,当事人可直接在线以文字方式发表质证意见,开庭时可补充质证意见;互联网法院平台嵌入语音识别系统,可将庭审录音自动转化为电子笔录,在庭后向当事人核对,当事人对笔录有异议可向书记员发送修改信息,核对无误可在线确认笔录。③ 互联网法院从起诉到立案、送达、庭审全程在线,将法庭搬到网络空间,引发司法系统巨大变革。④

知识链接 18-2
增设北京、广州互联网法院的方案②

第二节　电商争议在线解决机制

【背景思考】
我国目前主要有哪些电商争议在线解决机制? 这些在线机制面临哪些问题?

背景资料 18-3
我国电商争议在线解决机制现状⑤

此机制系电商争议解决的创新与重要补充。《电子商务法》第六十三条规定:"电子商务平台经营者可以建立争议在线解决机制,制定并公示争议解决规则,根据自愿原则,公平、公正地解决当事人的争议。"

一、平台争议在线解决机制的特征

作为一项重要制度创新,该机制是平台治理的重要组成部分。上述第六十三条虽非强制性规定,平台经营者并无建立该机制的法定义务,但其丰富与发展了我国争议解决制度,为电商争议开拓了新的解决渠道与途径。该机制具有下述特征。

---

① 详见《中华人民共和国仲裁法》(2017 修正)第四条、第十六条、第六十六条。
② 详见《最高人民法院印发〈关于增设北京互联网法院、广州互联网法院的方案〉的通知》(法〔2018〕216 号)。
③ 杭州互联网法院:《法院简介》,http://hztl.zjcourt.cn/col/col1225177/index.html,2019-07-25。
④ 电子商务法起草组:《中华人民共和国电子商务法条文释义》,法律出版社 2018 年版,第 195—202 页。
⑤ 胡晓霞:《电子商务争议在线解决机制的科学建构》,载《人民法治》2018 年第 20 期,第 41 页。

（一）自愿性

1.平台经营者可自愿建立争议在线解决机制

平台经营者拥有治理平台内生态环境、维护正常交易秩序的权力,争议在线解决机制构成平台治理措施的组成部分。虑及平台经营者争议解决经验与能力不足,电子商务法未强制要求其必须建立争议在线解决机制。随着平台治理深化与平台争议解决机制的普遍建立,平台经营者有可能建立与治理措施相配套的争议在线解决机制。该解决机制虽具有自愿性,但有关争议在线解决规则本质属平台交易规则,平台经营者一旦决定建立争议解决机制就应"制定并公示争议解决规则",平台争议解决规则的合法性及制定、修改、公示程序应准用该法第三十二至三十五条。

2.该机制应基于当事人自愿选择而适用于相关电商争议

有关争议当事人完全可不选择平台争议在线解决机制,平台经营者无权强迫平台内经营者或其他当事人接受平台争议解决规则约束或管辖,经营者或消费者不因使用平台服务而被强制适用平台争议解决机制。

（二）中立性

《电子商务法》第六十三条要求平台经营者"公平、公正地解决当事人的争议"。该规定既是对平台争议解决机制受理争议范围的限定,亦是对平台争议解决机制运行的要求。平台争议解决机制所能解决的争议包括平台内经营者之间、平台内经营者与消费者之间及平台内经营者与其他主体(如知识产权人)之间的争议。为"公平、公正地解决"争议,该争议解决机制不应包括涉及平台经营者自身的争议,即平台经营者不能作为争议当事人。任何人不能担任自己的法官是程序正义的基本要求,平台经营者自行制定、运行争议解决机制时,难能公平、公正解决涉自身争议,即便其能在争议解决程序中保持实质公平、公正,亦不可避免违背了程序正义,其争议解决结果难免被人怀疑与诟病,从而丧失公信力。因此,该机制须具有中立性,平台经营者在争议解决中仅为中立第三方而非争议当事人。

（三）在线性

此系平台争议解决机制最突出特征。《电子商务法》第六十条规定的争议解决方式可采线下或在线方式,但第六十三条所言平台争议解决机制只能采用在线方式。我国平台经营者已尝试建立与运行在线争议解决机制。阿里巴巴集团借助互联网平台建立了大众评审机制,自 2012 年上线以来,已累计完成过 1 亿次纠纷判定,近 500 万淘宝会员主动加入大众评审队伍,参与平台规则完善和纠纷解决;2012 年新浪网公开征求意见后实施"微博社区公约",新浪微博社区委员会同步上线,由网友组成的社区委员会来判定微博内的纠纷。该社区委员会建立了一套裁判机制:社区委员会参与违规行为的研判,通过委员会成员投票方式决定具体行为是否违规,站方依公约及管理规定,对委员会研判确认违规的行为执行处罚。社区委员会成员从 5000 人逐步扩大到 60000 余人,其运行机制从参与用户纠纷的初级判定升级到处理用户的上诉,为社区管理提供有力支撑。新浪微博社区委员会自上线之日起,共处理用户举报超过 2500 万次、骚扰用户的垃圾广告 1700 万次、淫秽色情危害信息 280 多万次、用户纠纷及不实信息 300 万次,超过 20 万人次被扣除信用积分。①

二、平台争议解决机制的性质

《电子商务法》第六十三条未限定平台争议解决机制的性质,为平台经营者构建有关争议解决机制提供了广阔发展空间。

---

① 王斌、王开广:《首家网络调委会开创"网民自治"》,http://www.legaldaily.com.cn/index/content/2014-12/01/content_5868814.htm? node=20908,2014-12-01。

（一）可提供谈判、协商和解的途径

该机制可为争议当事人提供谈判、协商和解的途径。如建立争议解决的自动信息系统,供金钱给付争议的当事人通过程序各自设定能接受的价位,在程序自动运行中一旦双方预设价位相符,则自动达成和解协议。

（二）可提供在线调解服务

促进当事人达成和解协议以解决争议,如网上新浪人民调解委员会通过人民调解员的工作,让平台上的争议当事人认清是非,达成协议。

（三）可建立准仲裁性质的争议在线解决机制

阿里巴巴大众评审、新浪微博社区委员会实质上都是此类制度,其与调解程序不同,并不依赖于调解协议,而是以裁决方式结案;亦不同于仲裁法规定的终局性仲裁,即裁决书自做出之日起生效。非终局性仲裁,即准仲裁,广泛存在并发挥重要作用。[①] 仲裁程序超越地域管辖等优势顺应了互联网跨国界、全球性特点,成为解决网络民商事争议的重要途径。各国各类互联网域名管理机构相继采用仲裁程序作为解决域名与商标之间冲突的方式。其中,有些域名争议解决程序属终局性仲裁,如我国香港的地区顶级域名".hk"就采用终局性仲裁方式。多数域名争议解决程序则属非终局性仲裁或称准仲裁,即当事人不满有关裁决的,可向有管辖权的法院起诉,相关争议进入诉讼程序审理。《统一域名争议解决政策》属非终局性准仲裁程序。互联网域名争议解决制度是迄今为止最为成功的在线争议解决机制,从投诉、受理、答辩、审理、裁决到执行等全部在网上完成。仲裁程序在互联网域名系统的成功,可作为平台争议解决机制的参考。域名争议解决制度虽由域名注册管理机构(如中国互联网络信息中心)建立并制定与公示争议解决规则(如中国互联网络信息中心域名争议解决办法),但并非由其直接运行。域名注册管理机构授权专业的争议解决机构(如中国国际经济贸易仲裁委员会与中国香港国际仲裁中心为域名争议解决机构),依所制定与公示的争议解决规则,独立裁决投诉人与域名注册人之间的争议。域名争议解决制度在运行机构上的独立性是该程序公平与公正解决当事人争议的客观保障。可将电子商务法第六十三条引申解释为平台经营者建立争议解决机制、制定争议解决规则,但授权独立的第三方机构公平、公正地通过在线系统解决当事人的争议,并对争议解决机制的践行予以监督。

知识链接 18-3
淘宝平台服务协议交易争议处理规定[②]

三、跨境电商争议解决机制

《电子商务法》第七十三条第二款规定,国家推动建立与不同国家、地区之间的跨境电商争议解决机制。虑及跨境电商特点,适用调解、仲裁等争议解决机制既能体现当事人自治,又能避免法律适用与管辖冲突。不同国家、地区之间以国际条约、协定等方式建立跨境电商争议解决机制,能为有关争议解决机制提供最为稳定、可靠的国际法律支持。我国与"一带一路"伙伴国家在双边协定中谈判建立跨境电商(在线)争议解决机制,可考察国际成功经验。欧盟颁布了《消费纠纷替代性解决机制指令》及《消费纠纷网上解决机制条例》。自 2016 年 2 月起,在欧盟数字化单一市场框架内,所有面向消费者的电商经营者(包括平台经营者)都须实施跨境消费者纠纷网上解决机制。欧盟内所有电商经营

---

① 我国农村土地承包经营纠纷调解仲裁法、劳动争议调解仲裁法均明确规定了非终局性仲裁。当事人不服非终局性的仲裁裁决的,依法定程序与期限,可向法院起诉。案件进入诉讼程序后,当事人之间的争议由法院重新审理。非终局性仲裁与终局性仲裁可并行不悖并相互补充,如劳动争议调解仲裁法既规定了终局性仲裁,也规定了非终局性仲裁,适用于不同情形与不同当事人,充分表明仲裁程序的多样性与灵活性,能足解决不同争议的需要。

② 详见淘宝网《淘宝平台服务协议》(版本生效日期:2017 年 08 月 21 日)"4.4 交易争议处理",http://terms.alicdn.com/legal-agreement/terms/TD/TD201609301342_19559.html? spm=a2145.7268393.0.0.f9aa5d7cH6nFLc,2017-08-21。

者都须在其网站以醒目方式设置通向在线争议解决平台的链接、向消费者提供其在线联系方式及指定的在线争议解决机构,并告知消费者在线争议解决平台的信息与使用方法。联合国国际贸易法委员会曾建立在线争议解决工作组,提出"2016 年在线争议解决技术性注释",仅为描述性而非有任何约束力的文件,概括了在线争议解决程序的主要因素,希望有助于解决跨境小额电商合同纠纷,协助成员发展有关在线争议解决机制。在相关国际法律制度尚未建立时,跨境电商平台经营者可先行先试,据平台具体情况与实际需要,建立在线争议解决机制、制定并公示有关争议解决规则,鼓励平台内不同国家或地区的当事人通过在线机制解决争议。②

第三节　电商经营者的投诉举报机制

《电子商务法》第五十九条规定:"电子商务经营者应当建立便捷、有效的投诉、举报机制,公开投诉、举报方式等信息,及时受理并处理投诉、举报。"

一、投诉、举报内涵

投诉是指消费者为生活消费需要购买、使用商品或接受服务,与经营者发生消费者权益争议,对属于市场监管部门、行业协会或消费者协会职责范围内的事项,通过向该机关反映消费争议,在该机关受理纠纷后根据事实,依照法律、法规和规章,公正合理调解处理。

举报是指消费者在发现经营者涉嫌违法违规经营,且违法违规行为属市场监管部门、行业协会或消费者协会职责范围内的事项,通过向该机关反映经营者违法违规经营事实,在该机关受理纠纷后根据事实,依照法律、法规和章程,做出公正的处罚决定。

狭义上,受理投诉、举报的机关是市场监管部门,市场监管部门针对投诉做出的调解经司法确认,针对举报做出处罚,投诉、举报的处理结果才具有强制执行的法律效力。

二、建立投诉和举报机制的主体

投诉和举报一般属于行政法领域的术语,这在我国现行施行的法律中多有体现,如《工商行政管理部门处理消费者投诉办法》《消费者权益保护法》规定就消费者权益争议向有关部门投诉。随着商业环境转变,以行业协会为代表的第三方组织在一定程度上也能就消费者权益争议做出具有约束力的决定。因此,能够接受投诉和举报的主体范围逐渐扩大。相较于其他法律法规,《电子商务法》将投诉和举报的受理主体扩大至电商经营者,有利于形成电商领域的行业自律。如前所述,此处所言电商经营者含三类主体,这些主体一定程度上承担建立并规范运行该种机制的义务。传统观念认为在网络交易各方主体中,平台经营者全程参与交易流程,具备控制网络交易对象的能力,最有能力也最具条件建立投诉、举报机制的主体是电商平台经营者。但实际上,整体网络交易市场的蓬勃发展,不仅取决于提供服务的第三方平台,如果通过自建网络、其他网络服务销售商品或提供服务的电商经营者和平台经营者均能建立和运营投诉、举报机制,将更有利于促进消费者权益争议的解决效率。

---

① 敦煌网:《纠纷处理规则》,https://seller.dhgate.com/policynew/c_5001002.html,2018-04-26。
② 电子商务法起草组:《中华人民共和国电子商务法解读》,中国法制出版社 2018 年版,第 329—336 页。

三、建立投诉和举报机制的原则

（一）便捷原则

电子商务纠纷出现后,消费者希望通过投诉和举报维护其自身合法权益,投诉和举报机制本身应能使消费者主观上愿意去维权,客观上维权路径的进入较为方便。唯有投诉、举报机制客观上具有维权的便捷性,其在纠纷解决方面较传统诉讼机制才具有优越性和存在的价值。而在实践中,部分平台建立的投诉、举报机制程序烦琐,极大阻碍了消费者的维权之路。因此,平台经营者在建立纠纷解决机制时,必须遵循便捷原则。

（二）效用原则

传统争议解决方式在实践中最大的诟病就是执行难问题,执行无果极大损害了司法权威性。电商经营者建立的投诉、举报机制同样应关注执行问题。实践中,平台经营者建立的投诉和举报机制一般能很好地发挥其权限范围内的作用,如对侵害消费者权益的行为,平台经营者往往通过警告、划扣保证金、店铺信用降级等方式来惩罚经营者。自建网站经营的电商经营者,实践中建立投诉、举报机制相较不够成熟,因此效用原则是该类主体更应关注的内容。自建网站的电商经营者和平台经营者开展自营业务时的模式相似,在平台经营者开展自营业务时,如何保证平台经营者内部各部门之间的相对独立性,确保投诉、举报机制发挥其应有作用,也是应注意的重要问题。

四、公开投诉、举报机制

任一规范只有公开并采一定方式为公众所知才能发挥其应有的制度价值。就公开的内容而言,法条采取概括加列举形式。首先,投诉、举报方式应当公开,这其中就包括口头、书面申请及其他方式。其次,投诉、举报的其他内容也应当公开,如投诉、举报的对象信息获取方式,投诉、举报的可能处理方案和后续方案也必须在一定阶段进行展示,投诉、举报的处理结果即使不公开也应采取一定方式告知投诉者、举报者。总之,一切有关消费者投诉和举报的行使条件、过程及结果等方面的信息都应采取能被消费者知悉的方式予以公开。

五、及时受理并处理投诉、举报

电商经营者建立的投诉、举报机制必须符合便捷原则,电商经营者也应按便捷原则及时受理消费者的投诉、举报。类似于诉讼案件的受理条件,电商经营者建立的投诉、举报机制的受理门槛也应当放低,只要消费者提出投诉、举报,电商经营者采取形式审核后即应介入纠纷,受理案件。电商经营者不能在前期设置过高门槛,导致消费者投诉、举报无受理机会,更谈不上后续的处理。实践中,有的消费者认为投诉、举报机制的反馈时间过于漫长而放弃维权,甚至有的电商经营者对举报、投诉不进行任何回复,意图敷衍了事。《电子商务法》第五十九条规定电商经营者必须及时处理投诉和举报,做出处理意见。法条规定"应当",说明及时受理并处理投诉、举报是电商经营者的强制性义务,如果违反该项义务,有关部门可依法进行处罚或强制电商经营者履行义务。

六、投诉、举报的效力

电商经营者应接受的投诉与举报法律性质不尽相同,对其处理不一。

（一）投诉的处理

用户(包括消费者)投诉电商经营者的,不论是对经营者销售的商品或提供的服务质量不满,还是在付款、收货、信息保护等方面有其他纠纷,本质均属民事纠纷,经营者可通过协商谈判等方式定分止争,避免与预防进入正式的争议解决程序。如依《电子商务法》第五十八条,消费者基于平台经营者建

立的商品、服务质量担保机制,要求其承担先行赔付责任未果,投诉平台经营者,平台经营者应与消费者协商解决。电商经营者认为无法通过内部程序处理投诉的,应及时告知投诉人可依《电子商务法》第六十条,付诸任一争议解决方式。

(二)举报的处理

用户、知识产权人或其他公众提出举报,可能有涉嫌违法犯罪情况发生,包括电商经营者涉嫌违法犯罪,或经营者电商系统中有其他人涉嫌违法犯罪。对此,电商经营者不仅应在能力所及范围内及时制止被举报的违法犯罪行为,且应报告相关执法机构,并告知举报人通过有关法律途径解决。如电商经营者违反《电子商务法》第十三条,销售或提供为法律、行政法规所禁止交易的商品或服务,任何人举报,电商经营者均应立即停止、改正有关行为。平台经营者收到有关举报的,应依《电子商务法》

第二十九条,立即采取必要处置措施,并向有关主管部门报告;平台经营者依《电子商务法》第三十条,有义务保证网络安全、稳定运行,防范网络违法犯罪活动,有效应对网络安全事件,保障电商交易安全。若其收到系统内发生黑客入侵、信息泄露等网络违法犯罪活动或系统瘫痪等网络安全事件的举报,须立即采取技术措

知识链接 18-5

当当网客户投诉错漏开发票处理机制

施或其他必要措施(如暂停交易、固定证据等),并及时向有关部门报告,移送有关信息、线索,协助执法活动。平台应及时公示所采处理措施与结果,若涉及用户(消费者)个人信息泄露或遭其他损害,平台还应逐一、分别通告用户(消费者)。[①]

第四节　平台经营者协助维权义务

基于平台经营者在电商活动中的重要作用,规定由其在消费者与平台内经营者发生消费纠纷时履行必要协助义务,并提倡有条件的平台经营者依消费者申请调解纠纷,有利于电商纠纷快速解决和电商市场繁荣稳定。2013年修正的《消费者权益保护法》增设了平台经营者义务,要求其在发生争议时不能提供平台内经营者相关信息等,应对消费者承担赔偿责任。2014年《网络交易管理办法》要求平台经营者承担对消费者维权的积极协助义务,包括平台经营者应按消费者的调解请求进行调解,在消费者通过其他渠道维权时提供协助等。上述规定符合目前国内电商平台实际运营情况,如"淘宝网""京东商城"等平台经营者为消费者维权建立了专门维权平台,便于消费者解决与经营者之间发生的纠纷。《电子商务法》第六十一条规定:"消费者在电子商务平台购买商品或者接受服务,与平台内经营者发生争议时,电子商务平台经营者应当积极协助消费者维护合法权益。"该条在借鉴前述规定基础上,规定了平台经营者对消费者维权有积极协助义务。

一、积极协助义务的内容

《网络交易管理办法》已对平台经营者应履行积极协助义务做出相关规定,要求平台经营者应建立消费纠纷和解及消费维权自律制度。消费者在电商平台内购买商品或接受服务,发生消费纠纷或其合法权益受损害时,消费者要求电商平台经营者调解的,平台经营者应当调解;消费者通过其他渠道维权的,平台经营者应向消费者提供平台内经营者的主体信息和交易信息,积极协助消费者维护合法权益。《电子商务法》第六十一条规定的"积极协助",对平台经营者而言,不仅其态度应当积极,其行为更应积极"作为"。具体"协助"义务,包括平台经营者积极受理并处理消费者的投诉、积极履行提供平台内经营者基本信息、有关交易信息、协助联系平台内经营者、协助办理退货退款、协助执行及其他相关协助义务。

---

① 电子商务法起草组:《中华人民共和国电子商务法条文研析与适用指引》,中国法制出版社 2018 年版,第 228—232 页。

"提供基本信息"义务是指若该争议非由平台经营者直接处理,而是由司法机关、相关部门或其他第三方处理,其有义务向该相关方提供平台内经营者的主体相关资质信息、交易信息及其他相关信息。因为这些信息是查明争议事实、评判和确定责任的基础,而平台经营者应依法保存此类基本信息,由其向消费者提供相关信息有助于处理和解决争议案件。

积极协助义务还包括由平台经营者在具备条件时建立平台内调解机制。提倡而非强制由平台经营者进行调解,是出于对目前我国电商发展阶段的考虑。诉讼、仲裁等争议解决方式存在维权周期长、成本较高等问题,使消费者对于很多争议标的额较小的纠纷放弃通过司法途径维权。因此,有条件的平台经营者可为消费者与平台内经营者之间的纠纷建立平台调解机制,特别是建立在线争议调解机制。消费者与平台内经营者在平台中交易产生纠纷时,平台经营者可依交易各方要求,通过说服、疏导、协调等方法,促使交易各方在平等协商基础上自愿达成调解协议,解决纠纷。

然而,积极协助并非无限制,平台经营者应依消费者的申请或要求,在法定或约定范围内为消费者提供积极协助,协助行为不得违反法律、行政法规的规定,也不得侵害其他经营者、消费者或其他第三方的合法权益。

二、积极协助义务的前提条件

平台经营者履行协助义务需符合一定条件。一是消费者在该平台购买商品或接受服务;二是消费者因上述交易而与平台内经营者发生争议;三是消费者通过相应程序通知平台经营者需提供协助,或平台经营者发现消费者因上述交易而与平台内经营者发生争议而需要提供协助。《电子商务法》第六十一条所规定的"争议",是指电商合同当事人(平台内经营者与消费者)对合同的订立、生效、履行等方面发生分歧、产生纠纷,需通过协商、投诉、举报、调解、提起诉讼或申请仲裁等方式才能解决的纠纷。

三、平台经营者协助消费者维权的优势

平台经营者协助消费者维权有两方面的优势:一是平台经营者掌握交易各方历次交易的信息,平台内经营者的名称、地址、联系方式、被投诉及评价等记录,可综合评定各方履约能力和诚信度,对发生纠纷的实际情况更容易从第三方角度做出判断。二是消费者相对于平台内经营者往往处于弱势地位,而平台经营者相对于平台内经营者一般处于相对优势地位,由平台经营者进行协调或主持调解,有助于纠纷的顺利解决。实践证明,出现纠纷时由平台经营者进行协调或调解,能在短时间内解决纠纷,大大节省消费者时间和精力。现在我国主要的平台经营者均有专人负责接待投诉、进行协调或调解,为消费者和电商经营者化解了大量纠纷,取得了良好社会效果。①

第五节　电商经营者提供原始合同和交易记录的义务

《电子商务法》第六十二条规定:"在电子商务争议处理中,电子商务经营者应当提供原始合同和交易记录。因电子商务经营者丢失、伪造、篡改、销毁、隐匿或者拒绝提供前述资料,致使人民法院、仲裁机构或者有关机关无法查明事实的,电子商务经营者应当承担相应的法律责任。"

一、电商争议解决程序中的证据

电商争议不论采取何种方式解决都离不开证据。其中,电商经营者所掌握的原始合同与交易记录,是争议解决最为关键的证据。为查清争议案件事实,《电子商务法》第六十二条规定电商经营者必

---

① 电子商务法起草组:《中华人民共和国电子商务法解读》,中国法制出版社 2018 年版,第 319—324 页。

须提供上述证据。依《民事诉讼法》,当事人的陈述、书证、物证、视听资料、电子数据、证人证言、鉴定意见、勘验笔录均属法定证据类型。电子商务合同基本是通过经营者设置的自动信息系统订立或履行,有关原始合同与交易记录一般以电子数据形式存在,但不排除视听资料(如以视频直播、社交媒体形式进行电商活动所形成的视听资料)等其他形式的可能。《电子商务法》第六十二条对电商经营者所应提供的证据的真实性提出了明确要求,即应提供原始电子商务合同与交易记录。电子数据证据理论上并无"原件",但是法律可对其原始性标准加以定义。依《电子签名法》第五条,能有效表现所载内容并可供随时调取查用,且能可靠保证自最终形成时起,内容保持完整、未被更改的数据电文,视为满足法律、法规规定的原件形式要求。《电子商务法》第三十一条亦有类似规定,即平台经营者记录、保存平台上发布的商品和服务信息、交易信息,应确保信息的完整性、保密性、可用性。因此,电商经营者所提供的电子商务合同和交易记录符合电子签名法与电子商务法上述要求的,应被视为原始证据。如登录订立合同的自动信息系统调查取用所记录的合同内容与交易记录,通过时间戳记、水印等技术认证合同与记录自形成起保持完整、未被篡改等,则可以被视为原始合同与交易记录。

二、违反提供证据义务的责任认定

(一)须在特定争议解决程序中违反提供证据义务

依《电子商务法》第六十二条,在电商争议处理过程中,电商经营者应提供原始合同和交易记录。该条规定表明,不仅在诉讼、仲裁、行政处理程序中,而且在《电子商务法》第六十条规定的和解、调解、平台争议解决机制等其他争议解决程序中,电商经营者亦应提供有关的证据,以便查清有关事实,解决有关争议。但是,依《电子商务法》第六十二条,仅在诉讼、仲裁、行政处理程序中,电商经营者违反提供证据义务(隐匿、拒不提供证据或者丢失、伪造、篡改、销毁证据),致使人民法院、仲裁机构或有关行政机关无法查明事实的,电商经营者才应承担相应法律责任。

(二)违反义务的行为

1.电商经营者违反提供证据义务的行为包括故意与过失的行为

前者包括隐匿、拒不提供、伪造、篡改、销毁证据的行为,后者包括丢失证据的行为。电商经营者故意伪造、毁灭原始合同与交易记录等重要证据的,属民事诉讼法规定的妨害民事诉讼的行为,法院可根据情节轻重予以罚款、拘留;构成犯罪的,依法追究刑事责任。电商经营者违反法律、行政法规的规定,丢失有关重要证据的,属于疏于保管电商信息系统与数据的过失行为,虽不在民诉法处罚范围之内,但也应在相应诉讼、仲裁、行政处理程序中受到警告与训诫。

2.电商经营者提供证据义务因其在争议解决程序中身份与地位不同其后果有所差异

(1)电商经营者是有关争议当事人的,拒不提供所掌握证据,应根据民事诉讼法的规定,使之承担举证不能的不利后果。依最高人民法院解释,有证据证明一方当事人持有证据无正当理由拒不提供,若对方当事人主张该证据的内容不利于证据持有人,可推定该主张成立。如电商经营者拒不提供原始合同与交易记录的,争议对方当事人主张的赔偿金额或给付义务,则得以在诉讼、仲裁或者行政处理程序中被认可。(2)电商经营者虽非争议当事人,但负有协助调查义务的,亦应依法提供有关证据。民事诉讼法规定,法院有权向有关单位和个人调查取证,有关单位和个人不得拒绝;有义务协助调查、执行的单位拒绝或妨碍法院调查取证的,法院除责令其履行协助义务外,并可以予以罚款。《电子商务法》第六十二条的规定不限于法院调取证据的情况。在诉讼、仲裁或行政处理程序中,持有相关重要证据的电商经营者均有义务协助与配合法院、仲裁机构或行政主管机关调取证据。在诉讼中,电商经营者隐匿、拒不提供、伪造、篡改、销毁证据的,应视为妨碍民事诉讼的行为,依法受到制裁。

3.其他情形不宜直接请求电商经营者提供有关证据

除《电子商务法》第六十一条规定的情形外,电子商务争议的当事人不宜直接请求电商经营者提供有关证据,而应请求法院或主管机关发出调取证据的命令,以使电商经营者遵照执行,以免妨碍数据信息安全或导致秘密信息泄露。但是,电子商务法第六十一条规定,消费者在电子商务平台购买商品或者接受服务,与平台内经营者发生争议时,平台经营者应当积极协助消费者维护合法权益。平台经营者协助消费者维权的义务中包括向消费者提供必要的维权证据的义务。

4.平台经营者为解决争议提供有关证据,应与其数据保存义务相一致

依《电子商务法》第三十一条,平台经营者应自交易完成之日起不少于3年内记录、保存平台上发布的商品和服务信息,法律、行政法规另有规定的除外。如在3年法定保存期限内,平台经营者丢失了有关原始合同与交易记录,则属违反《电子商务法》第三十条规定的网络安全、稳定运行义务与第三十一条规定的信息保存义务的行为,应受行政处罚。但是,如有关的电子商务争议涉及的原始合同与交易记录超出了3年的保存期限,平台经营者不应承担丢失、隐匿或者拒绝提供上述证据的法律责任。

（三）违反义务的后果

平台经营者违反法定义务,隐匿、拒不提供、伪造、篡改、销毁原始合同和交易记录等重要证据,致使人民法院、仲裁机构或者有关机关无法查明事实的,电商经营者是否应当向争议当事人所受损害承担相应的法律责任,尚有争议。参照有关司法解释,平台经营者有可能为遭受损害的争议当事人,承担过错责任。如《最高人民法院关于审理涉及计算机网络著作权纠纷案件适用法律若干问题的解释》规定,提供内容服务的网络服务提供者,对著作权人要求其提供侵权行为人在其网络的注册资料以追究行为人的侵权责任,无正当理由拒绝提供的,法院应依法追究其相应侵权责任。[①]

本章练习

第十八章练习

（含"理论思考""实务分析""实务训练"）

---

① 　电子商务法起草组:《中华人民共和国电子商务法条文研析与适用指引》,中国法制出版社2018年版,第245—248页。

第十九章　电商纠纷民事诉讼

背景资料 19-1
淘宝话费充值纠纷

【背景思考】

张先生应向何法院通过提起诉讼要求对方退款？

第一节　电商纠纷民事诉讼管辖

电商纠纷案依是否涉外,可分国内与涉外电商纠纷;因性质不同,可分为电商合同、侵权及不当得利纠纷等。确定电商纠纷案管辖权,应依民诉实务,依纠纷不同类别而定。

一、国内电商纠纷案管辖权的确定

国内电商纠纷案是案件当事人、标的及法律事实均在我国内地地区的电商纠纷案,可分国内电商合同纠纷案、侵权纠纷案和不当得利纠纷案等。

（一）国内电商合同纠纷案件的管辖权

民诉法未特别规定电商合同纠纷管辖,其合同纠纷管辖权规定适用于电商合同纠纷案。

知识链接 19-1
级别管辖与一审
民商事案件标准

1. 电商合同纠纷级别管辖

这是上下级法院审理一审民事案件的分工与权限,一般而言,简单案件由级别较低法院管辖,复杂案件由级别较高法院管辖。从我国法律实践来看,目前主要依案件标的额大小与性质来确定法院级别管辖,《民事诉讼法》(2017修订)第二章"管辖"第一节"级别管辖"(第十七至第二十条)、最高法院相关司法解释是当前各地法院划分级别管辖的直接依据。高级和中级人民法院一审民商事案件主要根据案件标的额大小来划分级别管辖;一些特殊案件,如知识产权、涉外民商事案件,因审理难度较大,最高法院对此亦有特殊规定。目前法律对电商合同纠纷级别管辖未予特殊规定,可参照传统合同处理。

2. 电商合同纠纷地域管辖

这是指同一级法院受理民事案件的分工与权限。划定地域管辖一般需考虑当事人住所与法院的联系、案件标的或法律事实与法院的联系等因素,依前者所确定的为一般地域管辖,依后者所确定的为特殊地域管辖。《民事诉讼法》(2017修订)第二十三条规定:"因合同纠纷提起的诉讼,由被告住所地或者合同履行地人民法院管辖。"此系普通民事合同地域管辖规定。该法第二十四、二十五、二十七条及最高法院相关司法解释还规定了保险合同、票据合同及运输合同等一些特殊合同的地域管辖。若这些合同以电商合同形式出现,上述法律规定当然适用。另,就合同纠纷,该法第三十四条还规定

知识链接 19-2
地域管辖相关规定

当事人可协议管辖,故电商合同案亦可协议选择管辖法院。《民诉法解释》(2015)第二十条规定:"以信息网络方式订立的买卖合同,通过信息网络交付标的的,以买受人住所地为合同履行地;通过其他方式交付标的的,收货地为合同履行地。合同对履行地有约定的,从其约定。"第三十一条规定:"经营者使用格式条款与消费者订立管辖协议,未采取合理方式提请消费者注意,消费者主张管辖协议无效的,人民法院应予支持。"

3. 网络域名合同纠纷管辖特别规定

最高人民法院 2011 年《民事案件案由规定》确定了网络域名合同纠纷,含网络域名注册、网络域名转让、网络域名许可使用合同纠纷,这类合同被其归类于"知识产权合同纠纷",故在确定级别管辖时,应按知识产权案件的特殊规则进行。2010 年最高人民法院《最高人民法院关于调整地方各级人民法院管辖第一审知识产权民事案件标准的通知》(法发〔2010〕5 号)与《最高人民法院关于印发基层人民法院管辖第一审知识产权民事案件标准的通知》(法发〔2010〕6 号)明确指出:第一,通常情况下,第一审知识产权案件由中级人民法院管辖;第二,诉讼标的额在 2 亿元以上,以及诉讼标的额在 1 亿元以上且当事人一方住所地不在其辖区或涉外、涉港澳台的第一审知识产权案件,由高级人民法院管辖;第三,经最高人民法院指定,特定基层人民法院,可管辖诉讼标的额在 500 万元以下的第一审一般知识产权案件及 500 万元以上 1000 万元以下且当事人住所地均在其所属高级或中级人民法院辖区的第一审一般知识产权民事案件,具体标准由有关高级人民法院自行确定并报最高法院批准。而网络域名合同纠纷的地域管辖,若无特殊规定,即依合同被告住所地、合同履行地或依法协议管辖地确定。

实务评析 19-1
王先生诉宁波新网等不予注册域名管辖权争议案[1]

（二）国内电商相关侵权案件管辖权

电子商务相关侵权案件范围广泛,包括一切以数据电文手段所进行的侵权行为,根据方式不同,可分为依托于网络的电子侵权与非依托于网络的电子侵权,前者如网上侵害名誉权,后者如盗取他人数据资料并在网络外利用。后者与传统侵权行为在方式上并无差异,可归于传统侵权行为。而前者与传统侵权行为相比,方式迥异、后果特殊,具有广泛、快速等特点。实务中常见电商相关侵权案件多为依托于网络的电子侵权,被称为"网络侵权案件"。

1. 网络侵权案级别管辖

由于某些侵权案性质特殊,法律对其有特殊规定,如知识产权侵权纠纷审理难度较大,法发〔2010〕5 号与 6 号司法解释对其级别管辖有特殊规定,只能由中级以上人民法院和最高院指定的基层法院管辖。至于人身权、物权侵权纠纷的级别管辖则按常规处理。与传统侵权相比,网络侵权方式有差异,但侵权内容一般差异不大,依内容不同其可被分为网络人身权、物权、知识产权侵权等。法律对网络侵权案级别管辖无特殊规定,可依传统侵权案处理。对网络知识产权侵权,一般由中级以上法院和最高院指定的基层法院管辖;对网络人身权、网络物权侵权按常规处理。

2. 网络侵权案地域管辖

依《民事诉讼法》第二十八条,因侵权行为提起的诉讼,由侵权行为地或被告住所地法院管辖。依《民诉法解释》(2015 年),侵权行为地包括侵权行为实施地、侵权结果发生地(第二十四条);信息网络侵权行为实施地包括实施被诉侵权行为的计算机等信息设备所在地,侵权结果发生地包括被侵权人住所地(第二十四条);因产品、服务质量不合格造成他人财产、人身损害提起的诉讼,产品制造地、产品销售地、服务提供地、侵权行为地和被告住所地法院都有管辖权(第二十六条)。

3. 信息网络传播权侵权案管辖的确定

就级别管辖而言,信息网络传播权侵权案属知识产权案件,只能由中级以上法院和最高院指定的基层法院管辖。就地域管辖而言,2012 年《最高人民法院关于审理侵害信息网络传播权民事纠纷案件适用法律若干问题的规定》(法释〔2012〕20 号)第十五条规定:"侵害信息网络传播权民事纠纷案件由侵权行为地或者被告住所地人民法院管辖。侵权行为地包括实施被诉侵权行为的网络服务器、计算机终端等设备所在地。侵权行为地和被告住所地均难以确定或者在境外的,原告发现侵权内容的计算机终端等设备所在地可以视为侵权行为地。"

---

[1]　详见"北大法律信息网、中国科学院计算机网络信息中心与王巍侵犯计算机网络域名纠纷上诉案"。浙江省高级人民法院,案件字号:(2009)浙辖终字第 23 号。

实务评析 19-2
北京国网与中国乐凯
管辖异议纠纷案①

4.网络域名侵权案管辖的确定

依 2001 年《最高人民法院关于审理涉及计算机网络域名民事纠纷案件适用法律若干问题的解释》第二条,"涉及域名的侵权纠纷案件,由侵权行为地或者被告住所地的中级人民法院管辖。对难以确定侵权行为地和被告住所地的,原告发现该域名的计算机终端等设备所在地可以视为侵权行为地。""涉外域名纠纷案件包括当事人一方或者双方是外国人、无国籍人、外国企业或组织、国际组织,或者域名注册地在外国的域名纠纷案件。在中华人民共和国领域内发生的涉外域名纠纷案件,依照民事诉讼法第四编的规定确定管辖。"依此规定,网络域名侵权案件的级别管辖法院为中级人民法院,而地域管辖法院则可按侵权行为地和被告住所地确定,当难以确定时可按原告相关要素确定。

二、涉外电商纠纷案件管辖权的确定

涉外电商纠纷案件是当事人一方或双方是外国人、无国籍人、外国企业或组织,或当事人之间电商相关法律关系设立、变更、终止的法律事实发生在外国,或诉讼标的物在外国的电子商务案件。涉港澳台的电商纠纷案件,比照涉外电商纠纷案件处理。

(一)涉外电商纠纷案件的级别管辖

依《民事诉讼法》第十八条,重大涉外案件由中级人民法院作为一审管辖法院。而重大涉外案件,依《民诉法解释》(2015)第一条,是争议标的额大,或案情复杂,或居住在国外的当事人人数众多的涉外案件。一般涉外案件仍由基层法院管辖,仅重大涉外案件才由中级人民法院一审管辖。2002 年《最高人民法院关于涉外民商事案件诉讼管辖若干问题的规定》(法释〔2002〕5 号)对部分涉外民商事案件实行集中管辖,即将部分涉外民商事案件集中由少数收案较多、审判力量较强的基层、中级人民法院或高级法院管辖,其目的是为进一步实现司法改革"公正与效率"主题,提升中国法治的权威性和公信力。②

实行集中管辖的案件包括五类:①涉外合同和侵权纠纷案件,②信用证纠纷案件,③申请撤销、承认与强制执行国际仲裁裁决的案件,④审查有关涉外民商事仲裁条款效力的案件,⑤申请承认和强制执行外国法院民商事判决、裁定的案件。

排除三类:①发生在与外国接壤的边境省份的边境贸易纠纷案件,②涉外房地产案件,③涉外知识产权案件。

有集中管辖权的一审法院包括:①国务院批准设立的经济技术开发区法院,②省会、自治区首府、直辖市所在地中级人民法院,③经济特区、计划单列市中级人民法院,④最高人民法院指定的其他中级人民法院,⑤高级人民法院。

综上,涉外民商事案件可分为集中管辖和非集中管辖案件。涉外电商纠纷案件亦可做相应划分:属上述法定五类案件,如涉外侵权纠纷、涉外电子合同纠纷等则应适用集中管辖规则,由五类法院一审管辖;不属法定五类的应适用《民事诉讼法》第十八条。

(二)涉外电商纠纷案件的地域管辖

对涉外民商事案件的地域管辖,原则上仍适用国内民商事案件地域管辖规则,但被告在中华人民共和国领域内没有住所的,应特殊处理。《民事诉讼法》第二百六十五条规定:"因合同纠纷或者其他

①　详见"北京国网信息有限责任公司与中国乐凯胶片集团公司管辖异议纠纷上诉案"。北京市高级人民法院,案件字号:(2006)高民终字第 1229 号。

②　详见《关于涉外民商事案件诉讼管辖若干问题的规定——最高人民法院副院长万鄂湘答记者问》,载曹建明:《民事审判指导与参考》(2002 年第 1 卷),法律出版社、人民法院出版社 2002 年版,第 135—137 页。

财产权益纠纷,对在中华人民共和国领域内没有住所的被告提起的诉讼,如果合同在中华人民共和国领域内签订或者履行,或者诉讼标的物在中华人民共和国领域内,或者被告在中华人民共和国领域内有可供扣押的财产,或者被告在中华人民共和国领域内设有代表机构,可以由合同签订地、合同履行地、诉讼标的物所在地、可供扣押财产所在地、侵权行为地或者代表机构住所地人民法院管辖。"法律没有对涉外电商纠纷案件的地域管辖做特别规定,因此可直接适用涉外民商事案件的地域管辖规则。

第二节　互联网法院诉讼规则

为规范互联网法院诉讼活动,保护当事人等合法权益,确保公正高效审理案件,最高法院 2018 年公布了《关于互联网法院审理案件若干问题的规定》(法释〔2018〕16 号)。

一、互联网法院诉讼基本要求

（一）在线完成各诉讼环节

1.各诉讼环节一般应在线上完成

互联网法院采在线方式审理案件,案件的受理、送达、调解、证据交换、庭前准备、庭审、宣判等诉讼环节一般应当在线上完成。

2.特定情形下部分诉讼环节可在线下完成

根据当事人申请或者案件审理需要,互联网法院可以决定在线下完成部分诉讼环节。

（二）建设互联网诉讼平台

互联网法院应建设互联网诉讼平台(简称诉讼平台),作为法院办理案件和当事人及其他诉讼参与人实施诉讼行为的专用平台。通过诉讼平台做出的诉讼行为,具有法律效力。

（三）相关机构提供涉案数据

互联网法院审理案件所需涉案数据,电商平台经营者、网络服务提供商、相关国家机关应当提供,并有序介入诉讼平台,由互联网法院在线核实、实时固定、安全管理。诉讼平台对涉案数据的存储和使用,应符合《中华人民共和国网络安全法》等法律法规的规定。

二、互联网法院的管辖规则

（一）一审案件管辖规则

北京、广州、杭州互联网法院集中管辖所在市的辖区内应由基层法院受理的下列第一审案件:①通过电商平台签订或履行网络购物合同而生纠纷;②签订、履行行为均在互联网上完成的网络服务合同纠纷;③签订、履行行为均在互联网上完成的金融借款合同纠纷、小额借款合同纠纷;④在互联网上首次发表作品的著作权或邻接权权属纠纷;⑤在互联网上侵害在线发表或传播作品的著作权或邻接权而生的纠纷;⑥互联网域名权属、侵权及合同纠纷;⑦在互联网上侵害他人人身权、财产权等民事权益而生的纠纷;⑧通过电商平台购买产品,因存在产品缺陷,侵害他人人身、财产权益而生产品责任纠纷;⑨检察机关提起的互联网公益诉讼案件;⑩因行政机关做出互联网信息服务管理、互联网商品交易及有关服务管理等行政行为而产生的行政纠纷;⑪上级法院指定管辖的其他互联网民事、行政案件。当事人可在该规定第二条确定的合同及其他财产权益纠纷范围内,依法协议约定与争议有实际联系地点的互联网法院管辖;电商经营者、网络服务提供商等采用格式条款形式与用户订立管辖协议的,应符合法律及司法解释关于格式条款的规定。

（二）二审案件管辖规则

当事人对北京互联网法院做出的判决、裁定上诉案由北京市第四中级法院审理，但互联网著作权权属纠纷和侵权纠纷、互联网域名纠纷上诉案由北京知识产权法院审理；当事人对广州互联网法院判决、裁定上诉案由广州市中级法院审理，但互联网著作权权属纠纷和侵权纠纷、互联网域名纠纷上诉案由广州知识产权法院审理；当事人对杭州互联网法院判决、裁定上诉案由杭州市中级法院审理。

三、当事人及其他诉讼参与人的身份认证

（一）认证方式

当事人等诉讼参与人使用诉讼平台实施诉讼行为的，应通过证件证照比对、生物特征识别或国家统一身份认证平台认证等在线方式完成身份认证，并取得登录该平台的专用账号。

（二）认证效力

使用专用账号登录诉讼平台所作行为，视为被认证人本人行为，但因诉讼平台技术原因导致系统错误，或被认证人能证明诉讼平台账号被盗用的除外。

四、在线起诉及受理

（一）对原告在线起诉材料的处理

互联网法院在线接收原告提交的起诉材料，并于收到材料后7日内，在线做以下处理：①符合起诉条件的，登记立案并送达案件受理通知书、诉讼费交纳通知书、举证通知书等诉讼文书。②提交材料不符合要求的，及时发出补正通知，并于收到补正材料后次日重新起算受理时间；原告未在指定期限内按要求补正的，起诉材料退回。③不符合起诉条件，经释明后，原告无异议的，起诉材料退回；原告坚持继续起诉，依法裁定不予受理。

（二）通知被告、第三人进行案件关联和身份验证

互联网法院受理案件后，可通过原告提供的手机号码、传真、电子邮箱、即时通信账号等，通知被告、第三人通过诉讼平台进行案件关联和身份验证。被告、第三人应通过诉讼平台了解案件信息，接收和提交诉讼材料，实施诉讼行为。

五、证据在线交换及审查

（一）在线证据交换

互联网法院组织在线证据交换的，当事人应将在线电子数据上传、导入诉讼平台，或将线下证据通过扫描、翻拍、转录等方式进行电子化处理后上传至诉讼平台进行举证，也可运用已导入诉讼平台的电子数据证明自己的主张。

（二）符合原件形式要求的证据

经电子化处理后在线提交并经审核通过的诉讼与证据材料视为符合原件形式要求。当事人及其他诉讼参与人通过技术手段将身份证明、营业执照副本、授权委托书、法定代表人身份证明等诉讼材料，以及书证、鉴定意见、勘验笔录等证据材料进行电子化处理后提交的，经互联网法院审核通过后，视为符合原件形式要求。对方当事人对上述材料真实性提出异议且有合理理由的，互联网法院应要求当事人提供原件。

（三）对电子数据真实性的审查

1. 审查内容

当事人对电子数据真实性提出异议的，互联网法院应结合质证情况，审查判断电子数据生成、收集、存储、传输过程的真实性，并着重审查以下内容：①电子数据生成、收集、存储、传输所依赖的计算

机系统等硬件、软件环境是否安全、可靠;②电子数据的生成主体和时间是否明确,表现内容是否清晰、客观、准确;③电子数据的存储、保管介质是否明确,保管方式和手段是否妥当;④电子数据提取和固定的主体、工具和方式是否可靠,提取过程是否可以重现;⑤电子数据的内容是否存在增加、删除、修改及不完整等情形;⑥电子数据是否可通过特定形式得到验证。

2. 经认证的电子数据的真实性

当事人提交的电子数据,通过电子签名、可信时间戳、哈希值校验、区块链等证据收集、固定和防篡改技术手段或通过电子取证存证平台认证,能证明其真实性的,法院应当确认。

3. 专家意见及对电子数据真实性的鉴定与核对

当事人可申请具有专门知识的人就电子数据技术问题提出意见。互联网法院可根据当事人申请或依职权,委托鉴定电子数据的真实性或者调取其他相关证据进行核对。

六、在线庭审

(一)在线视频开庭

互联网法院采取在线视频方式开庭。存在确需当庭查明身份、核对原件、查验实物等特殊情形的,互联网法院可以决定在线下开庭,但其他诉讼环节仍应当在线完成。

(二)庭审程序的简化

互联网法院可视情决定采下列方式简化庭审程序:①开庭前已在线完成当事人身份核实、权利义务告知、庭审纪律宣示的,开庭时可不再重复进行;②当事人已在线完成证据交换的,对无争议的证据,法官在庭审中说明后,可不再举证、质证;③经征得当事人同意,可将当事人陈述、法庭调查、法庭辩论等庭审环节合并进行。对简单民事案件,庭审可直接围绕诉讼请求或案件要素进行。对需要进行公告送达的事实清楚、权利义务关系明确的简单民事案件,互联网法院可适用简易程序审理。

(三)当事人不按时参加在线庭审的处理

互联网法院根据在线庭审特点,适用《人民法院法庭规则》的有关规定。除经查明确属网络故障、设备损坏、电力中断或者不可抗力等原因外,当事人不按时参加在线庭审的,视为"拒不到庭",庭审中擅自退出的,视为"中途退庭",分别按《民事诉讼法》《行政诉讼法》及相关司法解释的规定处理。

七、电子送达

(一)须经当事人同意

经当事人同意,互联网法院应通过中国审判流程信息公开网、诉讼平台、手机短信、传真、电子邮件、即时通信账号等电子方式送达诉讼文书及当事人提交的证据材料等。当事人未明确表示同意,但已约定发生纠纷时在诉讼中适用电子送达的,或通过回复收悉、做出相应诉讼行为等方式接受已完成的电子送达,并且未明确表示不同意电子送达的,可视为同意电子送达。经告知当事人权利义务,并征得其同意,互联网法院可电子送达裁判文书。当事人提出需要纸质版裁判文书的,互联网法院应当提供。

(二)电子送达具体方式与地址

互联网法院进行电子送达,应当向当事人确认电子送达的具体方式和地址,并告知电子送达的适用范围、效力、送达地址变更方式及其他需告知的送达事项。受送达人未提供有效电子送达地址的,互联网法院可以将能够确认为受送达人本人的近3个月内处于日常活跃状态的手机号码、电子邮箱、即时通信账号等常用电子地址作为优先送达地址。

(三)电子送达的完成时间及凭证

互联网法院向受送达人主动提供或确认的电子地址进行送达的,送达信息到达受送达人特定系统时,即为送达。

互联网法院向受送达人常用电子地址或者能够获取的其他电子地址进行送达的,根据下列情形确定是否完成送达:①受送达人回复已收到送达材料,或者根据送达内容做出相应诉讼行为的,视为完成有效送达。②受送达人的媒介系统反馈受送达人已阅知,或者有其他证据可以证明受送达人已经收悉的,推定完成有效送达,但受送达人能够证明存在媒介系统错误、送达地址非本人所有或者使用、非本人阅知等未收悉送达内容的情形除外。

完成有效送达的,互联网法院应制作电子送达凭证。电子送达凭证具有送达回证效力。

八、电子签名、电子笔录、电子档案

(一)电子签名

互联网法院在线审理的案件,审判人员、法官助理、书记员、当事人及其他诉讼参与人等通过在线确认、电子签章等在线方式对调解协议、笔录、电子送达凭证及其他诉讼材料予以确认的,视为符合《民事诉讼法》有关"签名"的要求。

(二)电子笔录

互联网法院在线审理的案件,可在调解、证据交换、庭审、合议等诉讼环节运用语音识别技术同步生成电子笔录。电子笔录以在线方式核对确认后,与书面笔录具有同等法律效力。

(三)电子档案

互联网法院应利用诉讼平台随案同步生成电子卷宗,形成电子档案。案件纸质档案已经全部转化为电子档案的,可以电子档案代替纸质档案进行上诉移送和案卷归档。

九、二审在线审理规则

当事人对互联网法院审理的案件提起上诉的,第二审法院原则上采用在线方式审理。第二审法院在线审理规则参照适用本规定。

知识链接 19-3
《杭州互联网法院诉讼平台审理规程》

知识链接 19-4
《杭州互联网法院涉互联网案件起诉及管辖指引》

知识链接 19-5
《杭州互联网法院网上庭审规范》

本章练习

第十九章练习
(含"理论思考""实务分析""实务训练")

第二十章　在线争端解决机制

背景资料 20-1
在线和解除
合同退款案

【背景思考】

1. 在线和解与线下和解相比有何特点?

2. 如果双方在线和解不成,那么该如何解决纠纷?

技术是工具,效率是手段,正义是根本。信息网络时代的纠纷解决因科技而转型,以信息网络为基础重新构建一种新的在线模式,以更好地实现正义。

第一节　在线纠纷解决机制概述

一、在线纠纷解决机制的由来与定义

(一)在线纠纷解决机制的由来

在线纠纷解决机制(online dispute resolution,ODR)由替代性纠纷解决机制(alternative dispute resolution,ADR)演化而来,是将 ADR 的方法和经验运用到信息网络环境中,以解决大量出现的在线纠纷的一种机制,[①]包括在线和解、在线调解、在线仲裁等。ADR 将纠纷带出法庭,ODR 则将 ADR 直接带到了每个当事人的电脑。[②] 除具有传统 ADR 的优点,ODR 还具有便利性、效率性、和谐性等优势,当事人可经由网络交流,无须直接面对面,可减少纠纷处理成本,节约纠纷解决时间,减少争议双方因诉讼而使关系恶化的可能性。ODR 得到积极认可,2010 年 eBay 在线纠纷解决中心创建,每年处理至少 6000 万件纠纷;[③]而 ICANN 在线争议解决机制亦曾解决了 7000 多个域名争议。[④]

ODR 发展经历了探索期、实验期、产业期和公共期四个阶段。第一阶段,探索期(互联网产生至 1995 年):出现了首例互联网纠纷案件,各种解纷方法不断出现,探索着互联网纠纷解决的新途径,但严格意义上的 ODR 方式还未产生;第二阶段,试验期(1995～1998 年):大量网络纠纷出现,首批 ODR 解决纠纷机制以试验性的、非营利性的模式运作,探索切实可行的 ODR 解决纠纷平台,如虚拟裁判官、在线监诉办公室、网上裁判庭等;第三阶段,产业化阶段(1998～2002 年):产业运作模式开始出现,以公司模式运作的营利性 ODR 取得成功,如广场贸易解决纠纷平台、网络调解室等;第四阶段,公共阶段(2002 年至今):ODR 开始由公共实体运作,如英国的在线货币索赔(online money claim),爱尔兰的在线小额申诉(onlie small claim)。[⑤]

知识链接 20-1
早期 ODR 解决
纠纷平台

(二)在线纠纷解决机制的定义

消费者国际组织将 ODR 定义为一种完全使用电子手段的替代纠纷解决方法,当事方无须离开家中或办公室即可参与或使用该方法。国际商会将 ODR 理解为在线提供服务的替代纠纷解决方法。

---

① 徐继强:《在线纠纷解决机制(ODR)的兴起与我国的应对》,载《甘肃政法学院学报》2001 年第 4 期,第 34 页。

② 朱子勤:《网络侵权中的国际私法问题研究》,人民法院出版社 2006 年版,第 30 页。

③ 赵蕾:《eBay 在线纠纷解决中心的设计理念与机制》,载《人民法院报》2017 年 10 月 13 日,第 008 版。

④ 张楚:《电子商务法》(第三版),中国人民大学出版社 2011 年版,第 247 页。

⑤ 范筱静:《在线纠纷解决机制研究——以电子商务消费者纠纷解决为视角》,载《西部法学评论》2012 年第 4 期,第 82—83 页。

关于在线纠纷解决机制的范围理解存在争议,广义理解者认为利用互联网进行全部或主要程序的各种纠纷解决方式均属其范畴,狭义理解者认为仅包括在法庭外由专业的第三方主持的纠纷解决。尽管在线纠纷解决机制的界定各有不同,但仍可以梳理出该机制的几点共性,即替代性、迅捷性、低成本和以互联网等信息网络为媒介。因此,可将在线纠纷解决机制定义为:将计算机的信息处理功能与便利的信息网络相结合的诉讼外争议解决模式,是替代性纠纷解决方式在网络空间的运用,包括纠纷避免措施、在线协商、在线调解和在线仲裁等纠纷解决措施,通用英文表述是 Online Dispute Resolution,简称 ODR。ODR 处理的纠纷范围广泛,如域名争议、知识产权争议、家庭事务纠纷、公共事务争议等与互联网相关的各类纠纷,其中电子商务纠纷解决是 ODR 发展的最大受益者。

随着人们对 ODR 认识的不断深入及相关实践探索日益加强,ODR 呈现出另一种发展方向,即在互联网思维与背景下对传统法院体系及传统诉讼程序进行电子化、智慧化的改造[1],杭州、北京、广州互联网法院的设立与运行即为该趋势的典型表现。但有学者认为在线纠纷解决机制不应包括在线诉讼和法院的在线调解。[2]可见,人们对 ODR 的认识仍在不断探索之中。

二、在线纠纷解决机制发展现状

(一)国际 ODR 发展现状

ODR 初期多由学术机构或非营利团体创办。1995 年美国环球仲裁与调解协会率先于网上提供国际商事仲裁服务,1996 年 ODR 试验项目 Virtual Magistrate 网站成立。[3]美国政府积极推动 ODR 发展,美国联邦贸易委员会和商务部 2000 年举行会议就 ODR 全球方案、采用新技术、保证其公平与效率及对消费者和企业的 ODR 教育等提出大量方案和建议。[4]

1. ODR 机制在电商纠纷领域的发展

从 20 世纪 90 年代末到目前,ODR 经十多年发展,已形成美国、欧盟、亚洲三足鼎立之势。美国 ODR 最发达,欧盟积极倡导和推动 ODR,亚洲的日本、韩国等后来居上。美国、欧盟等已建有一些高水平 ODR 平台,ODR 制度在这些国家和地区获得了有效推广运用。ODR 发展初期主要是为解决传统司法机制之外电商纠纷的方法和模式。随着信息网络技术渗透至人们生活各领域,在线纠纷解决机制逐渐发展为中立第三方在虚拟场所运用电子邮件、社交网络等信息技术工具协助当事人解决纠纷,在线完成各种争议解决方式的总称,其常用方法包括在线交涉、在线调解、在线仲裁等,基本模式包括不公开报价和请求的处理模式、在线 ADR 模式、计算机支持交涉模式等。[5]

2. ODR 在司法系统的运用

以美国为例。1993 年美国威廉与玛丽法学院研究提出利用信息网络技术的科技来建构虚拟法院,2001 年 2 月密歇根州议会通过"网络法院法",同年 10 月,密歇根州网络法院正式成立运转。它拥有与其他任何法院一样的权力,可传唤证人及要求当事人出示相关证件。网络法院的所有事宜由 1 名法官安排进行,主要处理信息技术纠纷,亦可处理其他商业事宜。美国俄亥俄州联邦地区法院 1995 年 11 月首次通过网上立案审理了石棉污染纠纷案。美国联邦最高法院开发电子文件归档系统,自 2016 年正式运行,该系统将所有诉讼文书都上传到联邦最高法院网站上免费提供给法律界人士及社会公众查阅。英国民事司法委员会 2014 年成立在线纠纷解决顾问小组,探索 ODR 对 25000 英镑以下纠纷进行小额诉讼的可行性,通过一年改革试点得出的结论是:在线法院应是一个综合性、三位一体的服务中心。其第一层级是在线评估,帮助当事人将纠纷分门别类,评估风险;第

① 龙飞:《中国在线纠纷解决机制的发展现状及未来前景》,载《法律适用》2016 年第 10 期,第 2 页。
② 郑世保:《在线解决纠纷机制(ODR)研究》,法律出版社 2012 年版,第 26 页。
③ 武敏:《在线仲裁与 B2C 模式下电子商务纠纷的解决》,载《江苏警官学院学报》2003 年 2 月,第 151 页。
④ 张楚:《电子商务法》(第三版),中国人民大学出版社 2011 年版,第 246 页。
⑤ 范愉等:《纠纷解决——理论、制度和技能》,清华大学出版社 2010 年版,第 121—122 页。

二层级为在线辅助,由训练有素、富有经验的辅助人员帮助当事人调解,可解决一部分纠纷;第三层级是在线法官,由全职或兼职司法人员根据在线提交的电子文档,对案件做出全部或部分的具有约束力和执行力的裁决。上述三个层级呈倒三角形,仅少量案件通过漏斗到达在线法官层级。2015年底,英国最高法院关于民事法院结构的最新研究报告建议英国法院和审裁处服务中心设立"英国在线法院"(Her Majesty's Online Court, HMOC),通过在线方式办理数额在5万英镑以下案件。德国法院1997年6月开始实行网上立案和电子诉讼。自2011年11月,欧洲律师和代理人已能使用在线法院的外部系统(前台)提出诉讼请求,并可通过网上接受诉讼文书的送达,使用者只要有一有效的电子邮箱地址及能与在线法院网站连接,即可免费使用在线法院,无须安装任何特殊的软件应用程序。

综上,世界ODR发展呈现多元化趋势。纠纷解决不再是司法系统的纠纷解决与替代性纠纷解决机制各自为政,而是更多强调两者的多元、包容与共存。ODR不再局限于司法系统之外的纠纷解决平台,而是将司法系统之外的在线纠纷解决平台与在线法院平台联通起来,充分整合资源,交由一个核心系统管理,汇聚所有的数据和软件,建立全方位立体化的纠纷解决体系,以帮助当事人在最早和最佳时机达成协议解决纠纷,更有利于接近正义。[1]

(二)我国在线纠纷解决机制发展现状

发展轨迹与世界ODR相似,亦经历了电商平台的纠纷解决平台,电子法院、互联网法院的兴起,再到两者对接融合等阶段。

1. 我国电商纠纷领域ODR的运用

2004年6月中国第一个专门的在线争议解决机构"中国在线争议解决中心"成立。为解决日益增多的电商纠纷,国内各大电商平台均寻求自己的在线解决机制,提供在线争端解决机制的主体日益多元化,现择要介绍如下。

(1)亚洲域名争议解决中心的网上域名争议解决系统。该中心由中国国际经济贸易仲裁委员会、中国香港国际仲裁中心及韩国互联网地址争议解决委员会联合成立,于2001年12月3日获得互联网名称与数字地址分配机构授权,旨在为国际通用顶级域名争议提供争议解决服务,是全球第四家、亚洲第一家获得互联网名称与数字地址分配机构授权的国际通用顶级域名争议解决机构。该中心设有网上域名争议解决系统,可为争议双方提供在线纠纷解决途径,较为便捷,但仅限域名争议,且收费不比线下纠纷解决机制便宜。

(2)中国国际经济贸易仲裁委员会的网上争议解决中心。该仲裁委员会下设网上争议解决中心,于2009年初制定了《网上仲裁规则》,这是国际上第一个由仲裁机构单独制定并实施的网上仲裁规则。该中心通过专门的网上办案系统 http://www.cietacodr.org/,为电商纠纷及其他经贸争议的解决提供快捷高效的网上仲裁服务。

(3)中国香港国际仲裁中心。该仲裁中心于1985年由香港主要的商界人士及专业人士组建,目的是为满足亚太地区对仲裁服务日益增长的需求。中国香港国际仲裁中心声称,其注重提供各种不同形式的在线争议解决服务,涵盖知识产权和资讯科技相关的领域,其目标是成为一个主要的域名和电子商务争议的在线争议解决机构。

(4)中国在线争议解决中心。简称ChinaODR,是我国第一个专门的在线争议解决机构,依托中国电子商务法律网、中国电子商务政策法律委员会,于2004年6月成立,并开通网站 http://www.odr.com.cn。发生纠纷的任一方当事人可通过互联网在该网站登记案件,申请在线和解或调解,该网站将通过电子邮件等方式通知对方,在对方认可此纠纷解决模式的前提下,启动在线和解或调解程序。ChinaODR给双方当事人创建一个双方均可登录的在线和解室或调解室(在线调解中ChinaODR将同

---

[1]　龙飞:《中国在线纠纷解决机制的发展现状及未来前景》,载《法律适用》2016年第10期,第2—4页。

时从 ChinaODR 调解团中为双方指定一名熟悉案件所涉领域的法律或相关知识的调解员进行调解），当事人在其中进行和解或调解。

（5）淘宝网的消费者保障。淘宝网是中国深受欢迎的网购零售平台,目前已成为世界范围的电子商务交易平台之一。淘宝网交易量大,发生纠纷多,为较快较便宜解决纠纷,淘宝网为买家设置了"消费者保障"平台,究其实质也属于网上争议解决平台。为应对数亿买家与将近千万卖家之间每年数百万件纠纷,2012 年 12 月阿里巴巴推出大众评审的社会化判定平台,争议双方可在相应的评审员库中各选择最多不超过 15 位评审员,加上一名淘宝小二,组成 31 人评审团就电商纠纷进行少数服从多数的纠纷处理。目前其业务涉及交易维权、规则众评、处罚申诉、商品净化、恶评鉴定等业务。目前已有 83 万余人次参与消费者维权判定,成功处理 154 万宗维权纠纷,相当于全国法官一年处理的案件总量。通过大众参与规则评审,让群体智慧参与到行业规则和社会政策的讨论中,推动规则体系优化;而商家申诉处理,能公平公正保护卖家的基本权益;清除不良商品信息滥发、清退问题商品,从而净化市场环境,保护消费者购物无忧;通过对胁迫、辱骂等恶意评价的鉴定,清退恶意消费者,维护良性市场秩序,保护卖家基本权益。[①]

2.我国电子法院的发展

作为新形态审判模式,电子法院或网上法庭并非简单地在法院活动中运用一些网络技术,其所有的庭审及相关诉讼行为都通过电子通信方式(包括音频、视频会议、网络视频会议及网络传输方式等)进行。2000 年以来我国法院积极探索网上立案、电子送达等,建成以互联互通为基本特征的人民法院信息化 2.0 版。2015 年升级建设以数据为中心的人民法院信息化 3.0 版。吉林高院探索建立的"电子法院"基本具备了网上立案、审理、执行、信访、阅卷、公开、办公、管理、网络互联等功能,"浙江法院电子商务网上法庭"在杭州市中院、西湖区法院、滨江区法院、余杭区法院等试点。2014 年 11 月最高人民法院开通中国审判流程信息公开网,从立案开始到做出裁判,全部审判活动都在阳光下进行。此后,通过手机短信、电话语音、微博、微信、手机 APP 等方式,当事人及诉讼代理人可及时收到案件八大流程节点推送信息。各地均建成省级统一的审判流程信息公开平台,并在中国审判流程信息公开网建立了链接。2016 年 7 月最高人民法院开通庭审直播平台,该院所有公开开庭的庭审活动原则上均通过互联网直播。2017 年 8 月,我国第一家集中审理涉网案件的杭州互联网法院成立,2018 年 9 月,北京、广州互联网法院成立。

知识链接 20-2
中国在线纠纷解决
机制发展趋势[②]

中国在线纠纷解决机制具有无限发展前景的同时,亦存在一些问题。如平台少、功能单一、重复开发;未形成统一的纠纷解决平台,各种纠纷解决资源无法共享共用;纠纷解决资源分散,信息无法互联互通;在线纠纷解决人才缺乏等。[③]

第二节　在线纠纷解决机制的主要形式

一、在线协商

亦称在线和解、线上协商,是指在无第三人参与情形下,当事人利用网络信息技术所打造的网络纠纷解决环境,当事人无须会面,利用网络信息技术进行解决纠纷的信息传输、交流、沟通,最后达成

---

① 淘宝网:《大众评审业务覆盖》,https://pan.taobao.com/? spm=a21bo.2017.754904965.10.2c0611d9yXo1nf # n2,2017-07-05。

② 龙飞:《中国在线纠纷解决机制的发展现状及未来前景》,载《法律适用》2016 年第 10 期,第 5—7 页。

③ 龙飞:《中国在线纠纷解决机制的发展现状及未来前景》,载《法律适用》2016 年第 10 期,第 4—5 页。

纠纷解决协议、化解纠纷的活动。根据网络信息技术在在线协商中所起作用的不同,可将其分为以下两种。

(一)辅助型在线协商

这是指当事人在无第三人参与时,利用电子邮件、电子布告栏、电子聊天室、语音设备、视频设备、网站系统软件等网络信息技术工具,在"屏对屏"情形下进行解决纠纷的信息沟通、交流,最后当事人间达成纠纷解决协议的一种在线协商形式。此时网络信息技术仅是避免当事人会面的一种信息沟通工具,在线协商协议的达成仍由当事人来完成。除常见网络信息工具外,ODR网站以信息技术为依托,开发了不同的ODR软件。该软件除了提供纠纷双方当事人的程序通知及资讯管理的服务外,还提供语音、视频及文件加密等服务,供当事人进入使用,提供给纠纷当事人更机密、更安全、更便利的协商环境。在此网络环境里,当事人完成资讯交换,达成纠纷解决协议。在SquareTrade.com里,辅助型在线协商是一个在调解人介入调解前的选择性前置程序,在该前置程序里SquareTrade提供一个虚拟空间,并附上一些在线技术工具,给eBay的买家和卖家进行纠纷的直接协商。任一eBay买家都可在eBay网站上,找到SquareTrade.com的链接,然后向其申请在线协商服务。SquareTrade.com受理其申请后,便会通知对方当事人参加协商程序,等双方皆同意以在线协商方式解决其纠纷,SquareTrade.com便会排定时间,提供虚拟空间,给予密码并通知双方当事人进入虚拟空间,利用在线技术工具进行在线协商,双方当事人可利用ODR网站精心设计的网页及软件,达到纠纷解决的充分沟通,最后达成和解协议而终结ODR程序。

(二)自动型在线协商

这是指当事人在无第三人参与下,利用电子邮件、电子布告栏、电子聊天室、语音设备、视频设备、网站系统软件等网络信息技术工具,在"屏对屏"情形下进行解决纠纷的信息沟通、交流,最后由ODR系统软件直接给出纠纷解决协议的一种在线协商形式。此时网络信息技术工具不仅是避免当事人会面的一种信息沟通工具,而且协商结果的最终达成亦由ODR系统软件来完成。自动型在线协商一般仅适用于解决当事人提出的请求仅为金钱的民事纠纷,而不问金钱请求的债因,金钱请求既可来自于合同亦可来自于侵权,既可来自于网络世界亦可来自于实体世界。如Blind-bidding软件即为自动型在线协商的典型代表。SquareTrade的Blind-bidding软件在纠纷当事人协商基础上,要求当事人提出出价和索赔金钱的具体数额,若双方提出的差额在15%以内,即可由ODR软件自动达成纠纷解决协议。而Cybersettle的Blind-bidding软件,则要求当事人双方提出3组出价和索赔金钱的具体数额。若任何一组的出价数和索赔数之间的差额在该组的索赔数额的30%以内,或任何一组的出价数和索赔数之间差额在5000美元以内,Blind-bidding软件系统就以该组出价额和索赔额的平均数给出协商方案,协商就算成功。Settlement Online亦允许纠纷当事人双方有3个回合修正协商金额的机会。先由申请方当事人通过电子邮件或填写电子格式网页,让网站内的ODR软件知悉其所主张和解金额,对方当事人也会收到电子邮件的通知,告知申请方当事人已提出了协商金额,也请求其提出所欲的协商金额。当事人双方共有3个回合下标的机会,每一回合要附上期限,在每一回合中ODR软件都会以电子邮件自动通知当事人双方协商是否达成。一般而言,自动型在线协商的纠纷当事人大多是保险人和与保险给付相关的从业者,有时执业律师也参加自动型在线协商以帮助其当事人。如果自动型在线协商的纠纷当事人双方所主张的金额差距过大,Blind-bidding软件便会以电子邮件通知纠纷当事人双方修正协商金额,以促进结果达成。除了SquareTrade、Cybersettle、SettlementOnline外,clickNsettle等网站也提供Blind-bidding服务。2003年有15个ODR网站提供Blind-bidding服务,最成功的是Cybersettle,其每年大约处理10万件案件,截至2003年,其已处理40万件案件。但总体而言Blind-bidding的协商成功率比较低,大约在40%左右。ODR网站所提供的在线协商(包括辅助和自动型)服务,一般对当事人双方免费。相较于私下自行利用在线沟通工具解决纠纷,ODR网站使纠纷双方更能获得公平对话的机会。在线协商过程及保密措施

周全,若无法达成和解,还可后续立即获取调解人甚至仲裁人的服务,使纠纷解决程序继续进行,因而更迅速便利。SquareTrade 对未能透过 SquareTrade 在线协商予以解决的纠纷,SquareTrade 将提供后续的在线调解程序以供当事人选用。在线协商协议一般仅具有合同效力。

二、在线调解

在线调解是指在第三人协助下,当事人之间、当事人与第三人之间利用网络信息技术所打造的网络纠纷解决环境,在未会面情形下,利用网络信息技术进行解决纠纷的信息传输、交流、沟通,最后达成纠纷解决协议并最终解决纠纷,是目前使用最多的 ODR 方式。在线调解可为在线协商失败后的后续程序,当事人也可不经在线协商而直接启动该程序。在线调解的启动一般由一方向 ODR 网站申请,而后由该 ODR 网站征求被申请人是否愿意参加,若愿意则由双方选择调解员或由 ODR 委派,再由调解员为纠纷双方居中协调,直到双方达成调解协议或调解不成功。根据网络信息技术在在线调解中所起的作用不同,可将其分为如下几类。

(一)辅助型在线调解

这是指当事人在第三人协助下,利用电子邮件、电子布告栏、电子聊天室、语音设备、视频设备、网站系统软件等网络信息技术工具,在"屏对屏"情形下进行解决纠纷的信息沟通、交流,当事人间最后达成纠纷解决协议的一种在线调解形式。此时网络信息技术工具仅是避免当事人、第三人间会面的一种信息沟通工具,而调解协议的达成还要依靠当事人和第三人来完成。ODR 网站受理了申请人的在线调解申请后,申请人就开始填写一些电子化的表格,说明纠纷的概要、具体请求及可接受的调解范围,这些表格会转给经验丰富的在线调解人,在线调解人在分析研究了申请人所填写的表格后,利用在线技术工具通知被申请人询问其是否愿意接受在线调解。若被申请人愿意使用,那么他也会填写相同表格,然后传送给网站及在线调解人。有了这些比对的资讯后,在线调解人即可快速了解案件大致情形及双方争点所在。如果还有不清楚的事实,再要求当事人补充陈述甚至另外提供证据。通过对这些纠纷解决资料的分析、比对,在线调解人能容易协助当事人双方找出真正冲突的地方,并提供有效、公平的纠纷解决方案来化解纠纷。

辅助型在线调解的 ODR 网站有 Internet Neutral、WebMediate、SquareTrade 等。如在 Internet Neutral 提供的在线调解程序里,当事人可合意选用电子邮件、即时交谈、聊天室或视频会议等网络信息技术工具来解决其纠纷。而 WebMediate 在线调解网站非常有创意,其提供多元化 ODR 服务。首先提供的是自动化协商软件 Websettlement,这是一种全自动化电脑软件,无须第三人介入。若当事人间的纠纷无法通过 Websettlement 解决,WebMediate 会提供非常有经验的调解人进入纠纷解决程序,协助纠纷当事人双方辨明利益及冲突所在,并协助纠纷当事人明确争点,提供可能的纠纷解决方案,供纠纷当事人参考。若当事人间的纠纷还无法透过在线调解予以解决,那么 WebMediate 还将提供在线仲裁服务,供纠纷当事人双方使用,力图纠纷能被最终及彻底地解决。WebMediate 所提供的这些多元化纠纷解决程序供使用者自愿弹性选择,并非强制性前置程序。当事人进入该网站后,可根据自己偏好申请自己喜欢的纠纷解决程序。这既体现了当事人的程序主体地位,又保障了纠纷当事人在不同纠纷解决阶段选用最适合自己的纠纷解决服务的权利。

(二)自动型在线调解

这是指当事人在第三人协助下,利用电子邮件、电子布告栏、电子聊天室、语音设备、视频设备、网站系统软件等网络信息技术工具,在"屏对屏"情形下进行解决纠纷的信息沟通、交流,最后由 ODR 软件直接给出纠纷解决协议的一种在线调解形式。此时网络信息技术工具不仅是避免当事人、第三人间会面的一种信息沟通工具,而且调解协议的最终达成亦由网络系统软件来完成。以 SmartSettle 网站为例,在当事人双方合意启动 ODR 程序后,当事人可首先使用 SmartSettle 所提供的在线协商软件进行在线协商。若无法获得共识,SmartSettle 会指派一名律师,参加当事人的纠纷解决程序来协助当事人解决纠纷,而这名律师须受过 30 个小时以上特别的在线调解课程训练。该律师会协助相关当事人填写电子化表格,阅读这些表格后,该律师会帮助当事人双方分析案情及争议点所在,也会分别地与当事人整理争议、限缩争议点并有效排除不必要的争议或寻找可能解决方案。透过律师协助当事人所整理、限缩、排除及解决的这些资讯,都会记录并储存在 ODR 网站主机的资料库,然后凭借 SmartSettle 网站功能强大的系统软件,便会将网站主机资料库的这些资讯,做成在线调解方案。若当事人接受该调解方案,则整个纠纷解决程序结束,此为真正意义上的自动型在线调解。一般而言 SmartSettle 软件生成的调解方案仅供当事人双方参考,在该自动型在线调解方案出台后,协助程序的律师还会持续与当事人沟通,帮助其评估该调解方案,修正该调解协议的部分选项,使其更符合当事人的愿意、取得更有效的调解方案。假如在调解程序进行中,当事人不愿再继续进行调解程序,SmartSettle 还会将该程序终止前所达成的纠纷解决结果,为当事人制作调解方案印出,供当事人参考备用。

自动型在线调解与辅助型在线调解最大区别就是纠纷裁决书是否由软件来完成,由软件来完成调解书的在线调解,就是自动型在线调解,否则就是辅助型在线调解。在线调解一般具有合同效力。在荷兰,在线调解协议自动具有法律约束力(非执行力)。而在美国,当事人须合意选择在线调解协议是否具有法律约束力,当事人未选择则其合同效力亦不具备。而只有承认 ODR 调解协议本身是一种合同时,才为胜诉当事人申请法院强制执行提供了可能性。

三、在线仲裁

在线仲裁是指充分利用网络信息技术工具,将仲裁机构、仲裁员和当事人三者之间资讯的处理和交换以电子方式通过互联网来进行,在网上进行案件的在线庭审及仲裁员之间的在线合议等其他程序性事项,最后形成裁决的一种仲裁形式。B2B 电商纠纷及网络域名纠纷等适宜于使用在线仲裁予以解决,但在线仲裁解决纠纷的数量远少于在线调解。由于在线仲裁的仲裁人将依据事实和法律等做出裁决,所以在线仲裁不会用 ODR 软件直接给出仲裁裁决。以在线仲裁裁决是否具有司法强制执行力,在线仲裁可分为两种。

知识链接 20-3
国内在线调解介绍

(一)正式在线仲裁

这是指裁决书能被国家法律承认并赋予司法强制执行力的在线仲裁。实践中正式在线仲裁将面临管辖权、法律适用及裁决承认与执行等难题。在线仲裁程序的迅速、虚拟性和低成本特性对正当程序造成一定程度减损。再加上人们对在线仲裁程序运行的不了解、不信任,因此,各国在赋予在线仲裁裁决司法强制执行力时采慎重态度。依伦敦大学 ODR 专家托马斯·舒尔茨(Thomas Schultz)调查,有 25 家网站声称提供在线仲裁或类似服务,但仅一家网站提供了正式在线仲裁服务。

(二)非正式在线仲裁

这是指裁决书没有被赋予司法强制执行力、不能被法院强制执行的在线仲裁。非正式在线仲裁同样是由当事人协议将特定纠纷交付仲裁人人为判断,但此协议是契约自由产物,属民法无名契约,只能产生契约效力,不会依仲裁法产生妨诉抗辩效力或排除法院受理的效力。非正式在线仲裁裁决仅具有合同约束力,无司法强制力,不能据以申请法院强制执行。但非正式在线仲裁裁决可利用被执行人的名誉压力等网络社区机制来执行。

除在线协商、在线调解、在线仲裁外,还有纠纷审议委员会、审查监督机制、中立的事实调查专家、早期中立评价、微型审判、纠纷解决顾问等 ODR 形式,但这些并非一完整过程,仅涉及或针对纠纷部分内容如澄清事实或提供客观观点等,并没有单一的一种 ODR 类型足以解决所有网络民事纠纷。在ODR 启动之前,一般还有一个投诉程序(内部 ODR),投诉解决不了,接下来一般是在线协商,在线协商不成才进入在线调解。因此提供 ODR 服务的网站,大多采用多层次、多样化、阶梯式体系,以满足解决不同种类纠纷、不同当事人的需要。

（三）中国国际经济贸易仲裁委员会的网上争议解决中心网上仲裁规则

1. 网上提交、发送与传输文件

首先，仲裁委员会秘书局应采用电子邮件、电子数据交换、传真等方式将一切文书、通知、材料等，发送给当事人或其授权的代理人；依案件程序进展情况，秘书局或仲裁庭可决定采用或辅助采用常规邮寄和特快专递或其他适当方式向当事人发送文件。其次，当事人向仲裁委员会提交的有关仲裁申请、答辩、书面陈述、证据及其他与仲裁相关的文件和材料，亦应采电子邮件、数据交换、传真等方式；当然，依案件具体情况，秘书局或仲裁庭有权要求当事人、当事人亦可在征得秘书局或仲裁庭同意后采用或辅助采用常规邮寄和特快专递等其他方式提交文件。网上案件文件的提交、发送或传输应符合下列基本要求：第一，仲裁委员会或仲裁庭通过秘书局向一方当事人发送的文件，可同时向另一方当事人传送副本。第二，任一方当事人或其代理人均不得与仲裁员进行单方联络。当事人与仲裁庭之间的所有联络均应通过秘书局进行；第三，文件发送方有义务为其发送的文件保留记录，以记载有关文件发送的具体事实和情况，供有关当事方查阅，并用以制作相应报告。第四，当发送文件的一方当事人收到通知，被告知未收到其所发送的文件时，或发送文件的当事人自认为未能成功发送有关文件时，该当事人应立即将有关情况通知秘书局。此后，任何文件的发送与回复均应依秘书局的指示进行。第五，任何一方当事人如变更其通信方式或地址，或更新其他联络信息，均应及时通知秘书局。第六，秘书局向申请人或被申请人发送的任何文件均应根据申请人或被申请人确定的方式进行。在申请人或被申请人没有确定时，秘书局可按以下优先顺序根据案件具体情形从下述方式中确定一种或多种方式进行：通过能获得传送记录的网络电子方式发送，通过带有传输确认的传真方式发送，通过可提供查询单的邮寄或邮政快递方式发送，通过其他有效方式发送。第七，除非当事人另有约定或仲裁庭另有决定，所有文件于下列情况下应视为已为收件人所收到：通过网络以电子方式发送的，收件人指定特定系统接收数据电文的，以数据电文进入该特定系统的时间为准；未指定特定系统的，以数据电文进入收件人任何系统的首次时间为准；通过传真方式发送的，以发送确认书上显示的日期为准；通过邮寄或邮政快递方式发送的，以查询单上记载的日期为准；通过其他有效方式发送的，以该方式下文件为收件人所实际收到或应当收到的日期为准。第八，仲裁委员会尽合理努力为当事人、仲裁庭和仲裁委员会之间案件数据的在线传输提供安全保障，并采取为案件数据信息加密的形式为案件信息保密。第九，仲裁委员会对仲裁程序中在线传输数据因系统故障等原因为收件人以外人士获悉而致损失不承担责任。

2. 网上仲裁的申请与受理

仲裁委员会在网上争议解决中心网站公布仲裁申请书格式及提交指南，申请人据此填写仲裁申请书，应写明：申请人和被申请人的名称、住所及其通信方式，包括邮编、电话、传真、电子邮件或其他电子通信方式；申请人首选通信方式；申请仲裁所依仲裁协议；仲裁请求；案情和争议要点；仲裁请求所依事实和理由。秘书局向申请人发出受理案件的仲裁通知，应载明可在线查阅本规则、仲裁委员会仲裁规则和仲裁委员会仲裁员名册的网址或网页；依案件具体情况，可随附本规则、仲裁委员会仲裁规则和仲裁委员会仲裁员名册。秘书局向被申请人发出受理案件的仲裁通知，应载明可在线查阅申请人仲裁申请书副本、本规则、仲裁委员会仲裁规则和仲裁委员会仲裁员名册的网址/网页；依案件具体情况，可随附申请人仲裁申请书副本、本规则、仲裁委员会仲裁规则和仲裁委员会仲裁员名册。被申请人应在收到仲裁通知之日起 30 日内按仲裁委员会设定并公布的仲裁答辩书格式及提交指南的要求向仲裁委员会秘书局提交答辩书和有关证据。被申请人提出反请求的，应在上述期限内按仲裁委员会设定并公布的仲裁反请求书格式书面提出。

知识链接 20-4

ODR 其他类型①

---

① 郑世保：《ODR 研究》，西南政法大学博士学位论文，2010 年，第 37—44 页。

3. 仲裁庭审理

仲裁庭开庭审理案件,应采用以网络视频会议及其他电子或计算机通信形式所进行的网上开庭方式;依案件具体情况,可决定采用常规现场开庭方式。开庭审理案件,仲裁庭可决定证人以网络视频会议方式作证,也可决定证人以常规现场开庭方式及其他适当方式作证。仲裁庭可应双方当事人请求或经征得双方同意,在仲裁程序进行过程中采网络视频会议及其他电子或计算机通信方式对其审理的案件进行网上调解。仲裁庭可根据案件具体情况决定采常规现场方式进行调解。调解可单独进行,也可与案件开庭审理合并进行。[1]

知识链接 20-5

《京东纠纷处理规则》(买家版)[2]

实务评析 20-1

橙色商标公司与王辉域名权属在线仲裁案[3]

本章练习

第二十章练习

(含"理论思考""实务分析""实务训练")

---

① 郑世保:《ODR 研究》,西南政法大学博士学位论文,2010 年,第 27—36 页。

② 京东帮助中心:《京东纠纷处理规则》(买家版),https://www.jd.com/phb/zhishi/e8374d73d3ece742.html,2018-05-12。

③ 来源于中国香港国际仲裁委员会实务案件,http://www.hkiac.org/images/stories/domain_name/hk/decision/DHK-1200078_Decision.pdf,2013-01-21。

第二十一章 电子证据

背景资料 21-1
电子邮件的证据
能力与证明力

【背景思考】

1. 法院应何认定电子邮件法律效力？电子邮件可否成为证据？其证明力大小如何？

2. 法院是否应当支持邵达立的诉讼请求？

信息网络与电子技术快速发展，人们获取信息手段发生革命性变化，数据电文成为传递信息、记录事实的重要载体，电子证据已成为各类案件举足轻重的证据。纵观司法证明方式衍变历史，人类曾从神证时代走入人证时代，又从人证时代走入物证时代，如今即将走入一个新的司法证明时代，即电子证据时代。[①] 我国 2012 年《刑事诉讼法》《民事诉讼法》及 2014 年《行政诉讼法》分别在第四十八条、六十三条、三十三条将电子数据作为新证据种类纳入立法，使其获得独立证据地位，电子证据在处理网络金融、网络诈骗、网络谣言、网络诽谤与人身攻击等刑事、民事案件中发挥了重要作用。但对何为电子证据，电子证据与电子数据的关系，我国立法并未明确，学界对其亦存争论。[②]

第一节 电子证据概述

一、电子证据的含义

（一）电子证据的定义及其与电子数据的关系

学界对电子证据界定不一，如认为电子证据系以数字形式在计算机存储器或外部储存介质中，能证明案件真实情况的数据或信息；[③]系以其储存的文字、数据、图像、声音、程序等电子化信息资料来证明案件真实情况的电子物品或电子记录；[④]主要指与互联网络有关的，在计算机或计算机系统运行过程中产生的，以电子数据形式存在的，以其记录的内容来证明案件事实的电磁记录物，亦被称为计算机证据或网上证据；[⑤]系以储存的电子化信息资料来证明案件真实情况的电子物品或电子记录；[⑥]系以电子形式存在、能作为证据使用的一切材料及其派生物；[⑦]系借助电子技术或设备而形成的一切证据。[⑧] 上述不同定义经整合有两种观点：其一，电子证据是电子形式存在的证据；其二，电子证据是计算机证据。但不管是哪一种观点，均未区分电子证据与电子数据。本书认为电子证据系进入诉讼领域的电子数据，在其成为定案根据之前，仅为证据材料，因此，电子证据与电子数据的关系，实则证据与证据材料的关系。为理解证据，须首先理解作为证据基础的证据材料，而欲了解电子证据，须先

---

① 何家弘：《电子证据法研究》，法律出版社 2002 年版，第 4 页。

② 樊崇义、李思远：《论电子证据时代的到来》，载《苏州大学学报（哲学社会科学版）》2016 年第 2 期，第 99 页。

③ 汪建成、刘广三：《刑事证据学》，群众出版社 2000 年版，第 6 页。

④ 刘满达：《论数据电文的证据价值》，载《法学》1998 年第 8 期，第 18—22 页。

⑤ 韩象乾：《民事证据理论新探》，中国人民公安大学出版社 2006 年版，第 244 页。

⑥ 文伯聪：《计算机证据与计算机审计技术》，载《政法学刊》1999 年第 3 期，第 93—94 页。

⑦ 孙铁成：《计算机与法律》，法律出版社 1998 年版，第 13 页。

⑧ 刘宏宇、张越今：《电子证据的法律定位》，中国人民公安大学出版社 2004 年版，第 11 页。

了解作为电子证据基础的电子数据。我国 2012 年 8 月修改的《民事诉讼法》第六十三条第一款第五项将"电子数据"作为证据材料的独立类型正式写入立法。

(二)电子数据的定义

对电子数据,各国界定不一,狭义电子数据是指计算机数据,广义电子数据是指电子形式存在的信息。应从广义角度定义电子数据,即电子数据是指以电子形式存在的一切材料的原生物及其派生物,即借助电子技术或电子设备而形成的一切材料及其派生物。

1.电子数据以电子形式存在

即电子数据由介质、磁性缓存、光学缓存、计算机缓存、微胶片、计算机所生之微卡及类似设备生成、发送、接收、存储而来。[①] 这些信息无法由人的感官直接感知,须借助一定设备予以转换才可为人感知。上述具体列举的设备均是现有物理介质,而"类似设备"则将物理介质做开放性定义,将技术上尚未成熟或尚未出现的一切相关设备囊括在内。

2.电子数据包括一切电子形式的原生物及派生物

原生物系上述各设备所生成、发送、接收、存储的一切材料,包括录音、录像、磁辐射信息、程序、数码相片、电邮等一切以电子形式存在的材料。派生物是原生物表现形式,如磁辐射信息,虽肉眼无法观察,但可通过设备将之表现出来,其表现物包括输出的 WORD 文件、音频、视频等,即为派生物。派生物不能独立于原生物而存在,与原生物相互印证。

3.电子数据的转化须依赖电子设备

对电子设备应以开放性眼光来对待。自古以来,技术发展一直领先于成文法立法,而在如今科技日新月异的时代,立法更应尊重科技本身,用前瞻性态度来定义电子设备,使其不仅包括现有的介质、磁性储存、光学储存、计算机内存、微胶片、计算机所生之微卡,还应包括发展中的类似设备。

二、电子数据与视听资料

一般认为,电子技术可分为模拟电子技术与数字电子技术,因此由电子技术所传送的电子数据可以分为模拟电子数据与数字电子数据。模拟数据与数字数据有很多不同之处。

首先,数据处理手段不同。模拟技术依靠电流大小或电压高低来表达数据,其数据具有连续性的特点,若存在干扰信号,则电流大小或电压高低将受影响,数据连续性即受影响,数据完整性亦遭破坏;而数字技术将电流的有无或电压的高低分别表示为 0 或 1,只要电流或电压不高于某上限值,都会被认为代表 0,而电流或电压不低于某下限值,都会被认为代表 1,同一电路中下限值一定大幅度高于上限值,电流或电压略高或略低并不影响其含义,因而数字电路具有比模拟电路更强的抗干扰性,数字数据的真实性一般高于模拟数据。

其次,数据传递所依据的介质不同。模拟数据依托的材料是磁性材料,信息表现为传统的录音、录像等内容;而数字数据最初依托的材料是二极管、三极管、集成电路和大规模集成电路,其信息表现为软件、程序、电邮等,发展到现在,其依托的材料拓展到了电磁波、光纤等材料,从而将网络从有线网络发展到无线网络和光纤网络,随着新材料、新技术的发展,数字数据的传播介质将会进一步拓展。

再次,模拟数据与电子数据在立法上的定位不同。模拟电子证据在国外并未被赋予独立法律地位,而是被归入书证中加以规制,在我国模拟电子证据被赋予了独立的法律地位,在法律中被称为"视听资料"。数字电子数据早期没有被赋予独立法律地位,2012 年《民事诉讼法》修改后将其称为"电子

---

① 此处借鉴印度 2000 年《信息技术法》(*THE INFORMATION TECHNOLOGY ACT*, *2000.*)的定义,India. act 2 "'electronic from'", with reference to information means any information generated, sent, received or stored in media, magnetic, optical, computer memory, micro film, computer generated micro fiche or similar device", http://www.legalserviceindia.com/cyber/itact.html, 2000-06-01.

数据",与"视听资料"并列成为一类单独的证据类型。从技术角度分析,视听资料应是电子数据的组成部分,且随着科技发展,模拟数据的数量会进一步大幅度减少,而数字数据的数量会大幅增加,实际上视听资料已无单独立法的必要,将之归类于电子数据这一证据类型可能更为妥当。

综上,国外电子数据包括模拟数据和数字数据两类,我国电子数据仅指数字数据,模拟数据则属视听资料的范畴。

三、电子数据的特点

与传统证据相比,电子数据具有一定特殊性,其成为单独证据类型却有必要。

(一)存在形式特点

传统书证载体是纸、布及其他可书写物质;而电子数据表现为 0 和 1 两个二进制数字,其载体是软盘、硬盘、光盘等介质或其他缓存性质的各类新型介质。

(二)感知方式特点

传统书证可通过人的感官直接感知;而电子数据则必须借助电子设备,通过电子设备将之转化成人的感官能直接感知的内容,电子证据如果不通过专门的播放、检索、显示设备,无论多么形象、真实可靠,也无法为人们认知。

(三)传播方式特点

知识链接 21-1

电子证据的新三性①

传统证据传播速度慢、范围小,传递效率低下;而电子数据传播速度较快,传播范围较大,传递效率较高,如电邮、电子数据交换等,都能使电子数据在短时内全球性扩散。

由于电子数据具有上述特点,因此在对其进行收集、运用和认定时,具有不同于传统证据的做法。如在对其进行收集时,第一,应同时保存相应软件、硬件,确保必要时其能被打印或屏显出来;第二,应固定保全,因电子数据较易被删除或修改。又如,在运用和认定电子数据时,法官一般需要鉴定人、专家辅助人的帮助,而对传统证据,此情形相对较少。

第二节 电子数据的收集、保全与认定

一、电子数据的收集

(一)电子数据收集主体

电商纠纷一般属民事纠纷,民事纠纷电子数据的收集主体主要由《民事诉讼法》《律师法》等确定。《民事诉讼法》第四十九条规定:"当事人有权……收集、提供证据,……"第六十一条规定:"代理诉讼的律师和其他诉讼代理人有权调查收集证据,可以查阅本案有关材料。"第六十七条规定:"人民法院有权向有关单位和个人调查取证,有关单位和个人不得拒绝。"《律师法》第三十五条规定:"受委托的律师根据案情的需要,可以申请人民检察院、人民法院收集、调取证据或者申请人民法院通知证人出庭作证。律师自行调查取证的,凭律师执业证书和律师事务所证明,可以向有关单位或者个人调查与承办法律事务有关的情况。"可见,电商纠纷中有权收集电子数据的主体包括以下三类。

---

① 樊崇义、李思远:《论电子证据时代的到来》,载《苏州大学学报(哲学社会科学版)》2016 年第 2 期,第 101—102 页。

1. 当事人

依《民事诉讼法》第六十四条第一款，当事人对自己提出的主张，有责任提供证据。因为当事人是民事权利义务和诉讼权利义务的承担者，对事实最为清楚，对法律后果也最为关心，赋予其取证主体资格完全符合法律精神。

2. 诉讼代理人

依《民事诉讼法》第五十八条，诉讼代理人包括律师、基层法律服务工作者、当事人近亲属或工作人员、当事人所在社区、单位及有关社会团体推荐的公民。诉讼代理人为当事人利益活动，对当事人利益负责。其取证主体资格不仅源于民诉法规定，也来源于当事人赋权。依该法第六十一条，代理诉讼的律师和其他诉讼代理人有权调查收集证据，可查阅本案有关材料；查阅本案有关材料的范围和办法由最高人民法院规定。

3. 人民法院

依《民事诉讼法》第六十四条第二款，当事人及其诉讼代理人因客观原因不能自行收集的证据，或人民法院认为审理案件需要的证据，人民法院应当调查收集。即人民法院可依申请收集证据，亦可依职权收集证据。《最高人民法院关于民事诉讼证据的若干规定》第三条第二款规定了人民法院依申请收集证据的情形，即"当事人因客观原因不能自行收集的证据，可申请人民法院调查收集"。第十七条进一步明确了当事人及其诉讼代理人可申请人民法院调查收集证据的具体情形："申请调查收集的证据属于国家有关部门保存并须人民法院依职权调取的档案材料；涉及国家秘密、商业秘密、个人隐私的材料；当事人及其诉讼代理人确因客观原因不能自行收集的其他材料。"第十五条则指出依职权收集证据的情形是："涉及可能有损国家利益、社会公共利益或者他人合法权益的事实；涉及依职权追加当事人、中止诉讼、终结诉讼、回避等与实体争议无关的程序事项。"

（二）电子数据的收集程序与方法

在民事纠纷中，电子数据的收集程序并无严格的法律规定，通常情况下，其收集程序与其他证据应为一致。《最高人民法院关于民事诉讼证据的若干规定》第十条指出："当事人向人民法院提供证据，应当提供原件或者原物。如需自己保存证据原件、原物或者提供原件、原物确有困难的，可以提供经人民法院核对无异的复制件或者复制品。"第二十二条规定："调查人员调查收集计算机数据或者录音、录像等视听资料的，应当要求被调查人提供有关资料的原始载体。提供原始载体确有困难的，可以提供复制件。提供复制件的，调查人员应当在调查笔录中说明其来源和制作经过。"因此，当事人向法院提供电子数据，或法院自行收集电子数据，亦应收集原件、原物、原始载体。

实务中大量当事人自身无法提供电子数据原件、原物、原始载体，或虽能提供电子数据原件、原物、原始载体，但其证明力不够。为加大电子数据的证明力，当事人或法院往往借助第三方来提供电子数据，比如网络服务中心、网络运营商等第三方主体。在电子商务活动中，网络服务中心、网络运营商通常履行着中间功能或提供一系列"增值"服务，即负责数据电文的格式化、翻译、记录认证、证明、存储及安全等。在纠纷未起时，网络服务中心将电子数据适当存储起来显然能为贸易各方的商业秘密提供一定保护，从而避免互联网等信息网络上其他成员的非法侵入；而当纠纷发生时，法院或仲裁机构即能方便地自网络服务中心收集有关的电子证据，以审查、认证当事人提供的电子证据的真伪及可靠程度。但网络服务中心并不天然具有该作用，仅在满足如下条件后，其提供的电子证据才有公正、可靠、权威的保障：第一，其对电子证据的存储应经贸易双方当事人一致同意认可；第二，其须具有独立而又中立的地位；第三，应严格履行其应尽的保密及安全存储等义务，不得对电子证据进行任何未经授权的改动；第四，其对电子数据的存储应达到一定年限。

二、电子数据的保全

与其他类型证据一样，电子数据亦存在灭失、损毁等风险，应对其予以保全。

（一）电子数据保全主体

依《民事诉讼法》《公证法》，电子数据保全主体包括法院与公证机关。

1. 法院

《民事诉讼法》第八十一条规定："在证据可能灭失或者以后难以取得的情况下，当事人可以在诉讼过程中向人民法院申请保全证据，人民法院也可以主动采取保全措施。因情况紧急，在证据可能灭失或者以后难以取得的情况下，利害关系人可以在提起诉讼或者申请仲裁前向证据所在地、被申请人住所地或者对案件有管辖权的人民法院申请保全证据。"即人民法院可成为诉讼中和诉前电子数据证据保全的主体。

2. 公证机关

《公证法》第三十六条规定："经公证的民事法律行为、有法律意义的事实和文书，应当作为认定事实的根据，但有相反证据足以推翻该项公证的除外。"《民事诉讼法》第六十九条规定："经过法定程序公证证明的法律事实和文书，人民法院应当作为认定事实的根据，但有相反证据足以推翻公证证明的除外。"因此，经公证机关合法公证的事实可成为证据，这说明公证机关亦可成为诉讼中和诉前电子数据证据保全的主体。

（二）电子数据保全程序

1. 法院证据保全程序

依《最高人民法院关于民事诉讼证据的若干规定》第二十三、二十四条，当事人向法院申请保全证据，不得迟于举证期限届满前 7 日。当事人申请保全证据的，法院可要求其提供相应担保。法院进行证据保全，可视具体情况，采取查封、扣押、拍照、录音、录像、复制、鉴定、勘验、制作笔录等方法，可要求当事人或诉讼代理人到场。

2. 公证机关证据保全程序

自然人、法人或其他组织申请办理公证，可向住所地、经常居住地、行为地或事实发生地的公证机构提出。申请办理涉及不动产的公证，应向不动产所在地的公证机构提出；申请办理涉及不动产的委托、声明、赠予、遗嘱的公证，可适用前款规定。申请办理公证的当事人应向公证机构如实说明申请公证事项的有关情况，提供真实、合法、充分的证明材料；提供的证明材料不充分的，公证机构可要求补充。公证机构受理公证申请后，应告知当事人申请公证事项的法律意义和可能产生的法律后果，并将告知内容记录存档。公证机构对申请公证的事项及当事人提供的证明材料，按有关办证规则需核实或对其有疑义的，应予核实，或委托异地公证机构代为核实，有关单位或个人应依法予以协助。公证机构经审查，认为申请提供的证明材料真实、合法、充分，申请公证的事项真实、合法的，应自受理公证申请之日起 15 个工作日内向当事人出具公证书，因不可抗力、补充证明材料或需核实有关情况的，所需时间不计算在期限内。

三、电子数据的认定

电子数据的认定主体与认定程序，与民事诉讼中的其他证据一致。法院认定电子数据应从该电子数据本身和该案所有证据整体两个方面来认定。

（一）从证据整体来认定

审判人员应依法定程序，全面、客观审核证据，依法律规定，遵循法官职业道德，运用逻辑推理和日常生活经验，对证据有无证明力和证明力大小独立进行判断，并公开判断的理由和结果。审判人员对案件的全部证据，应从各证据与案件事实的关联程度、各证据之间的联系等方面进行综合审查判断。人民法院就数个证据对同一事实的证明力，可依下列原则认定国家机关、社会团体依职权制作的公文书证的证明力一般大于其他书证；物证、档案、鉴定结论、勘验笔录或经过公证、登记的书证，其证明力一般大于其他书证、视听资料和证人证言；原始证据的证明力一般大于传来证据；直接证据的证明力一般大于间接证据;证人提供的对与其有亲属或其他密切关系的当事人有利的证言,其证明力一般小于其他证人证言。

(二)从个别证据来认定

审判人员对单一证据可从下列方面审核认定:证据是否为原件、原物,复印件、复制品与原件、原物是否相符;证据与本案事实是否相关;证据的形式、来源是否符合法律规定;证据的内容是否真实;证人或提供证据的人,与当事人有无利害关系。某些证据不能单独作为认定案件事实的依据:未成年人所做的与其年龄和智力状况不相当的证言;一方当事人或其代理人有利害关系的证人出具的证言;存有疑点的视听资料;无法与原件、原物核对的复印件、复制品;无正当理由未出庭作证的证人证言。一方当事人提出的下列证据,对方当事人提出异议但没有足以反驳的相反证据的,法院应确认其证明力:书证原件或与书证原件核对无误的复印件、照片、副本、节录本;物证原物或与物证原物核对无误的复制件、照片、录像资料等;有其他证据佐证并以合法手段取得的、无疑点的视听资料或与视听资料核对无误的复制件;一方当事人申请法院依法定程序制作的对物证或现场的勘验笔录。有证据证明一方当事人持有证据无正当理由拒不提供,若对方当事人主张该证据的内容不利于证据持有人,可推定该主张成立。

四、"两高一部"电子数据规定

最高人民法院、最高人民检察院、公安部(简称"两高一部")为规范电子数据的收集提取和审查判断,提高刑事案件办理质量,制定了《关于办理刑事案件收集提取和审查判断电子数据若干问题的规定》(法发〔2016〕22号)。该规定对电商纠纷案件处理中电子数据证据的收集提取和审查判断有一定的借鉴意义,现介绍如下。

(一)一般规定

1.电子数据内涵与外延

电子数据是案件发生过程中形成的,以数字化形式存储、处理、传输的,能证明案件事实的数据,包括但不限于下列信息、电子文件:①网页、博客、微博客、朋友圈、贴吧、网盘等网络平台发布的信息;②手机短信、电子邮件、即时通信、通信群组等网络应用服务的通信信息;③用户注册信息、身份认证信息、电子交易记录、通信记录、登录日志等信息;④文档、图片、音视频、数字证书、计算机程序等电子文件。以数字化形式记载的证人证言、被害人陈述及犯罪嫌疑人、被告人供述和辩解等证据,不属电子数据;确有必要的,对相关证据收集、提取、移送、审查,可参照适用有关电子数据规定。

2.相关术语含义

(1)存储介质。这是指具备数据信息存储功能的电子设备、硬盘、光盘、优盘、记忆棒、存储卡、存储芯片等载体。(2)完整性校验值。这是指为防止电子数据被篡改或破坏,使用散列算法等特定算法对电子数据进行计算,得出的用于校验数据完整性的数据值。(3)网络远程勘验。这是指通过网络对远程计算机信息系统实施勘验,发现、提取与犯罪有关的电子数据,记录计算机信息系统状态,判断案件性质,分析犯罪过程,确定侦查方向和范围,为侦查破案、刑事诉讼提供线索和证据的侦查活动。(4)数字签名。这是指利用特定算法对电子数据进行计算,得出的用于验证电子数据来源和完整性的数据值。(5)数字证书。这是指包含数字签名并对电子数据来源、完整性进行认证的电子文件。(6)访问操作日志。这是指为审查电子数据是否被增加、删除或修改,由计算机信息系统自动生成的对电子数据访问、操作情况的详细记录。

3.收集提取和审查判断电子数据的基本原则

(1)侦查机关应遵守法定程序,遵循有关技术标准,全面、客观、及时地收集、提取电子数据;人民检察院、法院应围绕真实性、合法性、关联性审查判断电子数据。(2)人民法院、检察院和公安机关有权依法向有关单位和个人收集、调取电子数据;有关单位和个人应当如实提供。(3)电子数据涉及国

家秘密、商业秘密、个人隐私的,应当保密。(4)初查过程中收集、提取的电子数据,以及通过网络在线提取的电子数据,可以作为证据使用。

4.保护电子数据证据完整性的方法

对作为证据使用的电子数据,应采取以下一种或几种方法保护电子数据的完整性:①扣押、封存电子数据原始存储介质,②计算电子数据完整性校验值,③制作、封存电子数据备份,④冻结电子数据,⑤对收集、提取电子数据的相关活动进行录像,⑥其他保护电子数据完整性的方法。

（二）电子数据的收集与提取

1.收集、提取电子数据的人员与取证方法要求

应由两名以上侦查人员进行,取证方法应符合相关技术标准。

2.封存电子数据原始存储介质

收集、提取电子数据,能扣押电子数据原始存储介质的,应扣押、封存原始存储介质,并制作笔录,记录原始存储介质的封存状态。封存电子数据原始存储介质,应保证在不解除封存状态的情况下,无法增加、删除、修改电子数据;封存前后应拍摄被封存原始存储介质的照片,清晰反映封口或张贴封条处的状况。封存手机等具有无线通信功能的存储介质,应采用信号屏蔽、信号阻断或切断电源等措施。

3.提取电子数据

具有下列情形之一,无法扣押原始存储介质的,可提取电子数据,但应在笔录中注明不能扣押原始存储介质的原因、原始存储介质存放地点或电子数据来源等情况,并计算电子数据完整性校验值:①原始存储介质不便封存的,②提取计算机内存数据、网络传输数据等不是存储在存储介质上的电子数据的,③原始存储介质位于境外的,④其他无法扣押原始存储介质的情形。对原始存储介质位于境外或远程计算机信息系统上的电子数据,可通过网络在线提取。为进一步查明有关情况,必要时,可对远程计算机信息系统进行网络远程勘验;进行网络远程勘验,需采用技术侦查措施的,应依法经严格的批准手续。

4.采用打印、拍照或录像等方式固定相关证据

因客观原因无法或不宜收集、提取电子数据的,可采用打印、拍照或录像等方式固定相关证据,并在笔录中说明原因。

5.冻结电子数据

(1)可冻结电子数据的情形。具有下列情形之一的,经县级以上公安机关负责人或检察长批准,可对电子数据进行冻结:①数据量大,无法或不便提取的;②提取时间长,可能造成电子数据被篡改或灭失的;③通过网络应用可更直观展示电子数据的;④其他需冻结的情形。(2)冻结电子数据的程序。应制作协助冻结通知书,注明冻结电子数据的网络应用账号等信息,送交电子数据持有人、网络服务提供者或有关部门协助办理。解除冻结的,应在3日内制作协助解除冻结通知书,送交电子数据持有人、网络服务提供者或有关部门协助办理。(3)冻结电子数据的方法。①计算电子数据的完整性校验值,②锁定网络应用账号,③其他防止增加、删除、修改电子数据的措施。

6.制作相关文书

(1)调取证据通知书。调取电子数据,应当制作调取证据通知书,注明需调取电子数据相关信息,通知电子数据持有人、网络服务提供者或有关部门执行。(2)笔录。收集、提取电子数据,应制作笔录,记录案由、对象、内容、收集、提取电子数据的时间、地点、方法、过程,并附电子数据清单,注明类别、文件格式、完整性校验值等,由侦查人员、电子数据持有人(提供人)签名或盖章;电子数据持有人(提供人)无法签名或拒绝签名的,应在笔录中注明,由见证人签名或盖章。有条件的,应对相关活动进行录像。

7.见证人

收集、提取电子数据,应依法由符合条件的人员担任见证人。由于客观原因无法由符合条件人员担任见证人的,应在笔录中注明情况,并对相关活动进行录像。针对同一现场多个计算机信息系统收集、提取电子数据的,可由一名见证人见证。

8.电子数据检查

对扣押的原始存储介质或者提取的电子数据,可通过恢复、破解、统计、关联、比对等方式进行检查。必要时,可进行侦查实验。电子数据检查,应对电子数据存储介质拆封过程进行录像,并将电子数据存储介质通过写保护设备接入检查设备进行检查;有条件的,应制作电子数据备份,对备份进行检查;无法使用写保护设备且无法制作备份的,应注明原因,并对相关活动进行录像。电子数据检查应制作笔录,注明检查方法、过程和结果,由有关人员签名或盖章。进行侦查实验的,应制作侦查实验笔录,注明侦查实验的条件、经过和结果,由参加实验的人员签名或盖章。

9.电子数据鉴定

对电子数据涉及的专门性问题难以确定的,由司法鉴定机构出具鉴定意见,或由公安部指定的机构出具报告。对人民检察院直接受理的案件,也可由最高人民检察院指定的机构出具报告。具体办法由公安部、最高人民检察院分别制定。

（三）电子数据的移送与展示

1.电子数据移送

收集、提取的原始存储介质或电子数据,应以封存状态随案移送,并制作备份一并移送。对网页、文档、图片等可直接展示的电子数据,可不随案移送打印件;法院、检察院因设备等条件限制无法直接展示电子数据的,侦查机关应随案移送打印件,或附展示工具和展示方法说明。对冻结的电子数据,应移送被冻结电子数据的清单,注明类别、文件格式、冻结主体、证据要点、相关网络应用账号,并附查看工具和方法的说明。对侵入、非法控制计算机信息系统的程序、工具及计算机病毒等无法直接展示的电子数据,应附电子数据属性、功能等情况说明。对数据统计量、数据同一性等问题,侦查机关应出具说明。

2.电子数据展示

控辩双方向法庭提交的电子数据可根据其具体类型,借助多媒体设备出示、播放或演示。必要时,可聘请具有专门知识的人操作,并说明相关技术问题。

（四）电子数据的审查与判断

1.电子数据审查

(1)真实性审查。对电子数据是否真实应着重审查:①是否移送原始存储介质,在原始存储介质无法封存、不便移动时,有无说明原因,并注明收集、提取过程及原始存储介质的存放地点或电子数据的来源等情况。②电子数据是否具有数字签名、数字证书等特殊标识。③电子数据的收集、提取过程是否可以重现。④电子数据如有增加、删除、修改等情形的,是否附有说明。⑤电子数据的完整性是否可以保证。(2)完整性审查。对电子数据是否完整应根据保护电子数据完整性的相应方法进行验证:①审查原始存储介质的扣押、封存状态。②审查电子数据收集、提取过程,查看录像。③比对电子数据完整性校验值。④与备份电子数据进行比较。⑤审查冻结后的访问操作日志。⑥其他方法。(3)合法性审查。对收集、提取电子数据是否合法应着重审查:①收集、提取电子数据是否由两名以上侦查人员进行,取证方法是否符合相关技术标准。②收集、提取电子数据,是否附有笔录、清单,并经侦查人员、电子数据持有人(提供人)、见证人签名或者盖章;没有持有人(提供人)签名或者盖章的,是否注明原因;对电子数据的类别、文件格式等是否注明清楚。③是否依有关规定由符合条件的人员担任见证人,是否对相关活动进行录像。④电子数据检查是否将电子数据存储介质通过写保护设备接入到检查设备;有条件的,是否制作电子数据备份,并对备份进行检查;无法制作备份且无法使用写保护设备的,是否附有录像。

2.电子数据判断

(1)对犯罪嫌疑人、被告人的网络身份与现实身份的同一性的判断。认定犯罪嫌疑人、被告人的网络身份与现实身份的同一性,可通过核查相关IP地址、网络活动记录、上网终端归属、相关证人证言,以及犯罪嫌疑人、被告人供述和辩解等进行综合判断。(2)对犯罪嫌疑人、被告人与存储介质的关联性的判断。认定犯罪嫌疑人、被告人与存储介质的关联性,可以通过核查相关证人证言及犯罪嫌疑人、被告人供述和辩解等进行综合判断。(3)对电子数据鉴定意见的判断。公诉人、当事人或者辩护人、诉讼代理人对电子数据鉴定意见有异议,可申请人民法院通知鉴定人出庭作证。人民法院认为鉴定人有必要出庭的,鉴定人应当出庭作证。经人民法院通知,鉴定人拒不出庭作证的,鉴定意见不得作为定案的根据。对没有正当理由拒不出庭作证的鉴定人,人民法院应通报司法行政机关或者有关部门。公诉人、当事人或者辩护人、诉讼代理人可申请法庭通知有专门知识的人出庭,就鉴定意见提出意见。对电子数据涉及的专门性问题的报告,参照适用前三款规定。

实务评析 21-1
A 公司诉 B 公司
等外观设计专利
权纠纷案①

3. 对有程序瑕疵电子数据的处理

电子数据的收集、提取程序有下列瑕疵,经补正或做出合理解释的,可以采用;不能补正或做出合理解释的,不得作为定案的根据:①未以封存状态移送的,②笔录或清单上没有侦查人员、电子数据持有人(提供人)、见证人签名或者盖章的,③对电子数据的名称、类别、格式等注明不清的,④有其他瑕疵的。

4. 不得作为定案根据的电子数据

电子数据具有下列情形之一的,不得作为定案的根据:①电子数据系篡改、伪造或无法确定真伪的;②电子数据有增加、删除、修改等情形,影响电子数据真实性的;③其他无法保证电子数据真实性的情形。

本章练习　　　　　第六编拓展阅读文献清单

第二十一章练习　　　　　　　　电商程序法拓展阅读文献清单
(含"理论思考""实务分析""实务训练")

---

① 　详见"原告 A 公司为与被告 B 公司、甲某、乙某、丙某侵犯外观设计专利纠纷案"。浙江省宁波市中级人民法院,案件字号:(2010)浙甬知初字第 461 号。